원어성경을 읽고픈 그대를 위한 책 하나

나름 친절한 헬라어 문법책

[헬라어 신약성경 직독직해]

박 형 대 지음

나름 친절한 헬라어 문법책

2017년 11월 10일 초판 1쇄 인쇄
2017년 11월 15일 초판 1쇄 발행

저 자 • 박 형 대
발행인 • 조 경 혜
발행처 • 도서출판 그리심
07030 서울시 동작구 사당로2길 72 인정 인정 B동 b-01
등록번호 • 제 7-258호(1998. 4. 23)
출 판 사 • 전화 523-7589 팩스 523-7590
홈페이지 • http://grisim.biz
전자우편 • grisimcho@hanmail.net

값 : 책 뒷면에

ISBN 978-89-5799-395-8 (94230)
ISBN 978-89-5799-394-1 94230(세트)

3

머리말

헬라어 기초 문법을 마쳐도 신약성경 원문을 읽다 보면 어려움이 많다. 그래서 기초문법을 마치고 신약성경을 원문으로 읽어가는 분들을 위해 이 책을 쓰게 되었다. "많은 책들을 짓는 것은 끝이 없고 많이 공부하는 것은 몸을 피곤하게 하느니라." 말씀하신 것처럼, 사실 힘들지만 혹 주님의 일꾼들이 원문을 이해하는데 보탬이 될까봐 힘쓰고 애써 헬라어 문법을 '설명'해 보았다. 그간 헬라어를 가르쳐 주신 분들, 수업과 모임을 통해 함께 하신 분들, 사랑으로 격려해 주신 분들, 출판을 위해 수고해 주신 분들께 진심으로 감사드린다.

어떻게 하면 신약성경을 원문으로 쭉쭉 읽어갈 수 있을까? 글자 하나하나, 단어 하나하나, 문장 하나하나가 의미 있게 다가오면 '직독직해'가 가능하다. 물론, '예수 그리스도에 대한 믿음'과 '말씀을 사랑하는 마음'이 있어야 해석된 말씀이 독자에게 의미 있게 다가올 것이다. 해석을 바로 하기 위해서 동시에 해야 할 질문이 있다. 작문(作文)이다. 헬라어 글짓기가 되면 해석은 따라오게 되어있다. 번역과 작문은 동전의 양면과 같다. 그러므로 해석을 할 때 글이 왜 이렇게 지어졌는지 생각해보는 게 좋다. 번역은 우리말(이 책에서는 보다 친근한 표현인 '우리말'로 '한국어'를 표현하기도 한다)로 한다. 그래서 한국어를 잘 알아야 헬라어를 우리말로 잘 번역할 수 있다. 그러니 헬라어 문법뿐 아니라 우리말 문법도 알아야 한다. 헬라어 문법을 다른 언어가 아닌 우리말 체계와 비교해보며 해석하면 원문이해에 큰 도움이 된다.

예로, ἐγὼ πορεύομαι를 번역해보자. 이 문장을 이해하려면 몇 가지 지식이 필요하다. 먼저 글자만 보면, 모음 ε, ω, ο, ε, υ, ο, α, ι가 쓰였고, 자음 γ, π, ρ, μ가 쓰였다. 숨표 가운데 약한 숨표 ᾿와 악센트 가운데 그레이브 ` 와 애큐트 ´ 가 쓰였다. 단어를 보면 ἐγώ라는 단어와 πορεύομαι라는 단어로 구성되어있다. ἐγώ는 1인칭 단수를 표현하는 인칭 대명사이다. πορεύομαι는 동사로 직설법 현재 이태중간 1인칭 단수형이다. '내가 가다, 나가다, 길을 떠나다, 진행하다, 진보하다'와 같은 뜻을 가진다. 동사에 주어가 포함되어 있는데 인칭 대명사가 쓰였기에 주어가 강조되어있다. 그러므로 ἐγὼ πορεύομαι는 "나는 간다, 나는 나간다, 나는 길을 떠난다, 나는 진행한다, 나는 진보한다"와 같이 번역될 수 있다. 여기서 '는'은 "강조의 뜻을 나타내는 보조사"(『표준국어대사전』)이다.

반대로, "나는 간다." 하는 말을 헬라어로 어떻게 표현할까? 위의 표현을 써서 ἐγὼ πορεύομαι라고 할 수 있다. 순서를 바꿔 πορεύομαι ἐγώ라고도 쓸 수 있다. '떠나가다, 나오다'는 의미를 부여하려면 ἐγὼ ἐκπορεύομαι 혹은 ἐκπορεύομαι ἐγώ라고 표현할 수 있다. 그런데, 어떤 내용을 헬라어로 어떻게 표현할 것인가의 문제는 그리 간단하지 않다. 구문론(통사론)과 수사학적인 논의뿐만 아니라, 셈어풍(혹은 아람어풍)과 구약성경 인용 등의 문제까지 다뤄야 하기 때문이다. 따라서 이 문제는 다음에 나올 『나름 친절한 헬라어 구문론』 책에서 풀어보도록 하고, 이 책에서는 신약성경 원문을 번역하기 위해 알아야 할 사항에 집중하도록 한다.

신약 원문 번역을 위해 알아야 할 사항으로 '기본 형태에 대한 이해'가 있다. 알파벳, 품사, 동사 활용과 어미 변화, 각각의 기능 등이다. 작은 부분 하나하나를 정확하게 알아야 문장을 정확히 이해하고 번역할 수 있다. '기본 형태'에 대해 소개할 때는 우선, 고전 헬라어와 코이네 헬라어를 적절히 소개하는 방식으로 진행한다. 이유는 신약성경 내에 고전적 형태와 코이네 형태가 함께 나오기도 하고, 좀 더 규칙적이고 이해하기 쉬운 방향으로 전개된 코이네의 형태를 이해하려면 결국 고전적 형태에 대한 이해가 필요하기 때문이다. '기본 형태'를 소개할 때 중요하게 고려한 두번째 사항은 우리말과 헬라어와의 관계이다. 한국어를 모국어로 사용하는 이들이 신약성경 혹은 칠십인역 등의 원문을 이해하려고 헬라어 문법을 공부하기에, 우리말로 헬라어를 설명하는 데 주안점을 둔다. 세 번째로 고려할 사항은 히브리어와 헬라어와의 관계이다. 신약성경을 원문으로 읽는 이들은 대부분 구약성경을 히브리어로 읽어야 할 필요성을 가진 이들이다. 히브리어와 헬라어와의 관계는 앞으로 나올 『나름 친절한 헬라어 구문론』에서 자세히 다루겠지만, 기본적인 내용을 다루는 이 책에서도 히브리어와 관련된 정보를 약간 소개한다. 마지막으로, 문법용어에 외국어명을 병기하여 외국어로 된 문법책 활용을 돕도록 한다.

참고로, 우리말 단어의 의미는 『표준국어대사전』에서 인용하되, 의미를 꺾쇠묶음([ ])을 사용하여 병기하고 인용부호는 생략한다. 헬라어와 우리말 문법의 다리 역할을 해줄 『한국어교육학사전』에서 용어정의를 인용하는 경우에는 '한 쪽수'로 표기하고 인용부호는 생략한다. 헬라어와 히브리어 문법용어(한국어 및 외국어) 표기는 한국신학정보연구원의 원문마을 프로젝트 가운데 하나인 '한국연구재단 토대연구지원사업: 고전 히브리어 및 아람어와 코이네 헬라어 문법용어사전'(『문법용어사전』)을 주로 따랐다. 문법용어사전에서 정의 등을 인용할 때는 '문 우리말명[외국어명]'으로 표기하고 인용부호를 생략한다. 예문에 쓰인 사도행전 원문, 번역, 단어 의미는 필자의 『사도행전 원문강독』 (서울: 그리심, 2015)에서 가져왔다. 헬라어 단어의 의미는 괄호를 사용하여 병기하고, 인용부호와 의미 분류를 위한 숫자(예. '삼다2'의 '2')는 생략한다. 원문 번역은 길이에 따라 옆에 두거나 아래에 둔다. 번역에서, 꺾쇠묶음([ ]) 앞에 있는 것은 '원문의 직역'이고 꺾쇠묶음([ ]) 안에 빗금(/)을 하고 덧붙인 것은 '대체번역'이다. 흐름을 자연스럽게 만들기 위한 첨가어는 중괄호({ }) 안에 보충했다.

우리말 단어의 의미를 위해 사용한 『표준국어대사전』, 우리말 문법용어를 위해 사용한 『한국어교육학사전』, 헬라어와 히브리어 문법용어를 위해 사용한 『문법용어사전』, 헬라어 단어 의미를 위해 사용한 『사도행전 원문강독』의 내용을 인용할 때 인용부호를 생략하는 이유는 본문의 가독성을 높이기 위해서이다. 또한, 인용부호를 넣지 않더라도 네 권을 표준서로 사용했기 때문에 인용되었다는 사실이 쉽게 인식될 수 있을 것이다. 기타 자료에 대해서는 약어표를 보라. 참고로, 성경 검색, 단어 목록, 품사 분류 등 집필을 위한 검색

프로그램으로는 Accordance 11을 사용했다.

품사의 경우 해당 단어를 어떻게 분류할 것인지에 대해 다양한 의견이 있기도 하지만, 보편적인 기존 연구를 존중하는 마음으로 어코던스의 분류를 대체로 따랐다. 특히, 이 책에서는 혼동을 피하기 위해 '부사, 전치사, 접속사를 제외한 불변화사'를 '소사'라 부른다. 일반적으로 불변화사(不變化詞, particle)는 '어형 변화를 하지 않는 단어'를 지칭하는데, 헬라어의 경우, 어형 변화를 하지 않는 품사에 '부사, 전치사, 접속사'도 있다. 하여, 만일 '부사, 전치사, 접속사를 제외한 나머지 불변화사'를 '불변화사'로 부르면 혼동을 줄 수 있다. '불변화사'라 부르는 단어들만 어형 변화를 하지 않는다는 혼동을 줄 수도, '부사, 전치사, 접속사'도 어형 변화를 한다는 혼동을 줄 수도 있는 것이다. 그러므로, 이 책에서 '소사'라는 품사를 만나면 '부사, 전치사, 접속사를 제외한 불변화사'로 이해하면 된다.

성경 장절 표기는 본문와 괄호 안 모두 약어로 표기한다(예. 마 1:1). 상호 참조를 위해 항목 표시를 할 때, 같은 '부'에 속한 경우에는 '부' 표시를 하지 않는다. 예로, 제I부에서 제II부의 내용을 표시할 때는 'II.4.2.1.'과 같이 표기하고, 제II부에서 제II부의 내용을 표시할 때는 '4.2.1.'과 같이 표기한다.

헬라어 비평본은 UBS 5판(2014년)을, 폰트는 SPIonic를 사용했다. 괄호 안에 있는 원문은 비평본 편집인들이 '원문 추정이 어려운 부분'을 표시한 것이다. 이제 헬라어 직독직해를 위한 문법 여행을 떠나보자.

목 차

약어표

1. 헬라어 문법책 약어표

B: Ernest de Witt Burton, *Syntax of the Moods and Tenses in New Testament Greek*, 2nd ed. (Chicago: University Press of Chicago, 1893). [쪽으로 표시]

BDF: F. Blass and A. Debrunner, *A Greek Grammar of the New Testament and Other Early Christian Literature: A Translation and Revision of the ninth-tenth German edition incorporating supplementary notes of A. Debrunner by Robert W. Funk* (Chicago and London: University of Chicago, 1961). [항목으로 표시]

C: F. C. Conybeare and St. George Stock, *Grammar of Septuagint Greek* (Boston: Ginn and Company, 1905). [항목으로 표시]

M: William D. Mounce, *Basics of Biblical Greek: Grammar*, 2nd ed. (Grand Rapids: Zondervan, 2003). [항목으로 표시]

M-T: J. H. Moulton, *A Grammar of New Testament Greek*, 4 vols. Vol. I: Prolegomena, Vol. II: Assidence and Word-Formation, Vol. III: Syntax by Nigal Turner, Vol. IV: Style by Nigel Turner (Edinburgh: Clark, 1996-1999 [1906, 1929, 1963, 1976]). [권과 쪽으로 표시]

R: A. T. Robertson, *A Grammar of the Greek New Testament in the Light of Historical Research*, 4th ed. (Nashville: Broadman, 1934 [1923]). [쪽으로 표시]

S: Herbert Weir Smyth, revised by Gordon M. Messing, *Greek Grammar* (Cambridge: Harvard University Press, 1984). [항목으로 표시]

St: Gerald L. Stevens, *New Testament Greek Workbook*, 2nd ed. (Lanham: University Press of America, 1997). [쪽으로 표시]

T: Henry St. John Thackeray, *A Grammar of the Old Testament in Greek according to the Septuagint* (Cambridge: Cambridge University Press, 1909). [쪽으로 표시]

W: Daniel B. Wallace, *Greek Grammar: Beyond the Basics* (Grand Rapids: Zondervan, 1996). [쪽으로 표시]

Z: Maximilian Zerwick, S. J., *Biblical Greek: English edition adapted from the fourth Latin edition by Joseph Smith*, S. J. Scripta Pontificii Instituti Biblici (Roma: Editrice Pontificio Istituto Biblico, 2001). [보다 세분화된 항목으로 표시]

Z-G: Max Zerwick, S. J., *A Grammatical Analysis of the Greek New Testament*, trans. Mary Grosvenor, 4th rev. ed. (Roma: Editrice Pontificio Istituto Biblico, 1993). [쪽으로 표시]

2. 헬라어 사전 약어표(LN만 항목으로 표시)

BDAG: Walter Bauer, *A Greek-English Lexicon of the New Testament and Other Early Christian Literature*, Frederick William Danker, rev. and ed., 3rd ed. (Chicago/London: University of Chicago, 2000).

GELSM: T. Muraoka, *A Greek-English Lexicon of the Septuagint* (Louvain /Paris/Walpole: Peeters, 2009).

LEH: J. Lust, E. Eynikel, and K. Hauspie, *A Greek-English Lexicon of the Septuagint,* 2nd ed. (Stuttgart: Deutsche Bibelgesellschaft, 2003).

LN: Johannes P. Louw and Eugene A. Nida, *Greek-English Lexicon of the New Testament Based on Semantic Domains*, 2nd ed. (New York: UBS, 1988-1989).

LSJ: Henry George Liddell and Robert Scott, revised and augmented by Henry Stuart Jones, *A Greek-English Lexicon*, 9th ed. (Oxford: Oxford University Press, 1940).

NIDNTT: Colin Brown, ed., *The New International Dictionary of New Testament Theology* (Grand Rapids: Zondervan, 1978, 1986).

PDSNTG: Matthew S. DeMoss, *Pocket Dictionary for the Study of New Testament Greek* (Downers Grove: IVP, 2001).

TDNT: Gerhard Kittel and Gerhard Friedrich, eds., *Theological Dictionary of the New*

Testament, Geoffrey W. Bromiley, trans., 10 volumes (Grand Rapids: Eerdmans, 1964-1976).

3. 기타 자료 약어표(JMK만 항목으로 표시)

한: 서울대학교 국어교육연구소 편, 『한국어교육학사전』 (서울: 하우, 2014).

JMK: 김정우 역, 『주옹-무라오까 성서 히브리어 문법』 (서울: 기혼, 2012); Joüon, Paul, and T. Muraoka, *A Grammar of Biblical Hebrew*, Subsidia Biblica 27 (Roma: Editrice Pontificio Istituto Biblico, 2006).

WAL: Roger D. Woodard, ed., *The Cambridge Encyclopedia of the World's Ancient Languages* (Cambridge: CUP, 2004).

4. 참고자료('저자 발행년: 쪽'으로 표기)

박형대, "성경 헬라어 관사 번역에 대한 교육적 제안," 「성경원문연구」 24 (2009): 93-109.

이만열, 『대한성서공회사 I: 조직 · 성장과 수난』 (서울: 대한성서공회, 1993).

정창욱, 『성경 헬라어와 신약성경의 이해』 (서울: 그리심, 2012).

E. C. Colwell, "A Definite Rule for the Use of the Article in the Greek New Testament," *JBL* 52 (1933): 12-21.

Philip B. Harner, "Qualitative Anarthrous Predicate Nouns: Mark 15:39 and John 1:1," *JBL* 92 (1973): 75-87.

Granville Sharp, *Remarks on the Uses of the Definitive Article in the Greek Text of the New Testament, Containing Many New Proofs of the Divinity of Christ from Passages Which Are Wrongly Translated in the Common English Version* (L. Pennington: Durham, 1798).

제 I 부

서 론

1. 알파벳

헬라어 알파벳은 모음과 자음으로 나뉜다. 신약성경에 사용된 알파벳 24개 가운데 7개는 모음에, 17개는 자음에 속한다. 결국 신약성경 원문은 스물네 개 알파벳의 나열이다. 따라서 알파벳의 기본적은 특성을 알면, 신약성경을 원문으로 읽을 때 거부감이 줄어들 수 있다.

헬라어는 글자를 나열하되 음절(syllable)이 나뉘도록 기록한다(syllabic scripts, *WAL* 615). 예로, θεός (하나님)는 두 개의 음절을 갖는다. θε와 ος 이다. 그런데, 우리말 음역 '쎄오스'는 세 개의 음절로 구성된다. '헬라어 음절 구분이 헬라어 자음과 모음을 고려하여 이뤄진다'는 것만 생각하면, 음절 구분이 어렵지 않다. 참고로, 히브리어는 본래 자음만 기록되다가(consonantal script, *WAL* 321), 후에 모음 첨가자인 나크다님(Naqdanim)에 의해 모음이 추가되었다.

우리말은 글자 하나하나가 자음과 모음의 조합으로 이뤄진다. 우리말 신명(神明)은 '하나님'이다. '하나님'이라는 단어를 히브리어처럼 자음만 쓰면 'ㅎㄴㄴㅁ'이 되고, 헬라어처럼 나열하면 '하나니ㅁ'이 된다.

우리말 신명에 대해 하나님인지, 하느님인지에 대한 논란이 많아, 몇 자 적어본다. 우리말 성경을 최초로 출판한 존 로스 선교사님은 우리말 신명에 대해 다음과 같이 말했다. "한국인들은 'Lord of Heaven' 의 뜻인 이 용어로 언제나 한문의 '상제(上帝)' 를 번역하며, '신(神)' 은 언제나 '귀신' 으로 번역하는데, 이 둘은 늘 결합되어 있다. 모든 사람들로부터 나는 '하나님' 이라는 이름을 들어왔는데, 과거 중국에서 훌륭한 사람들의 의견을 그렇게 슬프고 흉하게까지 분열시켜온 문제에 관한 어려움의 그림자를 막을 수 있는 용어를 한국인들이 가지고 있다는 것에 감사하였다." (이만열 1993: 199-200; 로스의 1888년 8월 논문).

로스가 말한 "과거 중국에서 훌륭한 사람들의 의견을 그렇게 슬프고 흉하게까지 분열시켜온 문제"는 중국에서 있었던 '신'과 '상제' 논쟁을 가리킨다. 이에 대한 내용은 다음과 같다.

> 1842년 아편전쟁이 끝난 후에 체결된 남경조약의 결과로 . . . 여러 선교회들이 [중국에] 진출하였다. 1843년 8월 향항에서 대표적인 재중 선교기구들인 런던선교회, 미국해외선교회, 미국침례회, 모리슨교육회 등이 모여 원문에 충실하면서 중국어풍에 맞는 새 역본을 만들기로 하고 번역위원회를 구성하였다. 그러나 각 선교회의 대표자들로 구성된 이 대표자역본위원회는 '용어문제' 로 인해 출발부터 원만하지 못했다. 미국침례회 소속 선교사들은 '밥티조' 를 '침례' 가 아닌 '세례' 로 하는 데 대해 불만을 품고 번역도 시작하기 전에 탈퇴하여, 독자적으로 '마쉬만역본' 을 개정한 '고다드역본' 을 발간하였다. 미국해외선교회의 브리지만과 로우리, 런던선교회의 메드허스트, 부테, 스트로낙, 그리고 밀른 등으로 구성된 위원회는 신약번역에 착수하였다. 1846년 여름 신약번역이 끝나자 최종 검토를 위한 위원회가 모였으나, 용어논쟁으로 인해 합의에 도달하는 데 실패하였다. '테오스'를 '상제'로 번역하자는 영국 선교사들과, '모리슨역본'이 택한 '신'을 그대로 따르자는 미국 선교사들의 주장이 팽팽히 맞섰기 때문이었다. 결국, 1852년, 본문은 동일하지만 '신'을 채택한 미국성서공회의 '신판'(Shen Edition)과 '상제'를 채택한 '상제본' <신약전서문리>가 각각 출판되었다. 이 전통은 지금까지도 계속되고 있는데, 그 정도로 중국에서의 용어논쟁과 번역 방법론 논쟁은 모든 사람들의 노력과 시간을 허비시키는 비생산적인 것이었다. (이만열 1993: 26).

결국, 로스는 최초의 우리말번역 성경(『예수셩교 누가복음젼셔』, 1882년)에 '하느님'

이라는 신명을 성경번역사상 최초로 도입한다. 그리고 신약성경전체 번역인 『예수셩교젼셔』 (1887년)에는 서울 발음을 고려하여 '하나님'으로 바꿔 표기한다. 이 무렵 번역된 이수정의 『신약마가젼복음셔언』 (1885년)에는 신명을 '신(神)'으로, 예수님을 '신의 자'로 표기하였다. 이러한 표기에 대해, 언더우드를 비롯한 서울 선교사들의 입장이 아펜절러의 편지에서 다음과 같이 언급된다. "우리는 귀 성서공회에서 이수정 씨를 통해 번역한 성경을 오래 전부터 익히 알고 있었습니다. 우리는 그것을 한국인들에게 보이고 평가하도록 하였습니다. 그 결과 우리는 그것을 사용하지 못하도록 결정할 수밖에 없은 몇 가지 오류를 발견하게 되었습니다. 예수 그리스도가 귀신의 아들이라는 인상을 한국인에게 심어 주어서는 안된다고 판단한 것입니다." (이만열 1993: 199; 1886년 1월 편지).

이후 우리말 번역에서는 신명으로 '신'이나 '상제'가 아닌 '하나님'이 주로 사용된다. '구역'이라 불리던 1911년판에는 아래아(.)가 '하나님'의 '나'에 쓰였고, 『성경개역 및 개역개정판』 (1938, 2000년)에는 '하나님'이 사용된다. 다른 역본에서 '하느님'이 신명으로 쓰이기도 하지만, 우리말 신명 사용의 역사를 고려할 때 큰 차이는 아니라고 할 수 있다. 이처럼 우리나라는 한자 문화권이면서도 '신'이나 '상제'가 아닌 독특한 신명을 갖게 되었다.

헬라어는 음절이 나뉘도록 기록될 뿐 아니라 소리 나는 대로 기록되어 읽기가 쉽다. 그러다보니 변화가 무쌍하다. κηρύσσω(전파하다, 전하다), κηρύξω, ἐκηρύχθη처럼 어간이 바뀐다. 반면, 우리말은 단어의 어간을 가급적 바꾸지 않는다. 낳다[나타], 낳을[나을], 낳고[나코]처럼, 다른 어미가 붙을 때마다 어간의 발음이 달라지지만 '낳'이라는 어간의 형태를 바꾸지 않고 기록한다.

따라서, 헬라어 동사 활용(conjugation)과 어미변화(declension)를 잘 이해하려면 헬라어 모음과 자음에 대한 음성학 견지에서의 이해가 필요하다.

1.1. 모음

헬라어 모음(母音, vowel; 폐에서 나온 기류가 입안에서 어떠한 장애도 받지 않고 만들어지는 소리, 한 338)은 α, ε, η, ι, ο, υ, ω 모두 일곱 개이다.

이 가운데 단모음(單母音, monophthong, simple vowel; 하나의 소리로 구성하여 발음할 때 혀의 위치나 입 모양에 변화가 일어나지 않는 모음, 한 342-343)은 세 가지 종류로 구분된다.

ε, ο: 항상 짧은 소리

η, ω: 항상 긴 소리

α, ι, υ: 경우에 따라 다름

α, ι, υ이 장음인 경우는 ᾱ, ῑ, ῡ와 같이 표기한다.

우리말의 경우, 모음의 장단을 표기하지 않는다. 이와 달리, 헬라어와 히브리어의 경우에는 모음의 장단을 표기한다. 헬라어 성경을 읽을 때, 소리나는 대로 표기되었다는 것과 함께, 모음의 장단이 표현된다는 점을 기억하자.

특히, 단축동사(contracted verb)의 경우에 σ와 θ 앞에서 α, ε, ο가 η, η, ω로 길어지기 때문에 모음의 장단 구별에 신경쓸 필요가 있다. 예로, ἀγαπάω(사랑하다)는 부정과거에서 ἠγάπησεν이 되고 미래에서 ἀγαπηθήσεται와 같이 된다.

또한, 시상접두모음(augment) ἐ가 붙으면 α와 ε이 η로, ο이 ω로, αὐ가 ηὐ로, εὐ가 εὐ나 ηὔ로, οἰ가 ῳ로 모음이 길어진다. ι와 υ으로 시작하는 단어에 시상 접두모음이 붙으면 발음은 길어질지라도 어두는 변하지 않는 것이 일반적이다. 이중모음(diphthong) αἰ의 경우에는 시상접두모음이 때로 생략된다.

이중모음(二重母音, diphthong; 발음할 때 혀의 위치나 입 모양에 변화가 일어나는 모음, 한 346)은 하나의 모음으로 취급하여 숨표와 악센트를 마지막 글자에 표기한다. 이중모음을 시작되는 모음에 따라 적어보면 아래와 같다.

αι, ᾳ, αυ: 아이, 아(이), 아우

ει, ευ: 에이, 유[음운 축약]

ῃ, ηυ: 에(이), 에위[혹은 위]

οι, ου: 오이, 우[음운 축약]

υι: 위

ῳ: 오(이)

이 가운데 ευ와 ου는 음운 축약(音韻縮約, phonological contraction; 둘 이상의 소리가 합쳐져 하나의 새로운 소리가 되는 현상, 한 368)에 해당된다. 헬라어에서는 축약을 주로 '단축'이라 부르기 때문에 이 책에서는 contraction을 '단축'으로 표현한다.

모음이 겹친 모양이지만 이중모음으로 취급되지 않는 경우는 아래와 같다.

ια, ιε, ιη, ιο, ιω: 야, 이에, 예, 요, 요(이오타가 앞에 나오는 단어는 고유명사 음역과 관련된 경우가 많다.)

υα, υε: 위아, 위에

이중모음으로 취급되지 않으면 첫 번째 모음만으로 하나의 음절을 구성하게 된다. 따라서 숨표가 첫 번째 글자 위에 붙는다('숨표' 부분 참고).

혀의 높이에 따라 모음을 3단계로 분류하면, 고모음(高母音, high vowel)-중모음(中母音, mid vowel)-저모음(低母音, low vowel)이다. 4단계로 분류하면, 고모음(高母音, high vowel)-반고모음(半高母音, mid-high vowel)-반저모음(半低母音, mid-low vowel)-저모음(低母音, low vowel)이다. 개구도(開口度, aperture: 입을 벌리는 정도)에 따라 모음을 4단계로 분류하면, 폐모음(閉母音, close vowel)-반폐모음(半閉母音, half-close vowel)-반개모음(半開母音, half-open vowel)-개모음(開母音, open vowel)이다. 헬라어의 경우, 개구도에 따라 보통 4단계로 분류한다.

- 개모음: α
- 반개모음: η, ω
- 반폐모음: ε, ει, ο
- 폐모음: ι, υ, ου

헬라어 모음을 혀의 위치에 따라 분류하면 아래와 같다.

- 전설 모음(前舌母音, front vowel: 평상시보다 혀가 앞으로 내면서 발음하는 모음; 한 341): η, ε, ει, ι, υ
- 중설 모음(中舌母音, central vowel: 혀를 본래의 위치에 두고 발음하는 모음; 한 341): α
- 후설 모음(後舌母音, back vowel: 혀가 뒤로 들어가 발음하는 모음; 한 341): ω, ο, ου

개구도(혹은 혀의 높이)와 혀의 위치를 고려하여 모음 삼각도를 그려보면 다음과 같다(S 7).

〈모음 삼각도〉

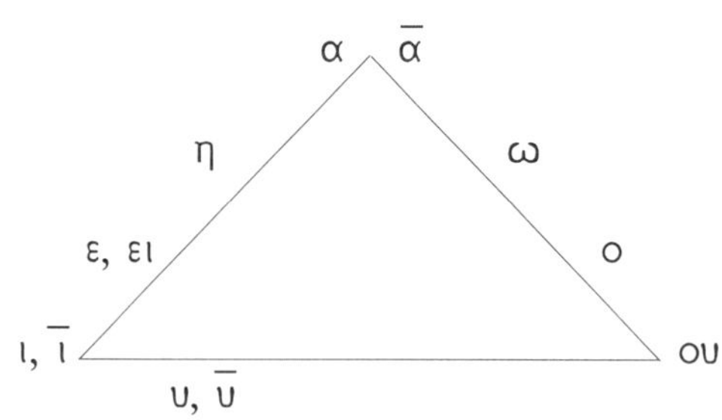

헬라어 모음은 동사 활용(conjugation), 어미변화(declension), 단어 합성(composition) 등의 과정에서 단축, 탈락, 첨가, 융합되는 경우가 많다. 이 가운데 가장 중요하게 다뤄지는 것은 단축되는 경우이다.

모음 단축(contraction; 일반적으로 '축약'이라는 용어를 사용한다; 두 소리가 합쳐져 제3의 소리로 변하는 것, 한 354)의 대표적인 예는 단축동사(contracted verb)의 활용과 관계된다. 단축동사의 활용, 어미변화, 단어 합성에서의 헬라어 모음 단축은 다음과 같이 이뤄진다(S 59). 개모음과 폐모음이 만나면, 개모음이 우세하다. 후설모음이 전설모음보다 우세하고, 장음이 단음보다 우세하다. 형식은 '첫 번째 모음, 두 번째 모음, 단축된 모음' 순이다. '참'(genuine)은 진짜 이중모음(genuine diphthong)을, '거짓'(spurious)은 가짜 이중모음(spurious diphthong)을 가리킨다. 거짓 이중모음은 단축을 통해 형성된 이중모음을 부르는 말이다. 거짓 이중모음으로는 ε과 ε, ε과 ι가 만나 단축되어 생긴 ει와, ο과 ε, ο과 ο이 만나 단축되어 생긴 ου가 있다. 거짓 이중모음은 다른 모음을 만날 때 두 번째 음이 힘을 발휘하지 못하여, ι가 하기되지 않고 υ이 남지 않는다.

α + α = ᾱ	단음 두 개가 만나 장음 하나가 된다.
ᾱ + α = ᾱ	장음과 단음이 만나 장음 하나가 된다.
α + ᾱ = ᾱ	단음과 장음이 만나 장음 하나가 된다.
α + αι = αι	단음과 이중모음이 만나 이중모음이 된다.
α + ᾳ = ᾱͅ	단음과 단음이 만나 장음 하나가 된다.
α + ε = ᾱ	개모음 α가 반폐모음 ε을 흡수하여 길어진다.
α + ει(참) = ᾱͅ	개모음 α가 반폐모음 ε을 흡수하여 길어지고 ι는 하기된다.
α + ει(거짓) = ᾱ	개모음 α가 반폐모음 ε을 흡수하여 길어지나 ι는 하기되지 않는다.
α + η = ᾱ	개모음 α가 반개모음 η를 흡수하여 길어진다.
α + ῃ = ᾱͅ	개모음 α가 반개모음 η를 흡수하여 길어지고 ι는 하기된다.
α + ι = αι	두 개의 모음이 만나 하나의 이중모음이 된다.
ᾱ + ι = ᾱͅ	장음에 ι가 하기된다.
α + ο = ω	후설모음 ο이 중설모음 α를 흡수하고 길어진다.
α + οι = ῳ	후설모음 ο이 중설모음 α를 흡수하여 길어지고 i는 하기된다.
α + ου(거짓) = ω	후설모음 ο이 중설모음 α를 흡수하여 길어지고 υ는 사라진다.
α + ω = ω	후설모음 ω가 중설모음 α를 흡수하고 장음을 유지한다.
ε + α = η 혹은 ᾱ	ε의 앞 음절에 악센트가 있으면 ε이 α를 흡수하여 길어져 η가 된다. ε에 악센트가 있으면 중설모음 α가 전설모음 ε을 흡수하여 길어진다.
ε + ᾱ = η	α가 장음이면 ε에 악센트가 있어서 ε이 α를 흡수하여 길어져 η가 된다.

ε + αι = ῃ 혹은αι ε의 앞 음절에 악센트가 있으면 ε이 α를 흡수하여 길어져 η가 되고 ι는 하기된다. ε에 악센트가 있으면 중설모음 α가 전설모음 ε을 흡수하고 αι가 이중모음이므로 더 이상 길어지지 않는다.

ε + ε = ει(거짓) ε과 ε이 만나면 전설모음이면서 가짜 이중모음인 ει가 된다.

ε + ει(참) = ει(참) ε과 진짜 이중모음 ει가 만나면 ι가 살아있기 때문에 진짜 이중모음 ει로 남는다.

ε + ει(거짓) = ει(거짓) ε과 가짜 이중모음 ει가 만나면 ι가 살아있지 않기 때문에 가짜 이중모음 ει로 남는다.

ε + η = η 단음 ε과 장음 η가 만나면 장음 η만 남는다.

ε + ῃ = ῃ 단음 ε과 장음 ῃ가 만나면 장음 ῃ만 남는다.

ε + ι = ει(참) 단음 ε과 단음 ι가 만나면 진짜 이중모음 ει가 된다.

ε + ο = ου(거짓) 단음 ε과 단음 ο이 만나면 후설모음이면서 가짜 이중모음인 ου가 된다.

ε + οι = οι 단음 ε과 이중모음 οι가 만나면 이중모음 οι만 남는다.

ε + ου(거짓) = ου 전설모음 ε의 영향으로 전설모음 υ이 힘을 받아 진짜 이중모음이 된다.

ε + υ = ευ 단음 ε과 단음 υ이 만나 음운 축약이 일어나 ευ가 된다.

ε + ω = ω 단음이고 전설모음인 ε이 장음이고 후설모음인 ω에 흡수된다.

ε + ω = ῳ 단음이고 전설모음인 ε이 장음이고 후설모음인 ῳ에 흡수된다.

η + αι = ῃ 장음 η가 단음 α를 흡수하고 ι는 하기된다.

η + ε = η 장음 η가 단음 ε을 흡수한다.

η + ει(참) = ῃ 장음 η가 단음 ε을 흡수하고 ι는 하기된다.

η + ει(거짓) = η 자음 η가 단음 ε을 흡수하고, ει가 가짜 이중모음이므로 ι가 하기되지 않는다.

η + η = η 장음 η가 겹치면 장음 η만 남는다.

η + ῃ = ῃ 장음 η 두 개가 겹쳐 장음 η가 남고 ι는 하기된다.

η + οι = ῳ 후설모음 ο이 전설모음 η를 흡수한 뒤 길어져 ω가 되고 ι는 하기된다.

η + ι = ῃ　장음 η에 ι가 하기된다.

ι + ι = ῑ　단음 두 개가 만나 장음 하나가 된다.

ο + α = ω 혹은 ᾱ　후설모음이 강하게 작용하면 ω가 되고, 개모음이 강하게 작용하면 ᾱ가 된다.

ο + ε = ου(거짓)　단음 ο과 단음 ε이 만나면 거짓 이중모음 ου가 된다.

ο + ει(참) = οι　단음 ο과 단음 ε이 만나 거짓 이중모음 ου가 되므로 υ이 힘을 잃고 ι가 붙어 이중모음 οι가 된다.

ο + ει(거짓) = ου　단음 ο과 단음 ε이 만나 거짓 이중모음 ου가 되지만 υ와 ι가 합쳐져 힘을 받아 진짜 이중모음 ου가 된다.

ο + η = ω　후설모음 ο이 전설모음 η를 흡수하고 길어져 ω가 된다.

ο + ῃ = οι 혹은 ῳ　후설모음이 강하게 작용하여 η가 ο에 흡수되나 ο이 길어지지 않으면 이중모음 οι가 되고, ο이 길어지면 ῳ가 된다.

ο + ι = οι　단음 ο이 단음 ι를 만나 이중모음 οι가 된다.

ο + ο = ου(거짓)　단음 ο이 두 개 겹쳐지면 가짜 이중모음 ου가 된다.

ο + οι = οι　단음 ο이 이중모음 οι에 흡수된다.

ο + ου(거짓) = ου(거짓)　ο이 후설모음이므로 전설모음 υ가 힘을 받지 않아 거짓 이중모음으로 남는다.

ο + ω = ω　장음 ω가 단음 ο을 흡수한다.

ο + ω = ῳ　장음 ῳ가 단음 ο을 흡수한다.

υ + ι = ῡ　중설모음에 가까운 전설모음 υ이 전설모음 ι를 흡수한 뒤 길어진다.

υ + υ = ῡ　단음 두 개가 만나 장음 하나가 된다.

ω + α = ω　후설모음이고 장음인 ω가 중설모음이고 단음인 α를 흡수한다.

ω + ι = ῳ　후설모음이고 장음인 ω가 전설모음이고 단음인 ι를 흡수한다.

ω + ω = ω　장음 두 개가 만나 장음을 유지한다.

단축동사 모음 단축의 예를 들어보면, ἀγαπάω(사랑하다) + ει(직설 법 현재 능동태 3인칭 단수 어미)는 ἀγαπᾷ가 된다. 위를 보면, α + ει(참) = ᾱͅ가 되기 때문이다.

자세한 것은 단축동사 항목(Ⅱ.1.4.2.)을 보라.

단어가 합성될 때도 모음 단축이 일어난다. 예로, κακός (해치는)와 ἔχω (가지다)가 만나 이뤄진 κακουχέω (학대하다)는 단음 ο과 단음 ε이 만나 거짓 이중모음 ου가 된 경우이다. 이 단어는 신약성경에서 두 번 나오는데(히 11:37; 13:3) 모두 분사 형태로 나온다. κακουχούμενοι와 κακουχουμένων이다. 두 단어 모두 현재분사 어미 ομενοι와 ομενων을 만나 모음 단축이 일어나서 –ούμενοι와 –ουμένων이 되었다.

이와 같이 모음 단축은 매우 흔하게 일어난다. 원문을 읽을 때, 모음 삼각도와 함께, 위에서 언급한 원칙 즉, "개모음과 폐모음이 만나면, 개모음이 우세하다. 후설모음이 전설모음보다 우세하고, 장음이 단음보다 우세하다." 하는 것을 마음에 두고 읽다보면 모음 단축이 익숙해질 것이다.

헬라어 모음은 탈락되기도 한다. 탈락의 예로는 어두음 탈락(aphaeresis), 어중음 탈락(syncope), 어미음 탈락(apocope)이 있다.

고전 헬라어 시문에서, μή 혹은 ἤ와 같은 장음 뒤에 오는 ε음이 탈락되는 것을 어두음 탈락(ἀφαίρεσις, 제거)이라 부른다(S 76: 역탈락[inverse elision]이라고도 부름). 헬라어 모음이 단어 첫 부분에서 탈락되는 신약성경의 예로는 θέλω (원하다, 하려고 하다, 뜻하다, 바라다)가 있다. 본래 ἐθέλω 형태가 기본형이었으나, 주전 250년 이후부터 어두음[첫 음]이 탈락된 θέλω 형태가 나타났다(BDAG 447). 한편, 미완료과거와 부정과거에서는 숨겨져 있던 어두움으로 인해 시상접두모음이 길어져 ἠ가 붙어 ἤθελον과 ἠθέλησα와 같이 활용된다. 이오니아 방언에서는 ἐκεῖνος (저, 저 사람) 대신 κεῖνος가 쓰이기도 하였다(R 206). ἐχθές (어제)의 경우, χθές 형태를 취하는 사본들이 많다(BDAG 419; R 206).

자음 사이에 있는 짧은 모음이 사라지는 형상을 가리키는 어중음 탈락(συγκοπή, 도려내기)의 예로는, πιπετω에서 ε가 탈락되어 πίπτω가 된 것, πατέρος에서 ε가 사라져 πατρός가 된 것이 있다(R 44b).

단어의 끝에 있는 짧은 모음이 자음 앞에서 탈락되는 것을 가리키는 어미음 탈락(ἀποκοπή,

잘라내기)의 예는 신약성경에 없다(참고. S 75D).

단어와 단어가 만날 때 발생하는 모음의 변화에는 음의 탈락(elision)과 융합(crasis)이 있다. 전치사, 부사, 접속사 등 불변화사가 모음과 함께 시작되는 단어 앞에 나올 때, 단어 끝에 있는 짧은 모음이 축출(expulsion)되고 생략부호(apostrophe)를 붙이는 경우는 음의 탈락(elision)이라고 부른다(S 70). 음의 탈락의 예로는 다음과 같은 것들이 있다.

ἀλλά + ἐπί = ἀλλ' ἐπί(마 4:4), ἀλλά + ἐπιστεῖλαι = ἀλλ' ἐπιστεῖλαι(행 15:20)
ἐπί + αὐτόν = ἐπ' αὐτόν(마 3:16), ἐπί + ὅσον = ἐφ' ὅσον(마 9:15)

단어가 합성(composition)될 때 모음이 탈락되기도 한다.
예. ἄγρα(사냥) + ὕπνος(잠) = ἀγρυπνέω(잠자지 않고 깨어 있다, 히 13:17)

관사와 접속사 καί의 모음이 뒤따라오는 단어의 첫 모음과 융합(crasis)되기도 한다. 신약성경에서, 관사가 뒤따라오는 단어와 융합된 예로는 τοὐναντίον(고후 2:7; 갈 2:7; 벧전 3:9)과 τοὔνομα(마 27:57)가 있다. τοὐναντίον은 관사 τό의 ο과 부사 ἐναντίον(앞에 선, 앞에 설 만한)의 ε이 단축되어 이뤄졌다. τοὔνομα는 관사 τό의 ο과 명사 ὄνομα(이름, 호명된 사람, 231회)의 ο이 단축되어 생겼다.

접속사 καί와 뒤따라오는 단어가 융합된 경우는 다양하게 자주 나타난다. καί와 1인칭 대명사가 만나 융합된 경우로는 κἀγώ, κἀμέ, κἀμοί가 있고, 지시대명사와 융합된 경우로는 κἀκεῖνα, κἀκεῖνοι, κἀκεῖνον, κἀκεῖνος, κἀκεῖνους가 있으며, 부사와 융합된 경우는 κἀκεῖ가 있고, 소사와 융합된 경우는 κἄν이 있다.

κἀγώ는 καί의 끝모음과 ἐγώ의 첫 모음이 탈락되어, κἀμέ는 καί의 끝모음과 ἐμέ의 첫 모음이 탈락되어, κἀμοί는 καί의 끝모음과 ἐμοί의 첫 모음이 탈락되어 이뤄졌다. κἀκεῖνα, κἀκεῖνοι, κἀκεῖνον, κἀκεῖνος, κἀκεῖνους는 모두 καί의 끝모음과 지시대명사 ἐκεῖνος(저, 저 사람, 265회) 변화형의 첫 모음이 탈락되어 형성되었고, κἀκεῖ는 καί의 끝모음과 부사 ἐκεῖ(거기에서, 105회)의 첫 모음이 탈락되어 만들어졌다. κἄν은 καί의 끝모음과, 개연성은 표현하는 소사 ἄν(혹시, 혹, 혹야, 혹여, 혹자, 166회)의 첫

모음이 탈락되어 생겼다.

어두음 첨가 모음(prothetic vowels) α, ε, ο이 λ, μ, ρ, F(바우 혹은 디감마, 자음 항목 참조) 앞에 접두어로 붙는 것을 첨가(addition)라고 부른다(S 41). 예로, '기름'을 의미하는 λίπος가 동사가 될 때 접두어로 α가 붙어 ἀλείφω(기름을 바르다, 9회)가 되는 것이 있다. 어두음 탈락에서 예로 들었던 ἐχθές(어제)를 χθές에 어두음이 첨가된 것으로 보기도 한다(S 41).

한편, 단어가 합성될 때 모음이 첨가되기도 한다.

예. ἀλέκτωρ(수탉) + φωνή(소리) = ἀλεκτοροφωνία(달구리[이른 새벽의 닭이 울 때], 닭울녘[달구리의 북한어], 막 13:35)

헬라어 모음과 관련해서 마지막으로 다룰 법칙은 단음화(shortening) 현상이다. 장모음[발음의 지속시간이 좀 긴 모음]이 장모음을 만나면 앞에 있는 장모음이 짧아진다(S 39). 예로, βασιλήων이 βασιλέων이 되는 것이 있다. 또한, 모음 ι, υ, 비음 μ, ν나 유음 λ, ρ 앞에 있는 장모음이 자음을 만나면 짧아진다(S 40). νηῦς(LSJ 1162)가 ναῦς가 된 것이 있다.

반대로, 헬라어 모음이 현재가 아닌 다른 시제에서 길어지기도 한다(S 524). λαμβάνω가 미래 시제에서 ληβ-로 길어져 λήψομαι가 되고, τυγχάνω가 미래 시제에서 τευ로 길어져 τεύξομαι(LSJ 1832)가 되는 것이 있다.

1.2. 숨표, 생략부호, 분음기호

헬라어에는 두 가지 종류의 숨표가 있다. 약한 숨표(smooth breathing: ᾿)와 강한 숨표(rough breathing: ῾)이다. 강한 숨표는 기식[숨을 쉼. 또는 그런 기운.]이 있음을, 약한 숨표는 기식이 없음을 가리킨다. 그래서 '약한 숨표'를 '강기식'으로, '강한 숨표'는 '약기식'으로 부르기도 한다.

단모음 일곱 개에 숨표를 붙여보자.

ἀ, ἐ, ἠ, ἰ, ὀ, ὐ, ὠ

ἁ, ἑ, ἡ, ἱ, ὁ, ὑ, ὡ

이중 모음은 두 번째 글자에 숨표를 붙인다.

αἰ, αἱ, ᾀ, ᾁ, αὐ, αὑ

εἰ, εἱ, εὐ, εὑ

ᾐ, ᾑ, ηὐ, ηὑ

οἰ, οἱ, οὐ, οὑ

υἱ

ᾠ

이중 모음이 아닌 경우에는 첫 번째 글자에 숨표를 붙인다.

ἰα, ἰε, ἱε, ἰη, ἰο, ἰω

생략부호(apostrophe: ')란 모음으로 끝나는 전치사나 접속사의 끝모음이, 모음으로 시작되는 단어 앞에서 축출될 때 끝모음 대신 붙이는 기호를 지칭한다(S 70). 단음절인 경우(τέ, δέ, γέ), 단음절이 아니더라도 ὅτι, περί, ἄχρι, μέχρι와 같은 경우에는 끝모음이 축축되지 않는다(S 71-72). 음의 탈락(elision)에 대해서는 모음 항목에 있는 설명을 보라. 앞에서 제시한 예를 다시 보면, 끝모음 대신에 생략부호가 붙은 것을 확인할 수 있다.

ἀλλά + ἐπί = ἀλλ' ἐπί(마 4:4), ἀλλά + ἐπιστεῖλαι = ἀλλ' ἐπιστεῖλαι(행 15:20)

ἐπί + αὐτόν = ἐπ' αὐτόν(마 3:16), ἐπί + ὅσον = ἐφ' ὅσον(마 9:15)

참고로, 접속사 ἀλλά는 신약성경 전체 용례(638회)의 약 35%(221회)가, 전치사 ἐπί

는 신약성경 전체 용례(890회)의 약 26%(227회)가 끝모음이 축출된 형태로 나타난다.

이중 모음이 아니라는 것을 표시하기 위해서 분음 기호(diaeresis, dieresis: ¨)를 사용한다. 히브리어의 메테그(메텍[metheg])와 유사한 역할을 하는 분음기호가 신약성경에서는 주로 히브리어와 아람어 음역에 사용된다. 예로, πραΰς [프라위스; 온유한; 마 11:29; 21:5], Ἰάϊρος [이아이로스; 야이로; 막 5:22; 눅 8:41], Βηθσαϊδα [베쓰사이다; 벳새다; 마 11:21; 막 6:45; 8:22; 눅 9:10; 10:13; 요 1:44; 12:21]가 있다.

1.3. 악센트

히브리어 문법에서 악센트(accent)와 강세(stress)를 구분하여 사용하기도 하고, 헬라어 악센트가 히브리어의 강세보다는 악센트와 유사한 기능(음악적, 음성적, 통사적)을 하기 때문에 '강세'보다는 '악센트'라는 용어를 사용한다.

악센트와 관련하여 헬라어의 음절(音節, syllable; 분절음이 모여 이루는 언어 단위 가운데 홀로 발화할 수 있는 최소의 언어 단위, 한 349)은 세 가지 음절이 중요하다.

끝음절(ultima): 단어의 마지막 음절
끝전음절(penult, paen-ultima [거의 끝음절]): 끝에서 두 번째 음절
끝전전음절(antepenult, ante-paen-ultima [거의 끝음절의 앞]): 끝에서 세 번째 음절

헬라어 악센트에는 세 가지 종류가 있다. 애큐트(acute: ´), 써컴플렉스(circulflex: ˆ), 그리고 그레이브(gravc: `)이다. 일곱 개의 단모음에 악센트를 붙여보자.

ά, έ, ή, ί, ό, ύ, ώ
ὰ, ὲ, ὴ, ὶ, ὸ, ὺ, ὼ
ᾶ, ῆ, ῖ, ῦ, ῶ

숨표와 악센트를 함께 붙여보자.

ἅ, ἕ, ἥ, ἵ, ὅ, ὕ, ὥ

ἂ, ἒ, ἢ, ἲ, ὂ, ὒ, ὢ

ἆ, ἦ, ἶ, ὖ, ὦ

ἅ, ἕ, ἥ, ἵ, ὅ, ὕ, ὥ

ἃ, ἓ, ἣ, ἳ, ὃ, ὓ, ὣ

ἇ, ἧ, ἷ, ὗ, ὧ

이중 모음은 마지막 글자에 악센트를 붙인다.

αί, ᾴ, αύ, εί, εύ, ῄ, ηύ, οί, ού, υί, ῴ

αὶ, ᾲ, αὺ, εὶ, εὺ, ῂ, ηὺ, οὶ, οὺ, υὶ, ῲ

αῖ, ᾷ, αῦ, εῖ, εῦ, ῇ, ηῦ, οῖ, οῦ, ῷ

단어에 악센트가 붙지 않는 경우로, 전접어(enclitics)와 후접어(proclitics)가 있다. 앞선 단어에 긴밀하게 밀착되어 빠르게 발음되면서 악센트가 상실되는 단어를 전접어라, 단음절이면서 뒤따라오는 단어에 긴밀하게 밀착되어 악센트가 없는 단어를 후접어라 일컫는다. 헬라어 문법책에서 전접어를 후접어라 부르는 경우가 있는데, 이는 '뒤에 붙어 있는 단어'라는 뜻으로 붙여진 이름이다. 하지만, 전접어가 '기대다'는 의미를 갖는 ἐγκλίνω에서, 후접어가 '앞으로 기대다'는 의미를 갖는 προκλίνω에서 나온 것을 생각하면, 뒤따라오는 단어 때문에 악센트가 없는 경우를 후접어로, 앞선 단어 때문에 악센트가 없는 경우를 전접어로 칭하는 것이 더 논리적이다.

헬라어의 전접어(enclitics)로는 (1) 인칭 대명사 1인칭과 2인칭의 속격, 여격, 대격(μοῦ, μοί, μέ; σοῦ, σοί, σέ), (2) 부정 대명사(τὶς, τὶ)의 모든 격과 '장소, 시간, 방법'과 관계되는 비한정 소사(πού, πῄ, ποί, ποθέν, ποτέ, πώ, πώς), (3) 두 음절로 구성된 εἰμί와 φημί의 현재 직설법 형태(예외: εἶ), (4) 소사 γέ나 접속사 τέ가 있다(S 181). 전접어는 대부분 악센트를 상실하나 강조될 때나 다른 전접어로 이어질 때는 악센트가 남는다. '장소, 시간, 방법'과 관계되는 비한정 소사의 예는 비한정 소사 항목

(Ⅱ.5.1.3.)을 보라.

행 18:10

διότι ἐγώ **εἰμι** μετὰ **σοῦ** 내가 **너와** 함께 **있고**

καὶ οὐδεὶς ἐπιθήσεταί **σοι** 아무도 **네게** 손을 대어

τοῦ κακῶσαί **σε**, **너를** 해하지 못할 것이기 때문이다.

διότι λαός **ἐστί μοι** πολὺς **내게 속한** 백성이 많기 때문이다,

ἐν τῇ πόλει ταύτῃ. 이 도시에.

εἰμι는 전접어로 앞선 단어 ἐγώ에 밀착되어 악센트를 상실했다(3의 경우). 인칭 대명사 σοι, σε, μοι도 전접어로 앞 단어에 밀착되어 악센트를 상실했다(1의 경우). 앞선 단어 ἐπιθήσεταί와 κακῶσαί 끝음절의 악센트는 이어지는 전접어로 인해 추가된 악센트이다. μοι 앞에 있는 ἐστί는 전접어이고 앞 단어(λαός)가 끝음절에 악센트를 가지기에 악센트가 상실되어야 하나, 이어지는 μοι가 전접어라 악센트가 남았다. σοῦ는 전치사의 목적어로 강조되느라 악센트가 남았다.

행 3:5

ὁ δὲ ἐπεῖχεν αὐτοῖς 하여 그가 그들을 쳐다봅니다.

προσδοκῶν **τι** παρ᾽ αὐτῶν λαβεῖν.

그들에게서 **무엇을** 받을 것으로 예상하고서요.

τι는 부정 대명사로 앞선 단어에 밀착되어 악센트를 상실하였다(2의 경우). 부정 대명사의 악센트는 부정 대명사 항목(II.2.3.3.)을 참고하라.

행 1:7

Οὐχ ὑμῶν **ἐστιν** γνῶναι 너희가 알 바가 **아니다**[/아는 것은 너희에게 속하지 않았다],

χρόνους ἢ καιροὺς 기간들이나 시기들은.

ἐστιν이 앞 단어 ὑμῶν에 밀착되어 악센트를 상실했다(3의 경우).

행 2:18

καί **γε** ἐπὶ τοὺς δούλους **μου** καὶ ἐπὶ τὰς δούλας **μου**

그러니 **적어도 내** 종들 위에 또한 **내** 여종들 위에,

ἐν ταῖς ἡμέραις ἐκείναις 그날에,

ἐκχεῶ ἀπὸ τοῦ πνεύματός **μου**, 나는 **내** 영을 내리부을 것이고,

καὶ προφητεύσουσιν. 그들은 예언을 할 것이다.

γε(적어도, 26회)는 소사로 전접어이다. 앞 단어 καί에 밀착되어 악센트가 상실되었다(3의 경우). 세 번 쓰인 인칭 대명사 μου도 전접어이다(1의 경우).

후접어(proclitics)는 단음절 단어로 모두 열 개이다. (1) 관사 가운데 모음으로 시작되는 ὁ, ἡ, οἱ, αἱ, (2) 전치사 ἐν, εἰς, ἐκ(ἐξ), (3) 접속사 εἰ, (4) 접속사 겸 소사로 쓰이는 ὡς, (5) 부정어 οὐ(οὐκ, οὐχ)이다. 한편, 후접어가 전접어 앞에 쓰이면 악센트를 가진다. 또한, 부정어 οὐ는 문장 끝에 올 때나 강조될 때 악센트를 가진다. 후접어가 악센트를 가지는 경우만 예를 들어 본다.

행 10:39

καὶ ἡμεῖς μάρτυρες πάντων 우리까지도 모든 일들의 증인들입니다.

ὧν ἐποίησεν 그분이 행하신 일들이죠.

ἔν τε τῇ χώρᾳ τῶν Ἰουδαίων καὶ (ἐν) Ἰερουσαλήμ.

유대 지역뿐 아니라 예루살렘**에서**요.

전치사이면서 후접어인 ἐν이 전접어 τε 앞에 와서 악센트를 상실하지 않아 ἔν이 되었다.

요 7:12

ἄλλοι (δὲ) ἔλεγον, 한편 다른 이들은 말합니다.

οὔ, ἀλλὰ πλανᾷ τὸν ὄχλον. "**아니오**. 오히려 그는 무리를 미혹하오."

부정어 οὐ가 독립적으로 쓰이다보니, 강조도 되고 문장 끝에 온 것이 되어 악센트를 상실하지 않았다.

1.4. 자음

헬라어 자음(子音, consonant; 공기가 폐에서부터 입 밖으로 나올 때 장애를 받아 만들어지는 소리, 한 326)은 모두 열일곱 개이다.

β, γ, δ, ζ, θ, κ, λ, μ, ν, ξ, π, ρ, σ, τ, φ, χ, ψ

이외에, 코이네 헬라어에서 쓰이지 않지만 존재했던 자음이 네 개 있다(S 3, 348; M-T II 167-168).

F는 ε 다음에 오고, 바우(vau) 혹은 디감마(digamma, 감마가 두 개 겹쳐진 모양을 일컫는 말)라 불린다. 아틱 방언에서 사라졌다(S 122).

ϙ는 π 다음에 오고, 콥파(koppa, qoppa)라 불린다. 숫자로는 90를 의미한다.

ϲ은 산(san)이라 불린다. 숫자로는 6을 의미한다. 헤로도투스에 따르면, 도릭 방언(Doric: 고린도 남쪽 펠로폰네소스 반도와 그레데와 로데 등 에게해 섬 등에서 사용되던 언어)을 쓰는 이들이 '산'이라 부르는 글자를 아이오니아 방언(Ionic: 소아시아 서쪽의 에베소 주변 지역에서 사용되던 언어로 호머[Homer], 헤시오드[Hesiod], 헤로도투스[Herodotus], 히포크라토스[Hippocrates] 등의 글에 남아 있음)을 쓰는 이들은 '시그마'라 불렀다(Herodotus I.139). 참고로, 코이네 헬라어(ἡ κοινὴ διάλεκτος)는 본래 아이오니아 방언을 쓰던 아덴의 작가들에 의해 사용된 아틱 방언(Attic)과 아이오니아 방언 등이 융합되어 형성되었다.

ϡ는 ϲ(san)과 π(pi)가 합쳐진 것으로 삼피(sampi)라 불린다. 숫자로는 900을 의미한다.

자음은 조음 위치(調音位置, place of articulation)에 따라 양순음, 치조음, 구개음으로 분류된다(한 327-328).

- 양순음(兩脣音, labial): 두 입술을 막거나 두 입술이 접근하면서 나는 소리
- 치조음(齒槽音, dental): 혀끝을 윗잇몸에 대거나 접근시켜 조음하는 소리

• 구개음(口蓋音, palatal): 혀끝을 아랫니 뒤쪽에 대고 전설은 경구개에 대거나 경구개에 접근시켜 조음하는 소리

조음 위치에 따라 헬라어 자음을 나눠보면 다음과 같다(S 22).

• 양순음: π, β, φ, μ, ψ
• 치조음: τ, δ, θ, σ(ς), ζ, ν, λ
• 구개음: κ, γ, χ, γ(비음: 응), ξ, ρ

자음이 조음 방법(調音方法, manner of articulation)에 따라서는 폐쇄음(혹은 파열음), 마찰음, 파찰음, 비음, 유음으로 분류된다(한 328-332).

폐쇄음(閉鎖音, stops) 혹은 파열음(破裂音, plosive)은 자음 중 가장 장애가 큰 소리로, 폐로부터 성대를 통해 나오던 공기가 완전히 폐쇄되었다가 터져 나오는 소리이다. 본서에서는 파찰음과의 혼동을 피하기 위해 '폐쇄음'을 주된 용어로 사용한다.

마찰음(摩擦音, fricative, spirant)은 두 조음 기관을 접근시켜 생긴 좁은 틈으로 공기를 내보내면서 내는 소리로, 기류의 통로를 좁힘으로써 기류가 마찰을 일으키며 생성된다. 폐쇄음(파열음)처럼 기류를 완전히 폐쇄하는 대신 마찰음은 성도(聲道)를 좁힌 상태에서 생성되는 소리이다.

파찰음(破擦音, affricate)은 조음 기관을 접촉시켜 기류를 폐쇄했다가 두 조음 기관을 완전히 개방하지 않고 조금만 개방해서 좁은 틈 사이로 공기를 통과시키면서 내는 소리이다.

비음(鼻音, nasal)은 기류가 비강으로 흐르며 만들어지는 소리이다.

유음(流音, liquid)은 자음 중 기류가 장애를 많이 받지 않고 나오는 소리이다.

헬라어 자음을 위해서는 위의 분류에 이중 자음(二重子音, double consonant; 하나의 자음에 두 개의 음이 있는 자음)이 추가될 필요가 있다. 헬라어 자음을 조음 방법에 따라 분류하면 아래와 같다(S 22).

폐쇄음(파열음): π, β, φ, τ, δ, θ, κ, γ, χ

마찰음: σ(ς)

파찰음: ζ

비음: μ, ν, γ(비음: 응)

유음: λ, ρ

이중 자음: ψ, ξ

여기서 주의할 것이 몇 가지 있다.

첫째, 폐쇄음 가운데 우리말 발음에서 사용하지 않는 φ를 기억하여 π와 구별한다.

둘째, 폐쇄음 θ와 마찰음 σ를 구별한다.

셋째, 마찰음인 σ가 단어 끝에서는 ς로 표기된다.

넷째, 비음인 γ가 구개음 κ, γ, χ, ξ 앞에서 유성음이 되어 '응'으로 발음된다.

다섯째, 이중 자음이 있다는 것을 생각하고 πσ는 ψ로, κσ는 ξ로 표기한다.

음성의 종류에 따라 자음은 무성음, 유성음, 기식음으로 나뉜다(한 320-335).

무성음(無聲音, voiced): 성대의 진동 없이 만들어지는 음성

유성음(有聲音, voiceless): 성대가 진동하면서 만들어지는 음성

기식음(氣息音, aspirate): 조음 기관들을 폐쇄한 후 파열시키면서 입안에 갇혀 있던 공기가 빠른 속도로 방출될 때 분류되는 기류와 함께 나오는 음성

음성의 종류에 따라 헬라어 자음을 분류하면 다음과 같다(S 22).

무성음: π, τ, κ, σ(ς), ψ, ξ

유성음: β, δ, γ, μ, ν, γ(비음: 응), λ, ρ, ζ

기식음: φ, θ, χ

헬라어는 소리 나는 대로 기록하므로 자음 동화를 이해하는 것이 필요하다. 자음 동화는 어떤 자음이 근접한 다른 자음의 영향을 받아 그 자음과 같거나 유사한 음으로 변화

되는 현상(문 자음 동화[consonant assimilation])이다. 동화는 대치(代置, 음운 변동의 한 유형으로 어떤 한 음운이 다른 음운으로 바뀌는 현상, 한 355)의 하나로, 동화를 입는 음이 동화를 시키는 음과 같거나 비슷하게 바뀌는 것을 말한다(한 355).

헬라어 자음 동화 가운데 중요한 원칙들로는 아래와 같은 것들이 있다.

첫째, 양순음(π, β, φ)과 구개음(κ, γ, χ)이 치조음(τ, δ, θ)을 만나면, 음성의 종류가 같은 것으로 바뀐다(S 82). 다시 말해, 뒤에 무성음이 오면 앞에 있는 유성음과 기식음이 무성음이 되고, 뒤에 유성음이 오면 앞에 있는 무성음과 기식음이 유성음이 되며, 뒤에 기식음이 오면 앞에 있는 무성음과 유성음이 기식음이 된다는 말이다. 그래서, βτ와 φτ는 πτ가 되고, γτ와 χτ는 κτ가 된다. πδ와 φδ는 βδ가 되고, κδ와 χδ는 γδ가 된다. πθ와 βθ는 φθ가 되고, κθ와 γθ는 χθ가 된다. 이를 정리하면 아래와 같다.

π, β, φ + τ = πτ κ, γ, χ + τ = κτ
π, β, φ + δ = βδ κ, γ, χ + δ = γδ
π, β, φ + θ = φθ κ, γ, χ + θ = χθ

둘째, 양순음 π, β, φ가 σ를 만나면 ψ가 되고, 구개음 κ, γ, χ가 σ를 만나면 ξ가 된다(S 97). 먼저, 뒤따라오는 무성음 σ로 인해, 앞에 있는 음이 첫째 원칙을 따라 무성음 π와 κ로 바뀌어 πσ, κσ가 된다. 그리고 πσ와 κσ는 이중 자음 ψ와 ξ로 표기된다.

π, β, φ + σ = πσ = ψ
κ, γ, χ + σ = κσ = ξ

셋째, 치조음(τ, δ, θ)이 치조음(τ, δ, θ)을 만나면 s가 된다(S 83; M 24. 10). 여기서 중요한 것은 치조음이 수동태에서 θ를 만났을 때이다. 즉, τ, δ, θ + θ = σθ이다. τ가 θ를 만나면, τ가 치조음이면서 기식음인 θ로 동화되어 θθ가 되어야 맞지만, 고전 헬라어에서는 마찰음이면서 치조음이고 무성음인 σ가 되었다. 이는 조음 방법을 고려하면 이해할 수 있다. 마찰음은 두 조음 기관을 접근시켜 생긴 좁은 틈으로 공기를 내보내면서 내는 소리이고, 폐쇄음은 폐로부터 성대를 통해 나오던 공기가 완전히 폐쇄되었다가 터져 나오는 소리이다. 그러므로, 폐쇄음+폐쇄음보다 마찰음+폐쇄음 발음이 더 수월하다. θθ는 발음이 어렵지만, σθ는 이어서 발음할 수 있는 것이다.

그런데, 신약성경에서는 τ가 θ를 만나면, 양순음 π, β가 θ를 만날 때와 같이, φθ가 된다. 코이네 헬라어에서 자음 동화가 단순화된 결과가 아닌가 싶다. 결과적으로, 양순음 π, β가 θ를 만날 때와 동일하게, 치조음 τ가 θ를 만날 때도 φθ의 형태로 바뀐다. φθ를 발음해 보면, 동일한 기식음이지만 φ는 양순음이고 θ는 치조음이므로 발음이 가능하다. 한편, δ가 θ를 만나는 용례는 신약성경과 칠십인역에 없어, 고전 헬라어에서처럼 δθ가 σθ가 될지, τθ가 φθ로 동화되듯이 φθ로 될지 확인하기 어렵다. 그런데, θ가 θ를 만날 때는 고전 헬라어에서와 같이 θθ는 σθ가 된다.

신약성경의 용례를 따라 정리하면 아래와 같다.

τ + θ = φθ

δ + θ = σθ, φθ

θ + θ = σθ

넷째, 첫째 원칙과도 연관된 원칙으로 기식음화(aspiration)가 있다. '음의 탈락, 융합, 단어 합성 등의 이유로 무성음(π, τ, κ)이 기식음(φ, θ, χ)을 만나면 기식음(φ, θ, χ)이 된다'(S 124)는 원칙이다.

다섯째 원칙은 전치사 ἐν과 σύν이 단어 합성에 사용될 때 중요하다. 치조음이면서 비음인 ν는 양순음 π, β, φ, ψ을 만나면 양순음이면서 비음인 μ가 되고, 구개음 κ, γ, χ, ξ를 만나면 구개음이면서 비음인 γ(응)가 되며, 비음 μ와 유음 λ, ρ를 만나면 동화되어 μ, λ, ρ가 된다(S 91-92, 94-95). 치조음 ν이 치조음 τ, δ, θ를 만나면 변하지 않고 ν 그대로 있고, 치조음이지만 마찰음인 σ를 만나면 ν이 탈락되면서 이어지는 모음이 길어진다(S 93, 96; 보상 장모음화[compensatory lenthening]). 그런데, 마찰음 σ 다음에 오는 모음이 장음이면 ν이 탈락되지 않는다. σύν과 σημεῖον(표적, 증표, 77회)이 만나면 σύσσημον(신호, 1회)이 되고, σύν과 σῶμα(몸, 시체, 142회)가 만나면 σύσσωμος(일체, 한 몸, 1회)가 된다.

자음 동화와 함께 알아야 할 자음 관련 규칙으로 끝자음 추가가 있다. 단어 끝에 추가되는 자음으로는 ν와 σ 즉, ς 두 가지이다. 직설법 현재 능동태 3인칭 복수 어미 -ουσι와 같이 -σι로 활용되는 단어가 모음으로 시작되는 단어를 만날 때 변칙자음 ν를 붙여 단어를 구분짓기도 한다. '변칙자음 뉘'(움직이는 뉘[movable νυ])는 3인칭 단수 어미 -ε 다음에도, εἰμί의 직설법 현재 3인칭 단수형인 ἐστί 다음에도 쓰인다(S 134).

현재 비평본의 경우, 나름의 원칙을 가지고 변칙자음 뉘를 취급하는 것으로 보인다. 예를 들어, NA28판(2012년)을 보면, 뒤에 자음이 오더라도 직설법 현재 어미는 모두 -ουσιν으로 되어있다(409회). 그런데, 이 가운데 네 개(마 18:10; 눅 16:29; 행 19:38; 계 9:4)는 NA27판(1993년)에 직설법 현재 어미로 -ουσι를, 두 개(막 16:10; 롬 2:8)는 -οῦσι를 가지고 있다. 이 사실에 대해 NA28판 서문에서 침묵하는 것을 보면, NA27판의 여섯 용례를 철자 문제(matters of spelling) 가운데 하나로 취급하는 듯싶다. 비슷한 현상을 UBS4판(1993년)과 UBS5판(2014년)의 비교를 통해서도 발견할 수 있다. UBS4판에 변칙자음 뉘를 가지지 않았던 여섯 단어가 UBS5판에는 변칙자음 뉘를 가진 형태로 쓰인 것이다. 역시 서문에서 이러한 차이에 대해 자세히 언급하지 않는다. 참고로, 1550년 스테파누스 헬라어 성경에는 -ουσι 형태가 136회 나타난다. 바티칸 사본(4세기)에는 33회, 시내산 사본(4세기)에는 50회, 알렉산드리아 사본(5세기)에는 11회 나타난다. 이로 볼 때, 현재 우리는 변칙자음 뉘가 쓰이지 않은 형태가 가장 적게 가진 비평본을 사용하고 있다고 말할 수 있다.

한편, 단어가 합성될 때, 모음 사이에 ν가 추가되기도 한다. 예로, κατά와 ἅλωσις(생포, 포획, 1회)가 합성되어 이뤄진 καταναλίσκω(소멸하다, 1회)가 있다.

단어 끝에 추가되는 자음으로는 ν 외에 ς가 있다. 이를 테면, οὕτως 다음에 자음이 오면 οὕτω로 쓰인다. 그런데, 이와 관련해서도 변칙자음 뉘와 비슷한 현상을 현재 비평본에서 발견할 수 있다. NA27판에 4회(행 23:11; 빌 3:17; 히 12:21; 계 16:18) 쓰이는 οὕτω가 NA28판에는 모두 οὕτως로 바뀌어 있다. 물론, 이러한 본문 변경에 대해 서문에서 언급되지 않는다. 역시, UBS4판과 UBS5판에도 이러한 변화를 읽을 수 있다. NA와 UBS 편집자들은 변칙자음 뉘와 시그마가 뒤따라오는 단어의 첫 글자가 모음이든 자음이든 늘 쓰이는 것을 원칙으로 삼은 듯하다. 참고로, 1550년 스테파누스 헬라어 성경에는 οὕτω 형태가 116회 나타난다. 바티칸 사본(4세기)에는 8회, 시내산 사본(4세기)에는 9회, 알렉산드리아 사본(5세기)에는 7회 나타난다. 이로 볼 때, 현재 우리는 변칙자음 시그마가 쓰이지 않은 형태가 가장 적게 가진 비평본을 사용하고 있다고 말할 수 있다.

기본형에는 자음이 추가되지 않으나, 활용시 추가되는 경우도 있다. 예로, διαρήγνυμι(잡아 뜯다, 5회)는 신약성경의 모든 용례에서 유음 ρ가 추가된 형태로 쓰이기에 기본형을 διαρρήγνυμι로 제시하기도 한다(BDAG 235). 직설법 미완료과거 중간 혹은 수동태 3인칭 단수는 διερρήσετο로, 직설법 부정과거 능동태 3인칭 단수는 διέρρηξεν으로, 분사 현재 능동태 남성 단수 주격은 διαρρήσσων으로, 분사 부정과거 능동태 남성 단수 주격은 διαρρήξας로, 분사 부정과거 능동태 남성 복수 주격은 διαρρήξαντες로 활용된다.

2. 한국어와 헬라어 품사 비교

헬라어를 잘 이해하기 위해서는 품사(品詞, word class 혹은 part of speech; 단어를 그 문법적 성질에 따라 나눈 갈래, 한 436)에 대한 이해가 필요하다. 우리말의 품사와 헬라어 품사를 간단히 비교하면 아래와 같다.

한국어의 5언 9품사(한 437)		**헬라어**
용언	동사 형용사	동사
체언	명사 대명사 수사	명사, 관사 대명사, 관사 (형용사)
수식언	관형사 부사	형용사 부사, (소사)
관계언	조사 격조사 보조사 접속 조사	 (격변화), 전치사, 동사 대명사, 형용사, 접속사 접속사, 전치사
독립언	감탄사	소사, 감탄사

우리말 단어 가운데, 용언만 가변어이고 나머지(체언, 수식언, 관계언, 독립언)는 불변어이다.

2.1. 용언

우선, 용언부터 한국어와 헬라어를 비교해보자. 우리말은 동사(動詞, verb, 사물의 동작이나 작용을 나타내는 품사; 한 449)와 형용사(形容詞, adjective, 사물의 성질이나 상태를 표시하는 품사; 한 451)가 용언으로 쓰인다. 즉, "둘 다 주어를 서술한다"(한 453). 하지만, 헬라어의 용언은 동사 하나뿐이다. 헬라어의 형용사가 서술적 용법으로 쓰이고(술부 형용사, predicate adjective) εἰμί 동사가 생략되면, 형용사가 용언처럼 보일 수 있다. 그러나 엄밀히 말해, 형용사가 서술적 용법으로 쓰이더라도 εἰμί 동사가 생략되면, 우리말 서술격 조사(이다)에 해당하는 단어가 헬라어 문장에 없기 때문에, 헬라어 문장에 쓰인 형용사를 우리말의 용언으로 보기는 어렵다. 그런데, 한국어의 형용사가 문장의 서술어가 될 뿐 아니라 명사를 한정하는 기능도 할 수 있다는 "특징 때문에 한국어의 형용사는 동사의 하위 부류로 보아야 한다는 견해"(한 451-452; 예. 똑똑하다, 똑똑한)대로라면, 우리말 용언에 속하는 '형용사'마저 동사가 되기 때문에, 헬라어와 한국어 모두 용언에 속하는 품사는 동사뿐이라고 말할 수도 있다.

실제로, 한국어의 형용사는 헬라어의 동사에 해당되는 경우가 많다. 감각(검다, 달다, 시끄럽다, 거칠다, 빠르다, 멀다), 평가(착하다, 모질다, 아름답다, 성실하다), 비교(같다, 다르다, 낫다), 존재(있다, 계시다, 없다), 심리 상태(고프다, 아프다, 싫다, 좋다)를 표현하는 성상 형용사의 경우(한 452), 헬라어에서는 대부분 동사로 표현된다. 그러므로, 헬라어를 번역할 때, 헬라어 동사가 우리말의 형용사에 해당될 수 있다는 것을 염두에 둘 필요가 있다. 동시에, 서술적 용법으로 쓰인 헬라어 형용사가 우리말 용언인 동사나 형용사로 번역된다는 것도 기억하면 좋을 것이다.

행 3:12

τί **θαυμάζετε** ἐπὶ τούτῳ 왜 이 일로 **놀라십니까**?

θαυμάζετε(놀라다, 당황하다, 당황해하다, 43회)는 헬라어로는 동사이나 우리말로는 형용사로 번역된다.

행 26:23(R 656)

εἰ **παθητὸς** ὁ Χριστός, 그리스도가 **수난을 당하면,**

εἰ **πρῶτος** ἐξ ἀναστάσεως νεκρῶν 죽은 자들 부활의 **첫째가 되면**

παθητὸς (수난을 당하다, 1회)와 πρῶτος (첫, 첫째, 첫째가는, 으뜸이 되는, 지도자, 지난번, 155회)는 형용사로 서술적 용법으로 쓰였고 εἰμί 동사의 직설법 현재 3인칭 단수 형태인 ἐστίν 이 생략되었다.

헬라어 문장 특히, 동사를 우리말로 번역할 때는 경어법(敬語法, honorifics; 다른 사람을 높여 대우하기 위해 사용하는 언어 형식의 사용 방식; 한 99)이 고려되는 것이 좋을 것이다. 우리말에는 높임 표현이 발달되어 높임법, 경어법, 존경법, 존대법, 공대법, 대우법, 존비법, 겸양법, 공손법, 격식체 등 다양하게 표현되기 때문이다(한 675). 성경 번역과 관련해서는 '존대법'이 많이 사용되기에 이 책에서는 존대법이라는 용어를 사용한다.

우리말 존대법에는 '주체 높임, 상대 높임, 객체 높임'이 있다(한 678-695). 문장의 주어로 쓰인 주체를 높이는 가장 손쉬운 방법은 주체 높임의 조사 '께서'를 주어에 쓰고 선어말 어미 '-(으)시'를 종결 어미 앞에 쓰는 것이다. 예. 할머니께서 방에 계시다. 주체의 신체 부위나 주체와 관련된 사람 및 사물 등을 간접적으로 높이기도 한다. 예. 사장님은 넥타이가 특히 멋지시다. '-님, -분, 당신, 어르신, 주무시다, 자시다/잡수시다, 계시다'와 같은 어휘를 통해 주체를 높이기도 한다. 예. 사장님은 따님이 두 분이 계신다.

상대 높임은 말을 듣는 상대방인 청자를 높이는 방법을 말한다. 상대 높임은 문장 종결 어미를 통해 표현된다. 문장 종결 어미 등급은 6등급인데, 이는 격식의 4등급과 비격식의 2등급으로 나뉜다(한 683-690). 격식 4등급은 '하십시오체, 하오체, 하게체, 해라체'이고, 비격식의 2등급은 '해요체, 해체'가 있다. 하십시오체는 '합쇼체'라고도 하며, 상대 높임의 등급 중 최상위 등급에 속한다(한 683). 하오체는 극존칭이 아닌 일반적 존칭에 해당하며 나이나 사회적 지위 면에서 일반적으로 존중을 받아야 할 상대이지만 내가 깍듯이 존중해 줄 필요까지는 없는 상대에 대하여 사용한다(한 685). 하게체는 손윗사람이 손아랫사람에게 사용하지만 화계상 청자를 낮추는 등급이 아니라 청자를 대접해서 높이는 상대 높임법의 하나이다(한 686). 해라체는 일반적으로 구어에서는 손아랫사람이나 서열이 비슷한 사람에게, 문어에서는 불특정 다수를 대상으로 사용된다(한 687). 해요체는 두루높임체라고도 하며, 남성보다는 여성이 주로 비공식적인 상황의 구어 등 상대방에 대하여 아주 깍듯이 예를 갖추지 않아도 되는 편안한 경우에 사용한다(한 689). 해체는 친구 사이처럼 동등한 반열에 있는 사람들 사이에서나 혹은 손윗사람이 손아랫사람에게 쓸 수 있는 화계로 주로 구어에 나타나며 비격식적인 어투에 속한다(한 689). 대표적인 예를 들어본다.

하십시오체: 이쪽으로 가십시오.

하오체: 어디 가시오?

하게체: 자주 만나세.

해라체: 동생이 책을 읽느냐?

해요체: 밥을 먹어요.

해체: 밥을 먹어.

'-님, 모시다, 뵈다/뵙다, 아뢰다, 여쭈다/여쭙다, 드리다, 받잡다' 등의 어휘를 통해 상대를 높이기도 한다. 예. 제가 선생님께 드릴 말씀이 있습니다. 여기서 선생님은 청자이다.

객체 높임은 문장에서 목적어나 부사어로 나타나는 성분을 높이고자 할 때 사용하는 존대법의 일종이다. 주체도 아니고 상대도 아닌 대상을 주체 높임의 조사 '-께서'나 '여쭙다/여주다, 뵙다, 받잡다, 듣잡다, 뵈다, 드리다, 모시다' 등의 어휘를 통해 높인다. 예. 나는 선물을 할머니께 드렸다. 여기서 할머니는 청자가 아니다.

한편, 객체 높임과 관련된 것으로 압존법(壓尊法)이 있다(한 694). 화자의 입장에서 볼 때 충분히 높여야 할 대상이지만 상대적으로 그 대상보다 더 높임을 받아야 할 대상으로 인하여 높임의 의미를 표현하지 못하는 경우에 쓰는 경어법이다. 예. 할머니, 아버지 어디 갔어요? 하지만 압존법이 젊은 세대에서는 잘 나타나지 않기도 한다. 예. 교수님,

제가 동아리장 언니께 이걸 갖다드리겠습니다. 압존법을 반영하면 이 예문은 "교수님, 제가 동아리장 언니에게 이걸 갖다주겠습니다"가 되어야 하지만, 화자가 동아리장 언니와 자신과의 관계를 고려하여 "언니께, 갖다드리겠습니다"와 같이 표현한 것이다.

반면, 나이든 세대에서는 압존법과 더불어 가존법(假尊法)이 쓰이기도 한다(한 695). 화자보다 낮은 위치에 속하나 청자보다 높은 위치에 속하는 대상에 대해, 화자가 청자와 그 대상과의 관계를 고려하여 존대법을 사용하는 경우이다. 예. 어미야, 네 시숙께 이것 좀 갖다드려라. 시장하실라. 며느리와 시숙과의 사이를 고려하여, 시어머니가 시숙에 대해 객체 높임을 하고 있다.

이제는 이러한 우리말 존대법이 성경 번역에 충분히 반영되어야 할 것으로 보인다. 그래야 문맥이 한국어로 충분히 표현된 것이 되기 때문이다. 필자는 『사도행전 원문강독』의 우리말 번역 부분에서 이러한 존대법을 충분히 반영하여 사도행전을 번역하였다.

행 22:25

εἶπεν πρὸς τὸν ἑστῶτα ἑκατόνταρχον ὁ Παῦλος, 바울이 서있던 백부장에게 **말했습니다.**

Εἰ ἄνθρωπον Ῥωμαῖον καὶ ἀκατάκριτον 혹여 로마 사람이며 판결 없는 자를

ἔξεστιν ὑμῖν μαστίζειν ; 채찍질하는 게 여러분에게 **합당한가?**

우선 누가가 데오빌로를 각하라고 부르기 때문에(눅 1:3) 하십시오체를 쓸 것이라 여겨 '말했습니다'로 번역했다. 또한 바울이 백부장보다 상당히 많이 연장자였을 것과 바울의 인품을 고려하여 하게체를 써서 '합당한가'로 번역했다.

행 22:27

προσελθὼν δὲ ὁ χιλίαρχος **εἶπεν** αὐτῷ, 이에 천부장이 바울에게로 가서 **말했습니다.**

Λέγε μοι, 내게 **말하라.**

σὺ Ῥωμαῖος **εἶ**; 너는 로마 사람**이냐?**

ὁ δὲ **ἔφη**, 그러자 그가 **일렀습니다.**

Ναί. **맞다.**

'말했습니다, 일렀습니다'는, 앞선 예에서 설명했듯, 데오빌로에 대한 누가의 높임 표현이다. 직접 인용된 대화 내의 헬라어 표현을 보면, 천부장과 바울의 매우 간결한 표현 속에서 상대방에 대한 모종이 긴장감이 흐르는 것을 읽을 수 있다. 하여 천부장과 바울이 서로 해라체를 사용한 것으로 번역하느라, '말하라, 사람이냐, 맞다'를 사용했다.

2.2. 체언

체언에 해당하는 한국어 품사는 명사(名詞, noun, 사물의 이름을 나타내는 품사; 한 440), 대명사(대명사, pronoun, 사람이나 사물의 이름을 대신하여 쓰는 단어 부류; 한 443), 수사(수사, numerals, 사람이나 사물의 수량 또는 순서를 나타내는 단어; 한 447)이다. 이 가운데 수사는 헬라어에서 형용사로 취급된다. 쓰임새는 우리말 수사와 비슷하다. 형용사 부분을 보라.

명사와 대명사는 전반적으로 비슷하나 몇 가지 점에서 차이가 있다. 우선, 우리말의 의존명사(依存名詞, dependent noun) 가운데 보편성 의존 명사(것, 이, 분, 바, 데; 한 442)와 대명사 '거시기[이름이 얼른 생각나지 않거나 바로 말하기 곤란한 사람 또는 사물을 가리키는 대명사]'나 '거['거기01'를 구어적으로 이르는 말]'는 헬라어 관사와 연결된다. 관사 부분을 보라.

또한, 헬라어 대명사에는 우리말에 없는 관계 대명사(關係代名詞, relative pronoun, [앞에 오는 명사를 대신하는 동시에 뒤에 오는 절을 선행사에 연결하여 주는 대명사])가 있다. 대명사 부분을 보라.

번역할 때 고려해야 할 것 가운데 하나로 우리말 대명사에 있는 평칭(나, 우리, 너, 너희), 겸칭(저, 저희), 경칭(자네, 당신, 그대)이 있다(한 444). 우리말 어법에 맞추려면 상황에 맞게 겸칭과 경칭을 쓰는 것이 좋다.

행 10:14

ὁ δὲ Πέτρος εἶπεν, 하나 베드로가 말했습니다.

Μηδαμῶς, κύριε, 안 됩니다, 주님.

ὅτι οὐδέποτε **ἔφαγον 저는** 한번도 **먹어본** 적이 없습니다.

ἔφαγον은 ἐσθίω(먹다, 먹어 보다, 158회)의 직설법 부정과거 능동태 1인칭 단수이다. 베드로가 주님과 얘기하고 있기 때문에 우리말로는 겸칭인 '저'를 쓰는 것이 맞다.

2.3. 수식언

한국어 수식언 가운데 관형사(冠形詞, 체언 앞에 놓여서 그 체언의 내용을 자세히 꾸며 주는 품사; 한 475)는 헬라어의 형용사에, 부사(副詞, adverb, 용언이나 문장, 다른 부사 앞에 놓여 뒤에 오는 문장 내의 특정한 성분이나 문장을 수식하는 품사; 한 477)는 헬라어의 부사에 해당된다. 명사 수식의(혹은 관형적, 수식적, 한정적) 용법으로 사용된 형용사와 동사 수식의 용법으로 사용된 부사의 예를 하나씩 들어 본다.

행 21:28

ὁ κατὰ τοῦ λαοῦ καὶ τοῦ νόμου καὶ τοῦ τόπου τούτου 백성과 율법과 이 곳을 대적하여

πάντας **πανταχῇ 어디에서고** 모든 사람들을

διδάσκων, 가르치는 자라오.

ἔτι τε καὶ Ἕλληνας εἰσήγαγεν εἰς τὸ ἱερὸν 더욱이 헬라 사람들을 성전에 들이기까지도 하며

καὶ κεκοίνωκεν τὸν **ἅγιον** τόπον τοῦτον. **거룩한** 이 곳을 더럽혔소.

'어디서든, 어디에서고'를 의미하는 πανταχῇ는 부사로 동사 διδασκων을 수식하고, '거룩한'이란 의미를 가지는 ἅγιος의 남성 단수 대격 ἅγιον은 명사 τόπον을 꾸민다.

그런데, 헬라어에는 수식언 혹은 관계언으로 분류될 만한 단어들이 있다. 이 단어들은 불변화사(不變化詞, particle)로 불린다. 일반적으로 불변화사는 "인도 유럽 어에서 어형 변화를 하지 않는 단어를 통틀어 이르는 말. 부사, 전치사, 접속사, 관사 따위가 있다. ≒ 소사(小辭 혹은 小詞)10"으로 정의된다. 헬라어의 경우, 관사는 성과 수와 격에 따라 변화한다. 부사도 변화될 때가 있다. 전치사는 자음접변 등의 이유로 형태가 변화된다. 접

속사는 변화되지 않으나 접속사로 분류된다. 감탄사도 변화되지 않으나 감탄사로 분류된다. 따라서 헬라어에서는 '부사, 전치사, 접속사'를 뺀 나머지 불변화사만 '불변화사'라고 부르는 것이 좋을 것이다. 머리말에서 밝힌 것처럼, 이 책에서는 혼동을 피하기 위해 '부사, 전치사, 접속사를 제외한 불변화사'를 '소사'라 부른다.

소사에 해당되는 단어들을 '문장 부사'(sentence adverbs, S 1094; 文章副詞, sentential adverb, 문장 내의 특정 성분이 아니라 문상 선체를 수식하는 부사의 한 갈래, 한 480) 나 접속사(conjunction, S 2769)로 분류하기도 하지만, 이 책에서는 소사는 감탄사와 함께 다루도록 한다.

2.4. 관계언

한국어의 관계언에는 조사(助詞, 자립성이 있는 말에 붙어 그 말과 다른 말과의 관계를 표시하는 품사; 한 481)가 있다. 조사에는 격 조사, 보조사, 접속 조사가 있다. 격 조사에는 주격 조사(이/가, 께서), 관형격 조사(의), 부사격 조사(여격: 에게, 한테, 더러, 께; 처소격: 에; 도구격: [으]로; 공동격: 와/과, 하고), 목적격 조사(을/를), 호격 조사(아/야), 보격 조사(되다, 아니다), 서술격 조사(이다)가 있다(한 481-482). 이 가운데, 주격은 헬라어 주격(nominative)과, 관형격은 헬라어 속격(genitive)과, 여격은 헬라어 여격(dative)과, 목적격은 헬라어 대격(accusative)과, 호격은 헬라어 호격(vocative)과 연결된다. 처소격, 도구격, 공동격 조사는 헬라어 전치사와, 보격 조사는 헬라어 동사 γίνομαι와, 서술격 조사는 헬라어 동사 εἰμί와 연결된다.

한국어 보조사(補助詞, 문법적 관계 이외에 말하는 사람의 태도를 표시하거나 앞말에 의미를 덧붙일 때 사용하는 조사)는 '대조와 주제'(은/는), '배타나 한정'(만, 밖에, 뿐), '포함이나 더함'(도, 조차, 마저, 까지), '선택'([이]나, [이]든지, [이]나마, [이]라도)의 의미를 나타낸다(한 482). 이러한 보조사가 헬라어로는 대명사, 형용사, 접속사 등으로 표현된다.

한국어 접속 조사(接續 助詞, 둘 이상의 체언을 같은 자격으로 접속시켜 주는 기능이 있는 조사)에는 '와/과, 에다, (이)며, (이)랑' 등이 있다(한 482). 이러한 접속 조사가 헬라어로는 접속사, 전치사 등으로 표현된다.

2.5. 독립언

한국어의 독립언에는 감탄사(感歎詞, exclamation, 화자가 자신의 느낌이나 의지를 개념적인 단어, 즉 '기쁨, 슬픔', '기쁘다, 슬프다', '기뻐하다, 슬퍼하다' 등의 명사, 형용사, 동사를 사용하지 않고 직접 나타내는 품사; 한 499)가 있다. 감탄사가 단독적인 발화로서 선 · 후행 문장과 대등한 정도의 독립성을 지녔다고 보고 '간투사(間投詞, interjection)'라 부르기도 한다(한 500). 이는 헬라어의 감탄사와 연결된다. 더불어, 앞서 언급된 소사도 독립언으로 분류하여 다루도록 한다.

제Ⅱ부

품 사

1. 동 사

이제 헬라어 단어를 종류별로, (1) 동사, (2) 명사, 대명사, 관사, (3) 형용사, 부사, (4) 전치사, 접속사, (5) 소사, 감탄사 순으로 살펴보자. 동사를 가장 먼저 다루는 이유는 문장에서 가장 중요하면서 가장 어려운 부분이기 때문이다.

어간에 어미가 결합하는 현상을 굴절(屈折, inflection)이라 하고, 체언의 굴절을 곡용(曲用, declension), 용언의 굴절은 활용(活用, conjugation)이라 부른다(한 457-458). 헬라어의 경우, 동사 변화를 활용(혹은 어형변화)이라고, 명사, 형용사(분사 포함), 대명사의 격변화를 곡용(혹은 어미변화)이라고 부른다(S 190).

헬라어 동사는 크게 어간모음 동사(thematic verb; ω 동사)와 비어간모음 동사(athematic; mi 동사)로 나뉜다. 어간모음 동사는 어간모음(thematic vowel) 혹은 연결모음(connecting vowel) ο, ε 혹은 ω, η가 시제어간(tense stem)과 인칭어미(personal endings)사이에 있는 동사이다. 'ω 동사'라고도 불린다. 어간모음 동사의 활용을 어간모음 활용(thematic conjugation)이라 부른다. 비어간모음 동사는 어간모음이 시제 어간과 인칭어미 사이에 없는 동사로 'μι 동사'라고도 불린다. 비어간모음 동사의 활용은 비어간모음 활용(athematic/non-thematic conjugation)이라고 부른다. 본래 헬라어 동사는 비어간모음 동사였을 것으로 추정된다(R 306). 더 오래된 형태이기도 하고, 현재 남아있는 비어간모음 동사가 많지 않지만 중요한 동사들이기도 하여, 이 책에서는 비어간모음 활용(conjugation)부터 다룬다. 일반적으로 어간모음 동사를 먼저 배워 비어간모음 동사에 익숙하지 않기도 하기에, 비어간모음 동사로 동사 활용을 정리하는 것이 더 유익할 것으로 보인다.

어간모음 동사(thematic verb)는 어간이 모음으로 끝나는 모음동사(vowel verb)와 어간이 자음으로 끝나는 자음동사(consonant verb)로 나뉜다. 모음동사는 α, ε, ο로 끝나는 단축동사(contracted verb)와 ι와 υ로 끝나는 단축되지 않는 동사로 나뉜다(S 376). 장음 η, ω로 끝나는 동사는 비어간모음 동사에 속한다. 모음 α, ε, ο로 끝나는 모음 동사인 단축동사는 현재와 미완료과거 시제에서 단축현상이 일어난다(S 59, 385-392). 또한, σ와 θ앞에서 모음 α, ε, ο은 η, η, ω로 길어진다. 단축되지 않는 동사는 모음 υ, ι로 끝나는 동사로 모음 단축이 일어나지 않는다. 이 책에서는 '비단축동사'라 부르기도 한다.

어간이 자음으로 끝나는 자음 동사는 어간이 폐쇄음(파열음) β, γ, δ, θ, κ, π, τ, φ, χ으로 끝나는 폐쇄음동사(stop verb), 마찰음 σ와 이중 자음 ξ로 끝나는 마찰음동사(fricative verb), 파찰음 ζ로 끝나는 파찰음동사(affricate), 비음 μ와 ν로 끝나는 비음동사(nasal verb), 유음 λ와 ρ로 끝나는 유음동사(liquid verb)로 나뉜다.

신약성경에는 동사가 1853개가 쓰였는데, 그 가운데 비어간모음 동사는 112개, 단축동사는 628개, 비단축동사는 179개, 폐쇄음동사는 322개, 마찰음동사는 57개, 파찰음동사는 288개, 비음동사는 161개, 유음동사는 106개이다.

이상 내용을 정리하여 표로 정리하면 아래와 같다.

〈헬라어 동사 분류〉

비어간모음 동사(μι 동사)	112개		
어간모음 동사(ω 동사)	모음동사	단축동사	628개
		비단축동사	179개
	자음동사	폐쇄음동사	322개
		마찰음동사	57개
		파찰음동사	288개
		유음동사	104개
		비음동사	157개

일반적인 기초 문법책에서 소개하는 동사 활용을 보려면 '비단축동사' 항목(1.4.1)을 보면 된다.

1.1. 한국어 동사 분류

한국어 동사를 문법 견지에서 네 가지로 구분하면, 자동사와 타동사, 능동사와 피동사, 본동사와 사동사, 본동사와 보조 동사가 있다(한 450).

첫째, 자동사(自動詞, intransitive verb, [동사가 나타내는 동작이나 작용이 주어에만 미치는 동사. '꽃이 피다.'의 '피다', '해가 솟다.'의 '솟다' 따위이다. ≒제움직씨.])와 타동사(他動詞, transitive verb, [동작의 대상인 목적어를 필요로 하는 동사. '밥을 먹다'의 '먹다', '노래를 부르다'의 '부르다' 따위이다. ≒남움직씨 · 월과동사 · 타동02「2」.])는 헬라어에도 적용된다. 다만, 헬라어 문장에서는 목적어가 생략되는 경우가 많기에, 단어의 의미를 주의 깊게 살펴야 한다. 자동사로 쓰이는 단어가 전치사와 합성되면 타동사로 쓰이기도 한다(S 1559). 또한, 하나의 단어가 자동사와 타동사 두 가지로 사용되기도 한다(참고. S 1709, 1561). 하나의 단어가 자동사와 타동사로 쓰인 예만 살펴 본다.

ἀπόλλυμι(잃다, 상하다, 망하다, 끝장이 나다, 멸하다, 90회)가 자동사로 쓰인 예:
행 27:34
οὐδενὸς γὰρ ὑμῶν θρὶξ ἀπὸ τῆς κεφαλῆς **ἀπολεῖται**.
여러분 가운데 어무의 머리카락도 **상하지**[/머리에서 떨어지지] 않을 것입니다.
ἀπόλλυμι의 직설법 미래 중간태 3인칭 단수형인 ἀπολεῖται는 이 문장에서 자동사로 쓰였다.

ἀπόλλυμι가 타동사로 쓰인 예: 마 2:13
μέλλει γὰρ Ἡρῴδης ζητεῖν τὸ παιδίον 헤롯이 그 아이를 찾으려 하기 때문입니다,
τοῦ **ἀπολέσαι** αὐτό. 그를[/그 아이를] **멸하려고요.**
ἀπόλλυμι의 부정사 부정과거 능동태인 ἀπολέσαι는 αὐτό를 목적어로 취해 타동사로

쓰였다.

둘째, 능동사(能動詞, [주어가 제힘으로 행하는 동작을 나타내는 동사. '철수가 친구를 업다.', '아이가 밥을 먹다.', '사냥꾼이 토끼를 잡다.' 따위에서 '업다', '먹다', '잡다' 따위이다. ≒제힘움직씨.])와 피동사(被動詞, [남의 행동을 입어서 행하여지는 동작을 나타내는 동사. '보이다', '물리다', '잡히다', '안기다', '업히다' 따위가 있다. ≒수동사、입음움직씨.])가 헬라어에서는 대부분 태(態, voice)로 표현된다. 능동사는 능동태와, 피동사는 수동태와 관련된다. 능동태와 수동태가 함께 있는 문장을 예로 든다.

행 1:9

καὶ ταῦτα εἰπὼν 그리고는 이것들을 말씀하신 뒤에

βλεπόντων αὐτῶν 그들이 볼 때

ἐπήρθη, 들려 올라가셨습니다.

καὶ νεφέλη **ὑπέλαβεν** αὐτὸν 이어 구름이 그분을 **영접하였습니다.**

ἀπὸ τῶν ὀφθαλμῶν αὐτῶν. 그들이 보는 데에서요[그들의 눈들로부터요].

사동사로 쓰이는 ἐπαίρω(높이다, 19회)의 직설법 부정과거 수동태 3인칭 단수형인 ἐπήρθη는 수동태로 '들려 올라가다'라는 피동의 의미를 갖는다. 피동 접사 '-이-'를 '들다'에 붙여 '들리다'로 번역하여 피동을 표현하였다. ὑπολαμβάνω(간주하다, 그렇다고 여기다, 영접하다, 5회)의 직설법 부정과거 능동태 3인칭 단수형인 ὑπέλαβεν은 능동태로 능동의 의미를 갖는다.

헬라어 수동을 우리말 피동(被動, passive; 문장의 주어가 제 스스로 행위를 일으키거나 상황을 초래하는 것이 아니라, 다른 사람이나 사물의 힘에 의해 행동이나 상황이 이루어지는 것, 한 663)으로 번역하려면 어떻게 해야 하는가? 첫째, 위의 예에서 '들리다'로 표현한 것처럼, 피동 접사 '-이/히/리/기-'를 붙여 피동으로 번역할 수 있다(한 665). 예로, (1) 보이다, 쓰이다, 파이다, 닦이다, 놓이다, (2) 막히다, 걷히다, 잡히다, 읽히다,

밟히다, (3) 걸리다, 열리다, 팔리다, 들리다, 잘리다, (4) 끊기다, 뜯기다, 안기다, _기다 등이 있다. 둘째, '-아/어지다'를 동사의 어간에 결합하여 표현할 수 있다(한 666). 예로, 찾아지다, 만들어지다, 찢어지다, 풀어지다 등이 있다. 셋째, 피동의 사실이나 상황적 의미를 갖는 어휘를 사용하여 피동을 표현하기도 한다. 되다, -게 되다, 당하다, 받다, (피해를) 입다, (뺨을) 맞다, (욕을) 먹다, -되다 등이 있다.

히브리어의 경우, 동사의 기본 유형 가운데 칼(qal; 동작동사와 상태 동사가 있는데, '상태 동사'는 "동사 변화를 하는 형용사"이다, JMK 41a-b)과 피엘(piel; "의미상 강조적인 것으로 간주되어 왔다", JMK 52a)은 능동사와, 칼 수동(Qal passive), 푸알(pual; 피엘형의 수동태), 호팔(hofal; 히필형의 수동태)은 피동사와 연결된다. 참고로, 형태가 푸알(pual)과 같으나 동사가 능동의 피엘(piel)형을 가지고 있지 않고 칼(qal)형을 가지고 있다면, 푸알(pual)이 아니라 칼 수동(Qal passive)으로 본다. 또한 형태가 호팔(hofal)과 같으나 동사가 능동의 히필(hifil)형을 가지고 있지 않고 칼(qal)형을 가지고 있고 그 형태의 의미가 히필(hifil) 수동이 아니라면 칼 수동(Qal passive)으로 본다(JMK 58a).

셋째, 우리말 동사는 주동사(主動詞, [문장의 주체가 스스로 행하는 동작을 나타내는 동사])와 사동사(使動詞, [문장의 주체가 자기 스스로 행하지 않고 남에게 그 행동이나 동작을 하게 함을 나타내는 동사. 대개 대응하는 주동문의 동사에 사동 접미사 '-이-, -히-, -리-, -기-' 따위가 결합되어 나타난다. 하지만 특수한 의미를 가지게 되어 대응하는 주동사를 설정하기 어려운 경우도 있다. ≒사역 동사、하임움직씨.])로도 구분한다. 주동사와 능동사는 사동사 및 피동사와 다음과 같이 연결된다(한 450).

가. 학생들이 책을 읽는다. '읽는다'는 능동사이면서 주동사이다.
나. 책이 학생들에게 읽힌다. '읽힌다'는 피동사이다.
다. 선생님이 학생들에게 책을 읽힌다. '읽힌다'는 사동사이다.

우리말 피동은 헬라어에서 태의 일종인 수동태와 관계되는 것과는 달리, 우리말 사동은 헬라어 동사 어미와 연결될 수 있다. 헬라어의 경우, -ζω, -ζομαι로 끝나는 파찰음 동사(신약성경에 288개)가 사동사의 의미를 가질 때가 많다. ἁγιάζω는 '거룩하게 하다'를, βαπτίζω는 사동 표현 '-게 하다'가 있는 '가라앉게 하다'의 의미로 '잠그다'를 의미한다. βαπτίζω가 수동태가 되면, 우리말 '잠그다'의 피동인 '잠기다'로 번역하면 된다.

파찰음 동사가 사동의 의미를 갖는 것을 보여주는 예로 στυγνάζω를 들 수 있다. 이 단어는 '싫어하다'는 의미를 가진 στυγέω에서 파생된 단어인데, '싫어하게 되다'는 의미로 '당황하다'라는 뜻을 갖는다. 또한 '결혼'을 뜻하는 γάμος를 어근으로 갖는 두 개의 동사 γαμέω와 γαμίζω를 통해서도 파찰음 동사로 사동을 표현한다는 것을 확인할 수 있다. γαμέω는 '신랑이 아내를 맞이하다'의 의미로 '결혼하다'를 뜻하지만, γαμίζω는 '딸을 결혼시키다'(LSJ 337)는 의미이다. 따라서, 막 12:25의 οὔτε γαμοῦσιν οὔτε γαμίζονται는 "장가도 아니 가고 시집도 아니 가고"보다는 "장가도 아니 가고 시집 보내지도 않고"가 더 정확한 번역이다.

파찰음 동사가 사동의 의미를 갖는다는 것을 보여 주는 개념으로 헬라어 '앉다'가 있다. '앉는다'는 개념은 헬라어로 ἧμαι, ἵζω, ἕζομαι로 표현된다. ἧμαι는 '앉다(be seated, sit)'로, ἵζω는 '(다른 이를) 앉히다(make to sit)'로, ἕζομαι는 '자기 자신을 앉히다(seat oneself)'로 번역될 수 있다(LSJ 770, 823, 478). 이 가운데 파찰음 동사인 ἵζω와 ἕζομαι는 ἧμαι와 달리 사동의 의미를 갖는 것을 확인할 수 있다. 세 단어 모두 신약성경에서 어근으로만 쓰인다. ἧμαι는 κάθημαι, συγκάθημαι의 어근으로, ἵζω는 ἀνακαθίζω, ἐπικαθίζω, καθίζω, συγκαθίζω의 어근으로, καθέζομαι, παρακαθέζομαι 등의 어근으로 쓰인다.

따라서, 어근의 의미를 고려해서 번역하면 의미가 조금씩 달라진다. 예로, 사동의 의미가 없는 κάθημαι와 사동의 의미가 있는 καθέζομαι를 비교해본다.

행 2:2
καὶ ἐπλήρωσεν ὅλον τὸν οἶκον 이어 그것이 집 전체를 채웠습니다.
οὗ ἦσαν **καθήμενοι**· 그들이 **앉아** 있던 곳을요.

행 6:15

πάντες οἱ **καθεζόμενοι** ἐν τῷ συνεδρίῳ 공회에 **참석한**[착석한] 모든 이들이요

행 2:2의 καθήμενοι는 약속하신 성령을 기다리던 제자들의 '앉아 있는' 상태를 표현하는 단어인 반면, 행 6:15의 καθεζόμενοι는 산헤드린 공회에 참석하여 '자신을 앉힌, 다시 말해 착석한' 공회원들의 마음가짐까지 드러낸다고 볼 수 있다. 이로 볼 때, 열두 살 때 예루살렘 성전에 머무시며 가르치는 이들 가운데에서 듣고 물으셨던 예수님이 καθεζόμενον(눅 2:46) 즉, 자신을 앉히신, 착석하신 것으로 표현된 데는 의미가 있다 할 것이다. καθεζόμενον이, 예수님의 권위와 더불어, 의지를 가지고 그곳에 앉아 계셨던 예수님의 마음가짐까지 표현하고 있다고 말할 수 있다.

한편, 파찰음 동사 가운데 θαυμάζω(놀라다, 당황하다, 당황해하다, 43회)와 같이 감정을 표현하는 동사의 경우, 피동의 의미를 갖는다고 보아 astonished, amazed와 같이 수동태로 표현되는 것이 보통이다. 그러나, 이 단어도 엄밀하게 따지면 사동의 의미를 표현하고 있다고 볼 수 있다. 놀라거나 당황하는 상태가 다른 사람에 의해 유발되는 부분도 있지만, 자기가 자기 스스로를 놀라게 하고, 당황하게 하는 부분이 더 크기 때문이다. 똑같은 상황을 보더라도 누군가는 놀라지 않을 수 있고, 누군가는 소스라치게 놀랄 수 있다. 그래서, 파찰음 동사는 사동을 표현하는 것으로 정리해도 될 듯싶다.

파찰음 동사가 사동을 표현하는 것처럼, 어간이 α, ε, ο로 끝나는 단축동사도 어떤 의미를 갖는 것처럼 보인다. δίκη(정의, 3회)를 어근으로 갖는 ἀδικέω(해하다, 28회), ἐκδικέω(보복하다, 6회), δικαιόω(으스대다[어울리지 아니하게 우쭐거리며 뽐내다], 의롭다 함을 받다, 용서 받다, 39회), καταδικάζω(형을 선고하다, 벌을 받게 하다, 5회)를 보면, 앞 세 개는 히브리어 피엘(piel)과 같이 변화를 강조하는 특징을 갖고, 마지막 단어는 사동이나 피동의 의미를 갖는다. τέλος(실현, 완결, 임무, 세금, 지출, 40회)를 어근으로 갖는 τελέω(마치다, 28회)와 τελειόω(마무리하다, 23회)도 의미에 차이가 있다. 전자에 비해 후자에서 변화 강조를 더 읽을 수 있다. 단축동사는 모음단축이 일어나 발음

면에서도 추가적인 강조가 이뤄진다.

그럼, 사동(使動, causation; 문장의 주어가 다른 누군가 혹은 무언가에게 동작이나 행위를 하게 하도록 시키는 것, 한 669)은 우리말로 어떻게 표현하는가? 피동과 유사하게, 사동 접미사 '-이/히/리/기/우/구/추-'(1-7)나 '-게 하다'(8) 혹은 사동을 의미하는 '시키다, 보내다, 적시다, 없애다, 일으키다'와 같은 어휘(9)를 사용하면 된다(한 670-675). 예를 들면, (1) 끓이다, 녹이다, 높이다, 먹이다, 보이다, 붙이다, 속이다, 죽이다, 줄이다, (2) 굳히다, 넓히다, 눕히다, 밝히다, 식히다, 썩히다, 입히다, 읽히다, 잡히다, (3) 걸리다(걷다), 날리다, 돌리다, 들리다(듣다), 알리다, 얼리다, 울리다, (4) 감기다, 굶기다, 남기다, 벗기다, 신기다, 씻기다, 안기다, 옮기다, 웃기다, (5) 깨우다, 끼우다, 비우다, 새우다, 지우다, (6) 달구다, 솟구다, 일구다, (7) 낮추다, 늦추다, 들추다, 맞추다, (8) 먹게 하다, 청소하게 하다, 눕게 하다, (9) 청소를 시켰다, 청소시켰다, 학교에 보냈다, 이불을 적셔서, 텔레비젼을 없앴다, 동생을 일으켰다 등이 있다.

행 2:33

τῇ δεξιᾷ οὖν τοῦ θεοῦ **ὑψωθείς** 그러니 하나님의 오른쪽에까지 **높아지셔서**

ὑψόω(높이다, 번창하게 하다, 20회)의 분사 부정과거 수동태 남성 단수 주격인 ὑψωθείς는 '높이, 정상'을 의미하는 ὕψος를 어근으로 갖는데, 단축동사가 되면서 변화를 강조하거나 사동의 의미를 가져 '높이다'['높다'의 사동사]를 뜻한다. 이 문장에서는 수동태로 쓰여 피동의 의미를 갖기에 '-아지다'를 써서 '높아지다'로 번역되었다.

사동사는 히브리어의 히필(hifil; "사역적인 동작의 능동적인 동사 변화", JMK 54a) 형태와 연결된다. 필자가 우리말, 능동, 피동, 주동, 사동을 헬라어 태나 동사 어미뿐 아니라 히브리어 동사 기본 유형과 연결 짓는 이유는 '히브리어 동사를 이해할 때 기본 유형에 너무 집착하지 않는 것이 좋을 것 같다'는 생각 때문이다. 이어지는 헬라어 동사 활용 요소에서 보겠지만, 동사를 이해할 때 가장 중요한 것이 법이고, 그 다음이 시제와 태인데, 히브리어 동사의 경우 동사의 기본 유형에 너무 집착하는듯 보이기 때문이다.

지금까지 살펴 본 것을 기초로 헬라어 동사와 히브리어 동사를 비교해 보면, 헬라어 단축동사는 어느 정도 히브리어 피엘(piel)과, 헬라어 파찰음 동사는 히브리어 히필(hifil)과 연결될 수 있다. 또한, 헬라어 수동태는 히브리어 칼 수동(Qal passive), 푸알(pual), 호팔(hofal)과 관계된다. 헬라어 단축동사와 파찰음 동사를 제외한 나머지 동사 즉, '비어간모음 동사, 모음동사 가운데 비단축동사, 자음동사 가운데 폐쇄음동사, 마찰음동사, 유음 및 비음동사'는 히브리어 칼(qal) 형과 연결할 수 있다. 헬라어의 중간태와 이태동사는 우리말 '재귀 대명사'와 연결 지을 수 있고, 히브리어 동사의 기본 유형 가운데에서는 니팔(nifal) 및 히트파엘(hitpael)과 연관된다.

히브리어 동사 가운데 어떤 것은 칼(qal) 형이 없고 피엘(piel)이나 히필(hifil)이 기본형이다. 이러한 점을 헬라어 동사 어미와 연관 지어 설명한다면, 히브리어 동사를 법과 시제에 더 집중하여 이해할 길이 열릴 것으로 보인다. 그럼, 우리말 능동(주동), 사동, 피동과 헬라어 단축동사, 파찰음 동사 및 히브리어 동사 기본 유형과의 관계를 표로 정리해 본다.

우리말	**헬라어**	**히브리어**
능동(주동)	나머지 동사	칼(qal)
	단축동사	피엘(piel)
사동	파찰음 동사	히필(hifil)
피동	수동태	칼 수동(Qal passive), 푸알(pual), 호팔(hofal)
(재귀 대명사)	중간태, 이태동사	니팔(nifal), 히트파엘(hitpael)

넷째, 마지막으로 우리말 동사는 본동사(본동사, [보조 용언의 도움을 받는 동사. ≒으뜸움직씨.])와 보조 동사(補助動詞, [본동사와 연결되어 그 풀이를 보조하는 동사. '감상을 적어 두다.'의 '두다', '그는 학교에 가 보았다.'의 '보다' 따위이다. ≒도움움직씨 · 조동사.])로도 구분한다. 우리말 보조 동사에는 버리다/보다/-아 있다/-어 있다/주다/가다/오다/놓다/두다 등이 있다(한 450).

본동사+보조 동사 형식이 헬라어에서는 많은 경우 '부정사/분사+술어동사

(predicate verb)' 형식으로 나타난다. 부정사와 함께 쓰이는 술어동사로는 ἄρχω, ἔχω 등이, 분사와 함께는 εἰμί, ὑπάρχω가 쓰인다.

부정사 + 술어동사의 예: 행 2:4

καὶ ἐπλήσθησαν πάντες πνεύματος ἁγίου 그러자 그들 모두가 거룩한 영으로 가득 찼습니다.

καὶ **ἤρξαντο λαλεῖν** ἑτέραις γλώσσαις 그러자 그들은 다른 언어들로 **얘기하기 시작했습니다.**

ἄρχω(시작하다, 출발하다, 말을 꺼내다, 다스리다, 86회)의 직설법 부정과거 중간태 3인칭 복수형인 ἤρξαντο는 본동사 λαλεῖν(λαλέω[얘기하다, 얘기해 주다, 지껄이다, 분부하다, 296회]의 부정사 현재 능동태)의 의미를 보조하는 보조 동사로 볼 수 있다.

분사 + 술어동사의 예: 행 1:10

καὶ ὡς **ἀτενίζοντες ἦσαν** εἰς τὸν οὐρανὸν

그런데 그들이 하늘을 **주목하고 있을** 때였습니다.

εἰμί(이다, 있다, 지니고 있다, 2462회)의 직설법 미완료과거 3인칭 복수형인 ἦσαν은 ἀτενίζοντες(ἀτενίζω[주목하다, 14회]의 분사 현재 능동태 남성 복수 주격)의 의미를 보조하는 보조 동사라 할 수 있다.

1.2. 헬라어 동사 활용의 요소

헬라어 동사는 법(法, mood; 혹은 서법), 시제(時制, tense), 태(態, voice), 인칭(人稱, person), 수(數, number)가 있다. 법은 동사가 가지고 있는 분위기를, 시제는 시간 및 공간적 간격을, 태는 주어와 동사와의 관계를, 인칭과 수는 주어가 가리키는 대상을 표현한다.

1.2.1. 법

한국어 문법에서는 법(mood)을 서법(敍法)으로 표현한다. 서법은 명제의 사실성이나 실현성에 대한 화자의 태도인 양태(樣態, modality)가 문법적 수단에 의해 일정한 체계를 이루는 통사적 범주이다(한 695-696). 양태는 의무 양태(義務樣態, deontic modality, 명제의 실현성에 대한 화자의 태도가 표명되는 부류)와 인식 양태(認識樣態, epistemic modality, 명제의 사실성에 대한 화자의 태도가 표명되는 부류)로 나뉜다(한 696). 상호 배타성을 가진 서법과 달리, 양태는 어휘적으로 표시될 수도, 문법적으로 표시될 수도, 이 둘의 조합에 의해 표시될 수도 있다(한 697). 일반적으로 양태보다는 서법에 더 익숙하기도 하고, 양태가 서법보다 더 다양하게 분류되기도 하기에, 양태를 먼저 설명한다.

의무 양태에는 가능(可能; 주어가 어떤 사태를 일으킬 능력이 있음), 금지(禁止; 명제가 표현하는 사태가 성사되는 것에 대한 화자의 금지를 나타냄), 의도(意圖; 명제 내용을 성립시키겠다는 주어의 '의도'를 나타냄), 의무(義務; 화자가 청자에게 명제가 표현하는 사태를 성사시킬 의무가 있음을 나타냄), 의지(意志; 명제 내용을 성립시키겠다는 주어의 '의지'를 표명함), 허가(許可; 화자가 청자에게 명제가 표현하는 사태를 성사시키는 것을 허용함을 나타냄), 후회(後悔; 명제 내용의 주체인 주어를 동작주로 하는 과거의 사태가 성립되었더라면 좋았을 것이라는 화자의 바람을 나타냄), 희망(希望; 명제가 표현하는 행위가 이루어졌으면 좋겠다는 화자의 희망을 표현함)이 있다(한 699-708). 우리말 '가능'은 헬라어로 가정법이나 δύναμαι 동사 등으로, '금지'는 직설법 미래나 가정법이나 명령법으로, '의도'는 μέλλω 등으로, '의무'는 δεῖ 등으로, '의지'는 ζητέω 등으로, '허가'는 명령법 등으로, '후회'는 조건문이나 δεῖ의 미완료과거형 ἔδει 등으로, '희망'은 희구법으로 표현된다. 양태별로 헬라어 예를 하나씩만 들어 본다.

가능의 예: 행 17:19

Δυνάμεθα γνῶναι 우리가 배울 **수 있겠습니까?**

τίς ἡ καινὴ αὕτη 이 새로운 것이 무엇인지를요.

ἡ ὑπὸ σοῦ λαλουμένη διδαχή; 당신이 얘개하는 가르침이요.

δύναμαι(-수 있다, 210회)의 직설법 현재 이태중간 1인칭 복수형인 δυνάμεθα를 통해 가능을 표현한다. 의무 양태 가능을 우리말로는 '-(으)ㄹ 수 있다/없다//있어요/없어요//있

을까요/없을까요, -(으)ㄹ 줄 알다/모르다'와 같이 표현한다(한 699-700).

금지의 예: 행 18:9

Μὴ φοβοῦ, 두려워하지 말아라.

ἀλλὰ λάλει καὶ **μὴ σιωπήσῃς**, 오히려 얘기하고 **침묵하지 말아라**.

φοβέω(두려워하다, 두렵다, 경외하다, 무서워하다, 열며하다, 95회)의 명령법 현재 중간태 2인칭 단수형인 φοβοῦ에 부정을 의미하는 소사 μή가 붙어 금지를 표현했다. 또한, σιωπάω(침묵하다, 10회)의 가정법 부정과거 능동태 2인칭 단수형인 σιωπήσῃς에 부정을 의미하는 소사 μή가 붙어 금지를 표현했다. 주님의 말씀을 의무 양태 금지의 우리말 표현인 '-(으)면 안 된다, -아/어서는 안 되다, -(으)ㄹ 수 없다'(한 701)로 표현하면, "두려워하면 안 된다, 침묵하면 안 된다"와 같이 될 것이다.

의도의 예: 행 12:6

Ὅτε δὲ **ἤμελλεν** προαγαγεῖν αὐτὸν ὁ Ἡρῴδης,

한편 헤롯이 그[/베드로]를 끌어내**려고 할 때**

μέλλω(하려 하다, 할 것이다, 하게 되다, 예정이다, 109회)의 직설법 미완료과거 능동태 3인칭 단수형인 ἤμελλεν은 베드로에 대한 헤롯 아그립바 I세의 의도를 드러낸다. 의무 양태 의도는 우리말로 '-(으)려고 하다, -기로 하다, -고자 하다, -(으)ㄹ까 하다/보다/싶다'와 같이 표현된다(한 702).

의무의 예: 행 16:30

Κύριοι, 주님들,

τί με **δεῖ** ποιεῖν 제가 무엇을 이행**해야 합니까?**

ἵνα σωθῶ; 구원을 받으려면요.

빌립보의 간수는 δεῖ를 통해 구원 받기 위해 이행해야 할 의무를 질문한다. 의무를 묻는 간수에게, 바울과 실라는 '믿어야 구원을 받는다'는 복음을 전한다. 의무 양태 의무를 우리말로는 '-아/어야 하다, -아/어야 되다, -아/어야 하겠다, -아/어야겠다, -아/어야 했다, -았/었어야 하다/했다'와 같은 표현을 쓴다(한 703). 이러한 표현들 가운데, "이행해야 됩니까, 이행해야 하겠습니까" 정도는 번역에 활용될 수 있겠다.

의지의 예: 행 13:8

ζητῶν διαστρέψαι τὸν ἀνθύπατον ἀπὸ τῆς πίστεως.

총독을 꼬드겨 믿음에서 떠나게 **할 작정입니다.**

ζητέω(찾다, 도모하다, 채비를 하다, -할 작정이다, 117회)의 분사 현재 능동태 남성 단수 주격형 ζητῶν를 통해 점성술사 엘루마의 의지를 읽을 수 있다. 의무 양태 의지의 우리말 표현에는 '-(으)ㄹ 것이다, -겠-, -(으)ㄹ래, -(으)ㄹ게' 등이 있다(한 704).

허가의 예: 행 10:13

'Ἀναστάς, Πέτρε, θῦσον καὶ **φάγε**. 베드로야, 일어나 잡아서[/제물로 바치고] **먹어라**.

하늘에 계신 분은 ἐσθίω(먹다, 158회)의 명령법 부정과거 능동태 2인칭 단수형인 φάγε를 통해 이방인이 교회의 일원이 되는 것을 허락하신 것으로 이해할 수 있다. 그들이 예수 그리스도 안에서 제물로 바쳐진 다음에는 하나가 될 수 있는 것이다. 의무 양태 허가를 나타내는 우리말 표현으로는 '-아/어도 되다, -(으)ㄹ 수 있다, -아/어도 좋다/괜찮다'가 있다(한 706). 이러한 표현들을 예수님이라 여겨지는 하늘의 소리에 대입해 보면, '먹어도 된다, 먹을 수 있다, 먹어도 좋다, 먹어도 괜찮다'로 번역이 가능하다.

후회의 예: 행 27:21

Ἔδει μέν, ὦ ἄνδρες, πειθαρχήσαντάς μοι 오, 여러분! 내 말을 따랐**어야 했습니다**.

바울은 δεῖ(해야 한다, 101회)의 직설법 미완료과거 능동태 3인칭 단수형인 ἔδει로 후회를 표현한다. 의무 양태 후회를 나타내는 한국어 표현에는 '-(으)ㄹ 걸 (그랬다), -았/었어야 하다, -았/었으면{-았/었더라면, -았/었다면}, -았/었을 것이다{-았/었을 걸, -았/었을 텐데, -았/었을 건데, -겠지}' 등이 있다(한 707-708). 이러한 표현을 풍랑 속 바울의 말에 적용해 보면, “따를 걸 그랬습니다, 따를 건데 그랬습니다”와 같이도 번역이 가능하다.

희망의 예: 행 8:20

Τὸ ἀργύριόν σου 당신의 은이

σὺν σοὶ εἴη εἰς ἀπώλειαν 당신과 함께 보잘것없이 **되기를 바랍니다.**

베드로는 εἰμί의 희구법 현재 3인칭 단수형인 εἴη로 마술사 시몬에 대한 바람을 표현한다. 의무 양태 희망을 표현하는 우리말에는 ‘-고 싶다, -고 싶어 하다, -(으)면 좋겠다, -았/었으면 {하다, 싶다, 좋겠다}’ 등이 있다(한 708). 베드로의 말에 이러한 표현을 대입해 보면, “되면 좋겠습니다”도 되지만, “되고 싶습니까?”와 같이 의문문으로 바꿔 표현될 수도 있을 것이다.

인식 양태에는 추측(推測; 명제의 실현 가능성에 대한 화자의 주관적인 판단을 나타냄), 당위(當爲; 명제 내용이 당연하다는 화자의 판단을 나타냄), 근접(近接; 명제의 실현 가능성에 대한 화자의 주관적인 판단을 의미하며 그 확실성의 정도가 비교적 높음)이 있다(한 710-712). 우리말 ‘추측’이 헬라어로는 직설법 미래나 가정법으로, ‘당위’는 ὀφείλω, ἔξεστιν 등으로, ‘근접’은 희구법으로 표현될 수 있겠으나, 실제 번역에 사용하는 것은 쉽지 않다. 양태별로 예를 하나씩만 들어 본다.

추측의 예: 행 8:22

εἰ ἄρα ἀφεθήσεταί σοι **아마도** 당신에게서 **벗겨질 수 있을 것입니다.**

ἡ ἐπίνοια τῆς καρδίας σου. 당신 마음의 본뜻이요.

베드로가 마술사 시몬에게 ‘그릇된 점을 뉘우치고 주님께 기도하라’고 권하면서 덧붙인 내용이다. 베드로는 귀결절이 없는 조건문에 소사 ἄρα(그리하여, 그렇다면, 도대체, 아마도, 53회)와 ἀφίημι(놓아주다, 그냥 내버려 두다; [수동태] 벗어나다, 벗겨지다, 143회)의 직설법 미래 수동태 3인칭 단수형 ἀφεθήσεταί를 사용해서 추측을 표현한다. 베드로가 표현한 실현 가능성이 어느 정도라고 판단하느냐에 따라 번역은 달라질 것이다. 인식 양태 추측은 우리말로 '-겠-, ㄹ 거예요, 나 봐요, 는 모양이에요, ㄹ걸요, ㄹ지도 몰라요, ㄹ 것 같아요'와 같이 표현되니(한 710) 하나씩 대입해보면, "본뜻이 벗겨지겠어요, 본뜻이 벗겨질 거예요, 본뜻이 벗겨지나 봐요, 본뜻이 벗겨질 모양이에요, 본뜻이 벗겨질걸요, 본뜻이 벗겨질지도 몰라요, 본뜻이 벗겨질 것 같아요"와 같이 된다. 어떤 번역을 취하느냐에 따라 의미가 많이 달라진다.

당위의 예: 행 17:29

γένος οὖν ὑπάρχοντες τοῦ θεοῦ 그러니까 하나님의 핏줄인

οὐκ **ὀφείλομεν** νομίζειν 우리는 여기지 말아야 합니다[**않는 법입니다**].

바울은 ὀφείλω(해야 한다, 35회)의 직설법 현재 능동태 1인칭 복수형인 ὀφείλομεν을 통해 하나님의 피조물인 인간에게 마땅한 바를 말한다. 인식 양태의 하위 영역인 당위의 우리말 표현인 '-(으)ㄴ/는 법이다, -기/게 마련이다'을(한 711) 사용해서 번역하면, '여기지 않는 법입니다, 여기지 않기 마련입니다'와 같이 될 것이다.

근접의 예: 행 17:27

εἰ ἄρα γε **ψηλαφήσειαν** αὐτὸν 아마 적어도 그분을 **살피어 찾고**

καὶ **εὕροιεν**, 만날 수는 있습니다[**만나는 편입니다**].

바울은 아레오바고에서 기독교를 변증하면서, ψηλαφάω(더듬어 찾다, 살피어 찾다, 4회)의 희구법 부정과거 능동태 3인칭 복수형 ψηλαφήσειαν과 εὑρίσκω(찾다, 찾아내다, 만나다, 발견하다, 알다, 보다, 176회)의 희구법 부정과거 능동태 3인칭 복수형인 εὕροιεν을 사용하여 비교적 확실하다 판단되는 내용을 표현한다. 인식 양태 근접에 대한 우리말 표현으로는 '-(으)ㄴ 편이다, -(으)ㄴ/는 셈이다'가 있다(한 712).

지금까지 우리말 양태를 헬라어로 어떻게 표현되는지 예를 통해 살펴 보았다. 이제는 헬라어 동사를 이해할 때 가장 기본이 되는 법(서법)에 대한 알아 보자. 헬라어 동사에는 여섯 가지 법(mood)이 있다. 직설법, 가정법, 명령법, 희구법, 부정사, 분사이다. 이 가운

데 부정사와 분사를 법으로 보기보다는 동사적 명사(verbal nouns)의 일종으로 보기도 한다(S 357-358). 분사를 동사적 형용사(verbal adjectives)로 부르기도 한다(M 239). 하지만, 동사가 여섯 가지 가운데 어떤 형태를 가지느냐가 동사의 의미 형성이 매우 중요하기 때문에 여섯 개 모두 법으로 다루려 한다.

'직설법'(直說法, indicative, [문장에서 나타나는 서법의 하나. 화자가 그 이야기의 내용을 사실로 인정하고 서술한다.])은 사건을 기술하거나 대상을 묘사할 때 사용한다. 비유럽어에서는 서실법(敍實法, realis; 상황이 실현된 것으로, 즉 발생하였거나 발생하고 있는 것이어서 직접적인 지각을 통해 알 수 있는 것으로 묘사하는 것, 한 697)에 해당한다. 헬라어 직설법이 히브리어에서는 완료형(perfect), 미완료형(imperfect), 베카탈티형(w-qataltí), 바익톨형(wayyiqtol)으로 표현된다. 베카탈티형은 '바브연속법(waw consecutive)', '도치된 완료(inverted perfect)', '도치 바브 완료형'이라고도 부르고, 바익톨형은 '바브연속법(waw consecutive)', '도치된 미래(inverted future)', '도치 바브 미완료형'이라고도 부른다.

'가정법'(假定법, subjunctive, [문장에서 나타나는 서법의 하나. 말하는 내용이 가정 또는 요망, 원망임을 나타낸다. ≒가설법.])은 가능[할 수 있거나 될 수 있음]이나 개연[확실하게 단정할 수는 없지만 대개 그럴 것이라고 생각되는 상태]을 표현할 때 사용된다.

'명령법'(命令法, imperative, [화자가 청자에게 무엇을 시키거나 행동을 요구한다.])은 방향을 제시할 때 사용한다. 비유럽어에서는 가정법과 명령법을 서상법(敍想法, irrealis; 순전히 사고의 영역에 있어 상상을 통해서만 알 수 있는 것으로 상황을 묘사하는 것, 한 697)으로 분류한다. 히브리어에도 명령법(혹은 명령형)이 있다. 다만, 2인칭 명령만 있다. 2인칭 의지법이라 부르기도 한다(JMK 48a).

'희구법'(希求法, optative)은 '바람[어떤 일이 이루어지기를 기다리는 간절한 마음]'을 표현할 때, '부정사'(不定詞, infinitive, [영어 따위에서, 인칭 · 수 · 시제에 대하여 제약을 받지 아니하는 동사형. 동사 원형 앞에 'to'가 붙기도 하고, 동사 원형 홀로 쓰이기도 한다.])는 동사를 명사처럼 사용할 때, '분사'(分詞, participle, [형용사의 기능을 가지는 동사의 부정형. 시제(時制)와 태(態)를 나타내며, 인도 · 유럽 어족의 여러 언어에 있다.])는 동사를 형용사처럼 사용할 때 쓴다.

헬라어 가정법과 희구법은 히브리어의 의지법으로 표현될 수 있다. 1인칭 의지법은 권유형(cohortative)으로, 3인칭 의지법은 지시형(jussive)으로 표현될 수 있다(JMK 46a). 헬라어 가정법 1인칭 단수가 직설법 1인칭 단수와 형태면에서 같듯이, 히브리어 강동사의 지시형은 미완료형과 동일하다. 헬라어와 히브리어 모두 직설법과 가정법에 붙이는 부정어가 다르다. 히브리어에도 부정사와 분사가 있다.

헬라어와 히브리어를 법 측면에서 비교하면 다음과 같다.

헬라어	**히브리어**
직설법	완료형, 미완료형, 베카탈티형, 바익톨형
가정법	권유형
명령법	명령형(2인칭 명령), 지시형(3인칭 명령)
희구법	지시형
부정사	부정사
분사	분사

직설법, 가정법, 명령법, 희구법, 부정사, 분사 가운데 본동사가 될 수 있는 것은 직설법, 가정법, 명령법, 희구법이다. '동사적 명사'라 불리는 부정사와 '동사적 형용사'라 불리는 분사는 문장에서 목적어, 보어, 보조 용언 등의 형태로 쓰인다. 부정사와 분사는 εἰμί가 생략된 구문이 아니라면 본동사로 쓰이지 않는다. 그렇다고 보조 동사로 쓰이는 것도 아니다. 본래는 본동사였으나 다른 본동사와 결합되면서 주도권을 상실한 동사이다. 자기 집이 아니라 세 사는 동사라고 보면 된다.

부정사는 중성 단수 대격의 성격을 가진다. 대상 자체가 객관화되면서 다른 본동사와 결합될 때 사용되는 법이다. 그러다보니, 주어를 표현할 때는 대격으로 표현하고, 부정사를 지시하는 대명사를 쓸 때는 중성 단수 대격 형태를 쓴다. 동사나 전치사의 목적어가 될 때가 많다. 부정사의 용법을 동사적(verbal)이거나 명사적(nominal)인 것으로 구분하여 정리하기도 한다(W 590-599). 동사적인 경우, 동사적(verbal)으로나 부사적(adverbial)으로 사용된다. 명사적인 경우, 실명사적(substantival)으로나 형용사적(adjectival)으로 사용된다. 부사적 용법은 목적(purpose), 결과(result), 시간(time), 원인(cause), 수단(means), 보충적인 것(complementary)이 있다.

주어가 객관화되는 부정사와 달리, 분사는 결합되는 문장 상황에 맞게 다양하게 변신한다. 본동사와 다른 주어를 유지하려면, 주어와 본동사를 속격으로 바꿔 만든 속격 독립분사구문(genitive absolute participle)을 사용한다. 그리고 문장 내의 어떤 요소와 분사의 주어를 연결할 때는, 연결되는 단어와 성수격을 일치시켜 결합시킨다. 그러다보니, 분사는 부정사와 달리 성수격을 가진다.

분사는 동사적(verbal)이거나 형용사적(adjectival)으로 사용된다(W 616-653). 동사적인 경우, 동사적(verbal)으로나 부사적(adverbial, 혹은 동사수식적)으로 사용된다. 동사적인 분사는 종속적인 동사적 분사(dependent verbal participles)와 독립적인 동사적 분사(independent verbal participles)가 있다. 종속적인 동사적 분사는 부사적 혹은 상황적(adverbial or Circumstantial)으로 사용되는 경우, 부대상황(attendant circumstance), 간접화법(indirect discourse), 보충적인 것(complementary), 완곡어법(periphrastic), 반복용법(redundant; 중어법 pleonastic)이 있다.

헬라어 분사의 절대형(participle absolute)에는 주격 절대형(nominative absolute)과 속격 절대형(genitive absolute)이 있다(W 653-655). 이 가운데 속격 절대형을 사용한 분사구문을 속격 독립 분사구문(屬格獨立分詞構文, genitive absolute participle)이라 부른다. 종속절의 주어가 주절의 주어가 다를 때, 종속절의 주어를 속격으로 바꾸고 종속절의 술어도 속격분사로 바꾸어 상황을 표현하는 분사구문이다.

형용사적인 경우, 실명사적(substantival)으로나 형용사적(adjectival)으로 사용된다. 형용사적 분사는 형용사 고유적(adjectival Proper; 종속적인 dependent) 용법과 실명사적(substantival; 독립적인 independent) 용법이 있다. 형용사 고유적 용법으로는 수식적 분사(attributive participle)와 술어적 분사(predicate participle)가 있다.

1.2.2. 헬라어 동사 시제와 상

우리말 시제는 보통 현재, 과거, 미래로 나눈다(한 646-657). 현재 시제(現在時制, present tense)는 발화시(發話時, speech time; 화자가 말하는 시점)와 사건시(事件時, event time; 동작이나 사건이 일어나는 시점)가 동시 관계인 경우를 이른다(한 647-648). 그러나 “매일 해가 뜬다”와 같이 일상의 반복 혹은 변함없는 진리나, “나는 내일 부산에 간다”와 같이 확정적인 미래 계획 등을 표현하기도 한다. 현재 시제에는 선어말 어미 ‘-ㄴ/는-’, 관형사형 어미 ‘-(으)ㄴ, -는’, ‘지금’과 같은 시간 부사어가 사용된다.

과거 시제(過去時制, past tense)도 발화시보다 사건시가 앞선 경우의 시제를 이르지만, “지금 도착했어요, 지금 보니 어머니께서 많이 늙으셨다, 너는 이제 선생님께 혼났다”와 같이 사건의 행위 또는 상황의 완료, 상태, 상황 등을 표현할 때 사용되기도 한다(한 649-650). 과거 시제는 선어말 어미 ‘-았/었-, -았/었었-’, 관형사형 어미 ‘-(으)ㄴ’으로 표현된다. 그런데, 과거를 표현하는 선어말 어미와 관형사형 어미에 화자의 ‘과거 지각(知覺)’을 의미하는 ‘-더-’와, ‘과거 지각’과 함께 ‘순차/계기’도 표현하는 ‘-더니’가 결합되어 사용되기도 한다. 예로, 버스를 타던 사람(진행 중/미완의 사태를 지각), 버스를 탔던 사람(완료된 사태를 지각), 오빠가 오더니(과거 지각과 순차/계기), 산을 넘었더니(완료된 사태 지각) 등이 있다.

미래 시제(미래시제, future tense)도 발화시보다 사건시가 뒤에 오는 경우의 시제를 이르지만, “철수는 지금 도서관에 있을 거예요, 영희는 지난번 모임에서 민수를 만났을 겁니다”와 같이 발화시와 동일한 현재 시점 또는 발화시 이전인 과거 시점을 표현할 때 사용되기도 한다(한 655-656). 선어말 어미 ‘-겠-, -(으)리-’, 관형사형 어미 ‘-(으)ㄹ’로 표현된다.

우리말 문법에서 동작상(動作相, aspect; 동사가 표현하는 사태가 일정한 시간 영역 안에서 변화하는 동작의 양상을 나타내는 문법 범주)은, ‘사태에 대한 시간상의 내적 조직으로 보조 용언과 선어말 어미와 같은 문법 형태로 실현된다'고 설명된다(한 657). 종류로는 완료상과 미완료상이 다뤄진다. 완료상(完了相, perfective)은 동작의 처음, 중간, 끝을 하나의 통합된 전체로 받아들여 장면을 표현하는 특징을 갖고, 과거 시제를 표현할 때 사용되는 선어말 어미 '-았/었-'으로 표현된다(한, 658, 660). '-고서'로 완료상을 표현한다고 이해되기도 하지만(한 659), 헬라어에서 '-고서'는 부정과거 분사 번역에 사용될 만하다.

미완료상(未完了相, imperfective)은 동사가 표현하는 사태를 내부에서 바라보고 그 내적인 시간 구조를 분명하게 서술하는 동작상의 하나로 이해하고, 진행상(-고 있다, -아/어 가다), 반복상(-아/어 대다), 예정상(-곤 한다)으로 구분하기도 하였다(한 661). 특별히, '-고 있다' 미완료상 가운데 진행상을 표현하는 대표적인 표현으로 제시하는데(한 662), 이 표현은 헬라어에서 분사 + εἰμί 형태에 더 부합된다.

1.2.2.1. 직설법의 시제와 상

헬라어의 경우, 여섯 개 법(직설법, 가정법, 명령법, 희구법, 부정사, 분사) 각각의 시제를 살펴 볼 필요가 있다. 그럼, 가장 복잡하면서도 기본이 되는 직설법 시제를 살펴 보자.

헬라어 직설법의 시제는 시상접두모음이 붙지 않으면서 현재와 미래를 표시하는 시제인 제1시제(primary tenses)와 시상접두모음이 붙어 과거를 표시하는 시제인 제2시제(secondary tenses)가 있다. 먼저, 제2시제를 형성하는 시상접두모음에 대해 알아 보자.

헬라어 동사의 형태소(formative) 가운데 하나인 시상접두모음(augment; 헬라어로 αὔξησις[성장, 증가, 2회]) ἐ는 제2시상 혹은 제2시제에 속하는 미완료과거와 부정과거와 과거완료에 붙어 "과거를 표시한다"(R 365). 시상접두모음을 붙일 때, 어간이 자음으로 시작하는 동사는 시상접두모음을 바로 붙인다. 어간이 모음으로 시작하면 모음에 따라 다양하게 변한다. 우선 α와 ε으로 시작하는 단어에 시상접두모음이 붙으면 α와 ε이 η로 길어진다. ο으로 시작하는 단어에 시상 접두모음이 붙으면 ω로 길어진다. ι와 υ으로 시작하는 단어에 시상접두모음이 붙으면 발음은 길어질지라도 어두는 변하지 않는 것이 일반적이다.

막 14:37

οὐκ **ἴσχυσας** μίαν ὥραν γρηγορῆσαι;

너는 한 시간을 깨어 **있을 수** 없느냐???

ἴσχυσας가 ἰσχύω(이기다, 승리하다, 할 수 있다, 28회)의 직설법 부정과거 능동태 2인칭 단수이므로 시상접두모음이 붙지만 어두가 변하지 않는다.

이중모음(diphthong) αἰ의 경우에는 시상접두모음이 때로 생략되고, αὐ의 경우에는 보통 ηὐ로 바뀌며, εὐ의 경우에는 εὐ로 바뀌는 게 보통인데 드물게 ηὔ로 바뀌며, οἰ의 경우에는 변하지 않거나 ῳ로 된다(시상 접두모음에 대한 자세한 사항은 T 198-202쪽을 참고하라).

주의. 막 14:40

οὐκ **ᾔδεισαν** τί ἀποκριθῶσιν αὐτῷ.

그들은[제자들은] 그분께[예수님께] 뭐라 대답해야 할지 몰랐습니다[/**알지** 못했습니다].

ᾔδεισαν의 원형을 οἶδα(알고 있다, 318회)로 보면 어두가 ᾐ로 바뀐 것을 이해하기 어렵다. 본래 οἶδα의 원형은 εἴδω 혹은 ὁράω이다. εἴδω를 원형으로 보면, 과거분사 어두가 ᾐ로 바뀐 것을 이해할 수 있다. ε가 길어지고 ι가 하기된 것이다.

전치사가 어두에 합성(composition)되어 있으면, 전치사와 어간 사이에 시상 접두모음을 붙인다. 이때 모음으로 끝난 전치사의 모음은 생략된다. 신약성경의 경우, 과거완료에 시상접두모음이 붙지 않는 경우가 많다(R 366).

헬라어 직설법 가운데 시상접두모음이 붙지 않으면서 현재를 표시하는 시제로는 현재와 현재완료가 있고, 미래를 표시하는 시제로는 미래와 미래완료가 있으며, 시상접두모음이 붙어 과거를 표시하는 시제에는 미완료과거, 부정과거, 과거완료가 있다(S 360).

현재와 현재완료의 예: 행 3:16

καὶ ἐπὶ τῇ πίστει τοῦ ὀνόματος αὐτοῦ

또한 그분의 이름에 대한 믿음에 근거하여,

τοῦτον ὃν **θεωρεῖτε** καὶ **οἴδατε**, 여러분이 **목도하고 아는** 이분을

ἐστερέωσεν τὸ ὄνομα αὐτοῦ, 그분의 이름이 튼튼하게 만들어 주셨습니다.

θεωρεῖτε는 θεωρέω(주목하다, 목도하다, 보다, 58회)의 직설법 **현재** 능동태 2인칭 복수형이고, οἴδατε는 οἶδα(알고 있다, 알겠다, 318회)의 직설법 **현재완료** 능동태 2인칭 복수형이다.

미래와 미래완료의 예: 히 8:11-12

ὅτι πάντες **εἰδήσουσίν** με 모든 이들이 나를 **알게 될 것이기** 때문이다,

ἀπὸ μικροῦ ἕως μεγάλου αὐτῶν, 그들 가운데 작은 이로부터 큰 이들까지.

ὅτι ἵλεως **ἔσομαι** ταῖς ἀδικίαις αὐτῶν

내가 그들의 불의를 긍휼히 여길 **것이기** 때문이다.

εἰδήσουσιν는 οἶδα(알다, 318회)의 직설법 **미래완료** 능동태 3인칭 복수형이고, ἔσομαι는 εἰμί(이다, 있다, 2462회)의 직설법 **미래** 1인칭 단수형이다.

미완료과거, 부정과거, 과거완료의 예: 행 7:44

Ἡ σκηνὴ τοῦ μαρτυρίου 증거의 장막이

ἦν τοῖς πατράσιν ἡμῶν ἐν τῇ ἐρήμῳ 광야에 있던 우리 조상들에게 **있었습니다**.

καθὼς **διετάξατο** 그분이 **지시하신** 그대로입니다.

ὁ λαλῶν τῷ Μωϋσῇ 모세에게 얘기하신 분입ㄴ다.

ποιῆσαι αὐτὴν 그것을 만들도록요.

κατὰ τὸν τύπον ὃν **ἑωράκει·** **그가 본** 모양을 본떠서요.

ἦν은 εἰμί(이다, 있다, 2462회)의 직설법 **미완료과거** 3인칭 단수형이고, διετάξατο는 διατάσσω(칙령을 내리다, 지시하다, 하달하다, 임무를 주다, 16회)의 직설법 **부정과거** 중간태 3인칭 단수형이며, ἑωράκει는 ὁράω(보다, 살피다, 분별하다, 헤아리다, 454회)의 직설법 **과거완료** 능동태 3인칭 단수형이다.

위의 세 구절을 살펴 보면, 한국어 현재, 미래, 과거 시제를 표현하는 방식으로 번역된 것을 알 수 있다. 제1시제와 제2시제 사이에 시간 개념 측면에서 차이가 있다는 것을 마태복음 17장 11절과 이어지는 12절과의 비교를 통해서도 알아 보자.

마 17:11
Ἠλίας μὲν **ἔρχεται** καὶ ἀποκαταστήσει πάντα
일단 엘리야가 **와서** 모든 것을 회복할 것이다.
마 17:12
Ἠλίας ἤδη **ἦλθεν**
엘리야가 이미 **왔다.**

예수님께서는 엘리아가 올 거라는 사실 명제를 ἔρχομαι(오다, 가다, 다다르다, 632회)의 직설법 **현재** 이태중간 3인칭 단수형인 ἔρχεται로 표현하신 다음, '엘리야가 온 사건'이 발화시보다 앞서 일어났다는 것을 ἔρχομαι의 직설법 **부정과거** 능동태 3인칭 단수형인 ἦλθεν을 사용하여 말씀하셨다. 더불어, 마 17:11을 보면, 엘리야가 와서 할 일은 현재가 아닌 미래 즉, ἀποκαθίστημι(돌려주다, 되돌려 주다, 되돌리다, 8회)의 직설법 미래 능동태 3인칭 단수형인 ἀποκαταστήσει로 표현되었다. 시상접두모음이 붙지 않는 제1시제 내에서도 σ의 유무에 따라 미래와 현재가 구분된다.

이처럼, 시상접두모음의 유무와 미래 시제 활용과 깊은 관련이 있는 σ 사용 유무에 따라 헬라어 동사의 시제를 구분할 수 있다. 표로 정리해 보자.

시간 개념	연관되는 헬라어 시제	특징
현재	현재, 현재완료	σ 없음, 시상접두모음 없음
미래	미래, 미래완료	σ 있음, 시상접두모음 없음
과거	미완료과거, 부정과거, 과거완료	부정과거에만 σ 있음, 시상접두모음 있음

그런데, 이 표만 보아도, 현재와 현재완료, 미래와 미래완료, 미완료과거와 부정과거와 과거완료 사이는 의미상 어떻게 다른지 질문이 생긴다. 이러한 질문에 대한 답으로 등장한 것이 상이론이다.

전통적으로 헬라어 동사의 동작양태는 (1) 계속되거나 선형적인(durative or linear) 행동과 (2) 순간적이거나 즉각적인(momentary or punctiliar) 행동과 같이 두 가지로 구분하거나, (1) 순간적이거나 즉각적인 행동과 (2) 계속되거나 선형적인 행동과 (3) 완결된 뒤 지속되는 행동(the continuance of perfected or completed action)과 같이 세 가지로 구분하거나(R 823), 이 세 가지에 (4) 반복적인(iterative) 행동까지 포함시키기도 하였다(BDF 318). 이러한 두 가지 혹은 세 가지 혹은 네 가지 동작양태는 (1) 동사 자체 어근 즉, 어휘 측면, (2) 시제를 포함한 문법적인 측면, (3) 문맥적인 측면과 관련하여 결정된다고 보는 것이 일반적이다. 다시 말해, 동사의 동작양태가 무엇인지 질문하는 그룹의 학자들은 동사의 의미와 시제와 문맥을 통해 '어떤 동작'이 그려지는지 질문한다.

이에 반해 동사의 상(相, aspect, 혹은 시상[時相])을 강조하는 그룹의 학자들은 동사의 시제란 동작양태보다는 화자의 관점(point of view)과 관계된다고 보고, '동작양태' 자체를 (1) 내부적이거나 진행적인(internal or progressive) 행동, (2) 외부적이거나 요약과 같은(external or summary) 행동, (3) 완결적이고 상태적인(perfective-stative) 행동으로 구분한다(W 500-501). 그리고 동사의 시제 가운데 현재와 미완료과거는 (1) 내부적이거나 진행적인 행동과, 부정과거는 (2) 외부적이거나 요약과 같은 행동과, 완료시제는 (3) 완결적이고 상태적인 행동과 연결 짓는다.

헬라어 상 이론을 설명하는 학자들이 가장 많이 사용하는 유비로는 '퍼레이드'(parade; 행진)가 있다. 거리에서 사람들이 행진을 한다. 그런데 이 행진을 바로 곁에서 보는 사람들도 있고 헬기를 타고 하늘에서 바라보는 사람들이 있다. 행진을 곁에서 보는 사람들은 전체 행렬을 보기는 어려울 것이다. 그러나 가까이 지나가는 사람들의 표정 등 세밀한 부분까지 관찰할 수 있을 것이다. 반면, 하늘에서 전체 행진을 관망하는 사람들은 행진에 참여한 사람을 자세히 관찰할 수는 없지만 행진 전체를 볼 수는 있을 것이다. 여기서 행진 바로 곁에서 본 것처럼 상황이나 대상을 기술한 것을 미완료상(imperfective)이라고, 멀리 하늘에서 바라보고 기술한 것을 완료상(perfective)이라고 표현한다. 한편, 조건이나 상태를 표현하는 상은 조건의 성취나 상태(condition, stative)를 표현한다고 여겨진다. 현재까지 이뤄진 연구에 기초하여 각 형태를 상 측면에서 정리하면 다음과 같다(참고. 정창욱 2012, 58-192; 박윤만 2013, 120).

필자는 보통 영화 투모로우(The Day after Tomorrow, 2004년 5월 개봉)로 미완료상과 완료상을 설명한다. 기상이변으로 많은 사람들이 죽고 어려움을 겪는 가운데, 주인공 가정은 실질적인 회복을 경험한다. 그런데 영화의 마지막 장면에서 우주선의 우주인은 "이렇게 아름다운 지구를 본 적이 없다." 하고 말한다. 카메라 렌즈를 지표면 위 가까이에 들이댔을 때는 다양한 장면에서 여러 가지 굴곡을 볼 수 있었지만, 렌즈를 최대한 끌어당겨 전체를 한눈에 보니 그 모든 이야기가 '아름다운 회복을 향한 몸부림'이었다는 결론이다. 여기서 카메라 렌즈를 지표면 가까이로 다가가 보여주는 게 미완료상이라면, 렌즈를 최대한 끌어당겨 지구 전체를 보여주는 것이 완료상이다.

현재와 미완료과거는 미완료상(imperfective)을 가진다. 미완료상은 근접상황을 묘사할 때 사용된다. 가까운 거리의 상황을 표현하기에 반복된다는 느낌을 줄 수 있다. 현장감을 살리는 데 유익하다. 그런데 같은 상을 왜 두 가지 형태 즉, 현재와 미완료과거로 표현하느냐 하는 문제를 해결하기 위해서 미완료과거에 "하고 있었다, 하곤 했다, 시작했다"와 같은 의미를 추가하기도 한다(정창욱 2012: 91-92). 하지만 이 문제는 앞서 언급한 시간 개념을 사용해야 해결될 수 있을 것으로 보인다. 부정과거는 완료상(perfective)을 가진다. 완료상은 원접 상황을 표현한 것으로 이해된다. 먼 거리에 있는 상황이나 대상을 그리다보니 '단회적'이라는 느낌을 줄 수도 있다. 완료(현재완료, 과거완료, 미래완료)는 상태상(stative)을 가져, 조건의 성취나 상태를 기술하는 데 쓰인다.

예를 하나 들어 보자. 사도행전 7장에 소개된 스데반 변론을 보면, 모세에 대한 설명이 20절부터 나온다. 그 가운데 32절까지를 보면 주로 부정과거 시제가 쓰이다가 모세에 대해 보다 자세히 설명할 때는 미완료과거가 쓰인다. 바로, **ἦν** ἀστεῖος τῷ θεῷ (하나님께 돋보**였습니다**, 20절), **ἦν** δὲ δυνατὸς ἐν λόγοις καὶ ἔργοις αὐτοῦ (하여 그의 말들과 행동 면에서 능통**했습니다**, 22절), **ἐνόμιζεν** δὲ συνιέναι τοὺς ἀδελφοὺς αὐτοῦ) (당시 그는 자기 형제들이 이해하리라고 **생각했습니다**, 25절), ὁ δὲ Μωϋσῆς ἰδὼν **ἐθαύμαζεν** τὸ ὅραμα (이에 모세가 보고 그 모습에 **당황해합니다**, 31절), Μωϋσῆς οὐκ **ἐτόλμα** κατανοῆσαι (모세가 감히 **주목**하지 못**합니다**, 32절)이다. 모세의 감정이나 상태와 같은 내용을 보다 자세히 표현할 때 미완료과거를 사용한 것을 볼 수 있다.

지시대명사로 모세를 가리킬 때도 현재와 부정과거를 모두 사용한다. 예로, 36-37절을 들 수있다. 모세가 했던 행동을 전체적으로 표현할 때는 οὗτος **ἐξήγαγεν** αὐτοὺς ποιήσας τέρατα καὶ σημεῖα(이가 표적들과 기사들을 행하면서 그들을 **빼내 주었습니다**, 36절)와 같이 부정과거를 사용하지만, "모세가 바로 그분입니다"와 같은 내용을 표현할 때는 οὗτός **ἐστιν** ὁ Μωϋσῆς(이가 그 모세**입니다**, 37절), οὗτός **ἐστιν** ὁ γενόμενος (이 사람이 바로 지낸 분**입니다**, 38절)와 같이 현재를 사용한다.

한편, 스데반의 변론 가운데 완료는 단 한번 사용된다. 바로 τοῦτον ὁ θεὸς καὶ ἄρχοντα καὶ λυτρωτὴν **ἀπέσταλκεν** σὺν χειρὶ ἀγγέλου(이를 하나님께서는 천사의 손길과 더불어 관원과 속량하는 자로 **보내셨습니다**, 35절)이다. 여기서 완료는 상태나 조건을 표현한다.

헬라어 미래 시제(헬라어로 ὁ μέλλων χρόνος; '장차 일어날 일'[that it will take place, B 32])는 시간상으로 미래를 지칭할 가능성이 높다. 미래를 shall(주절에서 1인칭이 주어일 때 단언적, 2인칭이나 3인칭이 주어이면 언약적)이나 will(주절에서 1인칭이 주어일 때 언약적, 2인칭이나 3인칭이 주어이면 단언적)과 같이 조동사를 사용해서 표현하는 영어로 헬라어를 번역할 때는, 장차 일어날 일이 '단언적'(assertive)인지, '언약적'(promissory)인지가 중요하다(B 34).

하지만, 우리말의 경우는 좀 다르다. 앞에서 보았듯, 한국어에서 미래 시제(未來時制, future tense; 발화시보다 사건시가 뒤에 오는 경우의 시제, 한 655)는 '-겠-, -(으)리-, -(으)ㄹ'로 표현된다. 이 가운데 '-겠-'과 '-(으)ㄹ'은 사건시가 발화시보다 뒤에 오는 경우뿐 아니라, 사건시가 발화시와 동일한 현재 시점 또는 발화시 이전인 과거 시점에서도 사용될 수 있다(한 655-656).

사건시가 발화시보다 뒤에 오는 경우:

내일도 바람이 몹시 불겠다.

이번 여름 방학에는 제주도에 갈 거예요.

사건시가 발화시와 동일한 현재 시점인 경우:

제가 그 사실을 믿기가 어렵겠습니다.

철수는 지금 도서관에 있을 거예요.

사건시가 발화시 이전인 경우:

그날엔 모두가 지각을 했겠어요.

영희는 지난번 모임에서 민수를 만났을 겁니다.

헬라어 미래는 시간상 미래지만, 동작양태(Aktionsart[en]) 면에서는 지속되거나 선형적인(durative or linear) 동작보다는 부정과거적이거나 즉각적인(aoristic or punctiliar) 동작을 표현한다(R 353). 더불어, '전체적인 외견적 관점'(W 566)을 내포하기도 한다. 그래서 헬라어 미래가 갖는 상을 기대상(expectation)이라 부르기도 한다. 영어보다는 우리말 미래 시제와 잘 연결된다. 이로 볼 때, 우리말 '-겠-'과 '-(으)ㄹ'은 헬라어 미래 시제를 표현하기에 매우 적절한 표현이라 할 수 있다.

정리하면, 현재는 내부적이거나 진행적인 근접 상황을, 미완료는 내부적이거나 진행적인 근접 과거를, 부정과거는 외부적이거나 요약적인 전체 상황을, 미래는 기대되는 미래 상황을, 현재완료는 완결적이고 상태적인 현재 상황 혹은 조건 충족을, 과거완료는 완결적이고 상태적인 과거 상황 혹은 조건충족을, 미래완료는 완결적이고 상태적인 미래 상황 혹은 조건충족을 의미할 수 있다.

시제 관련 표에 상의 대한 이러한 내용을 함께 정리해 본다.

시간	헬라어 시제	상
현재	현재	미완료상
	현재완료	상태상
미래	미래	기대상
	미래완료	기대 및 상태상
과거	미완료과거	미완료상
	부정과거	완료상
	과거완료	상태상

이제는 헬라어 직설법과 히브리어 직설법을 비교해 본다. 앞에서, 헬라어 직설법이 히브리어에서는 완료형(perfect), 미완료형(imperfect), 베카탈티형(w-qataltí), 바익톨형(wayyiqtol)으로 표현된다고 하였다. 그러면 시제 견지에서 둘은 어떻게 연결될 수 있는가? 오랫동안 히브리어와 헬라어를 비교하면서 필자가 내린 결론은 다음과 같다.

헬라어 현재는 히브리어 미완료(imperfect)와, 헬라어 미완료과거는 히브리어 바익톨형(wayyiqtol)과, 헬라어 부정과거는 히브리어 완료(perfect)와, 헬라어 완료는 히브리어 베카탈티형(w-qatalt í)과 연결될 수 있다는 것이다. 헬라어 미래는 히브리어 미완료(imperfect)와 시간부사로 표현될 수 있다.

헬라어 현재를 히브리어 미완료(imperfect)와, 헬라어 부정과거를 히브리어 완료(perfect)와 연결 짓는 것은 쉽게 받아들여질 수 있을 것 같다. 그래서 바익톨형(wayyiqtol)

이 헬라어 미완료과거와 연결되는 것과, 베카탈티형(w-qataltí)이 헬라어 완료와 연결되는 것을 설명한다. 히브리어 미완료(imperfect)를 헬라어 현재와 연관지으면, 히브리어 미완료(imperfect)는 미완료상(imperfective)을 갖는다. 그런데, 바익톨형(wayyiqtol)은 접속사 '바브'에 미완료(imperfect)가 합쳐진 형태이다. 그러니, '그리고 그리한다'와 같은 의미를 갖는다. 과거 속 근접 상황 기술이다. 헬라어에서 과거 사건에 대한 근접 기술은 미완료과거이다. 다시 말해, 헬라어 미완료과거와 히브리어 바익톨형(wayyiqtol)은 둘 다 과거 사건에 대한 근접 상황 진술에 사용된다고 볼 수 있다.

베카탈티형(w-qataltí)도 비슷한 과정으로 설명할 수 있다. 헬라어 부정과거를 히브리어 완료(perfect)로 보면, 히브리어 완료(perfect)는 완료상(perfective)를 갖는다. 베카탈티형(w-qataltí)은 히브리어 완료(perfect)에 접속사 '바브'가 붙은 것이다. 그러니, '그리고 그런다'와 같은 의미를 가져, 상태상을 가져 조건 성취나 상태 기술에 쓰인다. 그래서 헬라어 완료와 연결되는 것이다. 베카탈티형(w-qataltí) 번역에는 '답니다'[합쇼할 자리에 쓰여, 화자가 이미 알고 있는 것을 객관화하여 청자에게 일러 줌을 나타내는 종결 어미. 친근하게 가르쳐 주거나 자랑하는 따위의 뜻이 섞여 있다. 혹은 '-다고 합니다'가 줄어든 말.] 혹은 '단다'를 사용하면 좋을 듯싶다.

이제, 앞서 만든 헬라어 시제와 상 관련 표에 히브리어 시제를 함께 넣어 보자.

시간	헬라어 시제	히브리어 시제	상
현재	현재	미완료	미완료상
	현재완료	베카탈티형	상태상
미래	미래	미완료	기대상
	미래완료	베카탈티형	기대 및 상태상
과거	미완료과거	바익톨형	미완료상
	부정과거	완료	완료상
	과거완료	베카탈티형	상태상

1.2.2.2. 가정법, 명령법, 희구법의 시제와 상

이제 동사 활용에 시상접두모음이 붙지 않으면서 본동사로 쓰이는 가정법, 명령법, 희구법의 시제와 상을 살펴 본다.

가정법은 현재, 부정과거, 미래, 완료 시제를 가진다. 상 견지에서는 직설법과 마찬가지로 현재는 내부적이거나 진행적인 근접 상황을, 부정과거는 외부적이거나 요약적인 전체 상황을, 미래는 기대되는 미래 상황을, 완료는 완결적이고 상태적인 상황 혹은 조건 충족을 의미한다고 보면 된다. 가정법은 시상접두모음이 붙지 않기에, 시간 개념보다는 상 개념을 고려하고 개연성의 정도를 따지는 것이 맞다. 신약성경에서 가정법은 현재(472회), 부정과거(1397회), 현재완료(10회)가 쓰인다. 이 가운데 현재와 부정과거의 경우 형태가 같아 두 번 계산된 용례들도 있다. 현재완료 가정법 용례는 모두 οἶδα(알고 있다, 알겠다, 318회)의 활용에 속한다. 이는 이 단어의 기본형이 현재완료형인 것과 무관하지 않다. 그러므로, 현재와 부정과거에 속한 예만을 하나씩 살펴 본다.

가정법 현재와 부정과거의 예: 행 8:19

Δότε κἀμοὶ τὴν ἐξουσίαν ταύτην 내게도 이 권세를 나눠 주시오.

ἵνα ᾧ ἐὰν ἐπιθῶ τὰς χεῖρας 부디 내가 그에게 손들을 얹는 자는 누구라도

λαμβάνῃ πνεῦμα ἅγιον. 성령을 **받도록** 말이요.

마술사 시몬이 베드로에게 한 말이다. 그는 자신이 손을 얹는 자를 표현할 때는 ἐπιτίθημι (얹다, 보태 주다, [짐을] 지우다, [손을] 대다, [멍에를] 메우다, 입히다, 39회)의 가정법 부정과거 능동태 1인칭 단수형인 ἐπιθῶ를, 자신이 안수한 자가 성령을 받는 것은 λαμβάνω (받다, 얻다, 가져가다, 집어 들다, 받아 가지다, 맞이하다, 258회)의 가정법 현재 능동태 3인칭 단수형인 λαμβάνῃ를 사용했다. 안수는 '전체적인 상황을 기술'하는 부정과거형으로, 성령을 받는 것은 '구체적이고 즉각적인 상황을 기술'하는 현재형으로 표현한 것이다. 손을 얹기만 하면 즉각 성령이 임하기를 원하는 그의 마음이 잘 반영되어 있는 것이다.

명령법은 현재, 부정과거, 완료 시제를 가진다. 상 견지에서는 직설법과 마찬가지로, 현재는 내부적이거나 진행적인 근접 상황을, 부정과거는 외부적이거나 요약적인 전체 상황을, 완료는 완결적이고 상태적인 상황 혹은 조건 충족을 의미한다고 보면 된다. 한편, 가정법처럼 시상접두모음이 붙지 않기에, 시간 개념은 중요하게 고려할 필요 없다. 신약성경에서 명령법은 현재 870회, 부정과거 761회, 현재완료 4회가 쓰인다.

명령법 현재와 부정과거 시제 의미 이해를 위해 누가복음과 마태복음에 주기도문에 쓰인 δίδωμι(주다, 나누다, 나눠 주다, 내버려 두다, 허락하다, 415회) 명령형을 비교해 보자.

마 6:11

τὸν ἄρτον ἡμῶν τὸν ἐπιούσιον 생존에 필요한[그 날에 충분한] 우리의 양식을 **δὸς** ἡμῖν σήμερον· 우리에게 오늘날 **주십시오**.

눅 11:3

τὸν ἄρτον ἡμῶν τὸν ἐπιούσιον 생존에 필요한[그 날에 충분한] 우리의 양식을 **δίδου** ἡμῖν τὸ καθ' ἡμέρον· 우리에게 그날그날[거 날을 따라] **주십시오**.

마태복음에는 δίδωμι의 명령법 부정과거 능동태 2인칭 단수형인 δός가 쓰였고, 누가복음에는 δίδωμι의 명령법 현재 능동태 2인칭 단수형인 δίδου가 쓰였다. 그러나 우리말 번역을 공히 '주십시오'로 번역했다.

우선, 마태복음의 δός는 하나님의 공급하심을 종합적으로 기술하는 표현이다. 전체적으로, 늘, 일용할 양식을 구한다. 그래서 오늘[지금 지나가고 있는 이날에, 지금 지나가고 있는 이날] 혹은 오늘날[지금의 시대]이라고 번역할 만한 σήμερον과 짝을 이룬다.

반면, 누가복음 주기도문에는 현재 명령 δίδου가 쓰여, '지금 당장'이라고 하는 근접 상황 가운데에서 필요가 급하다는 뉘앙스를 풍긴다. 누가복음 내 여행기사(9:51-19:46)에 등장하기에 '여행'이라는 특수한 배경으로 인해 더욱 절박하다. 그래서 그런지 그날그날[각각 해당한 그 날짜마다]이라는 의미를 가진 τὸ καθ' ἡμέρον과 함께 쓰였다. 이어지는 친구 이야기(11:5-8)를 통해 간구의 절박함이 구체화된다.

'주십시오' 간구하는 뉘앙스가 다르지만 우리말 번역에서 차이를 내비치기는 쉽지 않다. 굳이 차이를 내보자면, '늘'이나 '꼭'과 같은 부사를 쓸 수 있겠다. 마태복음의 부정과거 명령은 '늘 주십시오'로, 누가복음의 현재 명령은 '꼭 주십시오'로 표현할 수 있다.

명령법 현재완료의 의미를 알아보기 위해, 명령법 현재와 현재완료가 같이 있는 막 4:39을 살펴 본다.

εἶπεν τῇ θαλάσσῃ, 그분이 그 바다에게 말씀하셨습니다.

Σιώπα, πεφίμωσο 침묵하거라, 재갈 물린 채로 있거라.

σιώπα는 σιωπάω(침묵하다, 10회)의 명령법 현재 능동태 2인칭 단수형으로, '지금 당장 침묵하라'는 의미가 담겨 있다. πεφίμωσο는 φιμόω(재갈 물리다, 7회)의 명령법 현재완료 수동태(혹은 중간태) 2인칭 단수형으로, '재갈 물려진 상태로 있으라'는 의미를 갖는다.

희구법은 현재, 미래, 부정과거, 현재완료, 미래완료를 가진다. 미완료과거만 제외하고는 시제의 종류가 직설법과 같다. 가정법과 명령법처럼 시간 개념보다는 상 개념에 주목하면 된다. 신약성경에 희구법은 현재시제로 23회, 부정과거시제로 45회 나온다. 이에 동사 활용에서 현재와 부정과거 변화형만 제공한다. 현재와 부정과거의 예를 하나씩 살펴 본다.

희구법 현재와 부정과거의 예: 행 25:16

πρὶν ἢ ὁ κατηγορούμενος 피고가 [보다 진에요]

κατὰ πρόσωπον **ἔχοι** τοὺς κατηγόρους 원고들을 대면**하게 되고**

τόπον τε ἀπολογίας **λάβοι** περὶ τοῦ ἐγκλήματος.

결국 혐의에 관한 항변의 기회를 **얻기** 전에요.

자부심 강한 로마 귀족 베스도가 헤롯 아그립바 2세에게 한 보고 가운데 일부로, 자긍심이 깃들어 있다. 베스도는 피고의 항변 과정을 희구법으로 표현하면서, 피고가 원고를 대면하는 것은 ἔχω(가지다, 갖다, 708회)의 희구법 현재 능동태 3인칭 단수형인 ἔχοι를, 피고가 항변의 기회를 얻는 것은 λαμβάνω(받다, 얻다, 가져가다, 집어 들다, 258회)의 희구법 부정과거 능동태 3인칭 단수형인 λάβοι를 사용한다. 피고와 원고가 대면하는 근접 상황은 현재로, 피고가 항변의 기회를 얻는 전체 상황은 부정과거로 표현한 것이다.

1.2.2.3. 부정사와 분사의 시제와 상

이제, εἰμί가 생략된 구문이 아니라면 본동사로 쓰이지 않는 부정사와 분사의 시제와 상을 살펴 보자. 부정사와 분사도 활용에 시상접두모음이 사용되지 않는다. 그러므로 가정법, 명령법, 희구법과 같이 시간 개념보다는 상 개념을 고려하여 의미를 도출하면 된다.

부정사는 희구법처럼 현재, 미래, 부정과거, 현재완료, 미래완료를 가진다. 현재는 미완료상을, 부정과거는 완료상을, 현재완료는 상태상을 가진다. 미래는 기대상을 가진다. 미래완료는 기대 및 완료상을 가진다. 신약성경에 부정사는 현재 995회, 미래 5회, 부정과거 1242회, 현재완료 49회 쓰인다. 예를 살펴 보자. 비교를 위해, 미래를 먼저 보고, 현재, 부정과거, 현재완료를 다룬다.

부정사 미래의 예: 행 23:30

μηνυθείσης δέ μοι ἐπιβουλῆς εἰς τὸν ἄνδρα **ἔσεσθαι**,

그런데 그 남자에 대해 **있게 될** 음모가 내게 은밀히 알려졌기에

천부장 루시아가 벨릭스 지방수세관에게 보낸 편지의 일부이다. 그는 상황을 설명할 때 εἰμί의 부정사 미래형인 ἔσεσθαι를 사용하여, 바울에 대한 음모의 내용을 '장차 일어날 것이 기대'되는 것으로 기술한다.

부정사 현재와 부정과거의 예: 행 15:20

ἀλλὰ **ἐπιστεῖλαι** αὐτοῖς 오히려 그들에게 **편지를 보냈으면** 합니다.

τοῦ **ἀπέχεσθαι** **금하라고요**.

τῶν ἀλισγημάτων τῶν εἰδώλων 부정한 우상들과

καὶ τῆς πορνείας 음행과

καὶ τοῦ πνικτοῦ 목매단 것과

καὶ τοῦ αἵματος. 피를요.

예수님의 동생 야고보가 예루살렘 교회의 지도자로서 이방인 기독인에 대해 제안한다. 그는 네 가지 목록에 대한 금지는 부정사 현재로, 편지 보내는 것은 부정사 부정과거로 표현한다. ἐπιστέλλω(편지를 보내다, 3회)의 부정사 부정과거 능동태형인 ἐπιστεῖλαι에는 서신을 통해 문제를 해결하려는 전체적인 상황 기술이, ἀπέχω(그만두다, 금하다, -지 말다, 19회)의 부정사 현재 중간태에는 네 가지 금지규례를 이방인 기독인들이 지금 당장 그만두어야 한다는 어감이 담겨 있다.

부정사 부정과거와 현재완료의 예: 막 5:4

διὰ τὸ αὐτὸν πολλάκις πέδαις καὶ ἁλύσεσιν **δεδέσθαι**

그가 자주 족쇄와 사슬에 **묶이고는**

και διεσπάσθαι ὑπ' αὐτοῦ τὰς ἁλύσεις 그에 의해 사슬은 **찢기고**

και τὰς πέδας **συντετρῖφθαι**, 족쇄는 **부서지니** {아무도 그를 맬 수 없었다.}

καὶ οὐδεὶς ἴσχυεν αὐτὸν δαμάσαι· 그래서 아무도 그를 **제어할** 수 없었다.

더러운 영에 붙들린 거라사 지방 사람에 대한 묘사이다. 그를 아무도 맬 수 없었던 이유는 부정사 현재완료 δεδέσθαι, διεσπάσθαι, συντετρῖφθαι로, 그 결과 아무도 그를 제어할 수 없는 전체적인 상황은 부정사 부정과거 δαμάσαι로 그려진다. δέω(매다, 묶다, 동이어 묶다, 결박하다, 43회)의 부정사 현재완료 수동태 δεδέσθαι와 διασπάω (찢다, 2회)의 부정사 현재완료 수동태 διεσπάσθαι와 συντρίβω(부수다, 7회)의 부정사 현재완료 수동태 συντετρῖφθαι는 상태상을 가져, '묶이나 찢기고 부서지는' 상태였음을 알려 준다. 이어 사용된 δαμάζω(제어하다, 4회)의 부정사 부정과거 수동태 δαμάσαι는 완료상으로 아무도 제어할 수 없는 상황을 전체적으로 그린다.

분사는 현재, 미래, 부정과거, 현재완료를 가진다. 미래완료 시제를 가지지 않는 것만 제외하고는 부정사와 같다. 신약성경에는 현재 3692회, 미래 13회, 부정과거 2287회, 현재완료 666회가 쓰인다. 현재는 미완료상을 가져 근접 상황을, 미래는 기대상을 가져 기대되는 내용을, 부정과거는 완료상을 가져 전체적인 원접 상황을, 현재완료는 상태상을 가져 조건 성취나 상태를 기술하는 데 쓰인다.

분사 현재와 부정과거의 예 1: 행 1:9

καὶ ταῦτα **εἰπὼν** 그리고는 이것들을 **말씀하신** 뒤에

βλεπόντων αὐτῶν 그들이 **볼** 때

ἐπήρθη, 들려 올라가셨습니다.

예수님의 승천 모습 기술이다. 승천하시기 전에 이런저런 말씀하신 것은 부정과거 분사로, 승천하실 때 제자들이 모습은 현재 분사로 표현된다. λέγω(말하다, 부르다, 2353회)의 분사 부정과거 능동태 남성 단수 주격 εἰπών은 승천 전에 마지막으로 가르치신 주님의 모습을 전체적으로 소개하고, βλέπω(보다, 보이다, 트이다, 지켜보다, 주의하다, 분별하다, 132회)의 분사 현재 능동태 남성 복수 속격 βλεπόντων은 예수님께서 승천하실 때 제자들의 모습을 가까이에서 묘사하듯 보여 준다.

분사 현재와 부정과거의 예 2: 히 7:1

ὁ **συναντήσας** Ἀβραὰμ 아브라함을 **만난** 이입니다.

ὑποστρέφοντι ἀπὸ τῆς κοπῆς τῶν βασιλέων

왕들을 쳐부수고 **귀환하는** {아브라함을요.}

καὶ **εὐλογήσας** αὐτόν, 그리고 그를[/아브라함을] **축복한** {이입니다.}

멜기세덱에 대한 설명이다. 멜기세덱이 아브라함을 만나 축복한 것은 둘 다 부정과거로 그리면서, 그때 아브라함이 어떠했는가에 대한 설명은 현재로 묘사한다. συναντήσας는 συναντάω(닥치다, 맞이하다, 6회)의 분사 부정과거 능동태 남성 단수 주격이고, ὑποστρέφοντι는 ὑποστρέφω(되돌아가다, 돌아가다, 귀환하다, 35회)의 분사 현재 능동태 남성 단수 여격으로 Ἀβραὰμ과 동격이며, εὐλογήσας는 εὐλογέω(축복하다, 41회)의 분사 부정

과거 능동태 남성 단수 주격이다. 돌아온 것이 먼저이지만 현재로 표현하고 만나 축복한 것은 부정과거로 표현한 것이다.

분사 미래의 예: 행 8:27

ὃς ἐληλύθει **προσκυνήσων** εἰς Ἰερουσαλήμ.

그는 **예배 드리러** 예루살렘에 와 있었습니다.

빌립에게 전도 받은 에디오피아 내시에 대한 설명이다. 그가 예루살렘에 왔던 목적이 미래 분사로 표현된다. προσκυνέω(예배 드리다, 제사 드리다, 경배하다, 절하다, 절을 올리다, 60회)의 분사 미래 능동태 남성 단수 주격인 προσκυνήσων은 기대상을 갖고, ἔρχομαι(오다, 다다르다, 632회)의 직설법 과거완료 능동태 3인칭 단수 ἐληλύθει는 과거 사건에 대한 상태상을 갖는다. 구스 내시는 이미 예루살렘에 왔었다. 그런데 그는 왜 왔었는가? 예배 드리러 왔었다. 예배를 드리겠다는 그의 기대가 미래 분사에 담겨 있다.

분사 현재, 부정과거, 현재완료의 예: 마 22:11.

εἰσελθὼν δὲ ὁ βασιλεὺς 하여 그 왕이 들어와서,

θεάσασθαι τοὺς **ἀνακειμένους** **식탁에 앉아 있는** 이들을 눈여겨보려구요,

εἶδεν ἐκεῖ 그가 거기에서 보았습니다,

ἄνθρωπον οὐκ **ἐνδεδυμένον** ἔνδυμα γάμου, 혼인 예복을 **입지 않은** 사람을요.

혼인 잔치의 비유 가운데 일부이다. 아들의 결혼을 위한 잔치를 베푼 왕이 잔치에 참여한 이들을 둘러 보는 내용이다. 왕이 들어온 것은 εἰσέρχομαι(들어오다, 들어가다, 입장하다, 찾아오다, 194회)의 분사 부정과거 능동태 남성 단수 주격형인 εἰσελθὼν을 사용하여 전체적으로 기술한다. 이어, 식탁에 앉아 있는 이들은 ἀνάκειμαι(식탁에 앉다, 14회)의 분사 현재 이태중간 남성 복수 대격형인 ἀνακειμένους를 사용하여 근접 상황으로 표현한다. 마지막으로, 예복을 입지 않은 사람에 대해서는 그의 상태 혹은 조건 성취에 초점을 맞춰 ἐνδύω(입다, 27회)의 분사 현재완료 중간태 남성 단수 대격형인 ἐνδεδυμένον을 사용한다.

부정과거분사와 완료분사의 차이를 설명하기 위해 좋은 예로 달란트의 비유가 있다. 달란트의 비유에서 달란트를 받은 것을 표현할 때 λαμβάνω(받다, 얻다, 가져가다, 집어 들다, 받아 가지다, 맞이하다, 258개)의 부정과거분사가 줄곧 쓰이다가(마 25:16, 18, 20의 λαβών), 결산할 때 한 달란트 받았던 자에 관해서만 λαμβάνω의 완료분사(25:24의 εἰληφώς)를 사용한다. 『개역개정』에는 25:16, 18의 부정과거분사는 '받은'으로, 25:20의 부정과거분사와 25:24의 완료분사는 '받았던'으로 번역되었다. 주인이 달란트를 줄 때와 결산할 때를 구분해서 번역한 것이다.

그러나 헬라어를 보면, 다섯 달란트 받은 자에 관해서는 달란트를 받았을 때와 결산 받을 때 공히 부정과거분사가 사용된 반면(25:16, 20의 λαβών), 한 달란트 받은 자는 달란트를 받았을 때와 결산 받을 때의 표현이 다르다. 달란트를 받았을 때의 표현은 부정과거분사(25:20의 λαβών)가 쓰였으나, 결산 받을 때의 표현은 완료분사(25:24의 εἰληφώς)가 쓰인 것이다. 따라서, 25:16, 18, 20의 λαβών은 같은 단어로, 25:24의 εἰληφώς는 앞서 사용된 단어와 다른 단어로 번역되는 것이 옳을 것이다. 부정과거분사는 '받은'으로, 완료분사는 '받았던' 정도가 좋을 것 같다. 우리말 '-았/었던'은 완료된 사태가 지각되었음을 표현할 때 쓰기 때문이다(한 652).

동일한 이유로 마 28:5에 소개된 천사의 말 가운데 있는 완료분사 Ἰησοῦν τὸν ἐσταυρωμένον를 "십자가에 못 박히신"(『개역개정』)으로 번역하는 것도 부적절해 보인다. '십자가에 못 박히셨던'이 더 좋을 듯싶다.

완료분사가 εἰμί와 결합된 경우의 예: 히 7:23

οἱ μὲν πλείονές **εἰσιν γεγονότες** ἱερεῖς 한편 더 많은 이들이 제사장들이 **되었답니다.**

διὰ τὸ θανάτῳ κωλύεσθαι παραμένειν 죽음으로 인해 지속될 길이 막혀서요.

죽음 때문에 많은 이들이 제사장들이 될 수밖에 없었음을 εἰμί 현재 + γίνομαι(생기다, 삼다, 일어나다, 실현되다, 669회) 완료분사로 표현한다. 그런 상태였음을 완료분사를 사용하여 기술하면서도, εἰμί를 보조 동사로 사용하여 보다 부드럽게 표현한 것이다. 이에 히브리어 베카탈티형(w-qataltí) 번역에 사용하는 게 좋겠다고 제안했던 '답니다'[합쇼할 자리에 쓰여, 화자가 이미 알고 있는 것을 객관화하여 청자에게 일러 줌을 나타내는 종결 어미. 친근하게 가르쳐 주거나 자랑하는 따위의 뜻이 섞여 있다. 혹은 '-다고 합니다'가 줄어든 말.]를 번역에 사용해 보았다. 완료분사가 εἰμί와 결합된 구문의 경우, '답니다', '단다'를 사용하면 될 듯싶다.

1.2.3. 태

헬라어의 태에는 능동태(能動態[주어가 어떤 동작이나 작용을 스스로 하였을 때, 서술어가 취하는 형식.], active), 중간태(中間態, middle, 중동태라 부르기도 함), 수동태(passive; 우리말로는 피동태[被動態, 주어가 어떤 동작의 대상이 되어 그 작용을 받을 때에, 서술어가 취하는 형식.])가 있다. 능동태는 주어가 동작의 주체가 될 때, 중간태는 주어가 동작의 주체이자 대상이 될 때, 수동태는 주어가 동작의 대상이 될 때 사용한다. 형태는 수동태를 가지지만 수동의 의미가 없는 태를 이태(異態)라고 부른다. 이 책에서는 디포넌트(deponent) 동사를 '이태동사'로 지칭하고 형태에 따라 '이태중간', '이태수동'으로 표기한다. 어떤 단어가 이태동사인지의 여부는 BDAG와 LSJ를 고려하여 결정한다.

헬라어 단축동사는 히브리어 피엘(piel)과, 헬라어 파찰음 동사는 히브리어 히필(hifil)과, 헬라어 수동태는 히브리어 칼 수동(Qal passive), 푸알(pual), 호팔(hofal)과 관계된다는 것은 앞서 살펴 보았다. 이제 헬라어 태와 히브리어 동사 유형을 연결해 보면 다음과 같다.

헬라어 능동태: 칼(qal), 피엘(piel), 히필(hifil)

헬라어 수동태: 칼 수동(Qal passive), 푸알(pual), 호팔(hofal)

헬라어 중간태: 니팔(nifal), 히트파엘(hitpael)

1.2.4. 인칭과 수

헬라어의 인칭[명사, 대명사, 동사에 관계하는 문법 범주의 하나. 화자가 자신을 가리키는 제일 인칭, 청자를 가리키는 제이 인칭, 제일 인칭과 제이 인칭을 제외한 나머지를 가리키는 제삼 인칭이 있다. ≒칭격.]은 1인칭, 2인칭, 3인칭이 있다. 시각적인 효과를 주기 위해 '일인칭, 이인칭, 삼인칭'보다 '1인칭, 2인칭, 3인칭'이라는 표현을 더 많이 사용한다.

헬라어의 수[수 26: 셀 수 있는 사물의 크기를 나타내는 값]에는 단수(singular)와 복수(plural)가 있다. 고전 헬라어에서는 쌍수(dual)도 쓰였지만, 코이네 헬라어에서는 쌍수가 쓰이지 않는다. 신약성경에도 쌍수의 예는 없다.

1.2.5. 성과 수와 격

헬라어 분사는 성(gender)과 수(number)와 격(case)을 가진다. 이는 형용사처럼 쓰여 명사 어미를 갖게 되기 때문이다. 수는 앞서 설명했다.

헬라어 분사가 성(헬라어로 γένος)을 갖는 이유는 연관되는 대상이 성을 가지기 때문이다. 헬라어 명사는 공성(common gender: 분사와 관련이 없는 개념이므로 '2.1. 명사의 어미변화'를 보라)을 가지는 것을 제외하고는, 남성(masculine), 여성(feminine), 중성(neuter) 가운데 한 가지 성을 가진다. 무생물의 성은 "초기 언중의 시적 상상(the poetic imagination of early peoples)에 기초하는데, 헬라어의 성은 이 언어의 오랜 역사에도 불구하고 거의 변화되지 않고 일관성을 가졌다(R 252).

우리말 격 조사와 헬라어의 격과의 관계에 대해서는, '주격은 헬라어 주격과, 관형격은 헬라어 속격과, 여격은 헬라어 여격과, 목적격은 헬라어 대격과, 호격은 헬라어 호격과 연결된다. 처소격, 도구격, 공동격 조사는 헬라어 전치사와, 보격 조사는 헬라어 동사 γίνομαι와, 서술격 조사는 헬라어 동사 εἰμί와 연결된다.' 하는 것을 앞서 살펴 보았다. 헬라어 격에 대한 자세한 설명도 '2. 명사, 대명사, 관사'의 서론을 보라.

헬라어의 경우 격어미(格語尾, case ending)가 발달되어 주격, 속격, 여격, 대격, 호격에 따라 어미가 달라질 뿐 아니라, 성(남성, 여성, 중성)과 수(단수, 복수)에 따라서도 격어미가 달라진다. 분사의 경우, 시제 및 태에 따라 적용되는 격어미가 달라진다.

헬라어의 성과 수는 문법적이면서도 개념적인 성과 수이다. 여성 명사를 남성 분사로 받고 단수 주어에 복수 동사를 사용한 경우의 예로 눅 2:13을 본다.

ἐξαίφνης ἐγένετο σὺν τῷ ἀγγέλῳ πλῆθος 갑자기 그 천사와 함께 동아리가 생겨났습니다.

στρατιᾶς οὐρανίου 하늘 **군대**로 이뤄진 {동아리죠.}

αἰνούντων τὸν θεὸν 하나님을 **찬송하는** {군대입니다.}

목자들에게 예수님의 탄생 소식을 전한 천사와 함께 찬송하던 하늘 군대를 묘사할 때, '군대'는 여성 단수(속격)이지만, '찬송하다'는 남성 복수(분사 현재 능동태 남성 복수 속격)를 사용한다. 군대라는 단어는 여성이지만 구성원의 성을 고려한 듯하다. 또한 군대라는 단어가 비록 단수이라해도 개념 자체가 다수를 표현하기에 개체의 수를 고려하여 복수형을 사용한 것으로 보인다.

1.3. 비어간모음 동사의 활용(athematic conjugation)

어간모음(thematic vowel) ο, ε, 혹은 ω, η가 시제어간(tense stem)과 인칭어미(personal endings)사이에 없는 동사로, 'μι 동사'라고도 불리는 비어간모음 동사의 활용을 살펴보자. 신약성경에는 비어간모음 동사가 115개 쓰인다.

참고로, 변칙자음 뉘(ν)는 활용에 첨가하지 않는다. '끝자음 추가'와 관련해서 '현재 우리는 변칙자음 뉘가 쓰이지 않은 형태를 가장 적게 가진 비평본을 사용하고 있다'는 것을 생각해 보았는데, 변칙자음 뉘에 대한 본문확정에 아직 미진한 부분이 있기에 이 책에서는 변칙자음 뉘를 뺀 기본형만 소개한다.

또한, 지면을 효율적으로 활용하기 위해, 변화형을 1인칭 단수, 2인칭 단수, 3인칭 단수, 1인칭 복수, 2인칭 복수, 3인칭 복수 순으로 나열한다. 명령법은 2인칭 단수, 3인칭 단수, 2인칭 복수, 3인칭 복수 순으로 나열한다. 부정사는 능동태, 중간태, 수동태 순으로 나열한다. 분사는 남성 주격 및 속격, 여성 주격 및 속격, 중성 주격 및 속격 순으로 나열한다. 어미가 제시될 때 '-'표는 어미가 없는 것을 가리킨다.

1.3.1. 비어간모음 동사 변화의 예

어근이 δο인 διδώμι(주다, 드리다, 나누다, 나눠 주다, 내밀다, 내버려 두다, 허락하다) 동사의 변화를 통해 비어간모음 동사 변화의 예를 살펴보자. 참고로 이 단어가 신약성경에 가장 많이 쓰인 비어간모음 동사이다(415회). 시제는 현재(49회), 미완료과거(12회), 부정과거(245회), 미래(66회), 현재완료(40회), 과거완료(3회)가, 법은 직설법(260회), 가정법(24회), 명령법(35회), 희구법(4회), 부정사(44회), 분사(48회)가, 태는 능동태(330회)와 수동태(85회)가 쓰였다.

첫째, 비어간모음 동사는 직설법 현재시제에서 어근의 첫 자음이 어간중복(reduplication) 되고 이오타가 붙는다(M 34.6). 제1시제의 직설법 능동태 어미는 - 혹은 μι, ς 혹은 θα, σι, μεν, τε, νσι이다. 제1시제의 직설법 중간태/수동태 어미는 μαι, σαι, ται, μεθα, σθε, νται이다. 완료시제에서는 어간모음 동사처럼 어간중복이 된다.

직설법 현재 능동태: δίδωμι, δίδως, δίδωσι, δίδομεν, δίδοτε, διδόασι
직설법 현재 중간태/수동태: δίδομαι, δίδοσαι, δίδοται, διδόμεθα, δίδοσθε, δίδονται
직설법 현재완료 능동태: δέδωκα, δέδωκας, δέδωκε, δεδώκαμεν, δεδώκατε, δέδωκασι
직설법 과거완료 능동태: δεδώκειν, δεδώκεις, δεδώκει, δεδώκειμεν, δεδώκειτε, δεδώκεισαν

둘째, 직설법 미완료과거와 미래의 능동태는 어간모음 동사와 유사하다. 다만, 3인칭 복수형은 어간모음 동사의 부정과거형과 유사하다. 제2시제의 직설법 중간태 어미는 μην, σο, το, μεθα, σθε, ντο이다.
직설법 미완료과거 능동태: ἐδίδουν, ἐδίδους, ἐδίδου, ἐδίδομεν, ἐδίδοτε, ἐδίδοσαν
직설법 미완료과거 중간태/수동태: ἐδιδόμην, ἐδίδοσο, ἐδίδοτο, ἐδιδόμεθα, ἐδίδοσθε, ἐδίδοντο
직설법 미래 능동태: δώσω, δώσεις, δώσει, δώσομεν, δώσετε, δώσουσι

셋째, 비어간모음 동사는 직설법 부정과거에서 시그마(σ)가 아니라 카파(κ)가 쓰인다 (M 34.10). 다만, ἵστημι는 직설법 부정과거에 σ가 쓰여 ἔστησα, ἔστησας, ἔστησε, ἐστήσαμεν, ἐστήσατε, ἔστησαν이 된다. ἵστημι는 신약성경에서 제2부정과거 어미 형태인 ἔστην, ἔστης, ἔστη, ἔστημεν, ἔστητε, ἔστησαν이 쓰이는데, 3인칭 복수의 경우 부정과거형과 제2부정과거형이 같다. 이는 ἵστημι의 부정과거와 현재완료의 어간이 같아, 구분을 위해 κ가 아닌 σ가 쓰인 것으로 이해된다. 수동태 어미는 어간모음 동사의 것과 같다. 이 책에서는 제1부정과거를 그냥 '부정과거'라고 쓰고, 제2부정과거만 '제2부정과거'라고 쓴다.

직설법 부정과거 능동태: ἔδωκα, ἔδωκας, ἔδωκε, ἐδώκαμεν, ἐδώκατε, ἔδωκαν
직설법 부정과거 중간태: ἐδόμην, ἔδου, ἔδοτο, ἐδόμεθα, ἔδοσθε, ἔδοντο
직설법 부정과거 수동태: ἐδόθην, ἐδόθης, ἐδόθη, ἐδόθημεν, ἐδόθητε, ἐδόθησαν

넷째, 가정법과 명령법과 희구법의 현재는 직설법 현재형의 어간을 사용하고, 부정과거는 본래 어근을 사용한다. 희구법 현재 능동태 어미는 ν, σ 혹은 σθα, –, μεν, τε, ν 혹은 σαν이다.

가정법 현재 능동태: διδῶ, διδῷς, διδῷ, διδῶμεν, διδῶτε, διδῶσι
가정법 부정과거 능동태: δῶ, δῷς, δῷ, δῶμεν, δῶτε, δῶσι
명령법 현재 능동태: δίδου, διδότω, δίδοτε, διδότωσαν
명령법 부정과거 능동태: δός, δότω, δότε, δότωσαν
희구법 현재 능동태: διδοίην, διδοίης, διδοίη, διδοίημεν, διδοίητε, διδοίησαν
(혹은 διδοῖμεν, διδοῖτε, διδοῖεν)
희구법 부정과거 능동태: δοίην, δοίης, δοίη(신약성경에는 δῴη형태가 사용됨: 롬 15:5; 살후 3:16; 딤후 1:16, 18), δοίημεν, δοίητε, δοίησαν (혹은 δοῖμεν, δοῖτε, δοῖεν)

다섯째, 부정사와 분사도 현재는 직설법 현재형의 어간을 사용하고, 부정과거는 본래 어근을 사용한다.

부정사 현재: διδόναι, δίδοσθαι, δίδοσθαι

부정사 부정과거: δοῦναι, δόσθαι, δοθῆναι

분사 현재 능동태: διδούς, διδόντος, διδοῦσα, διδούσης, διδόν, διδόντος

분사 현재 중간태와 수동태: διδόμενος, διδομένου, διδομένη, διδομένης, διδόμενον, διδομένου

분사 부정과거 능동태: δούς, δόντος, δοῦσα, δούσης, δόν, δόντος

분사 부정과거 중간태: δόμενος, δομένου, δομένη, δομένης, δόμενον, δομένου

분사 부정과거 수동태: δοθείς, δοθέντος, δοθεῖσα, δοθείσης, δοθέν, δοθέντος

1.3.2. 비어간모음 동사 변화 유형(참고. S 416-422, 462, 768, 777; M 362)

비어간모음 동사는 두 가지 형태가 있다. 하나는 ημι 혹은 ωμι로 끝나는 단어들과 νυμι로 끝나는 단어들이 있다(S 414).

어간이 α, ε, ο로 끝나서 어미가 ημι 혹은 ωμι로 끝나는 단어 가운데 규칙동사로 τίθημι(두다, 삼다, 세우다, 작정하다, 이끌어 내다, 처넣다, 꿇다; [수동태] 묻히다; 신약성경에 100회), ἵστημι(세우다, 앞에 내세우다, 배치하다, 얹다, 지우다, 견디다, 정하다; [수동태] 서다, 서 있다, 일어서다, 들어서다; 신약성경에 100회), δίδωμι(주다, 드리다, 나누다, 나눠 주다, 허락하다, 내밀다, 내버려 두다, 허락하다; [수동태] 주어지다)의 활용을 제공한다.

ημι 혹은 ωμι로 끝나는 단어 가운데 불규칙 동사로는 여러 단어(ἀνίημι[헐겁다, 늦추다], ἀφίημι[놓아주다, 그냥 내버려 두다], καθίημι[아래로 내리다, 드리우다], συνίημι[이해하다])의 어근인 ἵημι(방출하다, 던지다, 간절히 바라다), εἰμί (이다, 있다, 지니고 있다, 나다, 접어들다, 대['다가: 어떤 동작이나 상태 따위가 중단되고 다른 동작이나 상태로 바뀜을 나타내는 연결 어미'의 준말]; [미래] 있게 되다)의 활용을 제공한다. 다만, εἰμί 동사는 활용이 있는 형태가 많지 않다.

νυ 혹은 ννυ가 첨가되어 어미가 νυμι로 끝나는 단어로는 여러 단어(ἀναδείκνυμι[보이다, 보여 주다], ἀποδείκνυμι[내세우다, 입증하다], ἐπιδείκνυμι[보이다, 보여 주다])의 어근인 δείκνυμι(보여 주다, 꼭 집어서 보여 주다, 보이다)의 활용을 제공한다.

그럼, τίθημι, ἵστημι, δίδωμι, ἵημι, εἰμί, δείκνυμι의 활용을 살펴보자. 단, 수동태 어미는 어간모음 동사의 것과 같으므로 생략한다. 분사의 활용은 '남성 단수 주격, 여성 단수 주격, 중성 단수 주격'만 소개하되, 활용 전체를 소개하는 경우에는 가로는 '남성, 여성, 중성' 순으로, 세로는 '단수 주격, 단수 속격, 단수 여격, 단수 대격, 복수 주격, 복수 속격, 복수 여격, 복수 대격' 순으로 배열한다.

1.3.2.1. 직설법

직설법 현재 능동태(- 혹은 μι, ς 혹은 θα, σι, μεν, τε, νσι)
τίθημι, τίθης, τίθησι, τίθεμεν, τίθετε, τιθέασι
ἵστημι, ἵστης, ἵστησι, ἵσαμεν, ἵστατε, ἱστᾶσι
δίδωμι, δίδως, δίδωσι, δίδομεν, δίδοτε, διδόασι
ἵημι, ἵης 혹은 ἱεῖς, ἵησι, ἵεμεν, ἵετε, ἱᾶσι
εἰμί, εἶ, ἐστί, ἐσμέν, ἐστέ, εἰσί
δείκνυμι, δείκνυς, δείκνυσι, δείκνυμεν, δείκνυτε, δεικνύασι

직설법 현재 중간태와 수동태(μαι, σαι, ται, μεθα, σθε, νται)
τίθεμαι, τίθεσαι, τίθεται, τιθέμεθα, τίθεσθε, τίθενται
ἵσταμαι, ἵστασαι, ἵσταται, ἱστάμεθα, ἵστασθε, ἵστανται
δίδομαι, δίδοσαι, δίδοται, διδόμεθα, δίδοσθε, δίδονται
ἵεμαι, ἵεσαι, ἵεται, ἱέμεθα, ἵεσθε, ἵενται
εἰμί는 현재 중간태와 수동태 형태가 없다.
δείκνυμαι, δείκνυσαι, δείκνυται, δεικνύμεθα, δείκνυσθε, δείκνυνται

직설법 미래 능동태: 어간모음 동사 활용과 같다.

θήσω, θήσεις, θήσει, θήσομεν, θήσετε, θήσουσι

στήσω, στήσεις, στήσει, στήσομεν, στήσετε, στήσουσι

δώσω, δώσεις, δώσει, δώσομεν, δώσετε, δώσουσι

ἥσω, ἥσεις, ἥσει, ἥσομεν, ἥσετε, ἥσουσι

εἰμί의 미래는 중간태 형태를 가지므로 중간태에 포함시킨다.

δείξω, δείξεις, δείξει, δείξομεν, δείξετε, δείξουσι

직설법 미래 중간태: 어간모음 동사 활용과 같다.

θήσομαι, θήσῃ, θήσεται, θησόμεθα, θήσεσθε, θήσονται

στήσομαι, στήσῃ, στήσεται, στησόμεθα, στήσεσθε, στήσονται

δώσομαι, δώσῃ, δώσεται, δωσόμεθα, δώσεσθε, δώσονται

ἥσομαι, ἥσῃ, ἥσεται, ἥσομεθα, ἥσεσθε, ἥσονται

ἔσομαι, ἔσῃ 혹은 ἔσει, ἔσται, ἐσόμεθα, ἔσεσθε, ἔσονται

δείξομαι, δείξῃ, δείξεται, δειξόμεθα, δείξεσθε, δείξονται

직설법 미래 수동태: 어간모음 동사 활용과 같다.

τεθήσομαι, τεθήσῃ, τεθήσεται, τεθησόμεθα, τεθήσεσθε, τεθήσονται

σταθήσομαι, σταθήσῃ, σταθήσεται, σταθησόμεθα, σταθήσεσθε, σταθήσονται

δοθήσομαι, δοθήσῃ, δοθήσεται, δοθησόμεθα, δοθήσεσθε, δοθήσονται

ἑθήσομαι, ἑθήσῃ, ἑθήσεται, ἑθησόμεθα, ἑθήσεσθε, ἑθήσονται

εἰμί는 미래 수동태 형태가 없다.

δειχθήσομαι, δειχθήσῃ, δειχθήσεται, δειχθησόμεθα, δειχθήσεσθε, δειχθήσονται

직설법 미완료과거 능동태

ἐτίθην, ἐτίθεις, ἐτίθει, ἐτίθεμεν, ἐτίθετε, ἐτίθεσαν

ἵστην, ἵστης, ἵστη, ἵσταμεν, ἵστατε, ἵστασαν

ἐδίδουν, ἐδίδους, ἐδίδου, ἐδίδομεν, ἐδίδοτε, ἐδίδοσαν

ἵην, ἵεις, ἵει, ἵεμεν, ἵετε, ἵεσαν

ἤμην, ἦς 혹은 ἦσθα, ἦν, ἦμεν 혹은 ἤμεθα, ἦτε 혹은 ἦστε, ἦσαν

ἐδείκνυν, ἐδείκνυς, ἐδείκνυ, ἐδείκνυμεν, ἐδείκνυτε, ἐδείκνυσαν

직설법 미완료과거 중간태와 수동태(μην, σο, το, μεθα, σθε, ντο)

ἐτιθέμην, ἐτίθεσο, ἐτίθετο, ἐτιθέμεθα, ἐτίθεσθε, ἐτίθεντο

ἱστάμην, ἵστασο, ἵστατο, ἱστάμεθα, ἵστασθε, ἵσταντο

ἐδιδόμην, ἐδίδοσο, ἐδίδοτο, ἐδιδόμεθα, ἐδίδοσθε, ἐδίδοντο

ἱέμην, ἵεσο, ἵετο, ἱέμεθα, ἵεσθε, ἵεντο

εἰμί는 미완료과거 중간태와 수동태 형태가 없다.

ἐδεικνύμην, ἐδείκνυσο, ἐδείκνυτο, ἐδεικνύμεθα, ἐδείκνυσθε, ἐδείκνυντο

직설법 부정과거/제2부정과거 능동태

τίθημι, δίδωμι, ἵημι는 단수에서 부정과거형을, 복수에서 제2부정과거형을 가진다 (S 755). 그러나, 신약성경에서는 τίθημι, δίδωμι, ἵημι 모두 복수형도 부정과거형이 쓰인다. 따라서 τίθημι는 ἐθήκαμεν, ἐθήκατε, ἔθηκαν과 같이, δίδωμι는 ἐδώκαμεν, ἐδώκατε, ἔδωκαν과 같이, ἵημι는 신약성경에 합성동사만 있으므로 ἀφίημι를 예로 들자면 ἀφῆκα, ἀφῆκας, ἀφῆκε, ἀφήκαμεν, ἀφήκατε, ἀφῆκαν과 같이 쓰인다. 한편, 앞에서 언급한 것처럼, ἵστημι는 단수와 복수 모두 제2부정과거형이 쓰인다. δείκνυμι도 신약성경에서는 부정과거형이 쓰인다. 신약성경 해석에 도움이 되도록 활용을 구성하면 아래와 같다.

ἔθηκα, ἔθηκας, ἔθηκε, ἐθήκαμεν, ἐθήκατε, ἔθηκαν

ἔστην, ἔστης, ἔστη, ἔστημεν, ἔστητε, ἔστησαν

ἔδωκα, ἔδωκας, ἔδωκε, ἐδώκαμεν, ἐδώκατε, ἔδωκαν

ἧκα, ἧκας, ἧκε, εἷμεν, εἷτε, εἷσαν

εἰμί는 부정과거 형태가 없다.

ἔδειξα, ἔδειξας, ἔδειξε, ἐδείξαμεν, ἐδείξατε, ἔδειξαν

직설법 부정과거/제2부정과거 중간태: ἵστημι와 δείκνυμι는 부정과거형이다.

ἐθέμην, ἔθου, ἔθετο, ἐθέμεθα, ἔθεσθε, ἔθεντο

ἐστησάμην, ἐστήσω, ἐστήσατο, ἐστησάμεθα, ἐστήσασθε, ἐστήσαντο

ἐδόμην, ἔδου, ἔδοτο, ἐδόμεθα, ἔδοσθε, ἔδοντο

εἵμην, εἷσο, εἷτο, εἵμεθα, εἷσθε, εἷντο

εἰμί는 부정과거 형태가 없다.

ἐδειξάμην, ἐδείξω, ἐδείξατο, ἐδειξάμεθα, ἐδείσασθε, ἐδείσαντο

직설법 부정과거 수동태: 어간모음 동사 활용과 같다.

ἐτέθην, ἐτέθης, ἐτέθη, ἐτέθημεν, ἐτέθητε, ἐτέθησαν

ἐστάθην, ἐστάθης, ἐστάθη, ἐστάθημεν, ἐστάθητε, ἐστάθησαν

ἐδόθην, ἐδόθης, ἐδόθη, ἐδόθημεν, ἐδόθητε, ἐδόθησαν

εἵθην, εἵθης, εἵθη, εἵθημεν, εἵθητε, εἵθησαν

εἰμί는 부정과거 형태가 없다.

ἐδείχθην, ἐδείχθης, ἐδείχθη, ἐδείχθημεν, ἐδείχθητε, ἐδείχθησαν

직설법 현재완료 능동태: 어간모음 동사 활용과 같다. ἵστημι는 신약성경에서 제2현재완료형이 아니라 현재완료형이 쓰인다.

τέθηκα, τέθηκας, τέθηκε, τεθήκαμεν, τεθήκατε, τεθήκασι

ἕστηκα, ἕστηκας, ἕστηκε, ἑστήκαμεν, ἑστήκατε, ἑστήκασι

δέδωκα, δέδωκας, δέδωκε, δεδώκαμεν, δεδώκατε, δέδωκασι

εἷκα, εἷκας, εἷκε, εἷκαμεν, εἷκατε, εἷκασι

εἰμί는 완료 형태가 없다.

δέδειχα, δέδειχας, δέδειχε, δεδείχαμεν, δεδείχατε, δεδείχασι

직설법 현재완료 중간태와 수동태: 어간모음 동사 활용과 같다.

τέθειμαι, τέθεισαι, τέθειται, τεθείμεθα, τέθεισθε, τέθεινται

ἵστημι는 이 형태로 쓰이지 않는다.

δέδομαι, δέδοσαι, δέδοται, δεδόμεθα, δέδοσθε, δέδονται

εἶμαι, εἶσαι, εἶται, εἶμεθα, εἶστε, εἶνται

εἰμί는 완료 형태가 없다.

δέδειγμαι, δέδειγσαι, δέδειγται, δεδείγμεθα, δέδειγσθε, δέδειγνται

직설법 과거완료 능동태: 어간모음 동사 활용과 같다. ἵστημι는 신약성경에서 제2현재완료형이 아니라 현재완료형이 쓰인다.

ἐτεθήκη, ἐτεθήκης, ἐτεθήκει, ἐτεθήκειμεν, ἐτεθήκειτε, ἐτεθήκεισαν

εἱστήκη, εἱστήκης, εἱστήκει, εἱστήκειμεν, εἱστήκειτε, εἱστήκεισαν

δεδώκειν, δεδώκεις, δεδώκει, δεδώκειμεν, δεδώκειτε, δεδώκεισαν

ἵημι는 이 형태로 쓰이지 않는다.

εἰμί는 완료 형태가 없다.

ἐδεδείχη, ἐδεδείχης, ἐδεδείχει, ἐδεδείχειμεν, ἐδεδείχειτε, ἐδεδείχεισαν

직설법 과거완료 중간태와 수동태: 어간모음 동사 활용과 같다.

ἐτεθείμην, ἐτέθεισο, ἐτέθειτο, ἐτεθείμεθα, ἐτεθείσθε, ἐτεθείντο

ἵστημι는 이 형태로 쓰이지 않는다.

ἐδεδόμην, ἐδέδοσο, ἐδέδοτο, ἐδεδόμεθα, ἐδεδόσθε, ἐδεδόντο

ἵημι는 이 형태로 쓰이지 않는다.

εἰμί는 완료 형태가 없다.

ἐδεδείγμην, ἐδέδεισο, ἐδέδειτο, ἐδεδείμεθα, ἐδεδείσθε, ἐδεδείντο

직설법 미래완료 능동태 : 신약성경에서 직설법 미래완료는 히 8:11에만 나오고 어간 모음 동사이다. 비어간모음 동사 가운데 직설법 미래완료 형태가 있는 것은 ἵστημι뿐이다.

ἑστήξω, ἑστήξεις, ἑστήξει, ἑστήξομεν, ἑστήξετε, ἑστήξουσι

1.3.2.2. 가정법

신약성경에서 가정법은 현재, 부정과거, 현재완료로만 쓰인다. 그런데 현재완료 가정법은 자음동사(consonant verb) 가운데 폐쇄음 동사(stop verb)인 οἶδα와 관련해서만 쓰인다. 관련 항목(1.7. 폐쇄음 자음동사)을 보라.

가정법 현재 능동태 (μι, ς, σι, μεν, τε, νσι)

τιθῶ, τιθῇς, τιθῇ, τιθῶμεν, τιθῆτε, τιθῶσι

ἱστῶ, ἱστῇς, ἱστῇ, ἱστῶμεν, ἱστῆτε, ἱστῶσι

διδῶ, διδῷς, διδῷ, διδῶμεν, διδῶτε, διδῶς

ἱῶ, ἱῇς, ἱῇ, ἱῶμεν, ἱῆτε, ἱῶσι

ὦ, ἦς, ᾖ, ὦμεν, ἦτε, ὦσι

δεικνύω, δεικνύῃς, δεικνύῃ, δεικνύωμεν, δεικνύητε, δεικνύωσι

가정법 현재 중간태와 수동태

τιθῶμαι, τιθῇ, τιθῆται, τιθώμεθα, τιθῆσθε, τιθῶνται

ἱστῶμαι, ἱστῇ, ἱστῆται, ἱστώμεθα, ἱστῆσθε, ἱστῶνται

διδῶμαι, διδῷ, διδῶται, διδώμεθα, διδῶσθε, διδῶνται

ἱῶμαι, ἱῇ, ἱῆται, ἱώμεθα, ἱῆσθε, ἱῶνται

εἰμί는 중간태와 수동태 형태가 없다.

δεικνύωμαι, δεικνύῃ, δεικνύηται, δεικνυώμεθα, δεικνύησθε, δεικνύωνται

가정법 제2부정과거 능동태 : 가정법 부정과거에서 본래 어근을 사용하다보니 기본형과 달라져 제2부정과거로 분류된다.

θῶ, θῇς, θῇ, θῶμεν, θῆτε, θῶσι

στῶ, στῇς, στῇ, στῶμεν, στῆτε, στῶσι

δῶ, δῷς, δῷ, δῶμεν, δῶτε, δῶσι

εἰμί는 부정과거 형태가 없다.

δύω, δύῃς, δύῃ, δύωμεν, δύητε, δύωσι

가정법 제 2부정과거 중간태

θῶμαι, θῇ, θῆται, θώμεθα, θῆσθε, θῶνται

ἵστημι는 이 형태로 쓰이지 않는다.

δῶμαι, δῷ, δῶται, δώμεθα, δῶσθε, δῶνται

ὧμαι, ᾗ, ἧται, ὥμεθα, ἧσθε, ὧνται

εἰμί는 부정과거 형태가 없다.

δείξωμαι, δείξῃ, δείξηται, δειξώμεθα, δείξησθε, δείξωνται

가정법 부정과거 수동태: 어간모음 동사 활용과 같다.

τεθῶ, τεθῇς, τεθῇ, τεθῶμεν, τεθῆτε, τεθῶσι

σταθῶ, σταθῇς, σταθῇ, σταθῶμεν, σταθῆτε, σταθῶσι

δοθῶ, δοθῇς, δοθῇ, δοθῶμεν, δοθῆτε, δοθῶσι

ἑθῶ, ἑθῇς, ἑθῇ, ἑθῶμεν, ἑθῆτε, ἑθῶσι

εἰμί는 부정과거 형태가 없다.

δειχθῶ, δειχθῇς, δειχθῇ, δειχθῶμεν, δειχθῆτε, δειχθῶσι

1.3.2.3. 명령법

명령법 현재 능동태

τίθει, τιθέτω, τίθετε, τιθέντων

ἵστη, ἱστάτω, ἵστατε, ἱστάντων

δίδου, διδότω, δίδοτε, διδόντων

ἵει, ἱέτω, ἵετε, ἱέντων

ἴσθι, ἔστω, ἔστε, ἔστων

δείκνυ, δεικνύτω, δείκνυτε, δεικνύντων

명령법 현재 중간태와 수동태

τίθεσο, τιθέσθω, τίθεσθε, τιθέσθων

ἵστασο, ἱστάσθω, ἵστασθε, ἱστάσθων

δίδοσο, διδόσθω, δίδοσθε, διδόσθων

ἵεσο, ἱέσθω, ἵεσθε, ἱέσθων

εἰμί는 능동태 형태만 있다.

δείκνυσο, δεικνύσθω, δείκνυσθε, δεικνύσθων

명령법 제2부정과거 능동태

θές, θέτω, θέτε, θέντων

στῆθι, στήτω, στῆτε, στάντων

δός, δότω, δότε, δόντων

ἕς, ἕτω, ἕτε, ἕντων

εἰμί는 부정과거 형태가 없다.

δῦθι, δύτω, δῦτε, δύντων

명령법 부정과거/제2부정과거 중간태: δείκνυμι는 부정과거형을 가진다.

θοῦ, θέσθω, θέσθε, θέσθων

ἵστημι는 이 형태로 쓰이지 않는다.

δοῦ, δόσθω, δόσθε, δόσθων

οὗ, ἕσθω, ἕσθε, ἕσθων

εἰμί는 부정과거 형태가 없다.

δεῖξαι, δειξάσθω, δείξασθε, δειξάσθωσαν

명령법 현재완료 중간태와 수동태 : 신약성경에서 완료 명령은 4회 쓰이는데, 그 가운데 비어간모음 동사는 1회 쓰인다. δείνυμι처럼 활용되는 ῥώννυμι(건강하다, 안녕하다)로 행 15:29에 나온다. 그래서 δείνυμι와 ῥώννυμι의 활용을 소개한다. 나머지 3회는 단축동사 항목(1.4.2.)과 폐쇄음 자음동사 항목(1.5.1.)을 보라.

δέδειξο, δεδείξθω, δέδειξθε, δεδείξθων

ἔρρωσο, ἐρρώσθω, ἔρρωσθε, ἐρρώσθων

1.3.2.4. 희구법

신약성경에서 희구법으로 쓰인 비어간모음 동사는 δίδωμι와 εἰμί뿐이다. 신약성경에서 희구법 미래가 쓰이지 않으므로 활용을 제공하지 않는다.

희구법 현재 능동태

τιθείην, τιθείης, τιθείη, τιθείημεν, τιθείτηε, τιθείησαν

(혹은 τιθεῖμεν, τιθεῖτε, τιθεῖεν)

ἱσταίην, ἱσταίης, ἱσταίη, ἱσταίημεν, ἱσταίτηε, ἱσταίησαν

(혹은 ἱσταῖμεν, ἱσταῖτε, ἱσταῖεν)

διδοίην, διδοίης, διδοίη, διδοίημεν, διδοίητε, διδοίησαν

(혹은 διδοῖμεν, διδοῖτε, διδοῖεν)

ἱείην, ἱείης, ἱείη, ἱεῖμεν 혹은 ἱείημεν, ἱεῖτε 혹은 ἱείητε, ἱείεν 혹은 ἱείησαν

εἴην, εἴης, εἴη, εἴημεν 혹은 εἶμεν, εἴητε 혹은 εἶτε, εἴησαν 혹은 εἶεν

δεικνύοιμι, δεικνύοις, δεικνύοι, δεικνύοιμεν, δεικνύοιτε, δεικνύοιεν

희구법 현재 중간태와 수동태

τιθείμην, τιθεῖο, τιθεῖτο, τιθείμεθα, τιθεῖσθε, τιθεῖντο

(혹은 τιθοῖτο, τιθοίμεθα, τιθοῖσθε, τιθοῖντο)

ἱσταίμην, ἱσταῖο, ἱσταῖτο, ἱσταίμεθα, ἱσταῖσθε, ἱσταῖντο

διδοίμην, διδοῖο, διδοῖτο, διδοίμεθα, διδοῖσθε, διδοῖντο

εἰμί는 중간태와 수동태 형태가 없다.

δεικνυοίμην, δεικνύοιο, δεικνύοιτο, δεικνυοίμεθα, δεικνύοισθε, δεικνύοιντο

희구법 부정과거/제2부정과거 능동태 : δείκνυμι는 부정과거형을 가진다.

θείην, θείης, θείη, θεῖμεν, θεῖτε, θεῖεν (혹은 θείημεν, θείτηε, θείησαν)

σταίην, σταίης, σταίη, σταῖμεν, σταίτε, σταῖεν

(혹은 σταίημεν, σταίτηε, σταίησαν)

δοίην, δοίης, δοίη(신약성경에는 δῴη형태가 사용됨: 롬 15:5; 살후 3:16; 딤후 1:16, 18), δοῖμεν, δοῖτε, δοῖεν (혹은 δοίημεν, δοίητε, δοίησαν)

ἱείμην, ἱεῖο, ἱεῖτο, ἱείμεθα, ἱεῖσθε, ἱεῖντο

εἰμί는 부정과거 형태가 없다.

δείξαιμι, δείξαις 혹은 δείξειας, δείξαι 혹은 δείξειε, δείξαιμεν, δείξαιτε, δείξαιεν 혹은 δείξειαν

희구법 부정과거/제2부정과거 중간태 : δείκνυμι는 부정과거형을 가진다.

θείμην, θείο, θεῖτο 혹은 θοῖτο, θείμεθα, θεῖσθε, θεῖντο

(혹은 θοίμεθα, θοῖσθε, θοῖντο)

ἵστημι는 이 형태로 쓰이지 않는다.

δοίμην, δοῖο, δοῖτο, δοῖμεθα, δοῖσθε, δοῖντο

εἵμην, εἷο, εἷτο, εἵμεθα 혹은 οἵμεθα, εἷσθε 혹은 οἷσθε, εἷντο 혹은 οἷντο

εἰμί는 부정과거 형태가 없다.

δειξαίμην, δείξαιο, δείξαιτο, δειξαίμεθα, δείξαισθε, δείξαιντο

희구법 부정과거 수동태 : 어간모음 동사 활용과 같다.

τεθείην, τεθείης, τεθείη, τεθεῖμεν 혹은 τεθείημεν, τεθεῖτε 혹은 τεθείητε, τεθεῖεν

혹은 τεθείησαν

σταθείην, σταθείης, σταθείη, σταθεῖμεν 혹은 σταθείημεν, σταθεῖτε 혹은 σταθείητε, σταθεῖεν 혹은 σταθείησαν

δοθείην, δοθείης, δοθείη, δοθεῖμεν 혹은 δοθείημεν, δοθεῖτε 혹은 δοθείητε, δοθεῖεν 혹은 δοθείησαν

ἵημι는 이 형태로 쓰이지 않는다.

εἰμί는 부정과거 형태가 없다.

δειχθείην, δειχθείης, δειχθείη, δειχθεῖμεν 혹은 δειχθείημεν, δειχθεῖτε 혹은 δειχθείητε, δειχθεῖεν 혹은 δειχθείησαν

1.3.2.5. 부정사

부정사 현재 능동태, 중간태와 수동태

τιθέναι, τίθεσθαι

ἱστάναι, ἵστασθαι

διδόναι, δίδοσθαι

ἱέναι, ἵεσθαι

εἶναι, εἰμί는 중간태와 수동태 형태가 없다.

δεικνύναι, δείκνυσθαι

부정사 미래 능동태, 중간태, 수동태: 어간모음 동사 활용과 같다. 신약성경에 부정사 미래형이 5회 나오므로 소개한다.

θήσειν, θήσεσθαι, τεθήσεσθαι

στήσειν, στήσεσθαι, σταθήσεσθαι

δώσειν, δώσεσθαι, δοθήσεσθαι

ἵημι는 이 형태로 쓰이지 않는다.

ἔσεσθαι(εἰμί의 미래는 중간태 형태를 가지므로 중간태에 포함시킨다.)

δείξειν, δείξεσθαι, δειχθήσεσθαι

부정사 제2부정과거 능동태, 부정과거/ 제2부정과거 중간태, 부정과거 수동태: δείκνυμι는 중간태에서 부정과거형을 가진다.

θεῖναι, θέσθαι, τεθῆναι

στῆναι, ἵστημι는 중간태로 쓰이지 않는다, σταθῆναι

δοῦναι, δόσθαι, δοθῆναι

εἷναι, ἕσθαι, ἑθῆναι

εἰμί는 부정과거 형태가 없다.

δῦναι, δείξασθαι, δειχθῆναι

부정사 현재완료/제2현재완료 능동태, 현재완료 중간태와 수동태: 대부분 어간모음동사와 유사하지만, ἵστημι는 제2현재완료 형태인 ἑστάναι를 취한다. 이 형태는 신약성경에서 눅 13:25, 행 12:14, 고전 10:12에 나온다.

τεθηκέναι, τεθεῖσθαι

ἑστάναι 혹은 ἑστηκέναι, ἵστημι는 중간태와 수동태형으로 쓰이지 않는다.

δεδωκέναι, δεδόσθαι

εἱκέναι, εἷσθαι

εἰμί는 완료 형태가 없다.

δεδειχέναι, δεδεῖχθαι

1.3.2.6. 분사(S 306-307, M 27.9)

분사 활용을 위해서는 비단축동사 분사의 활용도 참고하라(1.4.1.1.6).

분사 현재 능동태 : ἵστημι는 πᾶς처럼 활용된다(M-T II 205).

τιθείς, τιθέντος, τιθεῖσα, τιθείσης, τιθέν, τιθέντος

ἱστάς, ἱστάντος, ἱστᾶσα, ἱστάσης, ἱστάν, ἱστάντος

διδούς, διδόντος, διδοῦσα, διδούσης, διδόν, διδόντος

ἱείς, ἱέντος, ἱεῖσα, ἱείσης, ἱέν, ἱέντος

ὤν, ὄντος, οὖσα, οὔσης, ὄν, ὄντος

δεικνύς, δεικνύντος, δεικνῦσα, δεικνύσης, δεικνύν, δεικνύντος

현재분사 활용을 전체적으로 이해할 수 있도록 τίθημι와 εἰμί의 활용을 소개한다. 가로는 남성, 여성, 중성 순이고, 세로는 단수 주격, 단수 속격, 단수 여격, 단수 대격, 복수 주격, 복수 속격, 복수 여격, 복수 대격 순이다.

τιθείς	τιθεῖσα	τιθέν	ὤν	οὖσα	ὄν
τιθέντος	τιθείσης	τιθέντος	ὄντος	οὔσης	ὄντος
τιθέντι	τιθείσῃ	τιθέντι	ὄντι	οὔσῃ	ὄντι
τιθέντα	τιθεῖσαν	τιθέν	ὄντες	οὖσαι	ὄντα
τιθέντες	τιθεῖσαι	τιθέντα	ὄντες	οὖσαι	ὄντα
τιθέντων	τιθεισῶν	τιθέντων	ὄντων	οὐσῶν	ὄντων
τιθεῖσι	τιθείσαις	τιθεῖσι	οὖσι	οὔσαις	οὖσι
τιθέντας	τιθείσας	τιθέντα	ὄντας	οὔσας	ὄντα

분사 현재 중간태와 수동태

τιθέμενος, τιθημένου, τιθεμένη, τιθεμένης, τιθέμενον, τιθημένου

ἱστάμενος, ἱσταμένου, ἱσταμένη, ἱσταμένης, ἱστάμενον, ἱσταμένου

διδόμενος, διδομένου, διδομένη, διδομένης, διδόμενον, διδομένου

ἱέμενος, ἱεμένου, ἱεμένη, ἱεμένης, ἱέμενον, ἱεμένου

εἰμί는 중간태와 수동태 형태가 없다.

δεικνύμενος, δεικνυμένου, δεικνυμένη, δεικνυμένης, δεικνύμενον, δεικνυμένου

분사 미래 능동태: 어간모음 동사 활용과 같다. 신약성경에 미래 분사가 13회 나오므로 분사 미래 활용을 소개한다.

θήσων, θήσοντος, θήσουσα, θησούσης, θῆσον, θήσοντος

στήσων, στήσοντος, στήσουσα, στησούσης, στῆσον, στήσοντος

δώσων, δώσοντος, δώσουσα, δωσούσης, δῶσον, δώσοντος

ἵημι는 이 형태로 쓰이지 않는다.

εἰμί의 미래는 중간태 형태를 가지므로 중간태에 포함시킨다.

δείξων, δείξοντος, δείξουσα, δειξούσης, δεῖξον, δείξοντος

분사 미래 중간태: 어간모음 동사 활용과 같다.

θησόμενος, θησομένου, θησομένη, θησομένης, θησόμενον, θησομένου

στησόμενος, στησομένου, στησομένη, στησομένης, στησόμενον, στησομένου

δωσόμενος, δωσομένου, δωσομένη, δωσομένης, δωσόμενον, δωσομένου

ἵημι는 이 형태로 쓰이지 않는다.

ἐσόμενος, ἐσομένου, ἐσομένη, ἐσομένης, ἐσόμενον, ἐσομένου

δειξόμενος, δειξομένου, δειξομένη, δειξομένης, δειξόμενον, δειξομένου

분사 미래 수동태: 어간모음 동사 활용과 같다.

τεθησόμενος, τεθησομένου, τεθησομένη, τεθησομένης, τεθησόμενον, τεθησομένου

σταθησόμενος, σταθησομένου, σταθησομένη, σταθησομένης, σταθησόμενον, σταθησομένου

δοθησόμενος, δοθησομένου, δοθησομένη, δοθησομένης, δοθησόμενον, δοθησομένου

ἵημι는 이 형태로 쓰이지 않는다.

εἰμί는 미래 수동태 형태가 없다.

δειχθησόμενος, δειχθησομένου, δειχθησομένη, δειχθησομένης, δειχθησόμενον, δειχθησομένου

분사 제2부정과거 능동태

θείς, θέντος, θεῖσα, θείσης, θέν, θέντος

στάς, στάντος, στᾶσα, στάσης, στάν, στάντος

δούς, δόντος, δοῦσα, δούσης, δόν, δόντος

εἵς, ἱέντος, εἶσα, εἵσης, ἕν, ἕντος

εἰμί는 부정과거 형태가 없다.

δύς, δύντος, δῦσα, δύσης, δύν, δύντος

분사 부정과거/제 2부정과거 중간태 : δείκνυμι는 부정과거형을 가진다.

θέμενος, θεμένου, θεμένη, θεμένης, θέμενον, θεμένου

ἵστημι는 이 형태로 쓰이지 않는다.

δόμενος, δομένου, δομένη, δομένης, δόμενον, δομένου

ἕμενος, ἑμένου, ἑμένη, ἑμένης, ἕμενον, ἑμένου

εἰμί는 부정과거 형태가 없다.

δειξάμενος, δειξαμένου, δειξαμένη, δειξαμένης, δειξάμενον, δειξαμένου

분사 부정과거 수동태 : 어간모음 동사 활용과 같다. 수동태는 부정과거형을 가진다.

τεθείς, τεθέντος, τεθεῖσα, τεθείσης, τεθέν, τεθέντος

σταθείς, σταθέντος, σταθεῖσα, σταθείσης, σταθέν, σταθέντος

δοθείς, δοθέντος, δοθεῖσα, δοθείσης, δοθέν, δοθέντος

ἑθείς, ἑθέντος, ἑθεῖσα, ἑθείσης, ἑθέν, ἑθέντος

εἰμί는 부정과거 형태가 없다.

δειχθείς, δειχθέντος, δειχθεῖσα, δειχθείσης, δειχθέν, δειχθέντος

분사 현재완료 능동태: 대부분 어간모음 동사와 유사하지만, ἵστημι는 제2현재완료 형태인 ἑστώς, ἑστῶσα, ἑστός가 쓰인다(S 417). ἵστημι의 완료분사는 신약성경에 43회나 나오는데, 현재완료형과 제 2현재완료형이 섞여 있다. 예로, 남성 단수 대격이 막 13:14에는 현재완료형(ἑστηκότα)이, 요 10:14, 행 4:14, 7:55, 56, 22:25, 계 10:5,

19:17에는 제 2현재완료형(ἑστῶτα)이 쓰인다. 남성 복수 주격이 계 11:56, 18:10에는 현재완료형(ἑστηκότες)이, 남성 복수 대격이 마 20:3, 6, 행 5:23, 계 7:1, 15:2, 20:12에는 제 2현재완료형(ἑστῶτας)이 쓰인다. 더구나, 여성형은 신약성경에 나오지 않고, 칠십인역 『지혜서』 10장 7절에만 현재완료형으로 나온다. 1550년 스테파누스 헬라어 성경의 요 8:9에 제2현재완료형 ἑστῶσα가 한 번 나오지만 이 본문은 안정적이지 않다. 따라서, 신약성경과 칠십인역 해석에 도움을 줄 수 있도록 표를 구성하면 다음과 같다(비교. S 417).

ἑστώς	ἑστηκυῖα	ἑστός
ἑστῶτος	ἑστηκυίας	ἑστῶτος
ἑστηκότι	ἑστηκυίᾳ	ἑστηκότι
ἑστῶτα	ἑστηκυῖαν	ἑστός
(ἑστηκότα)		

ἑστηκότες	ἑστηκυῖαι	ἑστῶτα
ἑστηκότων	ἑστηκυιῶν	ἑστηκότων
ἑστηκόσι	ἑστηκυίαις	ἑστηκόσι
ἑστῶτας	ἑστηκυίας	ἑστῶτα

더불어 여섯 개 동사의 분사 현재완료 능동태의 단수 주격과 속격은 다음과 같다.
τεθηκώς, τεθηκῶτος, τεθηκυῖα, τεθηκυίας, τεθηκός, τεθηκῶτος
ἑστώς, ἑστῶτος, ἑστηκυῖα, ἑστηκυίας, ἑστός, ἑστῶτος
δεδωκώς, δεδωκῶτος, δεδωκυῖα, δεδωκυίας, δεδωκός, δεδωκῶτος
εἱκώς, εἱκῶτος, εἱκυῖα, εἱκυίας, εἱκός, εἱκῶτος
εἰμί는 완료 형태가 없다.
δεδειχώς, δεδειχῶτος, δεδειχυῖα, δεδειχυίας, δεδειχός, δεδειχῶτος

분사 현재완료 중간태와 수동태 : 어간모음 동사 활용과 같다.

τεθειμένος, τεθειμένου, τεθειμένη, τεθειμένης, τεθειμένον, τεθειμένου

ἵστημι는 이 형태로 쓰이지 않는다.

δεδομένος, δεδομένου, δεδομένη, δεδομένης, δεδομένον, δεδομένου

εἱμένος, εἱμένου, εἱμένη, εἱμένης, εἱμένον, εἱμένου

εἰμί는 완료 형태가 없다.

δεδειγμένος, δεδειγμένου, δεδειγμένη, δεδειγμένης, δεδειγμένον, δεδειγμένου

1.3.3. 이외의 비어간모음 동사 변화 유형(참고. S 783, 789-791, 793)

ἧμαι(가만히 앉아 있다, 숨어 기다리다)는 신약성경에서 κάθημαι(앉다)와 συγκάθημαι(함께 앉다)의 어근으로 사용된다. 신약성경에서 쓰이는 κάθημαι의 활용을 소개한다. 이 동사는 이태동사이다. 그러다보니 미래의 경우 수동태가 쓰인다.

직설법 현재: κάθημαι, κάθησαι, κάθηται, καθήμεθα, κάθησθε, κάθηνται

직설법 미래: καθήσομαι, καθήσῃ, καθήσεται, καθησόμεθα, καθήσεσθε, καθήσονται

직설법 미완료과거: ἐκαθημαι, ἐκάθησο, ἐκάθητο, ἐκαθήμεθα, ἐκάθησθε, ἐκάθηντο

명령법 현재의 고전 헬라어 활용은 κάθησο, καθήσθω, κάθησθε, καθήσθων이지만, 신약성경에서는 어간모음 동사처럼 κάθου, καθέσθω, κάθεσθε, καθέσθωσαν과 같이 쓰인다.

부정사 현재: καθῆσθαι

분사 현재: καθήμενος, καθημένη, καθήμενον

κεῖμαι(놓이다[놓다의 피동사]) 현재는 τίθημι의 완료 수동의 의미와, κεῖμαι 미완료과거는 τίθημι의 과거완료 수동의 의미와 연결된다(S 791). κεῖμαι는 신약성경에서 직설

법 현재와 미완료과거, 현재분사로만 쓰인다. ἧμαι처럼 이태동사이지만, 수동의 의미를 갖기에 수동태로 쓰이지 않는다.

직설법 현재: κεῖμαι, κεῖσαι, κεῖται, κείμεθα, κεῖσθε, κεῖνται

직설법 미완료과거: ἐκείμην, ἔκεισο, ἔκειτο, ἐκείμεθα, ἔκεισθε, ἔκειντο

분사 현재: κείμενος, κειμένη, κείμενον

φημί(이르다[무엇이라고 말하다])는 신약성경에서 직설법 현재와 미완료과거 혹은 제2 부정과거로만 쓰인다.

직설법 현재: φημί, φῄς, φησί, φαμέν, φατέ, φασί

직설법 미완료과거: ἔφην, ἔφησθα 혹은 ἔφης, ἔφη, ἔφαμεν, ἔφατε, ἔφασαν

직설법 제2부정과거는 미완료과거와 같다:

ἔφην, ἔφησθα 혹은 ἔφης, ἔφη, ἔφαμεν, ἔφατε, ἔφασαν

직설법 부정과거: ἔφησα, ἔφησας, ἔφησε, ἐφήσαμεν, ἐφήσατε, ἔφησαν

직설법 현재 능동태 3인칭 단수형으로만 쓰이는 비어간모음 동사가 있다. 이 단어들은 3인칭 단수 비인칭주어와 함께 부정사를 의미상의 주어로 갖는다.

ἔξεστιν(합당하다, ㄹ 수 있다)도 여기에 해당한다. 기본형은 ἔξειμι이다. 그런데 이 단어는 εἰμί와 같이 쓰일 때는 분사 현재 능동태 중성 단수 주격형인 ἐξόν이 쓰인다.

χρή(필요하다, 해야 한다)는 약 3:10에만 나온다.

이와 유사한 동사인 δοκέω(생각하다, 생각되다, 적절하다고 생각되다, 한 가지 생각이 떠올랐다. 것 같다)와 δεῖ(마땅히, 해야 한다)는 단축동사 항목을, μέλλω(하려 하다, 할 것이다, 하게 된다, 예정이다, 할 때이다, 막 -하려 하다, 가다, 할 뻔하다, 요량이다, 망설이다, 장차 -할, 장차 임할, -하려는)는 유음 및 비음동사 항목(1.5.4.)을 보라.

1.4. 모음동사의 활용

우리는 지금까지 비어간모음 동사(athematic/non-thematic verb)의 활용을 살펴 보았다. 이제는 어간모음 동사(thematic verb)의 활용을 정리할 단계이다. 어간모음 동사는 어간모음(thematic vowel) 혹은 연결모음(connecting vowel) ο, ε 혹은 ω, η가 시제어간(tense stem)과 인칭어미(personal endings)사이에 있는 동사이다. 연결을 위한 어간모음이 추가되기에 아무래도 단어가 길어지는 경향이 있다.

어간모음 동사는 앞에서 살펴 본 것처럼, 모음동사(vowel verb)와 자음동사(consonant verb)로 나뉘고, 단축동사(contracted verb)와 비단축(not contracted)동사는 모음동사에 속한다. 동사 어간이 모음으로 끝나는 동사가 모음동사인데, 모음 단축이 일어나는 동사가 단축동사이고 모음 단축이 일어나지 않는 동사가 비단축동사라는 말이다.

1.4.1. 단축되지 않는 동사(비단축동사)의 활용

모음동사 가운데 비단축동사를 먼저 다룬다. 비단축동사부터 다루는 이유는 비단축동사의 동사 활용이 기본이 되기 때문이다. 단축동사의 활용은 비단축동사의 활용과 모음 단축만 알면 쉽게 알 수 있다. 우리가 비어간모음 동사(μι 동사)를 먼저 다룬 이유도 여기에 있다. 어간모음이 없는 비어간모음 동사가 가장 기본이고, 어간모음이 있는 동사 가운데에서도 단축되지 않는 동사가 그 다음으로 기본이 되는 것이다.

비어간모음 동사 제1시제의 직설법 능동태 어미는 – 혹은 μι, ς 혹은 θα, σι, μεν, τε, νσι인데, 비단축동사 제1시제의 직설법 능동태 어미는 ω, εις, ει, ομεν, ετε, ουσι이다. 제1시제의 직설법 중간태/수동태 어미는 μαι, σαι, ται, μεθα, σθε, νται이다. 비단축동사 제1시제의 직설법 중간태/수동태 어미는 ομαι, ῃ, εται, όμεθα, εσθε, ονται이다. 그리고 비단축동사 제1시제 가운데 하나인 현재완료 능동태 어미는 비어간모음 동사 제1시제의 직설법 중간태/수동태 어미인 μαι, σαι, ται, μεθα, σθε, νται와 같다.

비단축동사 제 2시제의 능동태와 수동태 어미는 비어간모음 동사 어미와 유사하다. 그리고 비어간모음 동사 제 2시제의 직설법 중간태 어미는 μην, σο, το, μεθα, σθε, ντο 이고, 비단축동사 제 2시제의 직설법 중간태 어미는 όμην, ου, ετο, όμεθα, εσθε, οντο이다. 그래서 비단축동사 미완료과거 중간태와 수동태, 부정과거 중간태, 과거완료 중간태와 수동태에 적용된다. 특히, 과거완료 중간태와 수동태 어미는 비어간모음 동사 어미와 같다.

이와 같이, 비단축동사의 어미는 비어간모음 동사에 연결을 위한 어간모음이 추가되어 이뤄진다.

1.4.1.1. 비단축동사(단축되지 않는 동사) 변화 유형(S 382-384)

비단축동사는 어간이 모음 υ이나 ι로 끝나는 동사이다. 신약성경에는 모음 υ으로 끝나는 동사가 154개(이 가운데 이태동사는 26개), 모음 ι로 끝나는 동사는 26개(이 가운데 이태동사는 1개) 있다. 그래서 일반적으로 비단축동사 변화 유형은 모음 υ로 끝나는 동사인 λύω(풀다, 풀어 주다, 해체하다)로 제공된다. 더불어, 어간이 바뀌는 경우 사용되는 제2부정과거 능동태 및 중간태 변화 유형은 모음이 ι로 끝나는 비단축동사 가운데 신약성경 용례가 가장 많은(158회) ἐσθίω(먹다, 먹어 보다)로 제공된다. ἐσθίω는 제2부정과거에서 어간이 φαγ로 바뀐다. 그럼, λύω와 ἐσθίω를 통해 비단축동사 변화 유형을 살펴 보자. 순서는 1인칭 단수, 2인칭 단수, 3인칭 단수, 1인칭 복수, 2인칭 복수, 3인칭 복수의 순이다. 참고로, 직설법을 제외한 법 즉, 가정법, 명령법, 희구법, 부정사, 분사의 경우, 미완료과거 시제가 없기 때문에 제2부정과거 어미로 현재 어미를 사용한다.

1.4.1.1.1. 직설법

제2부정과거 능동태는 미완료과거 능동태어미를, 제2부정과거 중간태 어미는 미완료과거 중간태와 수동태 어미를 사용한다. 제 2시제에는 시상접두모음이 붙고, 완료시제에는 어간중복(reduplication)이 일어난다. 그래서 제 2시제이면서 완료시제인 과거완료에는 시상접두모음도 붙고, 어간중복도 일어난다. 비어간모음 동사와 달리, 부정과거에는 σ가,

완료에는 κ가 사용된다. 어간모음 동사의 경우, 신약성경과 칠십인역에서 미래완료형이 사용되지 않으므로 변화형을 소개하지 않는다.

현재 능동태: λύω, λύεις, λύει, λύομεν, λύετε, λύουσι

현재 중간태와 수동태: λύομαι, λύῃ 혹은 λύει, λύεται, λυόμεθα, λύεσθε, λύονται

미래 능동태: λύσω, λύσεις, λύσει, λύσομεν, λύσετε, λύσουσι

미래 중간태: λύσομαι, λύσῃ 혹은 λύσει, λύσεται, λυσόμεθα, λύσεσθε, λύσονται

미래 수동태: λυθήσομαι, λυθήσῃ 혹은 λυθήσει, λυθήσεται, λυθησόμεθα, λυθήσεσθε, λυθήσονται

미완료과거 능동태: ἔλυον, ἔλυες, ἔλυε, ἐλύομεν, ἐλύετε, ἔλυον

미완료과거 중간태와 수동태: ἐλυόμην, ἐλύου, ἐλύετο, ἐλυόμεθα, ἐλύεσθε, ἐλύοντο

제2부정과거 능동태: ἔφαγον, ἔφαγες, ἔφαγε, ἐφάγομεν, ἐφάγετε, ἔφαγον

제2부정과거 중간태: ἐφαγόμην, ἐφάγου, ἐφάγετο, ἐφαγόμεθα, ἐφάγεσθε, ἐφάγοντο

부정과거 능동태: ἔλυσα, ἔλυσας, ἔλυσε, ἐλύσαμεν, ἐλύσατε, ἔλυσαν

부정과거 중간태: ἐλυσάμην, ἐλύσω, ἐλύσατο, ἐλυσάμεθα, ἐλύσασθε, ἐλύσαντο

부정과거 수동태: ἐλύθην, ἐλύθης, ἐλύθη, ἐλύθημεν, ἐλύθητε, ἐλύθησαν

현재완료 능동태: λέλυκα, λέλυκας, λέλυκε, λελύκαμεν, λελύκατε, λελύκασι

현재완료 중간태와 수동태: λέλυμαι, λέλυσαι, λέλυται, λελύμεθα, λέλυσθε, λέλυνται

과거완료 능동태: ἐλελύκη, ἐλελύκης, ἐλελύκει, ἐλελύκειμεν, ἐλελύκετε, ἐλελύκεσαν

과거완료 중간태와 수동태: ἐλελύμην, ἐλέλυσο, ἐλέλυτο, ἐλελύμεθα, ἐλέλυσθε, ἐλέλυντο

1.4.1.1.2. 가정법

신약성경에서 가정법은 현재, 부정과거, 현재완료로만 쓰인다. 제 2부정과거는 현재 어미를 사용한다. 그런데 현재완료 가정법은 자음동사(consonant verb) 가운데 폐쇄음 동사(stop verb)인 οἶδα와 관련해서만 쓰인다. 관련 항목(1.5.1. 폐쇄음 자음동사)을 보라.

현재 능동태: λύω, λύῃς, λύῃ, λύωμεν, λύητε, λύωσι

현재 중간태와 수동태: λύωμαι, λύῃ, λύηται, λυώμεθα, λύησθε, λύωνται

제2부정과거 능동태: φάγω, φάγῃς, φάγῃ, φάγωμεν, φάγητε, φάγωσι

제2부정과거 중간태: φάγωμαι, φάγῃ, φάγηται, φαγώμεθα, φάγησθε, φάγωνται

부정과거 능동태: λύσω, λύσῃς, λύσῃ, λύσωμεν, λύσητε, λύσωσι

부정과거 중간태: λύσωμαι, λύσῃ, λύσηται, λυσώμεθα, λύσησθε, λύσωνται

부정과거 수동태: λυθῶ, λυθῇς, λυθῇ, λυθῶμεν, λυθῆτε, λυθῶσι

1.4.1.1.3. 명령법

신약성경에서 비단축동사의 명령은 현재와 부정과거 시제로만 쓰인다. 3인칭 복수 어미가 아틱 방언에서는 όντων(현재 능동태), έσθων(현재 중간태와 수동태), σάντων(부정과거 능동태), σάσθων(부정과거 중간태), θέντων(부정과거 수동태)이었으나(M-T II 196, S 383), 코이네에서는 έτωσαν(현재 능동태), έσθωσαν(현재 중간태와 수동태), σάτωσαν (부정과거 능동태), σάσθωσαν(부정과거 중간태), θήτωσαν(부정과거 수동태)이 쓰인다. 제2부정과거 명령은 현재 어미를 사용한다. 완료 명령은 4회 쓰인다. 비어간모음 동사 항목(1.3.), 단축동사 항목(1.4.2.), 폐쇄음 자음동사 항목(1.5.1.)을 보라.

현재 능동태: λῦε, λυέτω, λύετε, λυέτωσαν

현재 중간태와 수동태: λύου, λυέσθω, λύεσθε, λυέσθωσαν

제2부정과거 능동태: φάγε, φαγέτω, φάγετε, φαγέτωσαν

제2부정과거 중간태: φάγου, φαγέσθω, φάγεσθε, φαγέσθωσαν

부정과거 능동태: λῦσον, λυσάτω, λύσατε, λυσάτωσαν

부정과거 중간태: λῦσαι, λυσάσθω, λύσασθε, λυσάσθωσαν

부정과거 수동태: λύθητι λυθήτω, λύθητε, λυθήτωσαν

1.4.1.1.4. 희구법

신약성경에서 희구법은 현재와 부정과거 시제로만 쓰인다. 제2부정과거는 현재 어미를 사용한다.

현재 능동태: λύοιμι, λύοις, λύοι, λύοιμεν, λύοιτε, λύοιεν

현재 중간태와 수동태: λυοίμην, λύοιο, λύοιτο, λυοίμεθα, λύοισθε, λύοιντο

제2부정과거 능동태: φάγοιμι, φάγοις, φάγοι, φάγοιμεν, φάγοιτε, φάγοιεν

제2부정과거 중간태: φαγοίμην, φάγοιο, φάγοιτο, φαγοίμεθα, φάγοισθε, φάγοιντο

부정과거 능동태: λύσαιμι, λύσαις 혹은 λύσειας, λύσαι 혹은 λύσειε, λύσαιμεν, λύσαιτε, λύσαιεν 혹은 λύσειαν

부정과거 중간태: λυσαίμην, λύσαιο, λύσαιτο, λυσαίμεθα, λύσαισθε, λύσαιντο

부정과거 수동태: λυθείην, λυθείης, λυθείη, λυθεῖμεν 혹은 λυθείημεν, λυθεῖτε 혹은 λυθείητε, λυθεῖεν 혹은 λυθείησαν

1.4.1.1.5. 부정사

신약성경에서 부정사는 현재, 미래, 부정과거, 현재완료 시제로 쓰인다. 제2부정과거 시제는 현재 어미를 사용한다.

현재 능동태, 중간태와 수동태: λύειν, λύεσθαι

미래 능동태, 중간태, 수동태: λύσειν, λύσεσθαι, λυθήσεσθαι

제2부정과거 능동태, 중간태: φαγεῖν, φαγέσθαι

부정과거 능동태, 중간태, 수동태: λῦσαι, λύσασθαι, λυθῆναι

현재완료 능동태, 중간태와 수동태: λελυκέναι, λελύσθαι

1.4.1.1.6. 분사(M 27.5, 27.11, 28.11, 28.12, 28.6, 28.8, 28.9, 30.6, 30.8)

신약성경에서 분사는 현재, 미래, 부정과거, 현재완료 시제로 쓰인다. 제2부정과거 시제는 현재 어미를 사용한다. 가로는 '남성, 여성, 중성' 순이고, 세로는 '단수 주격, 단수 속격, 단수 여격, 단수 대격, 복수 주격, 복수 속격, 복수 여격, 복수 대격' 순이다. 비단축 동사의 경우 미래 분사의 용례가 없으므로 변화표를 생략한다. 분사 활용을 위해서는 비어간모음 동사 분사의 활용도 참고하라(1.3.2.6).

현재 능동태

λύων	λύουσα	λῦον
λύοντος	λυούσης	λύοντος
λύοντι	λυούσῃ	λύοντι
λύοντα	λύουσαν	λῦον
λύοντες	λύουσαι	λύοντα
λυόντων	λυουσῶν	λυόντων
λύουσι	λυούσαις	λύουσι
λύοντας	λυούσας	λύοντα

현재 중간태와 수동태

λυόμενος	λυομένη	λυόμενον
λυομένου	λυομένης	λυομένου
λυομένῳ	λυομένῃ	λυομένῳ
λυόμενον	λυομένην	λυόμενον
λυόμενοι	λυόμεναι	λυόμενα
λυομένων	λυομένων	λυομένων
λυομένοις	λυομέναις	λυομένοις
λυομένους	λυομένας	λυόμενα

제2부정과거 능동태

φαγών	φαγοῦσα	φαγόν
φαγόντος	φαγούσης	φαγόντος
φαγόντι	φαγούσῃ	φαγόντι
φαγόντα	φαγοῦσαν	φαγόν

φαγόντες	φαγοῦσαι	φαγόντα
φαγόντων	φαγουσῶν	φαγόντων
φαγοῦσι	φαγούσαις	φαγοῦσι
φαγόντας	φαγούσας	φαγόντα

제2부정과거 중간태

φαγόμενος	φαγομένη	φαγόμενον
φαγομένου	φαγομένης	φαγομένου
φαγομένῳ	φαγομένῃ	φαγομένῳ
φαγόμενον	φαγομένην	φαγόμενον
φαγόμενοι	φαγόμεναι	φαγόμενα
φαγομένων	φαγομένων	φαγομένων
φαγομένοις	φαγομέναις	φαγομένοις
φαγομένους	φαγομένας	φαγόμενα

부정과거 능동태

λύσας	λύσασα	λῦσαν
λύσαντος	λυσάσης	λύσαντος
λύσαντι	λυσάσῃ	λύσαντι
λύσαντα	λύσασαν	λῦσαν
λύσαντες	λύσασαι	λύσαντα
λυσάντων	λυσασῶν	λυσάντων
λύσασι	λυσάσαις	λύσασι
λύσαντας	λυσάσας	λύσαντα

부정과거 중간태

λυσάμενος	λυσαμένη	λυσάμενον
λυσαμένου	λυσαμένης	λυσαμένου
λυσαμένῳ	λυσαμένῃ	λυσαμένῳ
λυσάμενον	λυσαμένην	λυσάμενον
λυσάμενοι	λυσάμεναι	λυσάμενα
λυσαμένων	λυσαμένων	λυσαμένων
λυσαμένοις	λυσαμέναις	λυσαμένοις
λυσαμένους	λυσαμένας	λυσάμενα

부정과거 수동태

λυθείς	λυθεῖσα	λυθέν
λυθέντος	λυθείσης	λυθέντος
λυθέντι	λυθείσῃ	λυθέντι
λυθέντα	λυθεῖσαν	λυθέν
λυθέντες	λυθεῖσαι	λυθέντα
λυθέντων	λυθεισῶν	λυθέντων
λυθεῖσι	λυθείσαις	λυθεῖσι
λυθέντας	λυθείσας	λυθέντα

현재완료 능동태

λελυκώς	λελυκυῖα	λελυκός
λελυκότος	λελυκυίας	λελυκότος
λελυκότι	λελυκυίᾳ	λελυκότι
λελυκότα	λελυκυῖαν	λελυκός

λελυκότες	λελυκυῖαι	λελυκότα
λελυκότων	λελυκυιῶν	λελυκότων
λελυκόσι	λελυκυίαις	λελυκόσι
λελυκότας	λελυκυίας	λελυκότα

현재완료 중간태와 수동태

λελυμένος	λελυμένη	λελυμένον
λελυμένου	λελυμένης	λελυμένου
λελυμένῳ	λελυμένῃ	λελυμένῳ
λελυμένον	λελυμένην	λελυμένον
λελυμένοι	λελυμέναι	λελυμένα
λελυμένων	λελυμένων	λελυμένων
λελυμένοις	λελυμέναις	λελυμένοις
λελυμένους	λελυμένας	λελυμένα

1.4.2. 단축동사(contracted verb)의 활용

단축동사는 어간모음 동사(thematic verb) 가운데 어간이 모음 α, ε, ο로 끝나는 동사로, 현재와 미완료과거 시제에서 단축현상이 일어나고, σ와 θ 앞에서 모음 α, ε, ο이 η, η, ω로 길어진다(S 59, 376, 385-392). 동사 어간이 모음 α, ε, ο로 끝나는데, 어간모음(thematic vowel) 혹은 연결모음(connecting vowel) ο, ε 혹은 ω, η가 시제어간(tense stem)과 인칭어미(personal endings)사이에 있기 때문에 모음과 모음이 만나 단축되는 것이다.

신약성경에서 어간이 모음 α로 끝나는 동사는 119개이다. 이 가운데 이태동사는 17개이다. 어간이 모음 ε으로 끝나는 동사는 395개이고, 이 가운데 이태동사는 30개이다. 어간이 모음 ο으로 끝나는 동사는 115개이다. 이 가운데 이태동사는 3개이다.

모음 단축(contraction)은 '1.1. 모음' 항목에서 자세히 다루었지만, 단축동사와 관계된 모음 단축만 소개한다. 앞 모음이 α, ε, ο이고 만나는 모음이 ε, η, ο, ω인 경우들이다.

α + ε = ᾱ	개모음 α가 반폐모음 ε을 흡수하여 길어진다.
α + ει(참) = ᾱͅ	개모음 α가 반폐모음 ε을 흡수하여 길어지고 ι는 하기된다.
α + ει(거짓) = ᾱ	개모음 α가 반폐모음 ε을 흡수하여 길어지나 ι는 하기되지 않는다.
α + η = ᾱ	개모음 α가 반개모음 η를 흡수하여 길어진다.
α + ῃ = ᾱͅ	개모음 α가 반개모음 η를 흡수하여 길어지고 ι는 하기된다.
α + ο = ω	후설모음 ο이 중설모음 α를 흡수하고 길어진다.
α + οι = ῳ	후설모음 ο이 중설모음 α를 흡수하여 길어지고 ι는 하기된다.
α + ου(거짓) = ω	후설모음 ο이 중설모음 α를 흡수하여 길어지고 υ는 사라진다.
α + ω = ω	후설모음 ω가 중설모음 α를 흡수하고 장음을 유지한다.
ε + ε = ει(거짓)	ε과 ε이 만나면 전설모음이면서 가짜 이중모음인 ει가 된다.
ε + ει(참) = ει(참)	ε과 진짜 이중모음 ει가 만나면 ι가 살아있기 때문에 진짜 이중모음 ει로 남는다.
ε +ει(거짓) =ει(거짓)	ε과 가짜 이중모음 ει가 만나면 ι가 살아있지 않기 때문에 가짜 이중모음 ει로 남는다.
ε + η = η	단음 ε과 장음 η가 만나면 장음 η만 남는다.
ε + ῃ = ῃ	단음 ε과 장음 ῃ가 만나면 장음 ῃ만 남는다.
ε +ο = ου(거짓)	단음 ε과 단음 ο이 만나면 후설모음이면서 가짜 이중모음인 ου가 된다.
ε + οι = οι	단음 ε과 이중모음 οι가 만나면 이중모음 οι만 남는다.
ε + ου(거짓) = ου	전설모음 ε의 영향으로 전설모음 υ이 힘을 받아 진짜 이중모음이 된다.
ε + ω = ω	단음이고 전설모음인 ε이 장음이고 후설모음인 ω에 흡수된다.

ε + ω = ῳ　　단음이고 전설모음인 ε이 장음이고 후설모음인 ῳ에 흡수된다.

ο + ε = ου(거짓)　　단음 ο과 단음 ε이 만나면 거짓 이중모음 ου가 된다.

ο + ει(참) = οι　　단음 ο과 단음 ε이 만나 거짓 이중모음 ου가 되므로 υ이 힘을 잃고 ι가 붙어 이중모음 οι가 된다.

ο + ει(거짓) = ου　　단음 ο과 단음 ε이 만나 거짓 이중모음 ου가 되지만 υ와 ι가 합쳐져 힘을 받아 진짜 이중모음 ου가 된다.

ο + η = ω　　후설모음 ο이 전설모음 η를 흡수하고 길어져 ω가 된다.

ο + ῃ = οι 혹은 ῳ　　후설모음이 강하게 작용하여 η가 ο에 흡수되나 ο이 길어지지 않으면 이중모음 οι가 되고, ο이 길어지면 ῳ가 된다.

ο + ο = ου(거짓)　　단음 ο이 두 개 겹쳐지면 가짜 이중모음 ου가 된다.

ο + οι = οι　　단음 ο이 이중모음 οι에 흡수된다.

ο + ου(거짓) = ου(거짓)　　ο이 후설모음이므로 전설모음 υ가 힘을 받지 않아 거짓 이중모음으로 남는다.

ο + ω = ω　　장음 ω가 단음 ο을 흡수한다.

ο + ῳ = ῳ　　장음 ῳ가 단음 ο을 흡수한다.

1.4.2.1. 단축동사 변화 유형(S 385-399)

어간모음 동사(thematic verb) 가운데 어간이 모음 α, ε, ο로 끝나는 동사가 단축동사이기 때문에, τιμάω(공경하다, 보답하다), ποιέω(만들다, 삼다, 짓다, 행하다, 실행하다, 하다, 시행하다, 이루다, 조치를 취하다, 선사하다, -게 하다, 계산하다, 이러하다, 지내다), δηλόω(밝히다, 뚜렷이 보이다, 명료하게 하다)로 변화 유형을 제시하는 것으로 충분하다. σ와 θ 앞에서 모음 α, ε, ο이 η, η, ω로 길어지는 것은 쉽게 알 수 있으므로, 모음 단축이 일어나는 현재와 미완료과거의 활용만 소개한다. 가로에는 단축되기 이전 형태와 단축된 형태를 함께 제시하고, 세로에는 세 동사의 1인칭 단수, 2인칭 단수, 3인칭 단수, 1인칭 복수, 2인칭 복수, 3인칭 복수형을 순서대로 나열한다.

1.4.2.1.1. 직설법

직설법 현재 능동태

τιμάω, τιμῶ	ποιέω, ποιῶ	δηλόω, δηλῶ
τιμάεις, τιμᾷς	ποιέεις, ποιεῖς	δηλόεις, δηλοῖς
τιμάει, τιμᾷ	ποιέει, ποιεῖ	δηλόει, δηλοῖ
τιμάομεν, τιμῶμεν	ποιέομεν, ποιοῦμεν	δηλόομεν, δηλοῦμεν
τιμάετε, τιμᾶτε	ποιέετε, ποιεῖτε	δηλόετε, δηλοῦτε
τιμάουσι, τιμῶσι	ποιέουσι, ποιοῦσι	δηλόουσι, δηλοῦσι

현재 중간태와 수동태

τιμάομαι, τιμῶμαι	ποιέομαι, ποιοῦμαι	δηλόομαι, δηλοῦμαι
τιμάῃ나 τιμάει, τιμᾷ	ποιέῃ나 ποιέει, ποιῇ나 ποιεῖ	δηλόῃ나 δηλόει, δηλοῖ
τιμάεται, τιμᾶται	ποιέεται, ποιεῖται	δηλόεται, δηλοῦται
τιμαόμεθα, τιμώμεθα	ποιεόμεθα, ποιούμεθα	δηλοόμεθα, δηλούμεθα
τιμάεσθε, τιμᾶσθε	ποιέεσθε, ποιεῖσθε	δηλόεσθε, δηλοῦσθε
τιμάονται, τιμῶνται	ποιέονται, ποιοῦνται	δηλόονται, δηλοῦνται

직설법 미완료과거 능동태

ἐτίμαον, ἐτίμων	ἐποίεον, ἐποίουν	ἐδήλοον, ἐδήλουν
ἐτίμαες, ἐτίμας	ἐποίεες, ἐποίεις	ἐδήλοες, ἐδήλους
ἐτίμαε, ἐτίμα	ἐποίεε, ἐποίει	ἐδήλοε, ἐδήλου
ἐτιμάομεν, ἐτιμῶμεν	ἐποιέομεν, ἐποιοῦμεν	ἐδηλόομεν, ἐδηλοῦμεν
ἐτιμάετε, ἐτιμᾶτε	ἐποιέετε, ἐποιεῖτε	ἐδηλόετε, ἐδηλοῦτε
ἐτίμαον, ἐτίμων	ἐποίεον, ἐποίουν	ἐδήλοον, ἐδήλουν

직설법 미완료과거 중간태와 수동태

ἐτιμαόμην, ἐτιμώμην	ἐποιεόμην, ἐποιούμην	ἐδηλοόμην, ἐδηλούμην
ἐτιμάου, ἐτιμῶ	ἐποιέου, ἐποιοῦ	ἐδηλόου, ἐδηλοῦ
ἐτιμάετο, ἐτιμᾶτο	ἐποιέετο, ἐποιεῖτο	ἐδηλόετο, ἐδηλοῦτο
ἐτιμαόμεθα, ἐτιμώμεθα	ἐποιεόμεθα, ἐποιούμεθα	ἐδηλοόμεθα, ἐδηλούμεθα
ἐτιμάεσθε, ἐτιμᾶσθε	ἐποιέεσθε, ἐποιεῖσθε	ἐδηλόεσθε, ἐδηλοῦσθε
ἐτιμάοντο, ἐτιμῶντο	ἐποιέοντο, ἐποιοῦντο	ἐδηλόοντο, ἐδηλοῦντο

1.4.2.1.2. 가정법

가정법에 미완료과거가 쓰이지 않기에 모음 단축은 현재에만 일어난다.

현재 능동태

τιμάω, τιμῶ	ποιέω, ποιῶ	δηλόω, δηλῶ
τιμάῃς, τιμᾷς	ποιέῃς, ποιῇς	δηλόῃς, δηλοῖς
τιμάῃ, τιμᾷ	ποιέῃ, ποιῇ	δηλόῃ, δηλοῖ
τιμάωμεν, τιμῶμεν	ποιέωμεν, ποιῶμεν	δηλόωμεν, δηλῶμεν
τιμάητε, τιμᾶτε	ποιέητε, ποιῆτε	δηλόητε, δηλῶτε
τιμάωσι, τιμῶσι	ποιέωσι, ποιῶσι	δηλόωσι, δηλῶσι

현재 중간태와 수동태

τιμάωμαι, τιμῶμαι	ποιέωμαι, ποιῶμαι	δηλόωμαι, δηλῶμαι
τιμάῃ, τιμᾷ	ποιέῃ, ποιῇ	δηλόῃ, δηλοῖ
τιμάηται, τιμᾶται	ποιέηται, ποιῆται	δηλόηται, δηλῶται
τιμαώμεθα, τιμώμεθα	ποιεώμεθα, ποιώμεθα	δηλοώμεθα, δηλοώμεθα
τιμάησθε, τιμᾶσθε	ποιέησθε, ποιῆσθε	δηλόησθε, δηλῶσθε
τιμάωνται, τιμῶνται	ποιέωνται, ποιῶνται	δηλόωνται, δηλῶνται

1.4.2.1.3. 명령법

명령법에 미완료과거가 쓰이지 않기에 모음 단축은 현재에만 일어난다. 3인칭 복수 어미가 아틱 방언에서는 όντων(현재 능동태), έσθων(현재 중간태와 수동태)이었으나(M-T II 196, S 383), 코이네에서는 έτωσαν(현재 능동태), έσθωσαν(현재 중간태와 수동태)이 쓰인다(M-T II 195, 199).

현재 능동태

τίμαε, τίμα	ποίεε, ποίει	δήλοε, δήλου
τιμαέτω, τιμάτω	ποιεέτω, ποιείτω	δηλοέτω, δηλούτω
τιμάετε, τιμᾶτε	ποιέετε, ποιεῖτε	δηλόετε, δηλοῦτε
τιμαέτωσαν, τιμάτωσαν	ποιεέτωσαν, ποιείτωσαν	δηλοέτωσαν, δηλούτωσαν

현재 중간태와 수동태

τιμάου, τιμῶ	ποιέου, ποιοῦ	δηλόου, δηλοῦ
τιμαέσθω, τιμάσθω	ποιεέσθω, ποιείσθω	δηλοέσθω, δηλούσθω
τιμάεσθε, τιμᾶσθε	ποιέεσθε, ποιεῖσθε	δηλόεσθε, δηλοῦσθε
τιμαέσθωσαν, τιμάσθωσαν	ποιεέσθωσαν, ποιείσθωσαν	δηλοέσθωσαν, δηλούσθωσαν

1.4.2.1.4. 희구법

희구법에 미완료과거가 쓰이지 않기에 모음 단축은 현재에만 일어난다.

현재 능동태 : 두 가지 형태가 있는데, 신약성경에는 용례가 없고 칠십인역에서는 두 번째 유형이 사용된다.

첫 번째 유형

τιμαοίην, τιμῴην	ποιεοίην, ποιοίην	δηλοοίην, δηλοίην
τιμαοίης, τιμῴης	ποιεοίης, ποιοίης	δηλοοίης, δηλοίης
τιμαοίη, τιμῴη	ποιεοίη, ποιοίη	δηλοοίη, δηλοίη
τιμαοίημεν, τιμῴημεν	ποιεοίημεν, ποιοίημεν	δηλοοίημεν, δηλοίημεν
τιμαοίητε, τιμῴητε	ποιεοίητε, ποιοίητε	δηλοοίητε, δηλοίητε
τιμαοίησαν, τιμῴησαν	ποιεοίησαν, ποιοίησαν	δηλοοίησαν, δηλοίησαν

두 번째 유형

τιμάοιμι, τιμῷμι	ποιέοιμι, ποιοῖμι	δηλόοιμι, δηλοῖμι
τιμάοις, τιμῷς	ποιέοις, ποιοῖς	δηλόοις, δηλοῖς
τιμάοι, τιμῷ	ποιέοι, ποιοῖ	δηλόοι, δηλοῖ
τιμάοιμεν, τιμῷμεν	ποιέοιμεν, ποιοῖμεν	δηλόοιμεν, δηλοῖμεν
τιμάοιτε, τιμῷτε	ποιέοιτε, ποιοῖτε	δηλόοιτε, δηλοῖτε
τιμάοιεν, τιμῷεν	ποιέοιεν, ποιοῖεν	δηλόοιεν, δηλοῖεν

현재 중간태와 수동태

τιμαοίμην, τιμῴμην	ποιεοίμην, ποιοίμην	δηλοοίμην, δηλοίμην
τιμάοιο, τιμῷο	ποιέοιο, ποιοῖο	δηλόοιο, δηλοῖο
τιμάοιτο, τιμῷτο	ποιέοιτο, ποιοῖτο	δηλόοιτο, δηλοῖτο
τιμαοίμεθα, τιμῴμεθα	ποιεοίμεθα, ποιοίμεθα	δηλοοίμεθα, δηλοίμεθα
τιμάοισθε, τιμῷσθε	ποιέοισθε, ποιοῖσθε	δηλόοισθε, δηλοῖσθε
τιμάοιντο, τιμῷντο	ποιέοιντο, ποιοῖντο	δηλόοιντο, δηλοῖντο

1.4.2.1.5. 부정사

현재 능동태

τιμάειν, τιμᾶν	ποιέειν, ποιεῖν	δηλόειν, δηλοῦν

현재 중간태와 수동태

τιμάεσθαι, τιμᾶσθαι	ποιέεσθαι, ποιεῖσθαι	δηλόεσθαι, δηλοῦσθαι

1.4.2.1.6. 분사

단수 주격과 속격을 보면 나머지는 쉽게 유추할 수 있겠지만, 이해와 편의를 위해 현재 능동태, 현재 중간태와 수동태 활용을 모두 제공한다.

현재 능동태

τιμάων, τιμῶν	τιμάουσα, τιμῶσα	τιμάον, τιμῶν
τιμάοντος, τιμῶντος	τιμαούσης, τιμῶσης	τιμάοντος, τιμῶντος
τιμάοντι, τιμῶντι	τιμαούσῃ, τιμῶσῃ	τιμάοντι, τιμῶντι
τιμάοντα, τιμῶντα	τιμάουσαν, τιμῶσαν	τιμάον, τιμῶν
τιμάοντες, τιμῶντες	τιμάουσαι, τιμῶσαι	τιμάοντα, τιμῶντα
τιμαόντων, τιμῶντων	τιμαουσῶν, τιμῶσων	τιμαόντων, τιμῶντων
τιμάουσι, τιμῶσι	τιμαούσαις, τιμῶσαις	τιμάουσι, τιμῶσι
τιμάοντας, τιμῶντας	τιμαούσας, τιμώσας	τιμάοντα, τιμῶντα

ποιέων, ποιῶν	ποιέουσα, ποιοῦσα	ποιέον, ποιοῦν
ποιέοντος, ποιοῦντος	ποιεούσης, ποιοῦσης	ποιέοντος, ποιοῦντος
ποιέοντι, ποιοῦντι	ποιεούσῃ, ποιοῦσῃ	ποιέοντι, ποιοῦντι
ποιέοντα, ποιοῦντα	ποιέουσαν, ποιοῦσαν	ποιέον, ποιοῦν
ποιέοντες, ποιοῦντες	ποιέουσαι, ποιοῦσαι	ποιέοντα, ποιοῦντα
ποιεόντων, ποιοῦντων	ποιεουσῶν, ποιοῦσων	ποιεόντων, ποιοῦντων

ποιέουσι, ποιοῦσι	ποιεούσαις, ποιοῦσαις	ποιέουσι, ποιοῦσι
ποιέοντας, ποιοῦντας	ποιεούσας, ποιοῦσας	ποιέοντα, ποιοῦντα
δηλόων, δηλῶν	δηλόουσα, δηλοῦσα	δηλόον, δηλοῦν
δηλόοντος, δηλοῦντος	δηλοούσης, δηλούσης	δηλόοντος, δηλοῦντος
δηλόοντι, δηλοῦντι	δηλοούσῃ, δηλοῦσῃ	δηλόοντι, δηλοῦντι
δηλόοντα, δηλοῦντα	δηλόουσαν, δηλοῦσαν	δηλόον, δηλοῦν
δηλόοντες, δηλοῦντες	δηλόουσαι, δηλοῦσαι	δηλόοντα, δηλοῦντα
δηλοόντων, δηλοῦντων	δηλοουσῶν, δηλοῦσων	δηλοόντων, δηλοῦντων
δηλόουσι, δηλοῦσι	δηλοούσαις, δηλοῦσαις	δηλόουσι, δηλοῦσι
δηλόοντας, δηλοῦντας	δηλοούσας, δηλοῦσας	δηλόοντα, δηλοῦντα

현재 중간태와 수동태

τιμαόμενος, τιμώμενος	τιμαομένη, τιμωμένη	τιμαόμενον, τιμώμενον
τιμαομένου, τιμωμένου	τιμαομένης, τιμωμένης	τιμαομένου, τιμωμένου
τιμαομένῳ, τιμωμένῳ	τιμαομένῃ, τιμωμένῃ	τιμαομένῳ, τιμωμένῳ
τιμαόμενον, τιμώμενον	τιμαομένην, τιμωμένην	τιμαόμενον, τιμώμενον
τιμαόμενοι, τιμώμενοι	τιμαόμεναι, τιμώμεναι	τιμαόμενα, τιμώμενα
τιμαομένων, τιμωμένων	τιμαομένων, τιμωμένων	τιμαομένων, τιμωμένων
τιμαομένοις, τιμωμένοις	τιμαομέναις, τιμωμέναις	τιμαομένοις, τιμωμένοις
τιμαομένους, τιμωμένους	τιμαομένας, τιμωμένας	τιμαόμενα, τιμώμενα
ποιεόμενος, ποιούμενος	ποιεομένη, ποιουμένη	ποιεόμενον, ποιούμενον
ποιεομένου, ποιουμένου	ποιεομένης, ποιουμένης	ποιεομένου, ποιουμένου
ποιεομένῳ, ποιουμένῳ	ποιεομένῃ, ποιουμένῃ	ποιεομένῳ, ποιουμένῳ
ποιεόμενον, ποιούμενον	ποιεομένην, ποιουμένην	ποιεόμενον, ποιούμενον

ποιεόμενοι; ποιούμενοι	ποιεόμεναι, ποιούμεναι	ποιεόμενα, ποιούμενα
ποιεομένων, ποιουμένων	ποιεομένων, ποιουμένων	ποιεομένων, ποιουμένων
ποιεομένοις, ποιουμένοις	ποιεομέναις, ποιουμέναις	ποιεομένοις, ποιουμένοις
ποιεομένους, ποιουμένους	ποιεομένας, ποιουμένας	ποιεόμενα, ποιούμενα
δηλοόμενος, δηλούμενος	δηλοομένη, δηλουμένη	δηλοόμενον, δηλούμενον
δηλοομένου, δηλουμένου	δηλοομένης, δηλουμένης	δηλοομένου, δηλουμένου
δηλοομένῳ, δηλουμένῳ	δηλοομένῃ, δηλουμένῃ	δηλοομένῳ, δηλουμένῳ
δηλοόμενον, δηλούμενον	δηλοομένην, δηλουμένην	δηλοόμενον, δηλούμενον
δηλοόμενοι, δηλούμενοι	δηλοόμεναι, δηλούμεναι	δηλοόμενα, δηλούμενα
δηλοομένων, δηλουμένων	δηλοομένων, δηλουμένων	δηλοομένων, δηλουμένων
δηλοομένοις, δηλουμένοις	δηλοομέναις, δηλουμέναις	δηλοομένοις, δηλουμένοις
δηλοομένους, δηλουμένους	δηλοομένας, δηλουμένας	δηλοόμενα, δηλούμενα

1.5. 자음동사(consonant verb)의 활용

어간모음 동사는 어간이 모음으로 끝나는 모음동사(vowel verb)와 어간이 자음으로 끝나는 자음동사로 나뉜다. 헬라어 자음은 모두 열일곱 개라는 것과 조음 위치, 조음 방법, 음성의 종류에 따라 어떻게 분류될 수 있는지 자음 항목(I.1.4.)에서 살펴 보았다.

자음동사는 폐쇄음동사(stop verb), 마찰음동사(fricative verb), 파찰음동사(affricate), 유음동사(liquid verb), 비음동사(nasal verb)로 나뉜다. 폐쇄음동사는 양순음 π, β, φ로 끝나는 동사, 치조음 τ, δ, θ로 끝나는 동사, 구개음 κ, γ, χ로 끝나는 동사로 나눌 수 있고 모두 322개이다. 마찰음동사는 어간이 σ와 ξ로 끝나는 동사로 모두 57개이다. 파찰음동사는 어간이 ζ로 끝나는 동사로 모두 288개이다. 비음 μ, ν으로 끝나는 비음동사는 161개이고, 유음 λ, ρ로 끝나는 유음동사는 106개이다.

결국 헬라어 자음 열일곱 개 가운데 이중 자음 ψ만 빼고 모든 자음이 동사 어간의 마지막 글자로 사용된다. 자음동사의 활용은 신약성경에서 가장 많이 쓰인 단어들을 중심으로 종류별로 살펴 볼 것이다.

1.5.1. 폐쇄음 자음동사의 활용

자음 중 가장 장애가 큰 소리로, 폐로부터 성대를 통해 나오던 공기가 완전히 폐쇄되었다가 터져 나오는 소리를 파열음(破裂音, plosive) 혹은 폐쇄음(閉鎖音, stops)이라 한다. 폐쇄음과 관계된 신약성경의 동사 수를 이태동사까지 포함하여 비교해보자. 참고로, 신약성경에 사용된 헬라어 동사 전체 수는 1853개이고, 동사 전체 대비 비율 계산 시 소수점 다섯 자리에서 반올림하였다.

폐쇄음	어미	관계된 단어 수	동사 전체 대비 비율
양순음	πω	39	2.10%
	βω	8	0.43%
	φω	27	1.46%
치조음	τω	64	3.45%
	δω	10	0.54%
	θω	6	0.32%
구개음	κω	44	2.37%
	γω	44	2.37%
	χω	79	4.26%

1.5.1.1. 양순음 자음동사의 활용

1.5.1.1.1. –πω, –πομαι 및 ἀπεῖπον 동사

어간이 양순음이면서 무성음인 π로 끝나는 동사는 39개이다. 이 가운데 2개는 이태동사이다. 양순음 π가 σ를 만나면 이중 자음 ψ로 표기한다. 이는 πσ를 이중 자음으로 표기하기 때문에 발생된다. 이 현상을 간단히 '양순음 π, β, φ가 σ를 만나면 ψ가 된다'(S 97)와 같이 설명하기도 한다.

한편 π가 θ를 만나면 자음 동화가 일어난다. 즉, θ가 기식음이기 때문에, 양순음이면서 무성음인 π가 양순음이면서 기식음인 φ로 동화된다. 이에 대해 정리된 원칙으로는 '양순음(π, β, φ)과 구개음(κ, γ, χ)이 치조음(τ, δ, θ)을 만나면, 음성의 종류가 같은 것으로 바뀐다'(S 82)가 있다. 즉, βτ와 φτ는 πτ가 되고, γτ와 χτ는 κτ가 된다. πδ와 φδ는 βδ가 되고, κδ와 χδ는 γδ가 된다. πθ와 βθ는 φθ가 되고, κθ와 γθ는 χθ가 된다. 이에 대해 정리된 또 다른 원칙으로는 '무성음(π, τ, κ)이 기식음(φ, θ, χ)을 만나면 기식음(φ, θ, χ)이 된다'(S 124)는 것도 있다.

그럼, 어간이 π로 끝나면서 가장 많이 쓰이는 βλέπω(보다, 보이다, 트이다, 지켜보다, 주의하다, 분별하다)의 활용을 보자.

직설법 미래 능동태: βλέψω, βλέψεις, βλέψει, βλέψομεν, βλέψετε, βλέψουσι
직설법 미래 중간태: βλέψομαι, βλέψῃ, βλέψεται, βλεψόμεθα, βλέψεσθε, βλέψονται
직설법 미래 수동태: βλεφθήσομαι, βλεφθήσῃ, βλεφθήσεται,
βλεφθησόμεθα, βλεφθήσεσθε, βλεφθήσονται
직설법 부정과거 능동태: ἔβλεψα, ἔβλεψας, ἔβλεψε, ἐβλέψαμεν, ἐβλέσατε, ἔβλεψαν
직설법 부정과거 중간태: ἐβλεψάμην, ἐβλέψω, ἐβλέψατο,
ἐβλεψάμεθα, ἐβλέψασθε, ἐβλέψαντο
직설법 부정과거 수동태: ἐβλέφθην, ἐβλέφθης, ἐβλέφθη,
ἐβλέφθημεν, ἐβλέφθητε, ἐβλέφθησαν

가정법 부정과거 능동태: βλέψω, βλέψῃς, βλέψῃ, βλέψωμεν, βλέψητε, βλέψωσι
가정법 부정과거 중간태: βλέψωμαι, βλέψῃ, βλέψηται,
βλεψώμεθα, βλέψησθε, βλέψωνται

가정법 부정과거 수동태: βλεφθῶ, βλεφθῇς, βλεφθῇ,
βλεφθῶμεν, βλεφθῆτε, βλεφθῶσι

명령법 부정과거 능동태: βλέψον, βλεψάτω, βλέψατε, βλεψάτωσαν

명령법 부정과거 중간태: βλέψαι, βλεψάσθω, βλέψασθε, βλεψάσθωσαν

명령법 부정과거 수동태: βλέφθητι, βλεφθήτω, βλέφθητε, βλεφθήτωσαν

희구법 부정과거 능동태: βλέψαιμι, βλέψαις 혹은 βλέψειας, βλέψαι 혹은 βλέψειε,
βλέψαιμεν, βλέψαιτε, βλέψαιεν 혹은 βλέσειαν

희구법 부정과거 중간태: βλεψαίμην, βλέψαιο, βλέψαιτο, βλεψαίμεθα, βλέψαιντο

희구법 부정과거 수동태: βλεφθείην, βλεφθείης, βλεφθείη, βλεφθεῖμεν
혹은 βλεφθείημεν, βλεφθεῖτε 혹은 βλεφθείητε, βλεφθεῖεν 혹은 βλεφθείησαν

부정사 부정과거 능동태, 중간태, 수동태: βλέψαι, βλέψασθαι, βλεφθῆναι

분사 부정과거 능동태

βλέψας	βλέψασα	βλέψαν
βλέψαντος	βλεψάσης	βλέψαντος
βλέψαντι	βλεψάσῃ	βλέψαντι
βλέψαντα	βλέψασαν	βλέψαν
βλέψαντες	βλέψασαι	βλέψαντα
βλεψάντων	βλεψασῶν	βλεψάντων
βλέψασι	βλεψάσαις	βλέψασι
βλέψαντας	βλεψάσας	βλέψαντα

분사 부정과거 중간태

βλεψάμενος	βλεψαμένη	βλεψάμενον
βλεψαμένου	βλεψαμένης	βλεψαμένου
βλεψαμένῳ	βλεψαμένῃ	βλεψαμένῳ
βλεψάμενον	βλεψαμένην	βλεψάμενον

βλεψάμενοι	βλεψάμεναι	βλεψάμενα
βλεψαμένων	βλεψαμένων	βλεψαμένων
βλεψαμένοις	βλεψαμέναις	βλεψαμένοις
βλεψαμένους	βλεψαμένας	βλεψάμενα

분사 부정과거 수동태

βλεφθείς	βλεφθεῖσα	βλεφθέν
βλεφθέντος	βλεφθείσης	βλεφθέντος
βλεφθέντι	βλεφθείσῃ	βλεφθέντι
βλεφθέντα	βλεφθεῖσαν	βλεφθέν
βλεφθέντες	βλεφθεῖσαι	βλεφθέντα
βλεφθέντων	βλεφθεισῶν	βλεφθέντων
βλεφθεῖσι	βλεφθείσαις	βλεφθεῖσι
βλεφθέντας	βλεφθείσας	βλεφθέντα

한편, 동사 어간이 바뀌는 경우에는 제2부정과거 어미가 사용되어 위의 변화가 적용되지 않기도 한다. 예로, λείπω(남다[다른 사람과 함께 떠나지 않고 있던 그대로 있다], 부족하다)는 θ와 만나는 부정과거 수동태에서 어간도 바뀌지 않고 자음 동화도 일어난다. 그러나 부정과거 능동태와 중간태에서는 어간이 λειπ에서 λιπ로 바뀌어 현재나 미완료 과거 어미가 사용되어 π와 σ가 만나지 않는다. 따라서, 직설법 제2부정과거 능동태와 중간태에서 다음과 같이 활용된다.

직설법 제2부정과거 능동태: ἔλιπον, ἔλιπες, ἔλιπε, ἐλίπομεν, ἐλίπετε, ἔλιπον
직설법 제2부정과거 중간태: ἐλιπόμην, ἐλίπου, ἐλίπετο

이러한 현상은 다른 법 즉, 가정법, 명령법, 희구법, 부정사, 분사에도 적용된다.

한편, 신약성경에 한 번 쓰이는 ἀπεῖπον(금하다)은 어간이 π로 끝나지만 –πω, –πομαι 동사처럼 활용되지 않는다. 고후 4:2의 ἀπειπάμεθα는 직설법 부정과거 중간태 1인칭 복수형인데, ἀπειψάμεθα와 같이 활용되지 않는다. ειπ를 λέγω의 어간으로 보고 π를 유지시킨 것으로 보인다.

1.5.1.1.2. –βω 동사

어간이 양순음이면서 유성음인 β로 끝나는 동사는 신약성경에 8개가 있다. 이 가운데 이태동사는 없다. 양순음이자 유성음인 β가 무성음 σ를 만나면, 먼저 유성음 β가 뒤따라오는 무성음 σ와 자음 동화를 일으켜 무성음 π가 된다. 그 다음에는 πσ가 되기 때문에 이중 자음 ψ로 표기한다. 이는 위에서 설명한 것처럼 πσ를 이중 자음으로 표기하기 때문에 발생된다. 결국 –βω 동사는 –πω 동사와 같이 변한다. 이 현상을 간단히 '양순음 π, β, ϕ가 σ를 만나면 ψ가 된다'(S 97)와 같이 설명하기도 한다.

한편 β가 θ를 만나면 π가 θ를 만날 때처럼 자음 동화가 일어난다. 즉, θ가 기식음이기 때문에, 양순음이면서 유성음인 β가 양순음이면서 기식음인 ϕ로 동화된다. '양순음(π, β, ϕ)과 구개음(κ, γ, χ)이 치조음(τ, δ, θ)을 만나면, 음성의 종류가 같은 것으로 바뀐다.'(S 82) 하는 원칙을 기억하면 된다. 결국, 수동태에서 θ를 가진 어미를 만날 때에도 –βω 동사는 –πω 동사와 같이 변한다. 따라서, 어간이 β로 끝나는 동사는 앞에서 다룬 –πω, –πομαι 동사 항목을 보면 된다.

1.5.1.1.3. –ϕω, –ϕομαι 동사

어간이 양순음이면서 기식음인 ϕ로 끝나는 동사는 신약성경에 27개가 있다. 이 가운데 이태동사는 하나이다. 양순음이자 기식음인 ϕ가 무성음 σ를 만나면, 먼저 기식음 ϕ가 뒤따라오는 무성음 σ와 자음 동화를 일으켜 무성음 π가 된다. 그 다음에는 πσ가 되기 때문에 이중 자음 ψ로 표기한다. 이는 위에서 설명한 것처럼 πσ를 이중 자음으로 표기하기 때문에 발생된다. 결국 –ϕω 동사는 –βω 동사와 같이 –πω 동사와 같이 변한다.

이 현상을 간단히 '양순음 π, β, φ가 σ를 만나면 ψ가 된다'(S 97)와 같이 설명하기도 한다.

한편, φ가 θ를 만나면, 둘 다 기식음이기 때문에 뒤따라오는 θ가 φ에 흡수되어 음가(音價)가 사라져 φ만 남는다. -φω 동사 가운데 신약성경에서 가장 많이 쓰이는 γράφω(쓰다, 적다, 편지를 부치다, 편지를 보내다)로 수동태 활용을 살펴 보자.

직설법 미래 수동태: γραφήσομαι, γραφήσῃ, γραηφήσεται,
γραφησόμεθα, γραφήσεσθε, γραφήσονται

직설법 부정과거 수동태: ἐγράφην, ἐγράφης, ἐγράφη,
ἐγράφημεν, ἐγράφητε, ἐγράφησαν

가정법 부정과거 수동태: γραφῶ, γραφῇς, γραφῇ, γραφῶμεν, γραφῆτε, γραφῶσι

명령법 부정과거 수동태: γράφητι, γραφήτω, γράφητε, γραφήτωσαν

희구법 부정과거 수동태: γραφείην, γραφείης, γραφείη,
γραφεῖμεν 혹은 γραφείημεν, γραφεῖτε 혹은 γραφείητε,
γραφεῖεν 혹은 γραφείησαν

부정사 부정과거 수동태: γραφῆναι

분사 부정과거 수동태

γραφείς	γραφεῖσα	γραφέν
γραφέντος	γραφείσης	γραφέντος
γραφέντι	γραφείσῃ	γραφέντι
γραφέντα	γραφεῖσαν	γραφέν
γραφέντες	γραφεῖσαι	γραφέντα
γραφέντων	γραφεισῶν	γραφέντων
γραφεῖσι	γραφείσαις	γραφεῖσι
γραφέντας	γραφείσας	γραφέντα

1.5.1.2. 치조음 자음동사의 활용

1.5.1.2.1. −τω, −τομαι 동사

어간이 치조음 τ로 끝나는 동사는 64개이다. 이 가운데 2개는 이태동사이다. 치조음이면서 무성음인 τ가 σ를 만나면, τ가 σ에 흡수되어 음가가 사라진다. σ도 치조음이면서 무성음이기 때문이다. 관련된 원칙으로는 '치조음이 σ를 만나면 동화되어 σσ가 되고 σ가 하나는 탈락된다'가 있다(S 98).

한편, τ가 θ를 만나면, τ가 치조음이면서 기식음인 θ로 동화되어 θθ가 되어야 맞지만, 고전 헬라어에서는 마찰음이면서 치조음이고 무성음인 σ가 되었다. 이에 대한 원칙으로 '치조음(τ, δ, θ)이 치조음(τ, δ, θ)을 만나면 σ가 된다'가 있다(S 83; M 24.10). 즉, τθ, δθ, θθ가 모두 σθ가 된다는 말이다. 폐쇄음+폐쇄음보다 마찰음+폐쇄음 발음이 더 수월하다. θθ는 발음이 어렵지만, σθ는 이어서 발음할 수 있는 것이다.

그런데, 신약성경에는 이러한 예가 없다. τ가 θ를 만나면, 양순음 π, β가 θ를 만날 때와 같이, φθ가 된다. 결과적으로, 양순음 π, β가 θ를 만날 때와 동일하게, 치조음 τ가 θ를 만날 때도 φθ의 형태로 바뀐다. φθ를 발음해 보면, 동일한 기식음이지만 φ는 양순음이고 θ는 치조음이므로 발음이 가능하다.

이와 같은 활용을 이해하기 위해, 어간이 τ로 끝나는 몇 개의 동사를 살펴 볼 필요가 있다. 먼저, 가장 많이 쓰이는 πίπτω(떨어지다, 쓰러지다, 엎드리다, 내리다, 주저앉다, 90회)의 경우를 보자. 이 단어는 미래와 부정과거에서 어간이 πιπτ에서 πεσ로 바뀌고, 완료에서는 어간이 πτω로 바뀌며, 의미 상 수동태로는 쓰이지 않는다. 그래서 실제 활용에서 자음 동화가 일어나지 않는다.

다음에, 두 번째로 많이 쓰이는 ἅπτω(만지다, 피우다, 39회)는 자음 동화가 일어난다. ἅπτ가 σ를 만나면 먼저 τ가 σ에 흡수되어 음가가 사라진다. 그 다음 ἅπ가 σ를 만나면, '양순음 폐쇄음 자음동사'에서 살펴 본 것처럼, πσ가 이중 자음 ψ로 표기된다. 그러다보니, σ를 만날 때는 −πω, −πομαι 동사와 같이 활용된다. 그리고 이 단어는 의미상 수동태로 쓰이지 않아 어간이 θ를 만나는 경우가 없다. 그럼, 신약성경 용례를 중심으로 예를 몇 개 들어본다.

ἥψατο(14회): 직설법 부정과거 중간태 3인칭 단수
ἅψηται(2회): 가정법 부정과거 중간태 3인칭 단수
ἁψάμενος(3회): 분사 부정과거 중간태 남성 단수 주격

마지막으로, 세 번째로 많이 쓰이면서 수동태 용례가 있는 ἀποκαλύπτω(폭로하다, 노출하다, 26회)를 살펴 보자. 이 단어가 σ를 만난 경우는 ἅπτω와 같으므로 생략한다. 한편, ἀποκαλυπτ가 θ를 만나면, 앞에서 설명한 대로 자음 동화가 일어난다. τ가, θ처럼 치조음이지만 양순음인 φ로 바뀌면서, φθ가 된다. 신약성경의 용례 가운데 예를 몇 개 들어본다.

ἀποκαλυφθήσεται(3회): 직설법 미래 수동태 3인칭 단수
ἀπεκαλύφθη(3회): 직설법 부정과거 수동태 3인칭 단수
ἀποκαλυφθῇ(2회): 가정법 부정과거 수동태 3인칭 단수
ἀποκαλυφθῆναι(4회): 부정사 부정과거 수동태

1.5.1.2.2. –δω, –δομαι 및 οἶδα 동사

어간이 치조음 δ로 끝나는 동사는 10개이다. 이 가운데 3개는 이태동사이다. 치조음이면서 유성음인 δ가 σ를 만나면, δ가 무성음 τ가 되고 이어 무성음이면서 치조음인 σ에 흡수되어 음가가 사라진다. 결국, τ가 σ를 만날 때와 같이 변한다. 관련된 원칙으로는 'δ와 θ가 σ를 만나면 먼저 τ가 된다'가 있다(S 98).

또한, δ가 θ를 만날 때도 τ가 θ를 만날 때와 같이 되어, δθ가 σθ가 될 것이나(S 83; M 24.10) θ와 같은 기식음이면서 양순음인 φ로 δ가 바뀌어 φθ가 될 수도 있을 것 같다. 그러나 신약성경과 칠십인역에 용례가 없다.

그러므로, −δω, −δομαι 동사 활용은 −τω, −τομαι 동사와 같다고 볼 수 있다. 그럼, 자음 동화가 일어난 형태가 신약성경에 나오는 σπεύδω(서두르다, 급히 가다, 6회)를 중심으로 δ가 σ를 만나는 예를 살펴 본다.

σπεῦσον(1회): 명령법 부정과거 능동태 2인칭 단수

σπεύσας(2회): 분사 부정과거 능동태 남성 단수 주격

한편, 여기서 완료형이 기본형으로 쓰이는 οἶδα(알고 있다, 알겠다)의 활용을 소개할까 한다(S 794). 어간이 δ로 끝나는 동사이기 때문이다. 본래 현재 능동태형인 εἴδω (LSJ 483)도 어간이 δ로 끝난다. 아래 변화형을 보면 δ 대신 σ가 종종 나타나는 것을 볼 수 있다. 이는 '치조음(τ, δ, θ)이 치조음(τ, δ, θ)을 만나면 σ가 된다.' 하는 원칙(S 83; M 24.10)의 반영일 수 있다. οἶδα는 능동태로만 쓰인다. 또한 아래의 활용은 σύνοιδα(의식하다, 느낌으로 알다)에도 적용된다.

직설법 제2현재완료: οἶδα, οἶσθα, οἶδε, ἴσμεν, ἴστε, ἴσασι

직설법 제2과거완료: ᾔδη 혹은 ᾔδειν, ᾔδησθα 혹은 ᾔδεις, ᾔδει,
ᾖσμεν 혹은 ᾔδεμεν, ᾖστε 혹은 ᾔδετε, ᾖσαν 혹은 ᾔδεσαν

가정법 제2현재완료: εἰδῶ, εἰδῇς, εἰδῇ, εἰδῶμεν, εἰδῆτε, εἰδῶσι

명령법 제2현재완료: ἴσθι, ἴστω, ἴστε, ἴστων

희구법 제2현재완료: εἰδείην, εἰδείης, εἰδείη,
εἰδεῖμεν 혹은 εἰδείημεν, εἰδεῖτε 혹은 εἰδείητε, εἰδεῖεν 혹은 εἰδείησαν

부정사 제2현재완료: εἰδέναι

분사 제2현재완료: 신약성경에 용례가 많아 활용 전체를 제공한다.

εἰδώς	εἰδυῖα	εἰδός
εἰδότος	εἰδυίας	εἰδότος
εἰδότι	εἰδυίᾳ	εἰδότι
εἰδότα	εἰδυῖαν	εἰδός

εἰδότες	εἰδυῖαι	εἰδότα
εἰδότων	εἰδυιῶν	εἰδότων
εἰδόσι	εἰδυίαις	εἰδόσι
εἰδότας	εἰδυίας	εἰδότα

1.5.1.2.3. −θω 및 εἴωθα 동사

어간이 치조음 θ로 끝나는 동사는 6개이다. 이 가운데 이태동사는 없다. 치조음이면서 기식음인 θ가 σ를 만나면, θ가 무성음 τ가 되고 이어 무성음이면서 치조음인 σ에 흡수되어 음가가 사라진다. 결국, τ나 δ가 σ를 만날 때와 같이 변한다. 관련된 원칙으로는 'δ와 θ가 σ를 만나면 먼저 τ가 된다'가 있다(S 98).

또한, θ가 θ를 만날 때는 '치조음(τ, δ, θ)이 치조음(τ, δ, θ)을 만나면 σ가 된다'(S 83; M 24.10)는 원칙이 적용되어, θθ는 σθ가 된다.

그러므로, −θω 동사가 σ를 만날 때의 활용은 −τω, −τομαι, −δω, −δομαι 동사와 같다. 다만, θ를 만날 때는 독특하게 활용되기에 살펴 볼 필요가 있다.

신약성경에서 가장 많이 쓰이는 −θω 동사인 πείθω(설득하다, 52회)를 중심으로 θ가 θ를 만나는 예를 살펴 본다. 그런데 이 단어는 완료에서 οἶδα와 같이 κ가 어미에 붙지 않는다(참고. M-T II 220).

직설법 미래 수동태: πεισθήσομαι, πεισθήσῃ, πεισθήσεται, πεισθησόμεθα, πεισθήσεσθε, πεισθήσονται

직설법 부정과거 수동태: ἐπείσθην, ἐπείσθης, ἐπείσθη, ἐπείσθημεν, ἐπείσθητε, ἐπείσθησαν

직설법 현재완료 능동태: πέποιθα, πέποιθας, πέποιθε, πεποίθαμεν, πεποίθατε, πεποίθασι

가정법 부정과거 수동태: πεισθῶ, πεισθῇς, πεισθῇ, πεισθῶμεν, πεισθῆτε, πεισθῆσι

명령법 부정과거 수동태: πείσθητι, πεισθήτω, πείσθητε, πεισθήτωσαν

한편, −θω 동사와 함께 다룰 동사로 εἴωθα(익숙하다, 4회)가 있다. 이 단어는 본래 기본형이 ἔθω지만, 신약성경에서는 과거완료인 εἴωθα가 기본형으로 쓰인다. 변화형으로는 직설법 과거완료 능동태 3인칭 단수형인 εἰώθει와 분사 현재완료 능동태 중성 단수 대격형인 εἰωθος만 쓰인다. 위에서 살펴 본 οἶδα와 유사하다고 보면 될 것이다.

1.5.1.3. 구개음 자음동사의 활용

1.5.1.3.1. –κω, –κομαι 및 ἔοικα 동사

어간이 구개음이면서 무성음인 κ로 끝나는 동사는 44개이다. 이 가운데 2개는 이태동사이다. 구개음 κ가 σ를 만나면 이중 자음 ξ로 표기한다. 이는 κσ를 이중 자음으로 표기하기 때문에 발생된다. 이 현상을 간단히 '구개음 κ, γ, χ가 σ를 만나면 ξ가 된다'(S 97)와 같이 설명하기도 한다.

한편 κ가 θ를 만나면 자음 동화가 일어난다. 즉, θ가 기식음이기 때문에, 구개음이면서 무성음인 κ가 구개음이면서 기식음인 χ로 동화된다. 이에 대해 정리된 원칙으로는 '양순음(π, β, φ)과 구개음(κ, γ, χ)이 치조음(τ, δ, θ)을 만나면, 음성의 종류가 같은 것으로 바뀐다'(S 82)가 있다. 즉, κθ와 γθ는 χθ가 된다.

그럼, 어간이 κ로 끝나면서 위의 현상을 볼 수 있는 διώκω(핍박하다, 쫓아가다, 45회)의 활용을 보자.

직설법 미래 능동태: διώξω, διώξεις, διώξει, διώξομεν, διώξετε, διώξουσι

직설법 미래 중간태: διώξομαι, διώξῃ, διώξεται, διωξόμεθα, διώξεσθε, διώξονται

직설법 미래 수동태: διωχθήσομαι, διωχθήσῃ, διωχθήσεται, διωχθησόμεθα, διωχθήσεσθε, διωχθήσονται

직설법 부정과거 능동태: ἐδίωξα, ἐδίωξας, ἐδίωξε, ἐδιώξαμεν, ἐδιώξατε, ἐδίωξαν

직설법 부정과거 중간태: ἐδιωξάμην, ἐδιώξω, ἐδιώξατο, ἐδιωξάμεθα, ἐδιώξασθε, ἐδιώξαντο

직설법 부정과거 수동태: ἐδιώχθην, ἐδιώχθης, ἐδιώχθη, ἐδιώχθημεν, ἐδιώχθητε, ἐδιώχθησαν

가정법 부정과거 능동태: διώξω, διώξῃς, διώξῃ, διώξωμεν, διώξητε, διώξωσι

가정법 부정과거 중간태: διώξωμαι, διώξῃ, διώξηται, διωξώμεθα, διώξησθε, διώξωνται

가정법 부정과거 수동태: διωχθῶ, διωχθῇς, διωχθῇ, διωχθῶμεν, διωχθῆτε, διωχθῶσι

명령법 부정과거 능동태: διώξον, διωξάτω, διώξατε, διωξάτωσαν
명령법 부정과거 중간태: διώξαι, διωξάσθω, διώξασθε, διωξάσθωσαν
명령법 부정과거 수동태: διώχθητι, διωχθήτω, διώχθητε, διωχθήτωσαν

희구법 부정과거 능동태: διώξαιμι, διώξαις 혹은 διώξειας, διώξαι 혹은 διώξειε, διώξαιμεν, διώξαιτε, διώξαιεν 혹은 διώξειαν
희구법 부정과거 중간태: διωξαίμην, διώξαιο, διώξαιτο, διωξαίμεθα, διώξαιντο
희구법 부정과거 수동태: διωχθείην, διωχθείης, διωχθείη, διωχθεῖμεν 혹은 διωχθείημεν, διωχθεῖτε 혹은 διωχθείητε, διωχθεῖεν 혹은 διωχθείησαν

부정사 부정과거 능동태, 중간태, 수동태: διώξαι, διώξασθαι, διωχθῆναι

분사 부정과거 능동태

διώξας	διώξασα	διώξαν
διώξαντος	διωξάσης	διώξαντος
διώξαντι	διωξάσῃ	διώξαντι
διώξαντα	διώξασαν	διώξαν
διώξαντες	διώξασαι	διώξαντα
διωξάντων	διωξασῶν	διωξάντων
διώξασι	διωξάσαις	διώξασι
διώξαντας	διωξάσας	διώξαντα

분사 부정과거 중간태

διωξάμενος	διωξαμένη	διωξάμενον
διωξαμένου	διωξαμένης	διωξαμένου
διωξαμένῳ	διωξαμένῃ	διωξαμένῳ
διωξάμενον	διωξαμένην	διωξάμενον

διωξάμενοι	διωξάμεναι	διωξάμενα
διωξαμένων	διωξαμένων	διωξαμένων
διωξαμένοις	διωξαμέναις	διωξαμένοις
διωξαμένους	διωξαμένας	διωξάμενα

분사 부정과거 수동태

διωχθείς	διωχθεῖσα	διωχθέν
διωχθέντος	διωχθείσης	διωχθέντος
διωχθέντι	διωχθείσῃ	διωχθέντι
διωχθέντα	διωχθεῖσαν	διωχθέν

διωχθέντες	διωχθεῖσαι	διωχθέντα
διωχθέντων	διωχθεισῶν	διωχθέντων
διωχθεῖσι	διωχθείσαις	διωχθεῖσι
διωχθέντας	διωχθείσας	διωχθέντα

한편, 동사 어간이 바뀌는 경우에는 제2부정과거 어미가 사용되어 위의 변화가 적용되지 않기도 한다. 예로, −κω, −κομαι 동사 가운데 신약성경에서 용례가 가장 많은 γινώσκω(알다, 배우다, 222회)는 미래와 부정과거에서 어간이 γν 혹은 γνω 혹은 γνωσ와 같이 바뀌어 구개음 폐쇄음 자음동사와는 다르게 활용된다. γινώσκω의 활용을 비어간모음 동사의 활용과 연결짓기도 한다(S 681-686). 중요한 동사이므로 몇 가지 활용을 소개한다.

직설법 미래 중간태: γνώσομαι, γνώσῃ, γνώσεται,
γνωσόμεθα, γνώσεσθε, γνώσονται

직설법 미래 수동태: γνωθήσομαι, γνωσθήσῃ, γνωσθήσεται,
γνωσθησόμεθα, γνωσθήσεσθε, γνωσθήσονται

직설법 제2부정과거 능동태: ἔγνων, ἔγνως, ἔγνω, ἔγνωμεν, ἔγνωτε, ἔγνωσαν

가정법 제2부정과거 능동태: γνῶ, γνῷς, γνῷ 혹은 γνοῖ, γνῶμεν, γνῶτε, γνῶσι

가정법 제2부정과거 수동태: γνωσθῶ, γνωσθῇς, γνωσθῇ,

γνωσθῶμεν, γνωσθῶτε, γνωσθῶσι

명령법 제2부정과거 능동태: γνῶθι, γνώτω, γνῶτε, γνόντων

명령법 제2부정과거 수동태: γνώσθητι, γνωσθήτω, γνώθητε, γνωθήτωσαν

희구법 제2부정과거 능동태: γνοίην, γνοίης, γνοίη,

γνοῖμεν 혹은 γνοίημεν, γνοῖτε 혹은 γνοίητε, γνοῖεν 혹은 γνοίησαν

부정사 제2부정과거 능동태: γνῶναι

분사 제2부정과거 능동태: γνούς, γνοῦσα, γνόν

분사 제2부정과거 수동태: γνωσθείς, γνωσθεῖσα, γνωσθέν

한편, 신약성경에 두 번 쓰이는 ἔοικα(-와 같다)는 οἶδα처럼 완료형이 기본형으로 쓰이지만, −κω, −κομαι 동사처럼 활용된다.

1.5.1.3.2. −γω, −γομαι 동사

어간이 구개음이면서 유성음인 γ로 끝나는 동사는 44개이다. 이 가운데 6개는 이태동사이다. 구개음이자 유성음인 γ가 무성음 σ를 만나면, 먼저 유성음 γ가 뒤따라오는 무성음 σ와 자음 동화를 일으켜 무성음 κ가 된다. 그 다음에는 κσ가 되기 때문에 이중 자음 ξ로 표기한다. 이는 위에서 설명한 것처럼 κσ를 이중 자음으로 표기하기 때문에 발생된다. 결국 −γω 동사는 −κω 동사와 같이 변한다. 이 현상을 간단히 '구개음 κ, γ, χ가 σ를 만나면 ξ가 된다'(S 97)와 같이 설명하기도 한다.

한편 γ가 θ를 만나면 κ가 θ를 만날 때처럼 자음 동화가 일어나 χθ가 된다. 즉, θ가 기식음이기 때문에, 구개음이면서 유성음인 γ가 구개음이면서 기식음인 χ로 동화된다. '양순음(π, β, φ)과 구개음(κ, γ, χ)이 치조음(τ, δ, θ)을 만나면, 음성의 종류가 같은 것으로 바뀐다.'(S 82) 하는 원칙이 적용된다. 결국, 수동태에서 θ를 가진 어미를 만날 때에도 –γω 동사는 –κω 동사와 같이 변한다. 따라서, 어간이 γ로 끝나는 동사는 앞에서 다룬 –κω, –κομαι 동사 항목을 보면 된다.

이해를 돕기 위해 ἀνοίγω(열다, 뜨다, 77회)의 변화형 몇 개를 살펴 보자.

ἀνοίγω의 직설법 부정과거 능동태 3인칭 단수는 ἀνέῳξεν이다. 시상접두모음과 부정과거 어미를 붙이면 αν + ε + οιγ + σεν이다. 앞에서 모음 단축을 다룰 때, 단음 ε과 이중모음 οι가 만나면 이중모음 οι만 남는 것을 설명했다. 그런데, 시상접두모음이 붙으면 첫 모음이 길어진다. 그래서 ο이 ω로 길어지고 ι는 하기되어 ῳ가 되었다. 그리고 γσ는 위에서 설명한 대로 자음 동화가 일어나 ξ가 되었다. 그래서 ἀνέῳξεν이 된 것이다.

ἀνοίγω의 직설법 부정과거 수동태 3인칭 단수는 ἀνεῴχθη이다. 시상접두모음과 부정과거 어미를 붙이면 αν + ε + οιγ + θη이다. 앞에서 설명한 대로 모음 단축이 일어나 ο이 ω로 길어지고 ι는 하기되어 ωι가 되었다. 그리고 γθ는 위에서 설명한 대로 자음 동화가 일어나 χθ가 되었다. 그래서 ἀνεῴχθη이 된 것이다.

1.5.1.3.3. –χω, –χομαι 동사

어간이 구개음이면서 기식음인 χ로 끝나는 동사는 79개이다. 이 가운데 38개는 이태동사이다. 구개음이자 기식음인 χ가 무성음 σ를 만나면, 먼저 기식음 χ가 뒤따라오는 무성음 σ와 자음 동화를 일으켜 무성음 κ가 된다. 그 다음에는 κσ가 되기 때문에 이중 자음 c로 표기한다. 이는 위에서 설명한 것처럼 κσ를 이중 자음으로 표기하기 때문에 발생된다. 결국 –χω 동사도 –γω 동사처럼 –κω 동사와 같이 변한다. 이 현상을 간단히 '구개음 κ, γ, χ가 σ를 만나면 ξ가 된다'(S 97)와 같이 설명하기도 한다.

한편 χ가 θ를 만나면 둘 다 자기 음가를 유지하여 χθ가 된다. 결국, 수동태에서 θ를 가진 어미를 만날 때에 –χω 동사는 –κω, –γω 동사와 같이 변한다. 따라서, 어간이 χ로 끝나는 동사도 앞에서 다룬 –κω, –κομαι 동사 항목을 보면 된다.

이해를 돕기 위해 ἐλέγχω(따져 보다, 책망하다, 17회)의 변화형 몇 개를 살펴 보자.

ἐλέγχω의 부정사 부정과거 능동태는 ἐλέγξαι이다. 명령법 부정과거 어미를 붙이면 ελεγχ+ σαι이다. χσ는 위에서 설명한 대로 자음 동화가 일어나 ξ가 되었다. 그래서

ἐλέγξαι가 된 것이다.

ἐλέγχω의 가정법 부정과거 수동태 3인칭 단수는 ἐλεγχθῇ이다. 부정과거 어미를 붙이면 ελεγχ + θῃ이다. 앞에서 설명한 대로 자음 동화가 일어나지 않고 χθ가 그대로 χθ가 되어 ἐλεγχθῇ가 된 것이다.

1.5.2. 마찰음 자음동사의 활용

마찰음은 σ 하나뿐이다. 어간이 σ로 끝나는 −σσω, −σσομαι 동사는 모두 53개이다. 이 가운데 이태동사는 4개이다. 마찰음 σ로 끝나는 동사들은 모두 어간이 σσ로 끝난다. 이 단어들은 주로 어간이 κ나 χ로 끝나는 단어가 ι를 만나 형성되었다(S 78, 112, 513). τ와 θ가 ι를 만나 형성되기도 한다(S 78, 114). 예로, κηρύσσω(전파하다, 전하다, 61회)는 '전파자'를 뜻하는 κῆρυξ의 어간인 κηρυκ와 ιω가 만나 이뤄진 것이다.

그러다보니, σ나 θ를 만날 때, 본래 어간인 κ나 χ가 살아난다. κ와 χ는 구개음이다. 그래서 σ를 만나면 ξ가 된다. 이에 대해서는 −κω와 −χω 동사의 설명을 보라. 그리고 θ를 만나면 χθ가 되거나, 구개음이면서 유성음인 γ가 되기도 한다. χθ가 되는 것은 '양순음(π, β, φ)과 구개음(κ, γ, χ)이 치조음(τ, δ, θ)을 만나면, 음성의 종류가 같은 것으로 바뀐다'(S 82)는 원칙으로 설명된다. 그런데, γ가 되는 것을 어떻게 설명할 수 있을까? 구개음 무성음(κ)과 치조음 기식음(θ)이 만날 때 무성음과 기식음의 중간(middle, S 22)인 유성음인 γ가 되는 것이 아닐까 싶다.

그럼, σ를 만나 ξ가 되는 것과 θ를 만나 χθ가 되는 것은, 가장 많이 쓰이는 마찰음 자음동사인 κηρύσσω의 용례를 통해 활용을 살펴 본다.

직설법 미래 능동태: κηρύξω, κηρύξεις, κηρύξει, κηρύξομεν, κηρύξετε, κηρύξουσι

직설법 미래 중간태: κηρύξομαι, κηρύξῃ, κηρύξεται, κηρυξόμεθα, κηρύξεσθε, κηρύξονται

직설법 미래 수동태: κηρυχθήσομαι, κηρυχθήσῃ, κηρυχθήσεται,
κηρυχθησόμεθα, κηρυχθήσεσθε, κηρυχθήσονται

직설법 부정과거 능동태: ἐκήρυξα, ἐκήρυξας, ἐκήρυξε, ἐκηρύξαμεν, ἐκηρύξατε, ἐκήρυξαν

직설법 부정과거 중간태: ἐκηρυξάμην, ἐκηρύξω, ἐκηρύξατο, ἐκηρυξάμεθα, ἐκηρύξασθε, ἐκηρύξαντο

직설법 부정과거 수동태: ἐκηρύχθην, ἐκηρύχθης, ἐκηρύχθη, ἐκηρύχθημεν, ἐκηρύχθητε, ἐκηρύχθησαν

가정법 부정과거 능동태: κηρύξω, κηρύξῃς, κηρύξῃ, κηρύξωμεν, κηρύξητε, κηρύξωσι

가정법 부정과거 중간태: κηρύξωμαι, κηρύξῃ, κηρύξηται, κηρυξώμεθα, κηρύξησθε, κηρύξωνται

가정법 부정과거 수동태: κηρυχθῶ, κηρυχθῇς, κηρυχθῇ, κηρυχθῶμεν, κηρυχθῆτε, κηρυχθῶσι

명령법 부정과거 능동태: κηρύξον, κηρυξάτω, κηρύξατε, κηρυξάτωσαν

명령법 부정과거 중간태: κηρύξαι, κηρυξάσθω, κηρύξασθε, κηρυξάσθωσαν

명령법 부정과거 수동태: κηρύχθητι, κηρυχθήτω, κηρύχθητε, κηρυχθήτωσαν

희구법 부정과거 능동태: κηρύξαιμι, κηρύξαις 혹은 κηρύξειας,
κηρύξαι 혹은 κηρύξειε, κηρύξαιμεν, κηρύξαιτε, κηρύξαιεν 혹은 κηρύξειαν

희구법 부정과거 중간태: κηρυξαίμην, κηρύξαιο, κηρύξαιτο,
κηρυξαίμεθα, κηρύξαισθα, κηρύξαιντο

희구법 부정과거 수동태: κηρυχθείην, κηρυχθείης, κηρυχθείη,
κηρυχθεῖμεν 혹은 κηρυχθείημεν, κηρυχθεῖτε 혹은 κηρυχθείητε,
κηρυχθεῖεν 혹은 κηρυχθείησαν

부정사 부정과거 능동태, 중간태, 수동태: κηρύξαι, κηρύξασθαι, κηρυχθῆναι

분사 부정과거 능동태

κηρύξας	κηρύξασα	κηρύξαν
κηρύξαντος	κηρυξάσης	κηρύξαντος
κηρύξαντι	κηρυξάσῃ	κηρύξαντι
κηρύξαντα	κηρύξασαν	κηρύξαν

κηρύξαντες	κηρύξασαι	κηρύξαντα
κηρυξάντων	κηρυξασῶν	κηρυξάντων
κηρύξασι	κηρυξάσαις	κηρύξασι
κηρύξαντας	κηρυξάσας	κηρύξαντα

분사 부정과거 중간태

κηρυξάμενος	κηρυξαμένη	κηρυξάμενον
κηρυξαμένου	κηρυξαμένης	κηρυξαμένου
κηρυξαμένῳ	κηρυξαμένῃ	κηρυξαμένῳ
κηρυξάμενον	κηρυξαμένην	κηρυξάμενον
κηρυξάμενοι	κηρυξάμεναι	κηρυξάμενα
κηρυξαμένων	κηρυξαμένων	κηρυξαμένων
κηρυξαμένοις	κηρυξαμέναις	κηρυξαμένοις
κηρυξαμένους	κηρυξαμένας	κηρυξάμενα

분사 부정과거 수동태

κηρυχθείς	κηρυχθεῖσα	κηρυχθέν
κηρυχθέντος	κηρυχθείσης	κηρυχθέντος
κηρυχθέντι	κηρυχθείσῃ	κηρυχθέντι
κηρυχθέντα	κηρυχθεῖσαν	κηρυχθέν
κηρυχθέντες	κηρυχθεῖσαι	κηρυχθέντα
κηρυχθέντων	κηρυχθεισῶν	κηρυχθέντων
κηρυχθεῖσι	κηρυχθείσαις	κηρυχθεῖσι
κηρυχθέντας	κηρυχθείσας	κηρυχθέντα

이번에는 θ를 만나 γ가 되는 예를 ὑποτάσσω(순종하다, 27회)의 활용을 통해 살펴본다. 이 단어의 어간 υποτακ이 θ를 만나면 χθ가 되지 않고 γ가 된다.

직설법 미래 수동태: ὑποταγήσομαι, ὑποταγήσῃ, ὑποταγήσεται,
ὑποταγησόμεθα, ὑποταγήσεσθε, ὑποταγήσονται

직설법 부정과거 수동태: ὑπετάγην, ὑπετάγης, ὑπετάγη, ὑπετάγημεν, ὑπετάγητε, ὑπετάγησαν
가정법 부정과거 수동태: ὑποταγῶ, ὑποταγῇς, ὑποταγῇ, ὑποταγῶμεν, ὑποταγῆτε, ὑποταγῶσι
명령법 부정과거 수동태: ὑποτάγητι, ὑποταγήτω, ὑποτάγητε, ὑποταγήτωσαν

한편, 신약성경에서 유일하게 이중 자음 ξ로 어간이 끝나는 αὔξω(자라다, 2회)는 마찰음 자음동사라기보다는 비음동사인 αὐξάνω(자라가다, 늘다, 2회)에서 파생된 동사로 보는 것이 낫겠다(참고. LSJ 277, BDAG 151, M 229). 동사 활용도 마찰음 자음동사보다는 비음동사처럼 활용되어, σ와 θ 앞에서 모음이 길어진다. 예로, 직설법 미래 능동태 1인칭 단수는 αὐξήσω가 되고, 직설법 부정과거 수동태 1인칭 단수는 ηὐξήθην이 된다.

1.5.3. 파찰음 자음동사의 활용

헬라어에서 파찰음은 ζ 뿐이다. 어간이 ζ로 끝나는 –ζω, –ζομαι 동사는 모두 288개이다. 이 가운데 이태동사는 39개이다. 이 단어들은 크게 두 가지 과정을 통해 형성되었다. 하나는 치조음이면서 유성음인 δ와 ι가 만나 형성된 것이고, 다른 하나는 구개음이면서 유성음인 γ와 모음이 만나 형성된 것이다(S 508-512).

전자의 예로는 ἐλπίζω(바라다, 소망하다, 31회)가 있고, 후자의 예로는 ἁρπάζω(낚아채다, 14회)가 있다. ἐλπίζω는 ἐλπίς(소망, 53회)의 어간 ελπιδ가 ιω를 만나 δι가 ζ로 되어 형성되었다. ἁρπάζω는 ἁρπαγή(강탈, 탐욕, 3회) 혹은 ἅρπαξ(강탈하는, 5회)의 어간 αρπαγ가 ιω를 만나 γι가 ζ로 되어 형성되었다. 동사가 활용될 때 본래 어간이 드러나므로, 어간에 δ가 있었던 동사는 치조음 자음동사 활용을, 어간에 γ가 있었던 동사는 구개음 자음동사 활용을 따른다.

그럼, 두 동사를 통해 예를 살펴 보자.

ἐλπίζω의 직설법 미래 능동태 3인칭 복수는 ἐλπιοῦσι이다. 일반적으로 –ζω, –ζομαι 동사가 σ를 만나 ζσ가 되면 σ만 남는다. 예로, σῴζω(구원하다, 106회)의 직설법 미래 능동태는 σώσω, σώσεις, σώσει, σώσομεν, σώσετε, σώσουσι와 같이 활용된다. 따라서, 본래 ελπιδ가 σ를 만나면, δσ가 σσ가 되고 σ 하나가 탈락되어 ἐλπίσουσιν이 되어야 한다. 그런데, 이유를 정확하게 알 수 없지만, 유음 및 비음동사와

같이 활용되어 σ 두 개가 모두 탈락되어 ἐλπιοῦσι이 된다. 미래에서 ἐλπίζω와 같이 활용되는 –ζω, –ζομαι 동사로는 μακαρίζω(칭찬하다, 2회)도 있다.

ἐλπίζω가 미래에서는 유음 및 비음동사와 같이 활용되지만, 부정과거에서는 원칙대로 δσ가 σσ가 되고 σ 하나가 탈락된다. 완료에서도 치조음 δ가 구개음 κ를 만나 탈락되고 κ만 남는다.

직설법 부정과거 능동태: ἤλπισα, ἤλπισας, ἤλπισε,
ἠλπίσαμεν, ἠλπίσατε, ἤλπισαν

직설법 현재완료 능동태: ἤλπικα, ἤλπικας, ἤλπικε,
ἠλπίκαμεν, ἠλπίκατε, ἤλπικαν

이제, ἁρπάζω를 통해 본래 어간이 활용에 드러나는 경우를 보자. 이 단어는 수동태에서 어간 αρπαγ가 θ를 만나면 θ가 탈락하고 본래 어간만 남는다. 그러다보니, 앞에서 살펴 본 ὑποτάσσω처럼 활용된다. ὑποτάσσω는 θ를 만날 때, '양순음(π, β, φ)과 구개음(κ, γ, χ)이 치조음(τ, δ, θ)을 만나면, 음성의 종류가 같은 것으로 바뀐다'(S 82)는 원칙이 적용되지 않는다. 이 단어의 어간 υποτακ이 θ를 만나면 χθ가 되지 않고 γ가 된다. 우리는 이 현상을 '구개음 무성음(κ)과 치조음 기식음(θ)이 만날 때 무성음과 기식음의 중간(middle, S 22)인 유성음인 γ가 되는 것'으로 추정해 보았다. 이와 유사한 현상이 ἁρπάζω의 수동태의 활용에서 발견된다.

직설법 미래 수동태: ἁρπαγήσομαι, ἁρπαγήσῃ, ἁρπαγήσεται,
ἁρπαγησόμεθα, ἁρπαγήσεσθε, ἁρπαγήσονται

직설법 부정과거 수동태: ἡρπάγην, ἡρπάγης, ἡρπάγη, ἡρπάγημεν, ἡρπάγητε, ἡρπάγησαν

그런데, 계 12:5을 보면, ἁρπάζω의 직설법 부정과거 수동태 3인칭 단수형이 ἡρπάγη(고후 12:4)가 아니라 ἡρπάσθη로 쓰인다. 이는 ἁρπάζω의 본래 어간인 αρπαγ가 고려된 형태라기보다는 βαπτίζω(세례를 베풀다, 잠그다, 77회)의 활용이 적용된 것 같다. βαπτίζω의 어간 βαπτιδ가 θ를 만나면, '치조음(τ, δ, θ)이 치조음(τ, δ, θ)을 만나면 σ가 된다'(S 83; M 24.10)는 원칙에 따라 δθ가 σθ가 되어, 직설법 부정과거 능동태 3인칭 단수형이 ἐβαπτίσθη가 된다. 아마도 이러한 예를 따라 계 12:5에서 ἡρπάσθη가 쓰인 것으로 보인다.

1.5.4. 유음 및 비음동사의 활용

이제 두 개의 자음동사만 다루면 동사 활용이 끝난다. 어간이 유음인 λ, ρ로 끝나는 유음동사와 어간이 비음인 μ, ν로 끝나는 비음동사의 활용이다. 그런데 다행히도 두 동사는 활용 법칙이 같아 함께 다루면 된다.

어간이 λ로 끝나는 동사는 모두 55개이다. 이 가운데 이태동사는 6개이다. 어간이 ρ로 끝나는 동사는 49개이다. 이 가운데 이태동사는 4개이다. 어간이 μ로 끝나는 동사는 모두 4개이다. 이태동사는 없다. 어간이 ν로 끝나는 동사는 153개이다. 이 가운데 이태동사는 23개이다. 정리하면 아래와 같다.

유음동사	104개	–λω, –λομαι	55개
		–ρω, –ρομαι	49개
비음동사	157개	–μω	4개
		–νω, –νομαι	153개

유음 및 비음동사의 활용을 φαίνω(비추다, 나타나다, 31회)를 통해 살펴 보자(S 400-402). 유음 및 비음동사는 미래 능동태와 중간태, 부정과거 능동태와 중간태와 같이 σ로 시작되는 어미를 만날 때 σ가 생략된다. 그리고 미래 능동태와 중간태에서는 모음 축약이 일어나 단축동사 –εω 동사처럼 활용된다. 그래서 미래 능동태와 중간태의 경우 σ가 아니라 εσ가 붙는 것으로 설명하기도 한다(M 20.17). 또한 미래와 부정과거 수동태에서 θ도 생략된다. θ가 생략된 형태를 제2부정과거라고 칭하기도 하지만(S 402), 이 책에서는 현재나 미완료과거 어미를 취한 경우만 제2부정과거라고 칭한다. 분사의 전체 변화는 단축동사 활용(1.4.2.1.6.)을 참고하라.

직설법 미래 능동태: φανῶ, φανεῖς, φανεῖ, φανοῦμεν, φανεῖτε, φανοῦσι

직설법 미래 중간태: φανοῦμαι, φανῇ 혹은 φανεῖ, φανεῖται,

φανούμεθα, φανεῖσθε, φανοῦνται

직설법 미래 수동태: φανήσομαι, φανήσῃ 혹은 φανήσει, φανήσεται,

φανησόμεθα, φανήσεσθε, φανήσονται

직설법 부정과거 능동태: ἔφηνα, ἔφηνας, ἔφηνε, ἐφήναμεν, ἐφήνατε, ἔφηναν

직설법 부정과거 중간태: ἐφηνάμην, ἐφήνω, ἐφήνατο, ἐφηνάμεθα, ἐφήνασθε, ἐφήναντο

직설법 부정과거 수동태: ἐφάνην, ἐφάνης, ἐφάνη, ἐφάνημεν, ἐφάνητε, ἐφάνησαν

가정법 부정과거 능동태: φήνω, φήνῃς, φήνῃ, φήνωμεν, φήνητε, φήνωσι

가정법 부정과거 중간태: φήνωμαι, φήνῃ, φήνηται, φηνώμεθα, φήνησθε, φήνωνται

가정법 부정과거 수동태: φανῶ, φανῇς, φανῇ, φανῶμεν, φανῆτε, φανῶσι

명령법 부정과거 능동태: φῆνον, φηνάτω, φήνατε, φηνάντων

명령법 부정과거 중간태: φῆναι, φηνάσθω, φήνασθε, φηνάσθων

명령법 부정과거 수동태: φάνηθι, φανήτω, φάνητε, φανέντων 혹은 φανήτωσαν

희구법 미래 능동태: φανοίην, φανοίης, φανοῖ, φανοῖμεν, φανοῖτε, φανοῖεν

희구법 미래 수동태: φανησοίμην, φανήσοιο, φανήσοιτο, φανησοίμεθα, φανήσοισθε, φανήσοιντο

희구법 부정과거 능동태: φήναιμι, φήναις 혹은 φήνειας, φήναι 혹은 φήνειε,

φήναιμεν, φήναιτε, φήναιεν 혹은 φήνειαν

희구법 부정과거 중간태: φηναίμην, φήναιο, φήναιτο,

φηναίμεθα, φήναισθε, φήναιντο

희구법 부정과거 수동태: φανείην, φανείης, φανείη, φανεῖμεν 혹은 φανείημεν,

φανεῖτε 혹은 φανείητε, φανεῖεν 혹은 φανείησαν

부정사 미래: φανεῖν, φανεῖσθαι, φανήσεσθαι

부정사 부정과거: φῆναι, φήνασθαι, φανῆναι

분사 미래 능동태: φανῶν, φανοῦσα, φανοῦν

분사 미래 중간태: φανούμενος, φανουμένη, φανούμενον

분사 미래 수동태: φανησόμενος, φανησομένη, φανησόμενον

분사 부정과거 능동태: φήνας, φήνασα, φῆναν

분사 부정과거 중간태: φηνάνεμος, φηναμένη, φηνάμενον

분사 부정과거 수동태: φανησόμενος, φανησομένη, φανησόμενον

참고로, ἁμαρτάνω(죄를 짓다, 43회)는 약간 제멋대로 변한다. 미래 능동태와 중간태와 같이 σ로 시작되는 어미를 만날 때 σ가 생략되지 않고 ν이 생략되어 −αω 단축동사처럼 활용된다. 부정과거는 제2부정과거 형태로 활용되어, 직설법은 미완료과거 어미가, 가정법과 부정사는 현재 어미가 사용된다. 완료 시제 활용에서 κ를 만날 때는, ν이 생략되어 −αω 단축동사처럼 활용된다. 미래와 부정과거 수동태에서 θ로 시작되는 어미를 만날 때에도 θ가 생략되지 않고 ν이 생략되어 −αω 단축동사처럼 활용된다. 많이 사용되는 형태를 중심으로 기본형만 살펴 보자.

직설법 미래 능동태 1인칭 단수는 ἁμαρτήσω, 미래 중간태 1인칭 단수는 ἁμαρτήσομαι이다.

직설법 제2부정과거 능동태 1인칭 단수는 미완료과거 어미를 써서 ἥμαρτον이다.

직설법 부정과거 수동태 1인칭 단수는 ἡμαρτήθην이다.

직설법 현재완료 능동태 1인칭 단수는 ἡμάρτηκα이다.

가정법 제2부정과거 능동태 단수는 ἁμάρτω, ἁμάρτῃ, ἁμάρτῃς이다.

부정사 제2부정과거 능동태는 ἁμαρτεῖν이다.

ἁμαρτάνω처럼 복잡하지는 않지만 σ로 시작되는 어미를 만날 때 σ가 생략되지 않고 ν이 생략되는 단어로 φθάνω(도달하다, 7회)도 있다. 신약성경에서 직설법 부정과거와 가정법 부정과거로 쓰인다.

직설법 부정과거 능동태 1인칭 복수, 3인칭 단수: ἐφθασαμεν, ἔφθασεν

가정법 부정과거 능동태 1인칭 복수: φθάσωμεν

2. 명사, 대명사, 관사

지금까지 우리는 동사 활용(conjugation)을 살펴 보았다. 가장 복잡하고 어려운 부분이 끝났다고 할 수 있다. 이제는 우리말 체언에 해당하는 헬라어 명사, 대명사, 관사에 대해 알아 본다. 명사, 대명사, 관사, 형용사 어미변화는 곡용(曲用, declension)이라 부른다. 이 책에서는 '곡용'과 함께 좀더 쉬운 표현인 '어미변화'도 사용한다.

참고로, 우리말에서 체언에 속하는 수사는 다음 장인 형용사와 부사 항목에서 형용사 부분을 보라.

2.1. 성수격

명사, 대명사, 관사 곡용의 요소로는 성(gender)과 수(number)와 격(case)이 있다. 성과 수는 가리키는 대상이 누구냐와, 격은 문장에서의 기능과 관련된다.

2.1.1. 성과 수

분사와 관련해서 설명한 대로, 헬라어 명사는 공성(common gender)을 가지는 것을 제외하고는, 남성(masculine), 여성(feminine), 중성(neuter) 가운데 한 가지 성을 가진다. 남성형과 여성형을 함께 가지는 즉, 공성을 가진 헬라어 단어로는 παῖς(아끼는 종, 친종, 24회), ὄνος(나귀, 5회), θεός(하나님, 신, 1317회)가 있다. 이 가운데 παῖς는 신약성경에서 남성으로만 쓰인다. παῖς가 공성이라는 것을 엿볼 수 있는 단어로 παιδίσκη(아끼는 여종, 13회)가 있다. 이 단어가 신약성경에서는 여성형만 나오지만 일반 문헌에서 남성형으로도 쓰인다. 다음으로 ὄνος는 여성(마 21:2, 5, 7; 요 12:15)과 남성(눅 13:15)으로 모두 쓰인다. θεός는 1317회 가운데 행 19:37에서 딱 한번 여성으로 쓰여 공성임을 드러낸다. 한편, θεός는 행 19:27에서 여성형 θεά(여신, 1회)로 쓰이기도 한다.

고전 헬라어에는 수(number)로 단수(singular), 쌍수(dual), 복수(plural)가 있었지만, 코이네 헬라어에는 단수와 복수만 쓰인다. 분사에서 설명했듯, 헬라어 성과 수는 문법적이면서도 개념적이다. 지시하는 대상이 복수라도 통일성을 가진 개체로 여겨 단수로 취급하기도 하고, 단수라도 구성요소에 초점을 두어 복수로 취급하기도 한다. 성과 수에 대한 부분은 분사에 대한 설명(1.2.5.)을 보라.

2.1.2. 격

헬라어 격에는 주격(nominative), 속격(genitive), 여격(dative), 대격(accusative), 호격(vocative)이 있다(S 201). 인도유럽어(Indo-European languages)에서 발견되는 도구격(instrumental), 처소격(locative), 탈격(ablative)은 부사 어미에 남아 있고 대부분 소실되었으며, 도구격과 처소격은 여격으로, 탈격은 속격으로 표현된다(S 341, 1279, 1535). 속격 어미가 처소를 표현하기도 한다(S 1449).

2.1.2.1. 주격

주격은 술어의 주체 즉, 주어가 되거나 서술 대상의 주체 즉, 주격 보어의 구실을 할 때 사용된다(문 주격[nominative]). 격을 직격과 사격으로 나누고, 주격과 호격은 직격(直格, casus rectus)으로, 속격, 여격, 대격은 사격(斜格, oblique cases)으로 칭하기도 한다(S 201a). '직격'으로 볼 수 있는 주격의 예로, 계 1:5가 있다.

καὶ ἀπὸ Ἰησοῦ Χριστοῦ, 또한 예수 그리스도로부터

> ὁ μάρτυς, 거 증인인 분
> ὁ πιστός, 거 신실한 분
> ὁ πρωτότοκος τῶν νεκρῶν 거 죽은 이들의 장자요,
> καὶ ὁ ἄρχων τῶν βασιλέων τῆς γῆς. 지상 왕들의 통차자이신 분.

사격인 Ἰησοῦ Χριστοῦ를 연이어 주격으로 설명한다(참고. F. J. A. Hort의 요한계시록 1-3장 주석).

주격이 고리형(명사나 대명사가 문장의 서두에 독립적으로 나타난 뒤, 뒤따라오는 명사나 대명사에 의해 다시 재생되는 문법적 형태, 문 고리형[casus pendens])으로 쓰인 경우는 '걸려 있는 주격(pendent nominative)'으로, 대격이 고리형으로 쓰인 경우는 '걸려 있는 대격(pendent accusative)'이라 부른다.

걸려 있는 주격의 예: 행 7:40(R 459)

ὁ γὰρ **Μωϋσῆς οὗτος**, 왜냐하면 **이 사람 모세는,**

ὃς ἐξήγαγεν ἡμᾶς ἐκ γῆς Αἰγύπτου, (그가 우리를 애굽 땅에서 끌어냈죠)

οὐκ οἴδαμεν 우리는 모릅니다.

τί ἐγένετο αὐτῷ. 그에게 무슨 일이 일어났는지를요.

주절의 주어는 '우리는 모릅니다'의 '우리'이다. 그런데 모세를 강조하여 지시 대명사와 함께 주격으로 썼다. 이처럼, 독립적으로 쓰인 주격을 '걸려 있는 주격'이라 부른다. 예로, 눅 9:5의 ὅσοι ἂν μὴ δέχωνται ὑμᾶς도 보라.

걸려 있는 대격의 예: 행 26:3(R 490)

μάλιστα **γνώστην ὄντα σε** 특히 **당신이 전문가이기에,**

πάντων τῶν κατὰ Ἰουδαίους ἐθῶν τε καὶ ζητημάτων,

유대인들이 따라는 모든 관행뿐 아니라 문제들에 대해서요,

διὸ δέομαι μακροθύμως ἀκοῦσαί μου.

그러므로 내 말을 진드근하게 들어주시기를 구합니다.

바울이 헤롯 아그립바 2세에게 한 말이다. 바울은 헤롯이 '전문가'라는 표현을 독립적인 대격으로 표현한 다음, 자기 말을 '들어달라'는 부정사(ἀκοῦσαι)의 간접적인 주어로 사용한다.

2.1.2.2. 속격

속격은 라틴어 genetivus(출생, 세대)에서 비롯된 용어로, 기원, 소유, 소속 등을 나타낸다(문 속격[genitive]). 헬라어의 경우, 속격은 명사 상당어구를 수식하거나, 전치사의 목적어가 되거나, 속격 부정사나 속격 독립 분사구문에서 사용된다. 행 3:2을 보자.

καί τις ἀνὴρ 어떤 남자도,

χωλὸς ἐκ **κοιλίας μητρὸς αὐτου** ὑπάρχων

자기 어머니 태에서 나올 때부터 못 걷던 이가

ἐβαστάζετο. 떠메어 옮겨집니다.

αὐτοῦ는 인칭 대명사(3인칭 단수)로 속격이다. μητρός를 수식한다.

μητρός는 명사로 μήτηρ(어머니, 83회)의 속격이다. κοιλίας를 수식한다.

κοιλίας는 명사로 κοιλία(배, 자궁, 22회)의 속격이다. 전치사 ἐκ의 목적어이다.

속격을 '소유격(possessive)'이라고 부르기도 하는데, 이는 속격의 기능 가운데 하나인 '소유'로 격 이름을 대치한 것이다. '소유'를 '소속[일정한 단체나 기관에 딸림. 또는 그 딸린 곳.]'으로 보기도 한다. 소유나 소속과 관련된 속격은 '소유 혹은 소속의 속격(genitive of possession or belonging)'이라고 불린다(S 1297-1305). 그러므로 '소유격'보다는 '속격'이라 부르는 것이 좋을 것이다. 소유의 속격(possessive genitive)의 예로 마 26:51을 들 수 있다(R 495-496).

πατάξας τὸν δοῦλον **τοῦ ἀρχιερέως**, **대제사장의** 종을 쳐서

ἀφεῖλεν **αὐτου** τὸ ὠτίον. 그가 **그의** 귀를 떼어 냈다.

요 18:10에 따르면, 대제사장의 종 말고의 오른쪽 귀를 쳐 떼어 낸 사람은 베드로였다. 여기서 종이 대제사장 소유이기에 속격을, 귀는 그 종에게 속한 것이기에 속격을 사용했다. 이처럼 속격은 소유관계를 나타낸다.

소유 관계를 수식의 속격(attributive genitive)이 아니라 서술의 속격(predicate genitive)으로 표현하기도 한다(S 1303). 막 10:14을 보자.

τῶν γὰρ **τοιούτων ἐστὶν 이러한 자들의 것이기** 때문입니다,
ἡ βασιλεία τοῦ θεοῦ. 하나님의 나라가요.
τῶν τοιούτων은 서술의 속격으로 하나님 나라가 누구의 나라인지를 기술한다.

속격은 '소유' 외에도 '부분[전체를 이루는 작은 범위. 또는 전체를 몇 개로 나눈 것의 하나.], 기원[사물이 처음으로 생김. 또는 그런 근원.]' 등의 개념을 가진다. 이 가운데 '부분'은 매우 중요한 개념으로 '부분의 속격(the partitive genitive)'이라 불린다(S 1341-1371). 기원과 관련된 속격은 '기원의 속격(genitive of source)'이라 한다(S 1410-1411). 부분과 기원(혹은 소속)을 의미하는 속격이 함께 있는 예로 마 24:17을 보자.

ὁ ἐπὶ **τοῦ δώματος** μὴ καταβάτω **지붕** 위에 {있는} 자는 내려가지 말거라,
ἆραι τὰ ἐκ **τῆς οἰκίας αὐτοῦ, 자기 집으로부터** 난 것들을 가지러 {말이다.}
전치사 ἐπί 다음에 여격이 오면 정적(靜的)인 상황을, 대격이 오면 동적(動的)인 상황을, 속격이 오면 부분(部分)을 의미한다. 전치사 ἐπί의 목적어 τοῦ δώματος는 '부분'을 의미한다. ὁ ἐπὶ τοῦ δώματος는 '지붕의 일부를 차지하고 있는, 지붕 위에 앉아 있는 자'를 의미한다. 한편, 전치사 ἐκ의 목적어인 τῆς οἰκίας αὐτοῦ는 기원이나 소속일 수 있다. 기원으로 보면 τὰ ἐκ τῆς οἰκίας αὐτοῦ는 '그의 집에서 난 것들'이 되겠고, 소속으로 보면 '그의 집에 속한 것들'이 될 것이다.

속격이 부분을 가리키고 여격이 어느 한 지점을 가리키는 것을 보여주는 예로 마 24:20이 있다.

προσεύχεσθε δὲ 하니 여러분은 기도하십시오.
ἵνα μὴ γένηται ἡ φυγὴ ὑμῶν 여러분의 피신이 일어나지 않도록요,
χειμῶνος μηδὲ **σαββάτῳ. 겨울**이나 **안식일에**요.
겨울을 의미하는 χειμών(궂은 날씨, 겨울, 태질, 6회)은 속격이 쓰여 부분을, 안식일을 뜻하는 σάββατον(68회)은 여격이 쓰여 그 시간대를 가리킨다.

속격과 관련해서 중요한 개념으로 주어의 속격(subjective genitive)과 목적어의 속격(objective genitive)이 있다(S 1328-1335). 수식어(attribute, attributive, modifier)인 속격과 피수식어(被修飾語[수식어에 의하여 의미상의 한정을 받는 말.]) 사이의 관계가 주어와 술어의 관계이면, 수식어인 속격을 '주어의 속격'(혹은 주격적 속격)이라 칭한다. 수식어인 속격과 피수식어와의 관계가 목적어와 술어의 관계이면, 수식어인 속격을 '목적어의 속격'(혹은 목적격적 속격)이라 칭한다.

롬 1:17의 δικαιοσύνη θεοῦ에서 속격 θεοῦ가 주격 δικαιοσύνη을 수식한다. θεοῦ를 주어의 속격으로 보면 δικαιοσύνη θεοῦ는 '하나님께서 의로우시다' 혹은 '하나님께서 주시는 의'가 되고, θεοῦ를 목적어의 속격으로 보면 '하나님을 의롭게 하는 의'가 된다. 주어의 속격이 옳을 것이다(R 499). 이 점은 롬 3:26을 통해서도 확인된다. '하나님의 의'를 통해 드러나는 것으로, εἰς τὸ εἶναι αὐτὸν δίκαιον καὶ δικαιοῦντα τὸν ἐκ πίστεως Ἰησοῦ 즉, "예수님을 믿는 자를 의롭다 하시면서도 그분[/하나님]이 의로우시다는 것"이다. 부정사구에서 εἶναι가 본동사이고 δικαιοῦντα는 분사로 εἶναι를 돕는다. 여기서 Ἰησοῦ를 '목적어의 속격'으로 보아, τὸν ἐκ πίστεως Ἰησοῦ를 '예수님을 믿는 자'로 번역했다. 전치사 ἐκ를 고려하면 '예수님을 믿음으로 비롯된 자'로 번역될 수 있다. 그런데 여기서, 바울 신학과 관련된 πίστις χριστοῦ 논쟁을 고려하여 Ἰησοῦ를 '주어의 속격'으로 보면, '예수님의[예수님께서 가지신] 믿음으로 혹은 신실함으로 비롯된 자'로 번역된다. 이와 같이 속격을 '주어의 속격'으로 볼 것인가, '목적어의 속격'으로 볼 것인가는 점점 더 중요한 문제가 되고 있다.

그럼, 목적어의 속격이 분명한 예로 마 28:4을 보자.

ἀπὸ δὲ τοῦ φόβου **αὐτοῦ** 하니 **그[/천사]에 대한** 두려움으로

ἐσείσθησαν οἱ τηροῦντες καὶ ἐγενήθησαν ὡς νεκροί.

지키던 자들이 떨며 죽은 자들처럼 되었다.

천사를 가리키는 αὐτοῦ는 '목적어의 속격'이 분명하다. 천사가 두려워하는 것이 아니고, 천사를 두려워한다는 의미이기 때문이다.

동격 혹은 정의(apposition or definition, R 498)의 기능을 하는 속격을 '설명의 속격(genitive of explanation)' 혹은 '동격의 속격(appositive genitive, genitive of apposition)'으로 칭하기도 한다(S 1322, W 99). 행 2:33의 τὴν ἐπαγγελίαν τοῦ πνεύματος τοῦ ἁγίου 즉, "거룩한 영의 약속"에서 τοῦ πνεύματος τοῦ ἁγίου는 동격의 속격이다. 하나님께서 하신 약속에 '거룩한 영'에 대한 약속만 있는 것이 아니기 때문이다(R 498, W 99). 동격의 속격을 '설명의 속격(epexegetical genitive)'으로 칭하기도 한다(Z 45). 행 2:38을 살펴 본다.

καὶ βαπτισθήτω ἕκαστος ὑμῶν 그리고 여러분 각자가 세례를 받으십시오,
ἐπὶ τῷ ὀνόματι Ἰησοῦ Χριστοῦ 예수 그리스도의 이름에 근거하여,
εἰς ἄφεσιν τῶν ἁμαρτιῶν ὑμῶν 여러분의 죄 사함을 위해.
καὶ λήμψεσθε τὴν δωρεὰν **τοῦ ἁγίου πνεύματος**.
그러면 **거룩한 영이란** 선물을 여러분이 받을 것입니다.

τὴν δωρεὰν τοῦ ἁγίου πνεύματος 즉, '거룩한 영의 선물'은 '거룩한 영에 의해 주어질 선물'이 아니라, '거룩한 영'이 선물이라고 설명한다(Z 45). 선물이 무엇인지 설명하기 위해, 동격의 속격으로 표현하자면 그 선물이 어떤 것인지 기술하기 위해, '설명 혹은 동격의 속격'이 사용된 것이다.

명사, 대명사, 관사의 속격은 '속격 독립 분사구문(genitive absolute participle)'에서 주어로, 관사의 속격은 '속격 부정사(genitive infinitive)'에서 주어처럼 쓰인다. 종속절의 주어가 주절의 주어와 다를 때, 종속절의 주어를 속격으로 바꾸고 술어도 속격분사로 바꾸어 주절의 상황을 표현하는 분사구문을 속격 독립 분사구문이라 한다. 드물게 속격 독립 분사구문의 주어가 생략되기도 한다(예. 눅 12:36 ἐλθόντος καὶ κρούσαντος {주인이} 와서 두드릴 때). 헬라어 분사의 절대형(absolute)을 주격 절대형(nominative absolute)과 속격 절대형(genitive absolute)으로 나누고, 속격 독립 분사구문을 '속격 절대형을 사용한 분사구문'으로 설명하기도 한다(W 654-655). 속격 독립 분사구문은 시간, 원인, 조건, 양보 등의 의미를 갖는다.

시간의 의미를 갖는 속격 독립 분사구문의 예: 행 19:6

καὶ **ἐπιθέντος αὐτοῖς τοῦ Παύλου** (τὰς) χεῖρας

그리고 **바울이 그들에게 손을 얹었을 때**

ἦλθε τὸ πνεῦμα τὸ ἅγιον ἐπ᾽ αὐτούς, 거룩한 영이 그들 위에 임했습니다.

속격 관사와 명사인 τοῦ Παύλου는 시간의 의미를 갖는 속격 분사 ἐπιθέντος의 주어이다.

원인의 의미를 갖는 속격 독립 분사구문의 예: 행 18:27

βουλομένου δὲ **αὐτοῦ** 그런데 아볼로가[**그가 원하기에**]

διελθεῖν εἰς τὴν ᾽Αχαΐαν, 아가야 {지역으}로 건너가고 싶어 하므로

προτρεψάμενοι οἱ ἀδελφοὶ 형제들이 {그를} 격려하고

ἔγραψαν τοῖς μαθηταῖς 그쪽 제자들에게 {편지를} 써 주었습니다.

ἀποδέξασθαι αὐτόν. 아볼로를[그를] 영접하라고요.

아볼로를 지시하는 인칭 대명사 속격 αὐτοῦ는 원인이나 이유의 의미를 갖는 속격 분사 βουλομένου의 주어이다.

조건의 의미를 갖는 속격 독립 분사구문의 예: 행 18:21(W 633)

Πάλιν ἀνακάμψω πρὸς ὑμᾶς 제가 여러분에게로 다시 돌아오겠습니다.

τοῦ θεοῦ θέλοντος, 하나님께서 원하시면요.

속격 관사와 명사인 τοῦ θεοῦ는 조건 혹은 시간의 의미를 갖는 속격 분사 θέλοντος의 주어이다.

양보의 의미를 갖는 속격 독립 분사구문의 예: 행 18:20

ἐρωτώντων δὲ **αὐτῶν 그들이**[/유대인들이] 요청했으나[/**요청했음에도 불구하고**],

ἐπὶ πλείονα χρόνον μεῖναι 더 오랜 기간 머물러 달라고요,

οὐκ ἐπένευσεν, 바울이[그가] 동의하지 않았습니다.

속격 인칭 대명사 αὐτῶν은 양보의 의미를 갖는 속격 분사 ἐρωτώντων의 주어이다.

속격 독립 분사구문과 유사한 부정사 구문으로 '속격 부정사(genitive infinitive)'가 있다. 본래 부정사가 문장에서 의미상의 주어가 되는 경우가 많은데, 가끔 속격 관사와 함께 주어처럼 쓰일 때가 있다. 행 10:25을 보자(R 392-393).

ὡς δὲ ἐγένετο **τοῦ εἰσελθεῖν τὸν Πέτρον**, 하여 **베드로가 들어서자**
συναντήσας αὐτῷ ὁ Κορνήλιος 고넬료가 그를 맞이하더니
πεσὼν ἐπὶ τοὺς πόδας προσεκύνησεν. 납작 엎드려 절을 올렸습니다.

관사 속격+부정사 구문인 τοῦ εἰσελθεῖν은 시간을 의미하는 ὡς 종속절의 본동사인 ἐγένετο의 의미상의 주어이다. 이에 대해 로버트슨은 이 구문에서는 "속격 부정사 형태로 고정되었다." 하고 설명한다(R 393). 그런데 속격 관사와 함께 쓰인 부정사를 '속격'으로 볼 필요는 없을 것이다. 부정사는 중성 단수 대격의 성격을 갖고 성수격에 따라 곡용되지 않기 때문이기도 하고, 부정사 εἰσελθεῖν의 주어인 τὸν Πέτρον이 대격이기 때문이기도 하다. 속격 독립 분사구문의 경우, 분사뿐 아니라 분사의 주어까지 속격으로 바뀐다. 그런데 속격 부정사의 경우 부정사 형태도 그대로 있고 주어도 대격을 유지하기 때문에 관사만 속격이고 부정사는 대격으로 보는 것이 옳을 것이다. 이러한 특성은 ἐν τῷ + 부정사와 같은 전치사 구문에서도 발견된다. 관사는 여격이지만, 부정사와 부정사의 주어는 대격을 유지한다. 눅 5:7의 속격 부정사를 보면 부정사의 격은 여전히 대격이라는 것이 더욱 분명하다.

καὶ κατένευσαν 그러자 그들이 고갯짓을 했습니다.
τοῖς μετόχοις ἐν τῷ ἑτέρῳ πλοίῳ 다른 배에 있는 동업자들에게요.
τοῦ ἐλθόντας **συλλαβέσθαι** αὐτοῖς· 와서 그들을 **지원해 달라고요.**

속격 관사 τοῦ와 부정사 συλλαβέσθαι 사이에 부정사를 돕는 분사 ἐλθόντας가 있는데 격이 대격이다. 이는 속격 부정사에서 본동사 역할을 하는 συλλαβέσθαι의 격이 대격이라는 것을 보여준다.

한편, 행 20:3의 속격 부정사는 '목적'(so as to)으로 이해되기도 하지만(R 1002), 주어처럼 쓰였다고 보는 것이 좋을 듯싶다. 살펴 보자.

γενομένης ἐπιβουλῆς αὐτῷ ὑπὸ τῶν 'Ιουδαίων

그에[/바울에] 대한 음모가 유대인들에 의해 진행되자,

μέλλοντι ἀνάγεσθαι εἰς τὴν Συρίαν, 수리아로 항해하려는 그에게요,

ἐγένετο γνώμης 결정하였습니다[결정이 있었습니다].

τοῦ ὑποστρέφειν διὰ Μακεδονίας. 마게도냐로 우회하여 **귀환하기로요**.

우선, 첫 줄의 분사구문은 원인을 의미하는 속격 독립 분사구문이다. 본동사는 ἐγένετο 이고 주어는 γνώμης 이다. 그리고 이어지는 관사 속격+부정사 형태인 τοῦ ὑποστρέφειν는 주어의 내용을 설명한다. 주어가 없다면 의미상의 주어가 될 수 있다.

이외에도 속격은 '특성과 비교'(genitive of distinction and of comparison, S 1401-1404, 1431), '가격과 가치'(genitive of price and value, S 1372-1374), '범죄와 책임'(genitive of crime and accountability, S 1375-1379), '분리'(genitive of separation, S 1392-1400), '이유'(genitive of cause, S 1405-1409), '쪼개진 전체의 속격(genitive of the divided whole)', '시간과 장소'(genitive of time and place, S 1444-1449) 등의 용법으로 쓰인다.

2.1.2.3. 여격

여격은 행위 주체가 수행하는 동작으로 인해 수여, 영향 등의 작용을 받는 간접목적어에 사용되며(문 여격[dative]), '누구에게' 혹은 '누구를 위해'라는 질문과 연관되는 순수 여격(pure dative), '어디에서'라는 질문과 관계되는 장소의 여격(local dative), '어떻게' 라는 질문과 연관되는 수단의 여격(instrumental dative)으로 구분하기도 한다(W 140-171). 예를 하나씩만 들어 본다.

순수 여격의 예: 요 4:10

καὶ ἔδωκεν ἄν **σοι** ὕδωρ ζῶν. 그러면 그가 혹여 **네게** 생수를 줄 텐데.

여기서 σοι는 순수 여격 가운데 간접 목적 여격(dative indirect object)에 속한다(W 142). 순수 여격에는 간접 목적 여격 외에도 이익과 불이익의 여격(dative of advantage and disadvantage), 세목의 여격(dative of reference/respect), 감성의 여격(dative of feeling), 도착지 여격(dative of destination), 수령인 여격(dative of recipient), 소유 여격(dative of possession), 소유물 여격(dative of thing possessed), 술어 여격(predicate dative), 단순 동격 여격(dative in simple apposition)이 있다(W 140-153).

장소의 여격의 예: 행 16:5

αἱ μὲν οὖν ἐκκλησίαι 그래서 교회들이

ἐστερεοῦντο **τῇ πίστει 믿음 면에서** 견고해지고,

καὶ ἐπερίσσευον **τῷ ἀριθμῷ** καθ' ἡμέραν.

수가[그들이 **숫자 면에서**] 날마다 늘어납니다.

'믿음 면에서'라는 의미를 갖는 τῇ πίστει와 '숫자 면에서'라는 의미를 갖는 τῷ ἀριθμῷ는 장소의 여격 가운데 '영역의 여격(dative of sphere)'에 속한다. 장소의 여격에는 영역의 여격 외에도 시간의 여격(dative of time), 규칙의 여격(dative of rule)이 있다 (W 153-158).

수단의 여격의 예: 행 12:2(W 163)

ἀνεῖλεν δὲ Ἰάκωβον 하여 야고보를 처단했습니다.

τὸν ἀδελφὸν Ἰωάννου **μαχαίρῃ**. 요한의 형제를 **칼로**요.

μαχαίρῃ는 '칼로'에 해당하는 단어로 수단/도구의 여격에 해당한다. 수단의 여격에는 연합의 여격(dative of association), 태도 혹은 동사 수식의 여격(dative of manner, adverbial dative), 수단/도구의 여격(dative of means/instrument), 대리자 여격(dative of agency), 측량/차별성의 여격(dative of measure/degree of difference), 원인의 여격 (dative of cause), 동족 여격(cognate dative), 재료의 여격(dative of material), 내용의 여격(dative of content)이 있다(W 158-171).

2.1.2.4. 대격

대격은 라틴어 accusativus에서 온 이름으로 '고발하는 성격(the nature of accusation)'

을 가져, 동사적인 격으로 타동사의 목적어가 되거나 부사적인 격으로 동사를 수식한다(문 대격[accusative]). 부사적 혹은 동사수식어 대격(adverbial accusative)은 부사 항목(3.2.)을 보라.

대격은 직접 목적어(direct object)가 취하고, 속격과 여격은 간접 목적어(indirect object)가 취한다(S 919). 따라서 대격을 '목적격'이라 부르는 것은 적절하지 않다. 속격과 여격도 간접 목적어의 격으로 쓰이기 때문이다.

직접 목적어는 '내적 목적어(internal object)'와 '외적 목적어(external object)'로 나뉜다. 전자는 목적어의 내용이 동사에 이미 포함되거나 함축된 경우이고, 후자는 그렇지 않은 경우이다(S 1554). 각각 예를 하나씩 들어 본다.

내적 목적어의 대격(accusative of internal object) 예: 눅 8:5(R 478)

᾿Εξῆλθεν ὁ σπείρων 뿌리는 자가 나갔습니다.

τοῦ **σπεῖραι τὸν σπόρον** αὐτοῦ. 그의 **씨를 뿌리러**요.

σπόρον은 σπεῖραι의 동족의 대격(cognate accusative) 혹은 동족 목적어(cognate object)로 '내적 목적어의 대격'에 속한다. 이 외에도 내적 목적어의 대격에 속한 것으로는 결과의 대격(accusative of result), 장소나 시간을 표현하는 정도의 대격(accusative of extent), 종점의 대격(terminal accusative)이 있다(S 1578-1589).

외적 목적어의 대격(accusative of external object) 예: 행 12:2

ἀνεῖλεν δὲ **᾿Ιάκωβον τὸν ἀδελφὸν ᾿Ιωάννου** μαχαίρῃ.

하여 그가[/헤롯 아그립바 1세가] **요한의 형제 야고보를** 칼로 처단했습니다.

주어인 '헤롯 아그립바 1세'에 목적어인 '요한의 형제 야고보'가 내포되지 않았다. 그러므로 ᾿Ιάκωβον τὸν ἀδελφὸν ᾿Ιωάννου는 ἀνεῖλεν의 '외적 목적어의 대격'에 속한다. '내적 목적어의 대격'이 아닌 것은 대부분 '외적 목적어의 대격'에 속한다(S 1590-1597).

하나의 동사가 두 개의 대격을 갖기도 한다. 첫째는 외적 목적어와 서술적 대격(predicative accusative)을 갖는 경우, 둘째는 내적 목적어와 외적 목적어를 갖는 경우이다(S 1612-1633). 이를 이중 대격(double accusative)이라 칭하고, 전자를 '목적어와 보어가 대격으로 쓰인 경우'로, 후자를 '사람과 사물이 대격으로 쓰인 경우'로 설명하기도 한다 (W 181-189).

외적 목적어와 서술적 대격을 갖는 경우의 예: 행 10:28(W 187)

κἀμοὶ ὁ θεὸς ἔδειξεν 그런데도 제게 하나님께서 꼭 집어서 보여 주셨습니다.

μηδένα κοινὸν ἢ ἀκάθαρτον λέγειν **ἄνθρωπον**·

어떤 사람도 속되거나 더럽다고 말하지 말 것을요.

베드로의 말이다. μηδένα ... ἄνθρωπον은 λέγειν의 외적 목적어이고, κοινὸν ἢ ἀκάθαρτον은 λέγειν의 서술적 대격이다. 서술적 대격을 '목적 보어(object complement)'라고도 부른다.

목적어와 보어가 대격으로 쓰인 예: 마 4:19(W 186)

καὶ ποιήσω **ὑμᾶς ἁλιεῖς** ἀνθρώπων

그러면 내가 **여러분을** 사람들의 **어부들로** 삼을 것이오.

ὑμᾶς는 ποιήσω의 목적어이고, ἁλιεῖς는 ποιήσω의 목적 보어이다.

내적 목적어와 외적 목적어를 갖는 경우의 예: 마 1:21

τέξεται δὲ υἱόν, 하여 그가[/마리아가] 아들을 낳을 것입니다.

καὶ καλέσεις **τὸ ὄνομα αὐτοῦ Ἰησοῦν**·

그러면 당신은 **그의 이름을 예수라** 부르십시오.

καλέσεις가 두 개의 목적어를 가진다. 하나는 내적 목적어 τὸ ὄνομα αὐτοῦ이고, 다른 하나는 외적 목적어 Ἰησοῦν이다.

사람과 사물이 대격으로 쓰인 예: 요 14:26(W 182)

ἐκεῖνος **ὑμᾶς** διδάξει **πάντα**

저분이[/보혜사 성령이] **여러분에게 모든 것들을** 가르칠 것입니다.

διδάξει는 두 개의 목적어를 갖는다. ὑμᾶς는 외적 목적어이다. 가르침의 내용인 πάντα는 내적 목적어이다.

2.1.2.5. 호격

호격은 화자가 청자를 부르는 격이다(문 호격[vocative]). 단수의 경우, 주격과 호격이 같거나 비슷하다. '모음, ρ + α'와 –η로 끝나는 여성명사는 단수 주격과 호격 어미가 같다. 복수의 경우에는, 주격과 호격의 곡용이 항상 같다. 특히, 중성의 경우에는 단수와 복수 공히 주격, 대격, 호격은 항상 같다(S 202). 형태가 같을 때는 문맥으로 격을 결정한다.

2.2. 명사 어미변화(S 210-285, M 345-349, Z-G v-vii)

명사 어미변화는 일반적으로 1변화, 2변화 3변화로 나눠 설명한다. 'α변화'라고도 부르는 1변화는 어간이 α나 η로 끝나는 명사 변화를, 'ο변화'라고도 부르는 2변화는 어간이 ο로 끝나는 명사 변화를 가리킨다. 1변화 명사는 대부분 여성 명사이고, 2변화 명사는 대부분 남성과 중성 명사이다. 명사 어간이 자음이나 폐모음 ι, υ으로 끝나는 명사 변화를 3변화라 부르는데, 세 가지 성 모두와 연관되고 형태도 여러 가지가 있다.

하지만, 이 책에서는 '곡용 과정에서 숨겨진 어간이 드러나지 않는 명사'와 '곡용 과정에서 숨겨진 어간이 드러나는 명사'로 나눠 설명한다. 각각의 순서는 어간 끝모음 종류와 알파벳 순서를 고려해서 정한다.

명사 곡용에서 첫 줄은 단수이고 주격, 속격, 여격, 대격, 호격 순이고, 둘째 줄은 복수이며 단수와 마찬가지로 주격, 속격, 여격, 대격, 호격 순이다. 복수 호격은 복수 주격과 변화형이 항상 같다. 복수 여격에서 변칙자음 뉘가 신약성경에는 첨가된 형태로 쓰이지만, 이 부분에 대한 본문확정에 미진한 부분이 있어서 기본형을 소개하는 이 책에는 표기하는 않는다.

2.2.1. 곡용 과정에서 숨겨진 어간이 드러나지 않는 명사

2.2.1.1. 단어가 −α, −η로 끝나는 여성명사

단어가 α와 η로 끝나는 명사는 모두 여성명사이다. 일반적으로 1변화 명사로 불리며 다음과 같이 곡용된다. 복수 주격과 복수 호격의 변화형만 같은 것이 아니라, 단수 주격과 단수 호격의 변화형도 같다.

단어가 '모음 + α'로 끝나는 명사

어미: 단수 α, ας, ᾳ, αν, α 복수 αι, ῶν, αις, ας, αι

καρδία(마음, 속, 149회)

καρδία, καρδίας, καρδίᾳ, καρδίαν, καρδία

καρδίαι, καρδιῶν, καρδίαις, καρδίας, καρδίαι

단어가 'ρ + α'로 끝나는 명사

어미: 단수 α, ας, ᾳ, αν, α 복수 αι, ῶν, αις, ας, αι

ὥρα(시간, 시, 때, 106회)

ὥρα, ὥρας, ὥρᾳ, ὥραν, ὥρα

ὧραι, ὡρῶν, ὥραις, ὥρας, ὧραι

단어가 'ρ 외의 자음 + α'로 끝나는 명사

어미: 단수 α, ης, ῃ, αν, α 복수 αι, ῶν, αις, ας, αι

δόξα(영광, 166회)

δόξα, δόξης, δόξῃ, δόξαν, δόξα

δόξαι, δοξῶν, δόξαις, δόξας, δόξαι

θάλασσα(바다, 91회)

θάλασσα, θαλάσσης, θαλάσσῃ, θάλασσαν, θάλασσα

θάλασσαι, θαλασσῶν, θαλάσσαις, θαλάσσας, θάλασσαι

주의. 어간이 단축되어 'ρ 외의 자음 + α'로 끝나는 명사처럼 보이는 명사: 단어가 '모음, ρ + α'로 끝나는 명사와 같이 곡용된다.

μνᾶ(므나, 9회): μναα에서 모음 단축이 일어남.

μνᾶ, μνᾶς, μνᾷ, μνᾶν, μνᾶ

μναῖ, μνῶν, μναῖς, μνᾶς, μναῖ

συκῆ(무화과나무, 9회): συκεα에서 모음 단축이 일어남.

συκῆ, συκῆς, συκῇ, συκῆν, συκῆ

συκαῖ, συκῶν, συκαῖς, συκᾶς, συκαῖ

단어가 η로 끝나는 명사

어미: 단수 η, ης, ῃ, ην, η　복수 αι, ῶν, αις, ας, αι

γραφή(기록, 기록된 바, 성경, 50회)

γραφή, γραφῆς, γραφῇ, γραφήν, γραφή

γραφαί, γραφῶν, γραφαῖς, γραφάς, γραφαί

2.2.1.2. 단어가 -ας, -ης, -ην, -ηρ로 끝나는 명사

-ας로 끝나는 남성명사

어미: 단수 ας, ου, ᾳ, αν, α　복수 αι, ῶν, αις, ας, αι

νεανίας(청년, 3회)

νεανίας, νεανίου, νεανίᾳ, νεανίαν, νεανία

νεανίαι, νεανιῶν, νεανίαις, νεανίας, νεανίαι

σατανᾶς(사단, 대항자, 대적하는 자, 36회): 히브리어에서 음역된 단어가 어미변화되는 경우로 독특하게 변함. 단수로만 쓰임.

σατανᾶς, σατανᾶ, σατανᾷ, σατανᾶν, σατανᾶ

주의. 어간이 단축되어 –ης 남성명사처럼 곡용되는 –ας 남성명사

Ἑρμῆς(헤르메스, 2회): Ἑρμεας 에서 모음 단축이 일어남.

Ἑρμῆς, Ἑρμοῦ, Ἑρμῇ, Ἑρμῆν, Ἑρμῆ

Ἑρμαῖ, Ἑρμῶν, Ἑρμαῖς, Ἑρμᾶς, Ἑρμαῖ

–ας 중성명사

어미: 단수 ας, αος 혹은 ως, αϊ, ας, ας

γήρας(노년, 1회; LSJ 348): 단수로만 쓰임.

γήρας, γήραος 혹은 γήρως, γήραι +, γήρας, γήρας

–ην 남성명사

어미: 단수 ήν, ένος, ένι, ένα, ήν 복수 ένες, ένων, έσι, ένας, ένες

ποιμήν(목자, 목동, 18회)

ποιμήν, ποιμένος, ποιμένι, ποιμένα, ποιμήν

ποιμένες, ποιμένων, ποιμέσι, ποιμένας, ποιμένες

–ην 공성명사

어미: 단수 ήν, νός, νί, να, ήν 복수 νες, νῶν, νάσι, νας, νες

ἀρήν(어린 양, 새끼 양, 1회)

ἀρήν, ἀρνός, ἀρνί, ἄρνα, ἀρήν

ἄρνες, ἀρνῶν, ἀρνάσι, ἄρνας, ἄρνες

–ηρ 명사

어미: 단수 ήρ, ρός, ρί, ερα, ερ 복수 έρες, έρων, ράσι, έρας, έρες

πατήρ(아버지, 조상, 413회)

πατήρ, πατρός, πατρί, πατέρα, πάτερ

πατέρες, πατέρων, πατράσι, πατέρας, πατέρες

어미: 단수 ηρ, ρός, ρί, έρα, ερ 복수 έρες, έρων, ράσι, έρας, έρες

μήτηρ(어머니, 83회)

μήτηρ, μητρός, μητρί, μητέρα, μῆτερ

μητέρες, μητέρων, μητράσι, μητέρας, μητέρες

θυγάτηρ(딸, 28회)

θυγάτηρ, θυγατρός, θυγατρί, θυγατέρα, θύγατερ

θυγατέρες, θυγατέρων, θυγατράσι, θυγατέρας, θυγατέρες

어미: 단수 ήρ, ρός, ρί, έρα, ερ 복수 έρες, έρων, ράσι, έρες, έρες

σωτήρ(구원자, 24회)

σωτήρ, σωτῆρος, σωτῆρι, σωτῆρα, σῶτερ

σωτῆρες, σωτήρων, σωτῆρσι, σωτῆρας, σωτῆρες

-ης로 끝나는 남성명사: 일반적으로 1변화 명사에서 취급된다.

어미: 단수 ής, οῦ, ῆι, ήν, ά 복수 αί, ῶν, αῖς, άς, αί

κριτής(재판장, 19회)

κριτής, κριτοῦ, κριτῇ, κριτήν, κριτά

κριταί, κριτῶν, κριταῖς, κριτάς, κριταί

어미: 단수 ης, ου, ηι, ην, α 복수 αι, ῶν, αις, ας, αι

πολίτης(시민, 4회)

πολίτης, πολίτου, πολίτῃ, πολίτην, πολῖτα

πολῖται, πολιτῶν, πολίταις, πολίτας, πολῖται

어미: 단수 ῆς, έως, εῖ, ῆν 혹은 έα, ῆ

Μωϋσῆς(모세, 80회): 단수로만 쓰인다.

Μωϋσῆς, Μωϋσέως, Μωϋσεῖ, Μωϋσῆν 혹은 Μωϋσέα, Μωϋσῆ

προφήτης(선지자, 144회)
προφήτης, προφήτου, προφήτῃ, προφήτην, προφῆτα
προφῆται, προφητῶν, προφήταις, προφήτας, προφῆται

2.2.1.3. 단어가 -ος, -ον으로 끝나는 명사

단어가 ο로 끝나는 명사 가운데 -ος는 주로 남성명사이고 드물게 여성명사가 있으며, -ον은 항상 중성명사이다. 일반적으로 2변화 명사에서 취급되며 다음과 같이 곡용된다.

-ος 남성명사
어미: 단수 ος, ου, ῳ, ον, ε 복수 οι, ων, οις, ους, οι
ἄνθρωπος(사람, 550회)
ἄνθρωπος, ἀνθρώπου, ἀνθρώπῳ, ἄνθρωπον, ἄνθρωπε
ἄνθρωποι, ἀνθρώπων, ἀνθρώποις, ἀνθρώπους, ἄνθρωποι

ἵππος(말, 기병, 17회)
ἵππος, ἵππου, ἵππῳ, ἵππον, ἵππε
ἵπποι, ἵππων, ἵπποις, ἵππους, ἵπποι

οἶκος(집, 가정, 식솔, 집안 식구, 가정 모임, 114회)
οἶκος, οἴκου, οἴκῳ, οἶκον, οἶκε
οἶκοι, οἴκων, οἴκοις, οἴκους, οἶκοι

λόγος(말씀, 말, 설명, 소식, 이야기, 변명, 안건, 일, 330회)
λόγος, λόγου, λόγῳ, λόγον, λόγε
λόγοι, λόγων, λόγοις, λόγους, λόγοι

υἱός(아들, 자식, 자손, 일, 377회)

υἱός, υἱοῦ, υἱῷ, υἱόν, υἱέ

υἱοί, υἱῶν, υἱοῖς, υἱούς, υἱοί

−ος 여성명사

어미: 단수 ος, ου, ῳ, ον, ε 복수 οι, ων, οις, ους, οι

ὁδός(길, 구원의 길, 101회)

ὁδός, ὁδοῦ, ὁδῷ, ὁδόν, ὁδέ

ὁδοί, ὁδῶν, ὁδοῖς, ὁδούς, ὁδοί

−ος 중성명사

어미: 단수 ος, ους, ει, ος, ος 복수 η, ῶν, εσι, η, η

γένος(태생, 혈통, 핏줄, 겨레, 20회)

γένος, γένους, γένει, γένος, γένος

γένη, γενῶν, γένεσι, γένη, γένη

δέος(경외, 두려움, 1회): 단수로만 쓰인다.

δέος, δέους, δέει, δέος, δέος

ὄρος(산, 63회)

ὔρος, ὄρους, ὄρει, ὄρος, ὄρος

ὄρη, ὀρῶν, ὄρεσι, ὄρη, ὄρη

−ον 중성명사

어미: 단수 ον, ου, ῳ, ον, ον 복수 α, ων, οις, α, α

δῶρον(선물, 19회)

δῶρον, δώρου, δώρῳ, δῶρον, δῶρον

δῶρα, δώρων, δώροις, δῶρα, δῶρα

ἔργον(일, 행동, 행위, 만든 것, 169회)
ἔργον, ἔργου, ἔργῳ, ἔργον, ἔργον
ἔργα, ἔργων, ἔργοις, ἔργα, ἔργα

2.2.1.4. 단어가 -ις, -υς로 끝나는 명사

-ις 여성명사
어미: 단수 ις, εως, ει, ιν, ι 복수 εις, εων, εσι, εις, εις
πόλις(성, 도시, 시, 163회)
πόλις, πόλεως, πόλει, πόλιν, πόλι
πόλεις, πόλεων, πόλεσι, πόλεις, πόλεις

-αῦς 여성명사
어미: 단수 αῦς, εώς, ηΐ, αῦν, αῦ 복수 ῆες, εῶν, αυσί, αῦς, ῆες
ναῦς(배, 1회)
ναῦς, νεώς, νηΐ, ναῦν, ναῦ
νῆες, νεῶν, ναυσί, ναῦς, νῆες

-εύς 남성명사
어미: 단수 εύς, έως, εῖ, έα, εῦ 복수 εῖς, έων, εῦσι, εῖς, εῖς
βασιλεύς(시민, 4회)
βασιλεύς, βασιλέως, βασιλεῖ, βασιλέα, βασιλεῦ
βασιλεῖς, βασιλέων, βασιλεῦσι, βασιλεῖς, βασιλεῖς

어미: 단수 εύς, έως, εῖ, έα, εῦ 복수 εῖς, έων, εῦσι, εῖς, εῖς
Ζεύς(제우스, 2회): 본래 Διευς에서 왔고, 단수로만 쓰인다.
Ζεύς, Διός, Διί, Δία, Ζεῦ

-οῦς 남성명사

어미: 단수 οῦς, οός, οΐ, οῦν, οῦ 복수 όες, οῶν, ουσί, οῦς, όας

νοῦς(지성, 감각, 24회): 신약성경에서는 남성으로만 쓰인다.

νοῦς, νοός, νοΐ, νοῦν, νοῦ

νόες, νοῶν, νουσί, νοῦς, νόας

히브리어 음역으로 독특하게 곡용되는 고유명사 가운데 가장 많이 쓰이는 단어는 Ἰησοῦς (예수님, 여호수아, 917회)이다. 역시 단수로만 쓰인다.

Ἰησοῦς, Ἰησοῦ, Ἰησοῦ, Ἰησοῦν, Ἰησοῦ

-οῦς 공성명사

어미: 단수 οῦς, οός, οΐ, οῦν, οῦ 복수 όες, οῶν, ουσί, οῦς, όας

βοῦς(소, 8회): 신약성경에서는 남성으로만 쓰인다.

βοῦς, βοός, βοΐ, βοῦν, βοῦ

βόες, βοῶν, βουσί, βοῦς, βόας

οῦς 중성명사

어미: 단수 οῦς, ὠτός, ὠτί, οῦς, οῦς 복수 ὦτα, ὤτων, ὠσί, ὦτα, ὦτα

οῦς(귀, 36회)

οῦς, ὠτός, ὠτί, οῦς, οῦς

ὦτα, ὤτων, ὠσί, ὦια, ὦτα

자음+υς 남성명사

어미: 단수 ύς, ύος, ύϊ, ύν, ύ 복수 ύες, ύων, ύσι, ῦς, ύες

ἰχθύς(물고기, 20회)

ἰχθύς, ἰχθύος, ἰχθύϊ, ἰχθύν, ἰχθύ

ἰχθύες, ἰχθύων, ἰχθύσι, ἰχθῦς, ἰχθύες

어미: 단수 υς, εως, ει, υν, υ 복수 εις, ων 혹은 εων, εσι, εις, εις

πῆχυς (팔뚝, 규빗, 4회)

πῆχυς, πήχεως, πήχει, πῆχυν, πῆχυ

πήχεις, πήχων 혹은 πήχεων, πήχεσι, πήχεις, πήχεις

2.2.1.5. 단어가 −ων, −ωρ, −ως 로 끝나는 명사

−ων 남성명사

어미: 단수 ών, ῶνος, ῶνι, ῶνα, ών 복수 ῶνες, ώνων, ῶσι, ῶνας, ῶνες

ἀγών(경기, 싸움, 6회)

ἀγών, ἀγῶνος, ἀγῶνι, ἀγῶνα, ἀγών

ἀγῶνες, ἀγώνων, ἀγῶσι, ἀγῶνας, ἀγῶνες

ἀιών(일생, 세대, 오래전, 122회)

ἀιών, αἰῶνος, αἰῶνι, αἰῶνα, αἰών

αἰῶνες, αἰώνων, αἰῶσι, αἰῶνας, αἰῶνες

어미: 단수 ών, όνος, όνι, όνα, ών 복수 όνες, όνων, όσι, όνας, όνες

ἡγεμών(지도자, 총독, 지방수세관, 20회)

ἡγεμών, ἡγενόνος, ἡγενόνι, ἡγεμόνα, ἡγεμών

ἡγεμόνες, ἡγεμόνων, ἡγεμόσι, ἡγεμόνας, ἡγεμόνες

어미: 단수 ων, νός, νί, να, ον 복수 νες, νῶν, σί, νας, νες

κύων(개, 5회)

κύων, κυνός, κυνί, κύνα, κύον

κύνες, κυνῶν, κυσί, κύνας, κύνες

−ωρ 남성명사

어미: 단수 ωρ, ορος, ορι, ορα, ορ   복수 ορες, όρων, ορσι, ορας, ορες

ῥήτωρ(변호사, 1회)

ῥήτωρ, ῥήτορος, ῥήτορι, ῥήτορα, ῥῆτορ

ῥήτορες, ῥητόρων, ῥήτορσι, ῥήτορας, ῥήτορες

σπεκουλάτωρ(부관, 1회): 라틴어 σπεξυλατορ에서 차용된 외래어이다(LSJ 1626).

σπεκουλάτωρ, σπεκουλάτορος, σπεκουλάτορι, σπεκουλάτορα, σπεκουλάτορ

σπεκουλάτορες, σπεκουλατόρων, σπεκουλάτορσι, σπεκουλάτορας, σπεκουλάτορες

-ως 여성명사

어미: 단수 ώς, οῦς, οῖ, ῶ, ώς

αἰδώς(염치[체면을 차릴 줄 알며 부끄러움을 아는 마음.], 1회): 단수로만 쓰인다.

αἰδώς, αἰδοῦς, αἰδοῖ, αἰδῶ, αἰδώς

2.2.2. 곡용 과정에서 숨겨진 어간이 드러나는 명사

곡용 과정에서 숨겨진 어간으로 양순음 π, β, φ, 치조음 τ, δ, θ, 구개음 κ, γ, χ가 드러나는 명사들이 있다. 두 가지 경우가 있는데, 하나는 기본형에는 전혀 나타나지 않다가 단수 속격부터 무성음 π, τ, κ가 드러나는 경우이고, 다른 하나는 단어가 이중자음 ξ, ψ로 끝나는 명사가 자음 동화 과정에서 양순음 π나 구개음 κ, γ, χ가 드러나는 경우이다.

2.2.2.1. 폐쇄음 양순음(π)이 드러나는 명사

양순음 가운데 무성음인 π가 드러나는 경우는 이중자음 ψ로 끝나는 단어들이다.

-αψ 여성명사

어미: 단수 αψ, απος, απι, απα, αψ

λαῖλαψ(광풍, 3회): 단수로만 쓰인다.

λαῖλαψ, λαίλαπος, λαίλαπι, λαίλαπα, λαίλαψ

-οψ 여성명사

어미: 단수 οψ, οπος, οπι, οπα, οψ 복수 οπες, όπων, οψι, οπας, οπες

Αἰθίοψ(에디오피아 사람, 2회)

Αἰθίοψ, Αἰθίοπος, Αἰθίοπι, Αἰθίοπα, Αἰθίοψ

Αἰθίοπες, Αἰθιόπων, Αἰθίοψι, Αἰθίοπας, Αἰθίοπες

2.2.2.2. 폐쇄음 치조음(τ, δ, θ)이 드러나는 명사

대부분 치조음 가운데 무성음인 τ가 드러나는 경우가 많다. 치조음과 관련된 이중자음이 없어서 자음 동화 때문에 치조음이 드러나는 경우는 없다.

-ας 중성명사

어미: 단수 ας, ατος, ατι, ας, ας 복수 ατα, άτων, ασι, ατα, ατα

κέρας(뿔, 11회)

κέρας, κέρατος, κέρατι, κέρας, κέρας

κέρατα, κεράτων, κέρασι, κέρατα, κέρατα

τέρας(기사, 기이한 일, 기현상, 기이한 현상, 16회)

τέρας, τέρατος, τέρατι, τέρας, τέρας

τέρατα, τεράτων, τέρασι, τέρατα, τέρατα

-ηρ 남성명사

어미: 단수 ήρ, δρός, δρί, δρα, ερ 복수 δρες, δρῶν, δράσι, δρας, δρες

ἀνήρ(남자, 남성, 장정, 자, 여러분, 216회)

ἀνήρ, ἀνδρός, ἀνδρί, ἄνδρα, ἄνερ

ἄνδρες, ἀνδρῶν, ἀνδράσι, ἄνδρας, ἄνδρες

–ης 여성명사

어미: 단수 ης, ητος, ητι, ητα, η 복수 ητες, ήτων, ησι, ητας, ητες

ὁμοιότης(모습, 닮음, 2회)

ὁμοιότης, ὁμοιότητος, ὁμοιότητι, ὁμοιότητα, ὁμοιότη

ὁμοιότητες, ὁμοιοτήτων, ὁμοιότησι, ὁμοιότητας, ὁμοιότητες

–ις 여성명사

어미: 단수 ίς, ίδος, ίδι, ίδα, ί 복수 ίδες, ίδων, ίσι, ίδας, ίδες

ἐλπίς(소망, 53회)

ἐλπίς, ἐλπίδος, ἐλπίδι, ἐλπίδα, ἐλπί

ἐλπίδες, ἐλπίδων, ἐλπίσι, ἐλπίδας, ἐλπίδες

어미: 단수 ις, ιτος, ιτι, ιν, ι 복수 ιτες, ίτων, ισι, ιτας, ιτες

χάρις(은혜, 은총, 특혜, 155회)

χάρις, χάριτος, χάριτι, χάριν, χάρι

χάριτες, χαρίτων, χάρισι, χάριτας, χάριτες

–ις 공성명사

어미: 단수 ις, ιθος, ιθι, ιν, ι 복수 ιθες, ίθων, ισι, ιθας, ιθες

ὄρνις(수탉, 암탉, 2회): 신약성경에서는 여성으로만 쓰인다.

ὄρνις, ὄρνιθος, ὄρνιθι, ὄρνιν, ὄρνι

ὄρνιθες, ὀρνίθων, ὄρνισι, ὄρνιθας, ὄρνιθες

–μα 중성명사

어미: 단수 μα, ματος, ματι, μα, μα 복수 ματα, μάτων, μασι, ματα, ματα

πρᾶγμα(행동, 소행, 짓, 사실, 11회)
πρᾶγμα, πράγματος, πράγματι, πρᾶγμα, πρᾶγμα
πράγματα, πραγμάτων, πράγμασι, πράγματα, πράγματα

σῶμα(몸, 시체, 142회)
σῶμα, σώματος, σώματι, σῶμα, σῶμα
σώματα, σωμάτων, σώμασι, σώματα, σώματα

ὄνομα(이름, 호명된 사람, 230회)
ὄνομα, ὀνόματος, ὀνόματι, ὄνομα, ὄνομα
ὀνόματα, ὀνομάτων, ὀνόμασι, ὀνόματα, ὀνόματα

–ούς 남성명사
어미: 단수 ούς, όντος, όντι, όντα, ούς
복수 όντες, όντων, οῦσι, όντας, όντες
ὀδούς(이, 치아, 12회)
ὀδούς, ὀδόντος, ὀδόντι, ὀδόντα, ὀδούς
ὀδόντες, ὀδόντων, ὀδοῦσι, ὀδόντας, ὀδόντες

–υ 중성명사
어미: 단수 υ, ατος, ατι, υ, υ 복수 ατα, άτων, ασι, ατα, ατα
γόνυ(무릎, 12회)
γόνυ, γόνατος, γόνατι, γόνυ, γόνυ
γόνατα, γονάτων, γόνασι, γόνατα, γόνατα

–ων 남성명사
어미: 단수 ων, οντος, οντι, οντα, ων
복수 οντες, όντων, ουσι, οντας, οντες

ἄρχων(관원, 산헤드린 공회의 의원, 37회)

ἄρχων, ἄρχοντος, ἄρχοντι, ἄρχοντα, ἄρχων

ἄρχοντες, ἀρχόντων, ἄρχουσι, ἄρχοντας, ἄρχοντες

어미: 단수 ων, οντος, οντι, οντα, ον 복수 οντες, όντων, ουσι, οντας, οντες

γέρων(노인, 1회)

γέρων, γέροντος, γέροντι, γέροντα, γέρον

γέροντες, γερόντων, γέρουσι, γέροντας, γέροντες

–ωρ 중성명사

어미: 단수 ωρ, ατος, ατι, ωρ, ωρ 복수 ατα, άτων, ασι, ατα, ατα

ὕδωρ(물, 76회)

ὕδωρ, ὕδατος, ὕδατι, ὕδωρ, ὕδωρ

ὕδατα, ὑδάτων, ὕδασι, ὕδατα, ὕδατα

–ως 중성명사

어미: 단수 ῶς, ωτός, ωτί, ῶς, ῶς 복수 ῶτα, ώτων, ώτεσι, ῶτα, ῶτα

φῶς(빛, 등불, 73회)

φῶς, φωτός, φωτί, φῶς, φῶς

φῶτα, φώτων, φώτεσι, φῶτα, φῶτα

2.2.2.3. 폐쇄음 구개음(κ, γ, χ)이 드러나는 명사

보이지 않다가 드러나는 경우는 구개음 가운데 무성음인 κ와 관련된다. 이중자음 ξ와 관련해서 구개음이 드러날 때는 앞뒤 글자와 자음 동화를 일으켜 κ, γ, χ가 나타난다.

–η 여성명사

어미: 단수 ή, αικός, αικί, αῖκα, αι 복수 αῖκες, αικῶν, αιξί, αῖκας, αῖκες γυνή(아내, 부인, 여자, 215회)

γυνή, γυναικός, γυναικί, γυναῖκα, γύναι

γυναῖκες, γυναικῶν, γυναιξί, γυναῖκας, γυναῖκες

-αξ 남성명사

어미: 단수 αξ, ακος, ακι, ακα, αξ 복수 ακες, ακων, αξι, ακας, ακες

φύλαξ(옥졸, 옥사쟁이, 3회)

φύλαξ, φύλακος, φύλακι, φύλακα, φύλαξ

φύλακες, φυλάκων, φύλαξι, φύλακας, φύλακες

-γξ 여성명사

어미: 단수 γξ, γγος, γγι, γγα, γξ 복수 γγες, γγων, γξι, γγας, γγες

σάλπιγξ(나팔, 11회)

σάλπιγξ, σάλπιγγος, σάλπιγγι, σάλπιγγα, σάλπιγξ

σάλπιγγες, σαλπίγγων, σάλπιγξι, σάλπιγγας, σάλπιγγες

-ιξ 여성명사

어미: 단수 ίξ, ιχός, ιχί, ίχα, ίξ 복수 ίχες, ιχῶν, ιξί, ίχας, ίχες

θρίξ(머리카락, 털, 15회)

θρίξ, τριχός, τριχί, τρίχα, θρίξ

τρίχες, τριχῶν, θριξί, τρίχας, τρίχες

-ρξ 여성명사

어미: 단수 ρξ, ρκός, ρκί, ρκα, ρξ 복수 ρκες, ρκῶν, ρκας, ρκες

σάρξ(육체, 147회)

σάρξ, σαρκός, σαρκί, σάρκα, σάρξ

σάρκες, σαρκῶν, σαρξί, σάρκας, σάρκες

2.3. 대명사 어미변화

사람이나 사물의 이름을 대신하여 쓰는 단어 부류(한 443)에 속하는 헬라어 대명사에는 인칭 대명사, 강의 대명사, 재귀 대명사, 소유 대명사, 상호 대명사, 지시 대명사, 의문 대명사, 부정 대명사, 관계 대명사, 부정 관계 대명사, 상호 관계 대명사가 있다. 대명사의 기본 개념은 주어나 목적어의 화자와의 관계에 있다(R 284).

종류별로 묶어, 먼저, (1) 인칭, 강의, 재귀, 소유, 상호 대명사를 다루고, 다음에 (2) 지시 대명사를, 그 다음에 (3) 의문, 부정 대명사를, 마지막으로 (4) 관계, 부정 관계, 상호 관계 대명사를 다루도록 한다.

2.3.1. 인칭, 강의, 재귀, 소유, 상호 대명사

2.3.1.1. 인칭 및 강의 대명사(S 325-328)

사람을 가리키는 대명사를 인칭 대명사(人稱 代名詞, personal pronoun), 인대명사, 사람대이름씨라고 부른다(한 444). 1인칭 단수와 복수, 2인칭 단수와 복수, 3인칭 단수와 복수가 있다. 신약성경에서 1인칭 대명사는 2663회, 2인칭 대명사는 2907회, 3인칭 대명사는 5416회 쓰인다. 그럼, 인칭 대명사 곡용을 보자. 단수형 사격(속격, 여격, 대격)에는 전접어일 때의 형태를 함께 기재한다.

		1인칭	2인칭	3인칭
단수	주격	ἐγώ	σύ	없음
	속격	ἐμοῦ, μου	σοῦ, σου	οὗ, οὑ
	여격	ἐμοί, μοι	σοί, σοι	οἷ, οἱ
	대격	ἐμέ, με	σέ, σε	ἕ, ἑ
복수	주격	ἡμεῖς	ὑμεῖς	σφεῖς
	속격	ἡμῶν	ὑμῶν	σφῶν
	여격	ἡμῖν	ὑμῖν	σφίσι
	대격	ἡμᾶς	ὑμᾶς	σφᾶς

그런데, 이 가운데 3인칭 대명사는 칠십인역과 신약성경에 사용되지 않는다. 참고로, 필로와 요세푸스의 글에는 나온다. 그럼, 3인칭 대명사로는 어떤 단어가 쓰이는가? 강의 대명사 αὐτός가 쓰인다. 강의 대명사(强意 代名詞, intensive pronoun) 주격은 '자신[사람을 가리키는 말 뒤에 쓰여, 다름이 아니고 앞에서 가리킨 바로 그 사람임을 강조하여 이르는 말.](self)'을 사격(속격, 여격, 대격)에서 '그, 그녀, 그것, 그들'을 의미하고, 관사와 함께 쓰이면 '바로 그(same)'라는 의미를 가진다(S 328). 신약성경에 αὐτός는 5597회 쓰인다. 성수격에 따라 분사처럼 변화형을 나열하면 다음과 같다.

가로는 '남성, 여성, 중성' 순이고, 세로는 '단수 주격, 단수 속격, 단수 여격, 단수 대격, 복수 주격, 복수 속격, 복수 여격, 복수 대격' 순이다. 호격은 없다(S 327).

αὐτος	αὐτή	αὐτό
αὐτοῦ	αὐτῆς	αὐτῷ
αὐτῷ	αὐτῇ	αὐτῷ
αὐτόν	αὐτήν	αὐτό
αὐτοί	αὐταί	αὐτά
αὐτῶν	αὐτῶν	αὐτῶν
αὐτοῖς	αὐταῖς	αὐτοῖς
αὐτούς	αὐτάς	αὐτά

αὐτός와 지시 대명사 οὗτος, ἐκεῖνος, ἄλλος(부정 대명사로 분류하기도 함, S 335)의 어미는 관계 대명사의 곡용과 같다. 앞서 살펴 본 명사 곡용으로 설명하자면, '곡용 과정에서 숨겨진 어간이 드러나지 않는 명사' 가운데 –ος 남성명사, –η 여성명사, –ον 중성명사와 같이 곡용되되, 중성 단수와 대격 어미에 ν만 없다.

신약성경에서 αὐτός가 3인칭 대명사로도 사용됨에 따라 주로 주격이 강의형(强意形, intensive)으로 사용된다. 주격이 강의형으로 사용된 예를 들어 본다.

행 2:22

οἷς ἐποίησεν δι' αὐτοῦ 이것들을 그분을 통해 시행하셨습니다.

ὁ θεὸς ἐν μέσῳ ὑμῶν 하나님께서 여러분 가운데에서요.

καθὼς **αὐτοὶ** οἴδατε, 여러분 **자신**이 아는 바와 같습니다.

αὐτοί는 2인칭 복수 주어를 강조한다. 그래서 αὐτοὶ οἴδατε는 '여러분 자신이 안다'가 된다.

요 16:27

αὐτὸς γὰρ **ὁ πατὴρ** φιλεῖ ὑμᾶς, **바로 그 아버지께서** 여러분을 좋아하십니다.

강의 대명사에 관사가 붙어 αὐτὸς ... ὁ πατὴρ는 '바로 그 아버지'로 번역된다.

한편, αὐτός가 주격이 아닌 격을 강조하기도 한다.

눅 2:35

σοῦ ... **αὐτῆς** τὴν ψυχὴν διελεύσεται ῥομφαία

네 **자신의** 내면을 칼이 뚫을 것이다.

눅 2:38

αὐτῇ τῇ ὥρᾳ ἐπιστᾶσα **바로** 그 시간에 다가와

ἀνθωμολογεῖτο τῷ θεῷ 하나님께 드러내어 감사합니다.

눅 2:35에서는 2인칭 대명사 단수 속격 σοῦ가 αὐτῆς에 의해 강조되고, 눅 2:38에서는 단수 여격 τῇ ὥρᾳ가 αὐτῇ에 의해 강조된다. 눅 2:38의 αὐτῇ와 같은 경우를 지시사(demonstrative)와 연결 짓기도 한다(R 686).

2.3.1.2. 재귀 대명사(S 329)

한 문장 안에서 선행하는 명사나 대명사를 다시 가리키는 대명사의 부류를 재귀 대명사(再歸 代名詞, reflexive pronoun; 한 446)라 칭한다. 사격(속격, 여격, 대격)으로만 쓰인다. 신약성경에 재귀 대명사는 399회 나온다. 1인칭과 2인칭 대명사부터 먼저 살펴 본

다. 어미는 인칭 및 강의 대명사와 같다.

1인칭과 2인칭 재귀 대명사는 남성과 여성이 있으나, 신약성경에는 남성 형태만 쓰인다. 하지만 칠십인역에 여성 용례도 나오기에 둘 다 소개한다. 가로는 1인칭 남성, 1인칭 여성, 2인칭 남성, 2인칭 여성 순이고, 세로는 단수 속격, 단수 여격, 단수 대격, 복수 속격, 복수 여격, 복수 대격 순이다. 2인칭의 경우, 칠십인역에 사용되는 σαυτοῦ 형태도 괄호 안에 소개한다.

ἐμαυτοῦ, ἐμαυτῆς	σεαυτοῦ, σεαυτῆς (σαυτοῦ, σαυτῆς)
ἐμαυτῷ, ἐμαυτῇ	σεαυτῷ, σεαυτῇ (σαυτῷ, σαυτῇ)
ἐμαυτόν, ἐμαυτήν	σεαυτόν, σεαυτήν (σαυτόν, σαυτήν)
ἡμῶν αὐτῶν, ἡμῶν αὐτῶν	ὑμῶν αὐτῶν, ὑμῶν αὐτῶν
ἡμῖν αὐτοῖς, ἡμῖν αὐταῖς	ὑμῖν αὐτοῖς, ὑμῖν αὐταῖς
ἡμᾶς αὐτούς, ἡμᾶς αὐτάς	ὑμᾶς αὐτούς, ὑμᾶς αὐτάς

3인칭 대명사는 남성, 여성, 중성 모두 쓰인다. 참고로, 신약성경에서는 재귀 대명사로 αὐτός가 단수 속격, 여격, 대격 형태로 쓰이지 않으나, 칠십인역에서는 쓰인다. 그러나 αὐτός 곡용은 앞 항에서 소개했으니 3인칭 재귀 대명사로는 ἑαυτοῦ만 소개한다. 가로는 남성, 여성, 중성 순이고, 세로는 단수 속격, 단수 여격, 단수 대격, 복수 속격, 복수 여격, 복수 대격 순이다.

ἑαυτοῦ, ἑαυτῆς, ἑαυτοῦ
ἑαυτῷ, ἑαυτῇ, ἑαυτῷ
ἑαυτόν, ἑαυτήν, ἑαυτό

ἑαυτῶν, ἑαυτῶν, ἑαυτῶν
ἑαυτοῖς, ἑαυταῖς, ἑαυτοῖς
ἑαυτούς, ἑαυτάς, ἑαυτά

인칭별로 예를 하나씩 살펴 본다.

1인칭 재귀 대명사의 예: 행 26:2

ἥγημαι **ἐμαυτὸν** μακάριον **내 자신에게** 복되다고 간주합니다.

ἐπὶ σοῦ μέλλων σήμερον ἀπολογεῖσθαι.

오늘 당신 앞에서 항변하게 된 것이요.

바울이 헤롯 아그립바 2세에게 한 말이다. 화자가 자신을 가리키는 1인칭 단수 동사 ἥγημαι를 사용했기에 1인칭 단수 목적어로 재귀 대명사 ἐμαυτόν을 썼다.

2인칭 재귀 대명사의 예: 행 16:28

Μηδὲν πράξῃς **σεαυτῳ** κακόν, **당신 자신에게** 해로운 아무 짓도 하지 마십시오.

ἅπαντες γάρ ἐσμεν ἐνθάδε. 우리 모두가 여기에 있기 때문입니다.

바울이 빌립보 감옥의 간수에게 한 말이다. 2인칭 단수 동사 πράξῃς를 썼기에 2인칭 단수 목적어로 재귀 대명사 σεαυτῷ를 사용했다.

3인칭 재귀 대명사의 예: 행 8:34

Δέομαί σου, 제가 당신에게 여쭙겠습니다.

περὶ τίνος ὁ προφήτης λέγει τοῦτο;

이[거] 선지자가 누구에 대하여 이것을 말하고 있습니까?

περὶ **ἑαυτοῦ 자신에** 대해서{입니까},

ἢ περὶ ἑτέρου τινός; 아니면 전혀 다른 누군가에 대해서{입니까}?

구스 내시가 빌립에게 한 말이다. 이사야 선지자가 주어이기에 3인칭 단수를 가리키는 목적어로 재귀 대명사 ἑαυτοῦ를 썼다.

2.3.1.3. 소유 대명사(S 330)

소유을 나타내는 소유 대명사(所有 代名詞, possessive pronoun)가 신약성경에는 119

회 나오는데, 3인칭 소유 대명사(ὅς, ἥ, ὅν, σφέτερος, σφετέρα, σφέτερον)는 쓰이지 않는다. 1인칭과 2인칭 곡용만 살펴 보자. 먼저, 1인칭 소유 대명사 변화이다. 가로는 '남성, 여성, 중성' 순이고, 세로는 '단수 주격, 단수 속격, 단수 여격, 단수 대격, 단수 호격, 복수 주격, 복수 속격, 복수 여격, 복수 대격, 복수 호격' 순이다.

ἐμός	ἐμή	ἐμόν
ἐμοῦ	ἐμῆς	ἐμοῦ
ἐμῷ	ἐμῇ	ἐμῷ
ἐμόν	ἐμήν	ἐμόν
ἐμέ	ἐμή	ἐμόν

ἡμέτερος	ἡμετέρα	ἡμέτερον
ἡμετέτου	ἡμετέρας	ἡμετέρου
ἡμετέρῷ	ἡμετέρᾳ	ἡμετέρῳ
ἡμέτερον	ἡμετέραν	ἡμέτερον
ἡμέτερε	ἡμετέρα	ἡμέτερον

명사 곡용으로 설명하자면, '곡용 과정에서 숨겨진 어간이 드러나지 않는 명사' 가운데 −ος 남성명사, −η 여성명사, −ον 중성명사와 같이 곡용된다. 그럼, 1인칭 소유 대명사의 예를 단수와 복수 하나씩 들어 본다.

1인칭 단수 소유 대명사의 예: 마 18:20

οὗ γάρ εἰσιν δύο ἢ τρεῖς συνηγμένοι 왜냐하면 둘 혹은 셋이 모인 곳에,
εἰς τὸ **ἐμὸν** ὄνομα, **내**[/**내게 속한**] 이름을 위해,
ἐκεῖ εἰμι ἐν μέσῳ αὐτῶν. 거기에 내가 그들 가운데 있느니라.

예수님의 말씀이다. 예수님 자신을 지칭하는 ἐμόν은 1인칭 소유 대명사 중성 단수 대격으로 ὄνομα를 수식한다.

1인칭 복수 소유 대명사의 예: 행 2:11

ἀκούομεν 우리가 듣는다,

λαλούντων αὐτῶν ταῖς ἡμετέραις γλώσσαις 그들이 우리 언어들로 얘기하는 것을,

τὰ μεγαλεῖα τοῦ θεοῦ. 하나님의 위대한 일들을.

오순절 성령 강림 때 예루살렘에 머물던 유대인들의 말이다. 그들 자신을 지칭하는 ἡμετέραις는 1인칭 소유 대명사 여성 복수 여격으로 γλώσσαις를 수식한다.

2인칭 소유 대명사 곡용은 다음과 같다. 순서와 어미는 1인칭 소유 대명사와 같다.

σός	σή	σόν
σοῦ	σῆς	σοῦ
σῷ	σῇ	σῷ
σόν	σήν	σόν
σέ	σή	σόν

ὑμέτερος	ὑμετέρα	ὑμέτερον
ὑμετέτου	ὑμετέρας	ὑμετέρου
ὑμετέρῳ	ὑμετέρᾳ	ὑμετέρῳ
ὑμέτερον	ὑμετέραν	ὑμέτερον
ὑμέτερε	ὑμετέρα	ὑμέτερον

그럼, 2인칭 소유 대명사의 예를 단수와 복수 하나씩 들어 본다.

2인칭 단수 소유 대명사의 예: 행 24:2

Πολλῆς εἰρήνης τυγχάνοντες {우리는} 두루 평안을 얻습니다.

διὰ σοῦ 각하를[당신을] 통해서요.

καὶ διορθωμάτων γινομένων τῷ ἔθνει τούτῳ 이 민족에게 개선[들]이 이뤄지고 있습니다.

διὰ τῆς **σῆς** προνοίας, 각하의[**당신의**] 예지를 통해서요.

변호사 더둘로가 벨릭스 지방수세관에게 한 말이다. 그는 더둘로의 예지를 강조하느라 2인칭 소유 대명사 σῆς를 사용한다. 여성 단수 속격으로 προνοίας를 수식한다.

2인칭 복수 소유 대명사의 예: 행 27:34

τοῦτο γὰρ πρὸς τῆς **ὑμετέρας** σωτηρίας ὑπάρχει,

이것은 **여러분의** 구원을 위한 것입니다.

바울이 풍랑을 만난 지 14일 동안 아무 것도 먹지 못한 이들에게 음식을 먹으로 권하며 한 말이다. 그들을 강조하여 2인칭 복수 소유대명사 ὑμετέρας를 사용한다. 여성 단수 속격으로 σωτηρίας를 수식한다.

2.3.1.4. 상호 대명사(S 331)

상대가 되는 이쪽과 저쪽 모두를 가리키는 상호 대명사(相互 代名詞, reciprocal pronoun)로 쓰이는 단어는 하나이다. ἄλλος가 ἀλλ-αλλο-와 같이 겹쳐진 형태를 가진 ἀλλήλων이다(S 331). 신약성경에 100회 쓰인다. 양쪽을 모두 가리키기에 단수로 쓰이지 않는다. 또한 사격(속격, 여격, 대격)으로만 쓰인다. 어미는 강의 대명사 αὐτός와 같다. 가로는 남성, 여성, 중성 순이고, 세로는 복수 속격, 복수 여격, 복수 대격 순이다.

ἀλλήλων	ἀλλήλων	ἀλλήλων
ἀλλήλοις	ἀλλήλλαις	ἀλλήλοις
ἀλλήλους	ἀλλήλας	ἄλληλα

번역은 '서로' 혹은 '서로서로'로 하면 된다. 예로, 행 15:39를 본다.

ἐγένετο δὲ παροξυσμὸς 하니 마찰이 생겨

ὥστε ἀποχωρισθῆναι αὐτοὺς ἀπ' **ἀλλήλων**, 그들이 **서로** 결별하고,

τόν τε Βαρναβᾶν 결국 바나바는

παραλαβόντα τὸν Μᾶρκον 마가를 데리고

ἐκπλεῦσαι εἰς Κύπρον. 구브로로 출항했습니다.

바나바와 바울이 각각 서로에 대해 갈라선 것임을 상호 대명사 ἀλλήλων을 사용하여 표현한다. 남성 복수 속격이다.

2.3.2. 지시 대명사(S 333)

사물이나 장소, 시간을 가리키는 지시 대명사(指示 代名詞, demonstrative pronoun; 한 445)로 신약성경에 쓰이는 것으로는, 바로 그 자리(여기, here)에 있는 것을 가리키는 ὅδε, 가까이에 있는 것을 가리키는 οὗτος, 먼 데 있는 것을 가리키는 ἐκεῖνος, 정도를 강조하는 후방대용어(後方代用語, 혹은 후방조응어, καταφορά, 문장이나 문맥 안에서 뒤따라 나오는 지시물을 가리키는 대명사적 요소, 문 후방대용어[cataphora, cataphoric]) τοιόσδε, 정도를 강조하는 전방대용어(前方代用語, 혹은 전방조응어, ἀναφορά, 한 구문이나 문맥 안에서 그 앞에 언급된 단어, 구, 지시물을 가리키는 단어나 구, 문 전방대용어[αναπηορα, αναπηορ]) τοσοῦτος와 τοιοῦτος, 비교 되는 다른 것을 가리키는 ἄλλος가 있다. ἄλλος를 부정 대명사로 분류하기도 하고(S 335), 대체 혹은 배분 대명사(alternative or distributive pronoun)로 분류하기도 하지만(R 744-747), ἄλλος는 ἕτερος와 달리, 비교 되는 대상이 어느 정도 예측 가능하고, 곡용도 지시 대명사로 쓰이는 단어들과 같다. 반면, ἕτερος는 일반적인 형용사와 같이 변한다. 그러므로 ἄλλος는 지시 대명사로 분류하는 것이 좋을 듯싶다. 하나씩 살펴 본다.

2.3.2.1. ὅδε

바로 그 자리에 있는 것을 가리키는 ὅδε는 지시 대명사로 쓰이던 ὁ, ἡ, τό에 어미변화를 하지 않는 지시사 전접 어미(the indeclinable demonstrative [and enclitic] ending) –δε(여기, here)가 붙어 이뤄졌다. 단어 끝의 δε는 변하지 않고 앞만 관사처럼 변한다.

ὅδε	ἥδε	τόδε
τοῦδε	τῆσδε	τοῦδε
τῷδε	τῇδε	τῷδε
τόνδε	τήνδε	τόδε

οἵδε	αἵδε	τάδε
τῶνδε	τῶνδε	τῶνδε
τοῖσδε	ταῖσδε	τοῖσδε
τούσδε	τάσδε	τάδε

신약성경에 열 번 쓰이는 이 단어는 '이와 같이' 정도로 번역하면 된다. 예로, 행 21:11을 보자.

Τάδε λέγει τὸ πνεῦμα τὸ ἅγιον, 거룩한 영이 **이와 같이** 말씀하십니다.

Τὸν ἄνδρα οὗ ἐστιν ἡ ζώνη αὕτη, 이 띠가 속한 남자를

οὕτως δήσουσιν ἐν Ἰερουσαλὴμ οἱ Ἰουδαῖοι

유대인들이 예루살렘에서 이와 같이 묶어,

καὶ παραδώσουσιν εἰς χεῖρας ἐθνῶν. 이방인들의 손[들]에 넘겨줄 것이다.

지시 대명사 τάδε는 뒤따라오는 내용을 가리킨다. 이런 경우, '지시 대명사가 후방대용어로 쓰였다'고 말한다.

2.3.2.2. οὗτος와 ἐκεῖνος

가까이에 있는 것을 가리키는 οὗτος는 다음과 같이 변한다. 어미가 αὐτός의 것과 같다.

οὗτος	αὕτη	τοῦτο
τούτου	ταύτης	τούτου
τούτῳ	ταύτῃ	τούτῳ
τοῦτον	ταύτην	τοῦτο
οὗτοι	αὗται	ταῦτα
τούτων	τούτων	τούτων
τούτοις	ταύταις	τούτοις
τούτους	ταύτας	ταῦτα

οὗτος는 신약성경에서 1387회 쓰인다. 이 사람, 이분['이 사람'을 아주 높여 이르는 삼인칭 대명사], 이자['이 사람'을 조금 낮잡아 이르는 삼인칭 대명사], 이제[바로 이때], 이러['이러하다'의 어근], 간['간밤: 지난밤'의 간]으로 번역된다. 예로, 행 1:6을 본다.

Κύριε, 주님

εἰ ἐν τῷ χρόνῳ **τούτῳ** [혹여] **이참**에

ἀποκαθιστάνεις τὴν βασιλείαν τῷ Ἰσραήλ; 이스라엘에게 그 나라를 되돌려 주시렵니까?

예수님께서 승천하시기 직전에 제자들이 한 질문이다. '기간'을 의미하는 χρόνῳ를 수식하는 지시 대명사로 οὗτος의 남성 단수 여격 τούτῳ가 쓰였다.

οὗτος가 후방대용어로 쓰인 경우의 예: 눅 3:20

προσέθηκεν καὶ **τοῦτο** ἐπὶ πᾶσιν

그가[/헤롯 안티파스가] 모든 것 위에 **이것**까지 보탰습니다.

(καὶ) κατέκλεισεν τὸν Ἰωάννην ἐν φυλακῇ. 즉 그가 요한을 감옥에 가뒀습니다.

가까운 것을 가리키는 지시 대명사 οὗτος의 중성 단수 대격 τοῦτο는 뒤따라오는 문장 즉, κατέκλεισεν τὸν Ἰωάννην ἐν φυλακῇ를 가리킨다.

먼 데 있는 것을 가리키는 ἐκεῖνος는 ἐκεῖ에 어미 ενος가 만나 이뤄진 단어로, οὗτος처럼 αὐτός와 같이 변화된다.

ἐκεῖνος	ἐκείνη	ἐκεῖνο
ἐκείνου	ἐκείνης	ἐκείνου
ἐκείνῳ	ἐκείνῃ	ἐκείνῳ
ἐκεῖνον	ἐκείνην	ἐκεῖνο
ἐκεῖνοι	ἐκεῖναι	ἐκεῖνα
ἐκείνων	ἐκείνων	ἐκείνων
ἐκείνοις	ἐκείναις	ἐκείνοις
ἐκείνους	ἐκείνας	ἐκεῖνα

ἐκεῖνος는 신약성경에서 265회 쓰인다. 저4[말하는 이와 듣는 이로부터 멀리 있는 대상을 가리키는 지시 대명사, '저 사람'을 가리키는 삼인칭 대명사], 저3[앞에서 이미 말하였거나 나온 바 있는 사람을 도로 가리키는 삼인칭 대명사], 저 사람 등으로 번역된다. 예로, 행 3:13을 본다.

ὃν ὑμεῖς μὲν παρεδώκατε 그럼에도 여러분은 그분을 내주었습니다.

καὶ ἠρνήσασθε κατὰ πρόσωπον Πιλάτου, 그리고 빌라도의 면전에서 부인하였습니다.

κρίναντος **ἐκείνου** ἀπολύειν: **저가** 풀어 주려 마음먹었을 때에요.

오순절 성령 강림의 날에 베드로가 전한 복음 가운데 유대인들과 빌라도를 비교하는 대목이다. 빌라도가 청중들보다 멀리 있기에 먼 데 있는 것을 가리키는 지시 대명사를 썼다. 빌라도를 가리키면서 속격 독립 분사구분의 주어이기에 남성 단수 속격 형태인 ἐκείνου를 사용했다.

2.3.2.3. τοιόσδε, τοσοῦτος, τοιοῦτος

정도를 강조하는 후방대용어 τοιόσδε는 신약성경에 한 번만 쓰인다. 요세푸스와 필로의 글에는 자주 나온다(각각 75회, 54회). '-할 정도로'의 의미를 갖는다. ὅδε와 연결된다. τοι와 δε는 변화지 않고 가운데 있는 부분만 -ος, -α, -ον로 곡용되는 형용사처럼 변한다.

τοιόσδε	τοιάδε	τοιόνδε
τοιοῦδε	τοιᾶσδε	τοιοῦδε
τοιῷδε	τοιᾷδε	τοιῷδε
τοιόνδε	τοιάνδε	τοιόνδε
τοιοίδε	τοιαίδε	τοιάδε
τοιῶνδε	τοιῶνδε	τοιῶνδε
τοιοῖσδε	τοιαῖσδε	τοιοῖσδε
τοιούσδε	τοιᾶσδε	τοιάδε

벧후 1:17

λαβὼν γὰρ παρὰ θεοῦ πατρὸς τιμὴν καὶ δόξαν

하나님 아버지에게서 존귀와 영광을 받으셨지요.

φωνῆς ἐνεχθείσης αὐτῷ 소리가 그분께 내보내졌을 때죠.

τοιᾶσδε ὑπὸ τῆς μεγαλοπρεποῦς δόξης,

[거] 장엄한 영광에 의해 **이 정도로요.**

Ὁ υἱός μου ὁ ἀγαπητός μου οὗτός ἐστιν

이는 내 아들, 내 사랑하는 자이다.

εἰς ὃν ἐγὼ εὐδόκησα, 그로 인해 나는 즐거워한다.

베드로가 변화산에서 있었던 일을 회상하며 한 말이다. 장엄한 영광 가운데 하늘에서 난 소리를 인용하면서 '그 정도로' 예수님의 위엄은 대단한 것임을 강조한다. τοιᾶσδε는 뒤에 나오는 표현을 가리키는 후방대용어로, 앞에 있는 φωνῆς를 수식하면서(의미는 '이 정도의 소리'임), 뒤따라오는 ὑπὸ τῆς μεγαλοπρεποῦς δόξης, Ὁ υἱός μου ὁ ἀγαπητός μου οὗτός ἐστιν εἰς ὃν ἐγὼ εὐδόκησα를 가리킨다.

정도를 강조하는 전방대용어 τοσοῦτος는 신약성경에 20번 나온다. 어근인 οὗτος처럼 곡용된다. 다만, 중성 단수 주격과 대격에서 ν이 추가된 형태도 함께 쓰인다.

τοσοῦτος	τοσαύτη	τοσοῦτο 혹은 τοσοῦτον
τοσούτου	τοσαύτης	τοσούτου
τοσούτῳ	τοσαύτῃ	τοσούτῳ
τοσοῦτον	τοσαύτην	τοσοῦτο 혹은 τοσοῦτον
τοσοῦτοι	τοσαῦται	τοσαῦτα
τοσούτων	τοσούτων	τοσούτων
τοσούτοις	τοσαύταις	τοσούτοις
τοσούτους	τοσαύτας	τοσαῦτα

'이만큼'으로 번역된다. 예로, 행 5:8을 본다.

ἀπεκρίθη δὲ πρὸς αὐτὴν Πέτρος, 이에 베드로가 그녀에게 되물었습니다.

Εἰπέ μοι, 내게 말하십시오.

εἰ **τοσούτου** τὸ χωρίον ἀπέδοσθε;

여러분이 토지를 **이만큼** 받고 팔았는지요?

ἡ δὲ εἶπεν, 하니 그녀가 말했습니다.

Ναί, **τοσούτου**. 맞습니다. **이만큼입니다.**

베드로와 삽비라와의 대화이다. 아나니아와 삽비라가 처분한 소유의 값의 일부가 앞서 언급되었고(5:2) 대화가 이뤄질 때 베드로 발치에 여전히 있었을 가능성이 높다. 그래서 바쳐진 값인 μέρος τι(5:2)를 가리키는 전방대용어를 썼고 '가격과 가치의 속격(genitive of price and value)'을 취하느라 중성 단수 속격 τοσούτου를 사용한 것이다.

정도를 강조하는 또 다른 전방대용어로 τοιοῦτος가 있다. 어근은 τοι와 οὗτος이다. τοι는 2인칭 대명사 단수 여격으로 상대방을 정중하게 부르는 말이다(LSJ 1801). 신약성경에 57회 나온다. οὗτος와 같이 곡용된다. 또한, τοσοῦτος처럼, 중성 단수 주격과 대격에서 ν이 추가된 형태도 함께 쓰인다.

τοιοῦτος	τοιαύτη	τοιοῦτο 혹은 τοιοῦτον
τοιούτου	τοιαύτης	τοιούτου
τοιούτῳ	τοιαύτῃ	τοιούτῳ
τοιοῦτον	τοιαύτην	τοιοῦτο
τοιοῦτοι	τοιαῦται	τοιαῦτα
τοιούτων	τοιούτων	τοιούτων
τοιούτοις	τοιαύταις	τοιούτοις
τοιούτους	τοιαύτας	τοιαῦτα

'이러한, 이런 자, 이런 놈, 이렇게'로 번역된다. 예로, 행 16:24를 보자.

ὃς παραγγελίαν **τοιαύτην** λαβὼν **이러한** 지시를 받은

ἔβαλεν αὐτοὺς 교도관은[그는] 그들을 처넣습니다.

εἰς τὴν ἐσωτέραν φυλακὴν 깊은[안쪽] 감방에요.

καὶ τοὺς πόδας ἠσφαλίσατο αὐτῶν 그리고 그들의 발[들]을 단단히 채웠습니다.

εἰς τὸ ξύλον. 차꼬에요.

빌립보 간수는 바울과 실라를 야무지게 단속하라는 지시를 받았다. 앞 절에 나온 이 지시(16:23)와 '지시'라는 이전 단어를 가리키는 전방대용어를 사용했다. παραγγελίαν이 여성 단수 대격이므로 τοιαύτην이 사용되었다.

2.3.2.4. ἄλλος(S 335)

마지막으로 소개할 지시 대명사는 ἄλλος이다. 전혀 다른 것을 지칭하는 ἕτερος와 달리, 비교 되는 다른 것을 가리킨다. 그래서 관사와 함께 쓰이면 '남은 다른 것(the rest)'를 뜻한다(S 1188). 요세푸스와 필로의 글에 두드러지게 많이 쓰인다(각각 1189회, 1256회). 신약성경에 155회 쓰인다. αὐτός와 같이 곡용된다.

ἄλλος	ἄλλη	ἄλλο
ἄλλου	ἄλλης	ἄλλου
ἄλλῳ	ἄλλῃ	ἄλλῳ
ἄλλον	ἄλλην	ἄλλο
ἄλλοι	ἄλλαι	ἄλλα
ἄλλων	ἄλλων	ἄλλων
ἄλλοις	ἄλλαις	ἄλλοις
ἄλλους	ἄλλας	ἄλλα

'다른'[다르다: 비교가 되는 두 대상이 서로 같지 아니하다]으로 번역된다. 예로, 행 19:32를 본다.

ἄλλοι μὲν οὖν 그래서[/한편 극장에서는] 사람들이 저마다[**다른 이들이**]

ἄλλο τι ἔκραζον· **다른** 소리를[무언가를] 외쳐대고 있었습니다.

데메드리오 일당이 사람들을 선동했을 때 군중이 보인 반응 묘사이다. '다른 이들이 다른 소리를' 외쳐댔기에, 남성 복수 주격 ἄλλοι는 '저마다'로, 중성 단수 대격 ἄλλο τι는 '다른 소리, 다른 무언가'로 번역했다.

2.3.3. 의문, 부정 대명사(S 334, R 740-741)

가리키는 대상이 무엇인지 알 수 없는 의문문에 쓰이는 것이 의문 대명사(疑問 代名詞, interrogative pronoun)이고, 가리키는 대상이 무엇이든 상관이 없을 때 쓰이는 것이 부정 대명사(不定 代名詞, indefinite pronoun)이다(한 445). 의문 대명사 τίς는 남성과 여성에 함께 쓰이고, τί는 중성에 쓰인다. 악센트는 항상 애큐트이다. 남성과 여성에 쓰이는 부정 대명사 τὶς와 중성에 쓰이는 τὶ는 전접어이다. 음절이 두 개일 때, 앞 단어 악센트가 끝음절에 없거나 따라오는 단어가 전접어이거나 하여 악센트가 필요할 때만 끝음절에 악센트가 온다. 다시 말해, 앞 단어의 악센트가 끝음절에 있으면 악센트가 붙지 않고, 따라오는 단어가 전접어이면 반드시 애큐트가 끝음절에 붙는다. 부정 대명사의 악센트에 대한 기본적인 사항은 악센트 항목(I.1.3.)을 참고하라.

예를 몇 개 들어 본다.

요 9:16 ἔλεγον οὖν ἐκ τῶν Φαρισαίων **τινές**,

그래서 바리새인들 가운데 **몇몇이** 말합니다.

앞선 단어 Φαρισαίων이 끝전음절에 악센트를 가지기에 부정 대명사 τινές는 끝음절에 악센트를 가진다. 그리고 문장 부호 쉼표가 있기에 애큐트를 유지한다.

행 15:24 ὅτι **τινὲς** ἐξ ἡμῶν

우리 가운데 **몇몇이**

앞선 단어 ὅτι가 끝전음절에 악센트를 가지기에 부정 대명사 τινὲς가 끝음절에 악센트를 가진다. 그리고 이어지는 단어가 전접어가 아니기에 애큐트가 그레이브로 바뀌었다.

갈 1:7 εἰ μή **τινές** εἰσιν

다만 **몇몇이** 있다[몇몇이 있는 것을 제외하고는]

앞선 단어 μή가 끝음절에 악센트를 가지기에 부정 대명사 τινές가 끝음절에 악센트를 가지고, 뒤따라오는 단어가 전접어이기에 애큐트를 유지한다.

그럼, 의문 대명사와 부정 대명사의 곡용을 알아 보자. 남성과 여성 형태는 같고, 호격은 없다. 신약성경에서는 단수 속격과 여격에서 τινος와 τινι 형태만 쓰인다.

의문 대명사		부정 대명사	
τίς	τί	τὶς	τὶ
τίνος	τίνος, τοῦ	τινός	τινός, τοῦ
τίνι	τίνι, τῷ	τινί	τινί, τῷ
τίνα	τί	τινά	τὶ
τίνες	τίνα	τινές	τινά
τίνων	τινων	τινῶν	τινῶν
τίσι	τίσι	τισί	τισί
τίνας	τίνα	τινάς	τινά

신약성경에 555회 쓰이는 의문 대명사 τίς는 '누구, 누구라고, 무엇, 어떤 일, 무엇을, 뭘, 무슨, 무슨 의미, 왜, 어떻게'와 같이, 신약성경에 525회 쓰이는 부정 대명사 τὶ는 '어느, 한, 몇, 말, 짓, 사람, 하나, 자, 거리, 누구든지, 누군가가, 대단한 인물, 각자'로 번역된다. 예를 들어 본다.

의문 대명사의 예:

행 1:11

Ἄνδρες Γαλιλαῖοι, 갈릴리 남자들,

τί ἑστήκατε ἐμβλέποντες εἰς τὸν οὐρανόν; **왜** 하늘을 집중하여 보고 서 있습니까?

예수님 승천 직 후, 흰옷을 두른 두 남자가 제자들에게 한 말이다. 여기서 τί는 중성 단수 대격이다. 동사 수식적 대격(adverbial accusative)의 용법 가운데 동기(motive)에 속한다(S 1610).

행 5:3

Ἁνανία, 아나니아 씨,

διὰ **τί** ἐπλήρωσεν ὁ Σατανᾶς τὴν καρδίαν σου,

무엇 때문에 사탄이 당신 마음에 가득하게 되어,

ψεύσασθαί σε τὸ πνεῦμα τὸ ἅγιον 당신이 거룩한 영을 속이고

καὶ νοσφίσασθαι ἀπὸ τῆς τιμῆς τοῦ χωρίου; 토지 값의 일부를 감추었습니까?

베드로가 아나니아에게 한 말이다. 전치사 διά 다음에 대격이 오면 διά는 '때문에'라는 의미를 갖는다. 그래서 διὰ τί는 '무엇 때문에, 어찌하여, 어떠한 이유 때문에'와 같이 번역된다. 여기서 τί는 중성 단수 대격이다.

행 5:4

τί ὅτι ἔθου ἐν τῇ καρδίᾳ σου **왜** 당신 마음에 둔 것입니까?

τὸ πρᾶγμα τοῦτο; 이 짓을?

베드로의 이어지는 말이다. τί가 ὅτι절과 함께 '하다니 무엇입니까'를 뜻한다. 번역은 '왜 -한 것이냐' 정도가 가능하다. 여기서 τί는 중성 단수 주격으로 보는 것이 좋겠다.

막 15:24: 의문 대명사가 연속해서 쓰인 경우

καὶ σταυροῦσιν αὐτὸν 그러자 그들이[/군인들이] 그분을[예수님을] 십자가에 매답니다.

καὶ διαμερίζονται τὰ ἱμάτια αὐτοῦ 그리고 그분의 의복[들]을 가릅니다.

βάλλοντες κλῆρον ἐπ' αὐτὰ 그것들[/의복들] 위에 제비를 던져서요.

τίς τί ἄρῃ. **누가 무엇을** 거머들지 {결정하려 제비를 던집니다.}

로마 군인들이 예수님의 옷을 제비 뽑는 장면에서, 의문 대명사 남성 단수 주격 τίς와 중성 단수 대격 τί가 나란히 쓰였다.

부정 대명사의 예:

행 5:1

Ἀνὴρ δέ **τις** Ἁνανίας ὀνόματι 다른 한편으로 **어떤** 남자가 있는데 이름이 아나니아입니다.

σὺν Σαπφίρῃ τῇ γυναικὶ αὐτοῦ 그의 아내 삽비라와 함께

ἐπώλησεν κτῆμα. 그가 소유를 처분했습니다.

독자나 청중이 잘 모르는 인물을 소개할 때, 부정 대명사로 인물을 소개할 때가 많다. 사도행전에 아나니아란 이름을 가진 사람만 세 명 소개된다. 삽비라의 남편 아나니아, 사울에게 안수했던 다메섹의 아나니아, 대제사장 아나니아이다. 삽비라의 남편은 '어떤 남자'(5:1)로, 다메섹의 아나니아는 '어떤 제자'(τις μαθητής, 9:10)로, 모든 사람에게 알려져 있었을, 그래서 독자가 알 것도 기대되는 대제사장 아나니아는 부정 대명사가 아니라 관사를 사용하여 '대제사장 아나니아'(ὁ ἀρχιερεὺς Ἁνανίας, 23:2)로 소개한다.

행 5:2

καὶ ἐνοσφίσατο ἀπὸ τῆς τιμῆς, 그리고 그가 판 값 일부를 감추었는데,

συνειδυίης καὶ τῆς γυναικός. 부인도 느낌으로 알고 있었습니다.

καὶ ἐνέγκας μέρος **τι** 이어 얼마[부분의 **어떤 것**]를 가져와서

παρὰ τοὺς πόδας τῶν ἀποστόλων ἔθηκεν. 사도들의 발치에 두었습니다.

여기서 τι는 '부분'을 의미하는 μέρος와 함께 쓰여 '부분의 어떤 것'으로 '얼마[뚜렷이 밝힐 필요가 없는 비교적 적은 수량이나 값 또는 정도]'를 뜻한다. 중성 단수 대격이다.

πόσος, ποῖος, πηλίκος를 상관 대명사로 보기도 하지만(S 340), 의문 대명사에서 다루도록 한다(R 740-741, W 346). πόσος는 '이만큼'을 뜻하는 지시 대명사 τοσοῦτος와, ποῖος는 '-할 정도로'를 뜻하는 τοιόσδε 및 '이러한, 이렇게'을 의미하는 τοιοῦτος와, πηλίκος는 '이같이 큰'이란 의미를 가진 형용사 τηλικοῦτος와 연결된다.

얼마만큼, πόσος 이만큼, τοσοῦτος

어느 정도로, ποῖος 이 정도로, τοιόσδε, 이렇게, τοιοῦτος

얼마나 크게, πηλίκος 이같이 크게, τηλικοῦτος

의문 대명사 πόσος, ποῖος, πηλίκος는 소유 대명사처럼 곡용된다. 명사 곡용으로 설명하자면, πόσος와 πηλίκος는 '곡용 과정에서 숨겨진 어간이 드러나지 않는 명사' 가운데 −ος 남성명사, −η 여성명사, −ον 중성명사와 같이, ποῖος는 −ος 남성명사, −α 여성명사, −ον 중성명사와 같이 어미가 변한다. 어미변화를 하나씩 살펴 보자.

ποσός	πόση	πόσον
ποσοῦ	πόσης	ποσοῦ
πόσῳ	πόσῃ	πόσῳ
πόσον	πόσην	πόσον
πόσοι	πόσαι	πόσα
πόσων	πόσων	πόσων
πόσοις	πόσαις	πόσοις
πόσους	πόσας	πόσα
ποῖος	ποία	ποῖον
ποίου	ποίας	ποίου
ποίῳ	ποίᾳ	ποίῳ
ποῖον	ποίαν	ποῖον
ποῖοι	ποῖαι	ποῖα
ποιῶν	ποιῶν	ποιῶν
ποίοις	ποίαις	ποίοις
ποίους	ποίας	ποῖα

ποῖος가 부정 대명사로 쓰이는 경우 ποιός, ποιά, ποιόν과 같이 활용되나, 신약성경과 칠십인역에는 용례가 없다.

πηλίκος	πηλίκη	πηλίκον
πηλίκου	πηλίκης	πηλίκου
πηλίκῳ	πηλίκῃ	πηλίκῳ
πηλίκον	πηλίκην	πηλίκον

πηλίκοι	πηλίκαι	πηλίκα
πηλίκων	πηλίκων	πηλίκων
πηλίκοις	πηλίκαις	πηλίκοις
πηλίκους	πηλίκας	πηλίκα

신약성경에서 πόσος는 27회, ποῖος는 33회, πηλίκος는 2회 쓰인다. 예를 하나씩 살펴 본다.

πόσος의 예: 행 21:20

Θεωρεῖς, ἀδελφέ, 형제여, 그대도 주목하는 {바는}

πόσαι μυριάδες εἰσὶν ἐν τοῖς Ἰουδαίοις τῶν πεπιστευκότων

유대인들 가운데 믿는 자들이 **수**만 명이고

καὶ πάντες ζηλωταὶ τοῦ νόμου ὑπάρχουσιν·

그들 모두가 율법에 열심 있는 자들이라는 {것입니다.}

바울이 3차 전도여행을 마치고 예루살렘에 구제헌금을 가지고 왔을 때 예루살렘 교회 지도자들이 한 말이다. 그들은 율법에 열심 있는 유대인들이 매우 많음을 πόσαι를 사용하여 표현하였다. 한정하는 μυριάδες의 성수격을 따라 여성 복수 주격 형태인 πόσαι가 사용되었다. πόσαι μυριάδες를 '여러 만'으로 표현할 수 있으나, 우리말 어법 상 어색하기에 '수만'이라 번역했다.

ποῖος의 예: 행 4:7

Ἐν **ποίᾳ** δυνάμει ἢ ἐν **ποίῳ** ὀνόματι

무슨[**어느 정도의**] 권능과 누구의[**어느 정도의**] 이름으로

ἐποιήσατε τοῦτο ὑμεῖς; 너희가 이를 행하느냐?

전직 및 현직 대제사장들이 제자들에게 한 질문이다. 제자들이 가진 권능과 이름이 자신들의 권세와 비교해서 별 것 아닐 것임을 ποῖος로 표현한다. 각각 한정하는 명사의 성수격을 따라, ποίᾳ는 여성 단수 여격을, ποίῳ는 중성 단수 여격을 취했다.

πηλίκος의 예: 히 7:4

Θεωρεῖτε δὲ **πηλίκος** οὗτος, 하니 이가[/멜기세덱이] **얼마나 클지** 주목하십시오.
살렘 왕 멜기세덱에 대해 소개한 뒤, 그가 매우 크다는 것을 πηλίκος를 통해 강조한다. 서술하는 지시 대명사 οὗτος의 성수격을 따라 πηλίκος는 남성 단수 주격 형태를 가졌다.

2.3.4. 관계, 부정 관계, 상호 관계 대명사

우리말에는 없는 관계 대명사(關係 代名詞[앞에 오는 명사를 대신하는 동시에 뒤에 오는 절을 선행사에 연결하여 주는 대명사], relative pronoun)가 신약성경에는 1399회이나 쓰인다. 관계 대명사에는 강한 숨표가 붙고, 철자는 강의 대명사 αὐτός의 어미와 같다. 가로는 '남성, 여성, 중성' 순이고, 세로는 '단수 주격, 단수 속격, 단수 여격, 단수 대격, 복수 주격, 복수 속격, 복수 여격, 복수 대격' 순이다.

ὅς	ἥ	ὅ
οὗ	ἧς	οὗ
ᾧ	ᾗ	ᾧ
ὅν	ἥν	ὅ
οἵ	αἵ	ἅ
ὧν	ὧν	ὧν
οἷς	αἷς	οἷς
οὕς	ἅς	ἅ

관계 대명사의 성과 수는 선행사를 따르고, 격은 속한 문장 내 기능에 따라 취한다. '접속사+대명사'로 번역하면 된다. 예로, 행 3:15를 들어 보자.

τὸν δὲ ἀρχηγὸν τῆς ζωῆς 하여 생명의 조물주를

ἀπεκτείνατε, 여러분이 죽였습니다.

ὃν ὁ θεὸς ἤγειρεν ἐκ νεκρῶν,

하지만 그분을 하나님께서는 죽은 자들 가운데에서 일으키셨습니다.

οὗ ἡμεῖς μάρτυρές ἐσμεν. [그리고] 우리가 **이에 대한** 증인들입니다.

관계 대명사 ὅν은 남성 단수 대격으로 '조물주'에 해당하는 τὸν ἀρχηγόν를 가리킨다. 성과 수는 τὸν ἀρχηγόν을 따라 남성과 단수를 취했고, 격은 ἤγειρεν의 목적어로 대격을 취했다. 관계 대명사 οὗ는 형태로는 남성 단수 속격과 중성 단수 속격, 둘 다 가능하나 후자로 보는 것이 더 적절하다. 가리키는 대상이 앞에 있는 절 ὃν ὁ θεὸς ἤγειρεν ἐκ νεκρῶν이기 때문이다. 앞선 내용 전체를 중성 단수로 받고, 문장 내에서 μάρτυρες를 한정하는 기능을 하기에 속격을 취했다.

관계 대명사가 선행사를 포함하는 경우의 예: 마 19:11

Οὐ πάντες χωροῦσιν τὸν λόγον [τοῦτον] 모든 이들이 이 말을 품지는 않는다.

ἀλλ' **οἷς** δέδοται. 오히려 그것이[/그 말이] **그들에게** 주어진 **자들이** {품는다.}

관계 대명사 남성 복수 여격 οἷς는 선행사를 포함한다.

관계 대명사가 선행사를 포함하면서 전치사의 목적어가 되는 경우의 예: 눅 3:19

ὁ δὲ Ἡρῴδης ὁ τετραάρχης, 한데 분봉 왕 헤롯이

ἐλεγχόμενος ὑπ' αὐτοῦ 그[/세례 요한]에 의해 책망을 받아,

περὶ Ἡρῳδιάδος τῆς γυναικὸς τοῦ ἀδελφοῦ

형제의 아내 헤로디아에 관해서요,

καὶ περὶ **πάντων ὧν** ἐποίησεν **πονηρῶν** ὁ Ἡρῴδης,

또한 헤롯이 행한 **모든 악한 일에** 관해서요,

마지막 줄은 καὶ περὶ πάντων τῶν πονηρῶν οὓς ἐποίησεν πονηροὺς ὁ Ἡρῴδης와 같은 문장이 바뀐 것이다. 선행사와 관계 대명사가 결합되면서 견인 현상이 일어났다.

견인(attraction)이란 관계 대명사가 선행사의 격을 따르는 것을 가리킨다(PDSNTG 24). 다시 말해, 선행사 τῶν πονηρῶν과 관계 대명사 οὕς가 결합된 다음, 선행사의 격인 속격을 취해 관계 대명사는 ὧν이 되고, 뒤따라오는 명사 πονηρούς도 속격을 취해 πονηρῶν이 된 것이다. 결과적으로 관계 대명사는 전치사 περί의 목적어 역할도 하게 된다.

관계 대명사 절에 속한 단어가 관계 대명사 앞에 나오는 경우의 예: 요 4:18

πέντε γὰρ ἄνδρας ἔσχες 그대가 남편[/남자] 다섯을 두었기 때문이오.

καὶ **νῦν ὃν** ἔχεις οὐκ 더구나 **지금** 그대가 모시는 **자도**[/남자도]

ἔστιν σου ἀνήρ· 그대의 남편이 아니오.

예수님께서 사마리아 여인에게 하신 말씀이다. 둘째 줄의 관계 대명사 절을 보면 동사 ἔχεις를 한정하는 시간 부사 νῦν이 관계 대명사 앞에 와서 강조되었다.

관계 대명사에 부정 대명사가 합쳐진 형태인 ὅστις, ἥτις, ὅ τι를 부정 혹은 통칭 관계 대명사(不定/統稱 關係 代名詞, indefinite or general relative pronoun)이라 부른다. 신약성경에 152회 쓰인다. 이 책에서는 '통칭 관계 대명사'라는 용어를 사용한다. ὅστις, ἥτις, ὅ τι를 '부정 관계 대명사'라 부를 경우, ὅς, ἥ, ὅ는 정 관계 대명사(定關係 代名詞, definite relative pronoun)라 칭할 수도 있다. '부정 관계 대명사'라 부르더라도, 실제 용례를 보면, 대상이 지정된 경우도 많다. 곡용은 다음과 같다. 신약성경에서는 남성과 중성의 단수 속격으로 ὅτου 형태만 쓰인다.

ὅστις	ἥτις	ὅ τι
οὗτινος, ὅτου	ἧστινος	οὗτινος, ὅτου
ᾧτινι, ὅτῳ	ᾗτινι	ᾧτινι, ὅτῳ
ὅντινα	ἥντινα	ὅ τι
οἵτινες	αἵτινες	ἅτινα, ἅττα
ὧντινων, ὅτων	ὧντινων	ὧντινων, ὅτων

οἷστισι, ὅτοις	αἷστισι	οἷστισι, ὅτοις
οὕστινας	ἅστινας	ἅτινα, ἅττα

예를 성별로 하나씩 들어 본다.

남성의 예: 행 9:35

καὶ εἶδαν αὐτὸν 후에 그를 봤습니다.

πάντες οἱ κατοικοῦντες Λύδδα καὶ τὸν Σαρῶνα,

룻다와 사론 평야에 거주하는 모든 이들이요.

οἵτινες ἐπέστρεψαν ἐπὶ τὸν κύριον. **그래서 그들이** 주님께로 돌이켰습니다.

οἵτινες는 비록 부정 관계 대명사이지만 πάντες οἱ κατοικοῦντες Λύδδα καὶ τὸν Σαρῶνα를 선행사로 받는다. 명확하지는 않지만 어느 정도 범위 지워진 대상으로, '통칭' 개념이 들어 있다. 선행사를 따라 남성 복수를 가졌고, 문장에서 주어가 되기에 주격을 취했다.

여성의 예: 행 3:23

ἔσται δὲ πᾶσα ψυχὴ 하니 모든 사람에게 이런 일이 있을 것입니다.

ἥτις ἐὰν μὴ ἀκούσῃ τοῦ προφήτου ἐκείνου

누구라도 그[저] 선지자의 말을 경청하지 않으면

ἐξολεθρευθήσεται ἐκ τοῦ λαοῦ. 백성 가운데에서 멸망할 것입니다.

'선지자의 말을 경청하지 않는 사람은 누구라도'라는 표현에서 '부정'의 개념을 읽을 수 있다. 선행사 ψυχή가 여성 단수이므로 여성 단수를, 문장에서 주어가 되기에 주격을 취했다.

중성의 예: 요 2:5

Ὅ τι ἂν λέγῃ ὑμῖν ποιήσατε.

그분이 여러분에게 말씀하시는 **것이 무엇이든** 그것을 시행하세요.

예수님의 어머니 마리아가 가나 혼인 잔치가 베풀어진 집에서 섬기는 이들에게 한 말이

다. '부정'과 '통칭'의 개념이 모두 들어 있다. 중성 단수 대격이다.

마지막으로 다룰 대명사는 상호 관계(相互 關係) 혹은 상관 대명사(相關 代名詞, correlative pronoun)이다. 상호[상대가 되는 이쪽과 저쪽 모두, 상대가 되는 이쪽과 저쪽이 함께]와 '관계 대명사'를 결합하여 '상호 관계 대명사'로 부를 수도 있고, 상관[서로 관련을 가짐. 또는 그런 관계.]에 '대명사'를 결합하여 '상관 대명사'로 부를 수 있겠다. 신약성경에 ὅσος(한결같이, 모두, 모두 예외없이, 예외없이 다, 빠짐없이 모두, 110회), οἷος(그와 같은, 14회), ὁποῖος(그러한 것처럼, 5회), ἡλίκος(얼마나 큰, 3회)가 있다. 소유 대명사처럼 곡용된다. 명사 곡용으로 설명하자면, '곡용 과정에서 숨겨진 어간이 드러나지 않는 명사' 가운데 −ος 남성명사, −η 여성명사, −ον 중성명사와 같이 어미가 변한다. 가장 많이 나오는 ὅσος로 곡용을 살펴 보자.

ὅσος	ὅση	ὅσον
ὅσου	ὅσης	ὅσου
ὅσῳ	ὅσῃ	ὅσῳ
ὅσον	ὅσην	ὅσον
ὅσοι	ὅσαι	ὅσα
ὅσων	ὅσων	ὅσων
ὅσοις	ὅσαις	ὅσοις
ὅσους	ὅσας	ὅσα

상호 관계 대명사의 예: 행 2:39

ὑμῖν γάρ ἐστιν ἡ ἐπαγγελία 여러분에게 [거] 약속이 있기 때문입니다.

καὶ τοῖς τέκνοις ὑμῶν καὶ πᾶσιν τοῖς εἰς μακράν,

여러분의 자녀들과 멀리 있는 모든 이들에게도요.

ὅσους ἂν προσκαλέσηται κύριος ὁ θεὸς ἡμῶν.

주 우리 하나님께서 부르실 이들에게는 **예외 없이 다** 있습니다.

오순절 성령 강림의 날에 베드로가 한 말이다. 하나님의 구원 약속이 모든 사람들에게 열려 있음을 상호 관계 대명사 ὅσους를 사용하여 표현한다.

이외에, πόσος, ποῖος, πηλίκος가 상호 관계 대명사로 다뤄지기도 하지만(S 340), 앞서 언급했듯이 의문 대명사에서 다뤘다.

2.4. 관사의 어미변화(S 332)

신약성경에서 관사는 가장 많이 나온다. 19865회로 전체 138213의 14.37%에 해당한다. 그만큼 중요하나 대부분 번역되지 않는다. 이에 필자는 우리말 '거시기'의 용법과 헬라어 관사의 용법이 유사하다는 점에 착안하여 교육적 제안을 한 바 있다(박형대 2009: 93-109). 헬라어 관사는 '관계, 지시, 총칭'(BDF 249-252) 혹은 '지시, 관계, 한정'(R 755), '한정, 동일시, 개념화'(W 209-210)의 기능을 한다고 보는데, 우리말 '거시기'도 이와 유사한 '지시, 한정, 대용'의 기능을 가지기 때문이다. 이 점에 착안하여 다음과 같이 번역할 것을 제안한다.

거시기[이름이 얼른 생각나지 않거나 바로 말하기 곤란한 사람 또는 사물을 가리키는 대명사로, 지시 · 한정 · 대용의 기능을 한다], 거['그거'의 준말], 그[듣는 이에게 가까이 있거나 듣는 이가 생각하고 있는 대상을 가리킬 때 쓰는 말, 앞에서 이미 이야기한 대상을 가리킬 때 쓰는 말, 확실하지 아니하거나 밝히고 싶지 아니한 일을 가리킬 때 쓰는 말], 그분['그 사람'을 아주 높여 이르는 삼인칭 대명사], 곧[다름 아닌 바로], 일[어떤 내용을 가진 상황이나 장면], 거리2[내용이 될 만한 재료] 등이다. 글쓴이가 '독자가 안다' 여기고 '거 있잖아'하며 쓰는 표현이 헬라어 관사이다.

관사는 다음과 같이 곡용된다. 가로는 남성 단수, 여성 단수, 중성 단수, 남성 복수, 여성 복수, 중성 복수순이고, 세로는 주격, 속격, 여격, 대격, 호격순이다.

ὁ	ἡ	τό	οἱ	αἱ	τά
τοῦ	τῆς	τοῦ	τῶν	τῶν	τῶν
τῷ	τῇ	τῷ	τοῖς	ταῖς	τοῖς
τόν	τήν	τό	τούς	τάς	τά
ὁ	ἡ	τό	οἱ	αἱ	τά

관사의 호격은 주격과 형태가 같다. 행 2:14을 보자.

Ἄνδρες Ἰουδαῖοι 유대 남자들,

καὶ **οἱ** κατοικοῦντες Ἰερουσαλὴμ πάντες, 그리고 예루살렘에 거주하는 **여러분** 모두,

위에 쓰인 ἄνδρες, Ἰουδαῖοι, οἱ, κατοικοῦντες, πάντες 모두 남성 복수 호격이다.

관사에 대한 법칙으로 콜웰 법칙(Colwell's rule)과 그랜빌 샵 법칙(Granville Sharp rule)이 있다. 콜웰은 헬라어 한정적 서술 명사의 관사 사용데 관하여 다음과 같은 법칙이 있다고 주장하였다. '한정적 서술 명사는 대개 관사를 가진다. 다만, 한정적 서술 명사가 동사 앞에 나올 때는 보통 관사가 없다. 고유명사는 대부분 술어 앞에서 관사가 없다. 관계절에서는 관사가 있든 없든 서술 주격이 동사 앞에 나온다.' (Colwell 1933: 20). 그래서, 무관사 서술 주격(anarthrous pre-verbal predicate nominative)을 콜웰의 구문(Colwell's construction)이라 부르기도 한다(W 262). 그런데, 하너는 '콜웰의 구문' 대부분은 한정적(definite)인지, 비한정적(indefinite)인지를 나타내기보다 질적(qualitative)인 것을 나타낸다고 보았다(Harner 1973: 75-87). 이러한 것에 착안하여 왈리스는 다음과 같은 결론을 내린다. "동사 앞의 무관사 서술 주격은 보통 질적이고, 때로 한정적이며, 드물게 비한정적이다(An anarthrous pre-verbal PN [predicate nominative] is normally qualitative, sometimes definite, and only rarely indefinite)"(W 262). 예로, 행 13:33을 본다.

Υἱός μου εἶ σύ, 너는 **내 아들**이다.

ἐγὼ σήμερον γεγέννηκά σε. 내가 오늘 너를 낳았다.

Υἱός μου는 동사 εἶ 앞에 있고 관사가 없기에 '무관사 서술 주격'이다. 주어의 성질을 표현한다. 그런데 이 경우에는 히브리어 성경과 칠십인역에 관사가 없는 것으로도 설명이 가능하다.

그랜빌 샵 법칙은 '계합 접속사 καί가 격이 같은 두 개의 명사나 명사 상당어구를 연결할 때 관사가 첫째 명사에만 붙고 둘째 명사에 붙지 않으면 둘째 단어는 첫째 단어와

같은 대상을 지칭한다'는 법칙이다. '영국의 아브라함 링컨'이라고 불리는 그랜빌 샵(Granville Sharp, 1735-1813)은 성경을 원문으로 읽으면서 깨달은 바를 글로 남겼는데, 그 가운데 하나가 헬라어 관사에 대한 6개의 법칙이다(Sharp 1798: 8, 14, 19, 21, 23, 25). 이 가운데 첫째 원칙이 '그랜빌 샵 법칙'으로 알려졌다. 그의 법칙에 근거하여 관사+실명사+카이+실명사를 그랜빌 샵 구문(Granville Sharp's construction; 약어로 TSKS)이라고 부른다. 왈리스는 그랜빌 샵 법칙이 명사뿐 아니라 분사, 형용사 및 여러 행태가 섞인 경우에도 적용될 수 있다고 주장한다(W 270-290). 행 3:14를 보자(W 275).

ὑμεῖς δὲ 그 바람에 여러분은

τὸν ἅγιον καὶ δίκαιον 거룩하고 의로운 분을

ἠρνήσασθε, 부인하였습니다.

καὶ ᾐτήσασθε 그리고 요청하였습니다.

ἄνδρα φονέα χαρισθῆναι ὑμῖν. 살인한 남자가 여러분에게 호의로 주어지도록요.

τὸν ἅγιον καὶ δίκαιον을 보면, 첫 번째 형용사 앞에는 관사가 있고 두 번째 형용사 앞에는 관사가 없으며 두 형용사의 격은 같다. 그러므로 두 형용사는 같은 대상을 수식한다.

그런데, 관사를 '거 있잖아'와 같이 이해하면 그랜빌 샵이 주장한 것보다 더 유익한 결과를 얻을 수 있다. 마 16:21의 ἀπὸ τῶν πρεσβυτέρων καὶ ἀρχιερέων καὶ γραμματέων에서 장로들과 대제사장들과 서기관들을 동일시하는 오류를 범하지 않게 된다. 우리말로 '거 장로들과 대제사장들과 서기관들'이라고 할 때의 의미는 '거 있잖아 장로들과 대제사장들과 서기관들 그룹'이다. 행 17:12도 보자.

πολλοὶ μὲν οὖν ἐξ αὐτῶν ἐπίστευσαν 그래서 그들 가운데 많은 이들이 믿었습니다.

καὶ **τῶν** Ἑλληνίδων **γυναικῶν** τῶν εὐσχημόνων **καὶ ἀνδρῶν**

신분이 높은 헬라 **부인들과 남자들**도

οὐκ ὀλίγοι. 적지 않았습니다.

γυναικῶν에는 관사 τῶν이 붙었지만 ἀνδρῶν에는 관사가 붙지 않았다. 그렇다고 부인들과 남자들을 동일시할 수는 없다. '거 신분이 높은 헬라 부인들과 남자들'이라고 하면, 부인들과 남자들이 동일시되지 않는다.

마 16:21이나 행 17:12와 같은 경우의 καί는 '하나의 관사로 개념이나 대상이 연결된 경우'로 보는 것이 좋을 것이다. 행 15:23을 보자(Z 184).

Οἱ ἀπόστολοι καὶ οἱ πρεσβύτεροι ἀδελφοὶ 사도들과 나이 많은 형제들이
τοῖς κατὰ **τὴν** Ἀντιόχειαν καὶ Συρίαν καὶ Κιλικίαν ἀδελφοῖς
안디옥과 수리아와 길리기아에 퍼져 있는
τοῖς ἐξ ἐθνῶν 다른 민족 출신 형제들께.
χαίρειν. 안녕하시기를 {바랍니다.}

예루살렘 공회의 결정사항을 전달하는 서신의 첫 부분이다. 여기서 κατὰ τὴν Ἀντι-όχειαν καὶ Συρίαν καὶ Κιλικίαν을 보면, 안디옥과 수리아와 길리기아가 공통된 특성을 가진 지역임을 관사 τήν을 통해 표현한다.

헬라어 관사는 영어의 정관사와 달리 홀로 설 수도 있고 구나 절을 취하기도 한다. 구를 취하는 경우는 '속격 부정사'와 '속격 독립 분사구문'에서 다뤘으므로, 홀로 서는 경우와 절을 취하는 경우의 예를 들어 본다. 행 17:28이다.

Τοῦ γὰρ καὶ γένος ἐσμέν. **그분의[/거시기의]** 핏줄도 우리는 지니고 있습니다.
아레오바고에서 바울이 한 변론이다. 아덴 사람들의 신관이 수정될 필요가 있다면서, 아라투스(Aratus, ca. 310-245 BC)의 시를 인용한다. 여기서 관사 τοῦ는 남성 단수 속격으로 '신성을 가진 분'을 의미하며 γένος를 수식한다. 그래서 관사 τοῦ는 '그분의' 혹은 '거시기의'로 번역이 가능하다.

관사가 절을 취하는 경우로 막 9:23과 눅 1:62를 보자.

막 9:23(R 766, W 238)

Τὸ Εἰ δύνῃ, 거 '당신이 할 수 있다면'**이라니요**,

πάντα δυνατὰ τῷ πιστεύοντι. 모든 것들이 믿는 이에게는 가능하답니다.
예수님께서 벙어리 귀신 들린 아들을 둔 아버지의 말을 받아 인용하시며 관사를 쓰신다. 여기서 τό는 주격일 수도 있고 대격일 수도 있다. 생략된 동사를 εἰμί로 잡으면 주격이고, λέγω가 생략되었다고 보면 대격이다.

눅 1:62

ἐνένευον δὲ τῷ παρτὶ αὐτοῦ 하여 그들이 그의[/세례 요한의] 부친에게 고갯짓합니다.

τὸ τί ἂν θέλοι καλεῖσθαι αὐτό. **거** '그를[/아이를] 뭐라 부르기를 원하는 지'요.

관사 τό는 간접 의문문 τί ἂν θέλοι καλεῖσθαι αὐτό를 이끈다. 여기서 관사 τό는 대격으로 보는 것이 좋겠다.

3. 형용사와 부사

헬라어 형용사(形容詞)는 우리말의 관형사처럼, 명사나 실명사를 꾸며서 한정하거나, 묘사하거나, 수식하여 그 꾸미는 대상의 상태나 성질을 더 명료하게 해주는 품사이다(문 형용사[adjective]). 우리말 수사는 형용사에서 다룬다. 부사(副詞, adverb)는 우리말 수식언에서 설명했듯, 용언이나 문장, 다른 부사 앞에 놓여 뒤에 오는 문장 내의 특정한 성분이나 문장을 수식하는 품사이다(한 477). 그럼, 형용사와 부사의 어미에 대해 살펴 보자.

3.1. 형용사의 어미변화(S 286-299, 311-323, M 350-351)

형용사는 어미변화는 대명사처럼, 남성, 여성, 중성 세 가지로 곡용되는 경우와 남성과 여성, 중성 두 가지로 곡용되는 경우로 나뉜다. 한 가지 성만으로 곡용되던 형용사들이(S 312) 신약성경에서는 명사(예. ἀλαζών, πατρίς, πένης)나 부사(예. ἀγνώς)로 쓰이거나, 한 가지 이상의 성으로 곡용된다(예. γυμνός). 그리고, 형용사는 비교급과 최상급 형태로도 쓰이기에 이에 대한 곡용도 제공한다.

3.1.1. 남성, 여성, 중성 세 가지로 곡용되는 경우

남성, 여성, 중성 세 가지로 곡용되는 경우, 형용사는 남성은 –ος 변화, 여성은 –α 혹은 –η 변화, 중성은 –ον 변화를 한다. 보통, '2변화, 1변화, 2변화'라고 칭한다.

3.1.1.1. 어간이 ε, ι, ρ로 끝나는 형용사

어간이 ε, ι, ρ로 끝나는 형용사는 어미가 -ος, -α, -ον 변화를 한다. 고전 헬라어에서는 어간이 ε으로 끝나는 형용사는 모음단축이 일어나 -οῦς, -ᾶ 혹은 -ῆ, -οῦν으로 변화되었으나(S 290) 신약성경에서는 -εος로 끝나는 형용사에 모음단축이 일어나지 않는다. 예로, ἄθεος(불경한, 1회)의 남성 복수 주격이 ἀθεοῖ가 아니라 ἄθεοι로 쓰인다. στερεός(견고한, 4회)도 남성 복수 주격이 στεροῖ가 아니라 στερεοί 형태로 쓰인다.

ἄξιος(쓸모 있는, 가치 있는, 받을 만한, 만한, 41회)와 μακρός(먼, 2회)의 곡용을 보자. 참고로, μακρός의 중성 복수 대격 μακρά는 부사(길게, 2회)로, 악센트가 끝전음절에 있는 μάκρος는 중성 명사(신약성경의 용례는 없음)로 쓰인다. 가로는 남성, 여성, 중성 순이고, 세로는 단수 주격, 단수 속격, 단수 여격, 단수 대격, 단수 호격, 복수 주격, 복수 속격, 복수 여격, 복수 대격, 복수 호격 순이다.

ἄξιος	ἀξία	ἄξιον	μακρός	μακρά	μακρόν
ἀξίου	ἀξίας	ἀξίου	μακροῦ	μακρᾶς	μακροῦ
ἀξίῳ	ἀξίᾳ	ἀξίῳ	μακρῷ	μακρᾷ	μακρῷ
ἄξιον	ἀξίαν	ἄξιον	μακρόν	μακράν	μακρόν
ἄξιε	ἀξία	ἄξιον	μακρέ	μακρά	μακρόν
ἄξιοι	ἄξιαι	ἄξια	μακροί	μακραί	μακρά
ἀξίων	ἀξίων	ἀξίων	μακρῶν	μακρῶν	μακρῶν
ἀξίοις	ἀξίαις	ἀξίοις	μακροῖς	μακραῖς	μακροῖς
ἀξίους	ἀξίας	ἄξια	μακρούς	μακράς	μακρά
ἄξιοι	ἄξιαι	ἄξια	μακροί	μακραί	μακρά

3.1.1.2. 어간이 ο, υ으로 끝나는 형용사

어간이 ο으로 끝나는 형용사는 모음단축이 일어난다. 가로에는 단축되기 이전 형태와 단축된 형태를 남성, 여성, 중성 순으로 함께 제시한다. 세로는 단수 주격, 단수 속격, 단수 여격, 단수 대격, 단수 호격, 복수 주격, 복수 속격, 복수 여격, 복수 대격, 복수 호격 순이다. ἁπλοῦς(한결같은, 2회)의 곡용을 보자.

ἁπλόος, ἁπλοῦς	ἁπλέα, ἁπλῆ	ἁπλόον, ἁπλοῦν
ἁπλόου, ἁπλοῦ	ἁπλέας, ἁπλῆς	ἁπλόου, ἁπλοῦ
ἁπλόῳ, ἁπλῷ	ἁπλέᾳ, ἁπλῇ	ἁπλόῳ, ἁπλῷ
ἁπλόον, ἁπλοῦν	ἁπλέαν, ἁπλῆν	ἁπλόον, ἁπλοῦν
ἁπλόος, ἁπλοῦς	ἁπλέα, ἁπλῆ	ἁπλόον, ἁπλοῦν

ἁπλόοι, ἁπλοῖ	ἁπλέαι, ἁπλαῖ	ἁπλόα, ἁπλᾶ
ἁπλόων, ἁπλῶν	ἁπλέων, ἁπλῶν	ἁπλόων, ἁπλῶν
ἁπλόοις, ἁπλοῖς	ἁπλέαις, ἁπλαῖς	ἁπλόοις, ἁπλοῖς
ἁπλόους, ἁπλοῦς	ἁπλέας, ἁπλᾶς	ἁπλόα, ἁπλᾶ
ἁπλόοι, ἁπλοῖ	ἁπλέαι, ἁπλαῖ	ἁπλόα, ἁπλᾶ

어간이 υ으로 끝나는 형용사의 경우, 남성과 중성은 '단어가 -ις, -υς으로 끝나는 명사'처럼, 여성은 ει + '단어가 -α로 끝나는 여성명사' 어미 형태로 곡용된다. 보통 '3변화, 1변화, 3변화'라고 부른다. βαθύς(깊은, 푹, 4회)와 ταχύς(빠른, 13회[형용사로 1회, 부사로 12회])로 곡용을 보자.

βαθύς	βαθεῖα	βαθύ
βαθέος	βαθείας	βαθέος
βαθεῖ	βαθείᾳ	βαθεῖ
βαθύν	βαθεῖαν	βαθύ
βαθύ	βαθεῖα	βαθύ

βαθεῖς	βαθεῖαι	βαθέα
βαθέων	βαθειῶν	βαθέων
βαθέσι	βαθείαις	βαθέσι
βαθεῖς	βαθείας	βαθέα
βαθεῖς	βαθεῖαι	βαθέα

ταχύς	ταχεῖα	ταχύ
ταχέως	ταχείας	ταχέως
ταχεῖ	ταχείᾳ	ταχεῖ
ταχύν	ταχεῖαν	ταχύ
ταχύ	ταχεῖα	ταχύ
ταχεῖς	ταχεῖαι	ταχέα
ταχέων	ταχειῶν	ταχέων
ταχέσι	ταχείαις	ταχέσι
ταχεῖς	ταχείας	ταχέα
ταχεῖς	ταχεῖαι	ταχέα

3.1.1.3. 어간이 ρ 외의 자음으로 끝나는 형용사

어간이 ρ 외의 자음으로 끝나는 형용사는 −ος 남성명사, −η 여성명사, −ον 중성명사와 같이 곡용된다.

ἀγαθός	ἀγαθή	ἀγαθόν
ἀγαθοῦ	ἀγαθῆς	ἀγαθοῦ
ἀγαθῷ	ἀγαθῇ	ἀγαθῷ
ἀγαθόν	ἀγαθήν	ἀγαθόν
ἀγαθέ	ἀγαθή	ἀγαθόν
ἀγαθοί	ἀγαθαί	ἀγαθά
ἀγαθῶν	ἀγαθῶν	ἀγαθῶν
ἀγαθοῖς	ἀγαθαῖς	ἀγαθοῖς
ἀγαθούς	ἀγαθάς	ἀγαθά
ἀγαθοί	ἀγαθαί	ἀγαθά

불규칙으로 취급되는(S 311) μέγας(커다란, 큰, 훌륭한, 대단한, 지체 높은, 243회)와 πολύς(많은, 많이, 여러, 다양한, 큰, 두루, 무척, 심한, 한참, 매우, 416회[비교급과 최상급 포함])는 남성과 중성의 주격과 대격만 단축 형태로 나타나기에 −ος 남성명사, −η

여성명사, –ον 중성명사 곡용으로 보는 것이 좋겠다. πολύς는 호격으로 쓰이지 않는다.

μέγας	μεγάλη	μέγα
μεγάλου	μεγάλης	μεγάλου
μεγάλῳ	μεγάλῃ	μεγάλῳ
μέγαν	μεγάλην	μέγα
μεγάλε	μεγάλη	μέγα
μεγάλοι	μεγάλαι	μεγάλα
μεγάλων	μεγάλων	μεγάλων
μεγάλοις	μεγάλαις	μεγάλοις
μεγάλους	μεγάλας	μεγάλα
μεγάλοι	μεγάλαι	μεγάλα

πολύς	πολλή	πολύ
πολλοῦ	πολλῆς	πολλοῦ
πολλῷ	πολλῇ	πολύ
πολύν	πολλήν	πολύ
πολλοί	πολλαί	πολλά
πολλῶν	πολλῶν	πολλῶν
πολλοῖς	πολλαῖς	πολλοῖς
πολλούς	πολλάς	πολλά

3.1.1.4. 곡용 과정에서 숨겨진 어간이 드러나는 형용사

곡용 과정에서 숨겨진 어간이 드러나는 경우가 있다. 남성과 중성은 '곡용 과정에서 숨겨진 어간이 드러나는 명사'처럼 변한다. 여성은 'ρ 외의 자음 + α'로 끝나는 명사처럼 주격, 대격, 호격에서는 α를, 속격, 여격에서는 η를 갖는다(이런 곡용을 'α/η 혼합형'이라 부르기도 한다).

μέλας(검은, 6회)는 곡용 과정에서 어간 ν이 드러나고 여성에는 모음 ι도 추가된다.

μέλας	μέλαινα	μέλαν
μέλανος	μελαίνης	μέλανος
μέλανι	μελαίνῃ	μέλανι
μέλανα	μέλαιναν	μέλαν
μέλαν	μέλαινα	μέλαν
μέλανες	μέλαιναι	μέλανα
μελάνων	μελαινῶν	μελάνων
μέλασι	μελαίναις	μέλασι
μέλανας	μελαίνας	μέλανα
μέλανες	μέλαιναι	μέλανα

신약성경에서 가장 많이 쓰이는 형용사인 πᾶς(온, 온갖 종류의, 매, 어떤 것이든, 마다, 모두, 많이들, 범사, 모든 일, 만물, 만유, 1243회)도 곡용 과정에서 남성과 중성 어미에 어간 ντ가 드러난다. 여성은 μέλας처럼 주격, 대격, 호격에서는 α를, 속격, 여격에서는 η를 갖는다.

πᾶς	πᾶσα	πᾶν
παντός	πάσης	παντός
παντί	πάσῃ	παντί
πάντα	πᾶσαν	πᾶν
πᾶς	πᾶσα	πᾶν
πάντες	πᾶσαι	πάντα
πάντων	πασῶν	πάντων
πᾶσι	πάσαις	πᾶσι
πάντας	πάσας	πάντα
πάντες	πᾶσαι	πάντα

3.1.2. 남성과 여성, 중성 두 가지로 곡용되는 경우

형용사 가운데에는 의문/부정 대명사처럼 남성과 여성이 같은 형태를 갖는 경우가 있다. 두 가지 경우가 있다. 하나는 어간에 어미가 붙은 경우이고, 다른 하나는 단어가 어간만으로 이뤄진 경우이다. '접두사+명사'로 이뤄진 복합 형용사(compound adjective)가 많다.

3.1.2.1. 어간에 어미가 붙은 형용사

어간에 어미가 붙은 형용사 가운데 남성과 여성 형태가 같은 예로는 ἁμαρτωλός(죄 있는, 47회), ἄδικος(불의한, 12회), φρόνομος(슬기로운, 14회), ἵλεως(행운, 2회)가 있다. ἵλεως 곡용에는 모음단축이 있다. 남성과 여성은 −ος 남성명사처럼, 중성은 −ον 중성명사처럼 변한다. 가로는 남성과 여성 변화, 중성 변화 순이다.

ἁμαρτωλός	ἁμαρτωλόν	ἄδικος	ἄδικον
ἁμαρτωλοῦ	ἁμαρτωλοῦ	ἀδίκου	ἀδίκου
ἁμαρτωλῷ	ἁμαρτωλῷ	ἀδίκῳ	ἀδίκῳ
ἁμαρτωλόν	ἁμαρτωλόν	ἄδικον	ἄδικον
ἁμαρτωλέ	ἁμαρτωλόν	ἄδικε	ἄδικον
ἁμαρτωλοί	ἁμαρτωλά	ἄδικοι	ἄδικα
ἁμαρτωλῶν	ἁμαρτωλῶν	ἀδίκων	ἀδίκων
ἁμαρτωλοῖς	ἁμαρτωλοῖς	ἀδίκοις	ἀδίκοις
ἁμαρτωλούς	ἁμαρτωλά	ἀδίκους	ἄδικα
ἁμαρτωλοί	ἁμαρτωλά	ἄδικοι	ἄδικα
φρόνιμος	φρόνιμον	ἵλεως	ἵλεων
φρονίμου	φρονίμου	ἵλεω	ἵλεω
φρονίμῳ	φρονίμῳ	ἵλεῳ	ἵλεῳ
φρόνιμον	φρόνιμον	ἵλεων	ἵλεων
φρόνιμε	φρόνιμον	ἵλεως	ἵλεων
φρόνιμοι	φρόνιμα	ἵλεῳ	ἵλεα
φρονίμων	φρονίμων	ἵλεων	ἵλεων

φρονιμοις	φρονίμοις	ἵλεῳς	ἵλεῳς
φρονίμους	φρόνιμα	ἵλεως	ἵλεα
φρόνιμοι	φρόνιμα	ἵλεῳ	ἵλεα

3.1.2.2. 단어가 어간으로 이뤄진 형용사

ἀληθής(참된, 실제로 존재하는, 현실인, 26회)의 어간은 ἀληθεσ이다(S 292). –ος 중성명사와 비슷하게 곡용된다.

ἀληθής	ἀληθές
ἀληθοῦς	ἀληθοῦς
ἀληθεῖ	ἀληθεῖ
ἀληθῆ	ἀληθές
ἀληθές	ἀληθές
ἀληθεῖς	ἀληθῆ
ἀληθῶν	ἀληθῶν
ἀληθέσι	ἀληθέσι
ἀληθεῖς	ἀληθῆ
ἀληθεῖς	ἀληθῆ

3.1.3. 비교급과 최상급의 어미변화

헬라어에서 원급(原級, positive)은 종류(kind)에, 비교급(比較級, comparative)과 최상급(最上級, superlative)은 정도(degree)에 초점이 있고, 비교급과 최상급의 차이는 수량(number)에 있다(W 296). 비교급이나 최상급이 고양형(高揚形, elative)으로 사용되기도 하는데, 고양형은 원급을 강화(intensification)시킬 때 사용한다(W 296, 300-301, 303). 신약성경에는 8574회 쓰인 형용사 가운데, 원급은 8259개, 비교급은 271개, 최상급은 44개이다.

비교급을 표현하는 기본 어미는 –τερος, –τερα, –τερον이다. –ος 남성명사, –α

여성명사, –ον 중성명사 어미와 같이 변한다. 비교급이 기본형이어서 원급과 비교급 형태가 같은, 그러다보니 비교급 형태로 가장 많이 쓰이는 πρεσβύτερος(더 늙은, 장로, 늙은이, 노인장, 66회)의 어미변화를 살펴 보자.

πρεσβύτερος　　πρεσβυτέρα　　πρεσβύτερον
πρεσβυτέρου　　πρεσβυτέρας　　πρεσβυτέρου
πρεσβυτέρῳ　　πρεσβυτέρᾳ　　πρεσβυτέρῳ
πρεσβύτερον　　πρεσβυτέραν　　πρεσβύτερον
πρεσβύτερε　　πρεσβυτέρα　　πρεσβύτερον

πρεσβύτεροι　　πρεσβύτεραι　　πρεσβύτερα
πρεσβυτέρων　　πρεσβυτέρων　　πρεσβυτέρων
πρεσβυτέροις　　πρεσβυτέραις　　πρεσβυτέροις
πρεσβυτέρους　　πρεσβυτέρας　　πρεσβύτερα
πρεσβύτεροι　　πρεσβύτεραι　　πρεσβύτερα

최상급을 표현하는 기본 어미는 –τατος, –τατη, –τατον이다. –ος 남성명사, –η 여성명사, –ον 중성명사 어미와 같이 변한다. 신약성경에서 최상급 형태가 쓰이는 ἅγιος(거룩한, 233회)로 형용사 최상급 ~~곡용~~을 살펴 본다. 참고로, 최상급은 필로의 글에 많이 쓰인다(3373회).

ἁγιώτατος　　ἁγιωτάτη　　ἁγιώτατον
ἁγιωτάτου　　ἁγιωτάτης　　ἀγιωτάτου
ἁγιωτάτῳ　　ἀγιωτάτῃ　　ἁγιωτάτῳ
ἁγιώτατον　　ἁγιωτάτην　　ἁγιώτατον
ἁγιώτατε　　ἁγιωτάτη　　ἁγιώτατον

ἁγιώτατοι　　ἁγιώταται　　ἁγιώτατα
ἁγιωτάτων　　ἁγιωτάτων　　ἁγιωτάτων
ἁγιωτάτοις　　ἁγιωτάταις　　ἁγιωτάτοις

ἁγιωτάτους	ἁγιωτάτας	ἁγιώτατα
ἁγιώτατοι	ἁγιώταται	ἁγιώτατα

비교급과 최상급 어미로 −τερος, −τατος를 취하는 단어의 예로는 다음과 같은 것들이 있다.

μακρός(먼, 4회), μακρότερος, μακρότατος

μικρός(작은, 하찮은, 46회), μικρότερος, μικρότατος

기본 어미 외에 비교급과 최상급을 표현하는 어미로, −ιων, −ιστος가 있다. 앞에서 원급 변화형을 소개했던 μέγας(커다란, 큰, 훌륭한, 대단한, 지체 높은, 243회)와 πολύς(많은, 많이, 여러, 다양한, 큰, 두루, 무척, 심한, 한참, 매우, 416회[비교급과 최상급 포함])를 통해, −ιων, −ιστος 변화형을 살펴 본다. 비교급을 표현할 때, 남성과 여성에는 −ιων이, 중성에는 −ιον이 쓰인다. 비교급의 경우, 남성과 여성은 형태가 같다. 그리고 −ιων, −ιον 형태의 비교급은 호격이 쓰이지 않는다. 그럼, 먼저 비교급 곡용을 본다.

μείζων	μεῖζον	πλείων	πλεῖον
μείζονος	μείζονος	πλείονος	πλείονος
μείζονι	μείζονι	πλείονι	πλείονι
μείζονα	μεῖζον	πλείονα	πλεῖον
μείζονες	μείζονα	πλείονες	πλείονα
μειζόνων	μειζόνων	πλειόνων	πλειόνων
μείζοσι	μείζοσι	πλείοσι	πλείοσι
μείζονας	μείζονα	πλείονας	πλείονα

최상급을 표현할 때는, −ιστος, −ίστη, −ιστον이 쓰인다. 최상급의 경우 남성과 여성 형태가 다르고 호격도 쓰인다.

μέγιστος μεγίστη μέγιστον
μεγίστου μεγίστης μεγίστου
μεγίστῳ μεγίστῃ μεγίστῳ
μέγιστον μεγίστην μέγιστον
μέγιστε μεγίστη μέγιστον

μέγιστοι μέγισται μέγιστα
μεγίστων μεγίστων μεγίστων
μεγίστοις μεγίσταις μεγίστοις
μεγίστους μεγίστας μέγιστα
μέγιστοι μέγισται μέγιστα

πλεῖστος πλείστη πλεῖστον
πλείστου πλείστης πλείστου
πλείστῳ πλείστῃ πλείστῳ
πλεῖστον πλείστην πλεῖστον
πλεῖστε πλείστη πλεῖστον

πλεῖστοι πλεῖσται πλεῖστα
πλείστων πλείστων πλείστων
πλείστοις πλείσταις πλείστοις
πλείστους πλείστας πλεῖστα
πλεῖστοι πλεῖσται πλεῖστα

비교급과 최상급 어미로 -ιων, -ιστος를 갖는 단어로는, μέγας와 πολύς 외에도 다음과 같은 것들이 있다. 원급, 비교급, 최상급 순이다. 특별히, ἀγαθός와 κακός는 세 가지의 비교급과 최상급 형태가 쓰인다.

ἀγαθός(선한, 102회), ἀμείνων, ἄριστος
    ἀγαθός, βελτίων, βέλτιστος
    ἀγαθός(κρατύς, 강력한, 유력한), κρείττων 혹은 κρείσσων, κράτιστος
κακός(해치는, 해악, 50회), κακίων, κάκιστος

κακός, χείρων, χείριστος

κακός, ἥττων 혹은 ἥσσων, ἥκιστα

καλός(아름다운, 좋은, 101회), καλλίων, κάλλιστος

ὀλίγος(적은 작은, 가벼운, 짧은, 하찮은, 40회), ὀλείζων, ὀλίγιστος

3.1.4. 수 형용사의 어미변화(S 347, M-T II 167-178)

수량을 나타내는 양수사(量數詞, cardinal numeral)는 '기초가 되는 수'라 하여 기수(基數, cardinal)라 부르고, 순서를 나타내는 서수사(序數詞, ordinal numeral)는 동일한 의미로 서수(序數, ordinal)라 부른다(한 447). 어떤 수량이나 순서를 정확하게 명시하여 말하지 않는 수사인 우리말 부정 수사(不定數詞)가 헬라어로는 부정 대명사의 복수형태로 표현된다. 그럼, 헬라어 숫자를 살펴 보자. 순서는 아라비아 숫자, 헬라어 숫자 기호, 기수, 서수, 부사 순이다. 헬라어 숫자 기호를 알아 두면, 헬라어 사본을 읽을 때 도움이 된다. 아래 단어는 신약성경과 칠십인역의 용례를 따른다.

1	α´	εἷς, μία, ἕν	πρῶτος, –η, –ον	ἅπαξ
2	β´	δύο	δεύτερος, –α, –ον	δίς
3	γ´	τρεῖς, τρία	τρίτος, –η, –ον	τρίς
4	δ´	τέσσαρες, τέσσαρα	τέταρτος, –η, –ον	τετράκις
5	ε´	πέντε	πέμπτος	πεντάκις
6	ς´	ἕξ	ἕκτος	ἑξάκις
7	ζ´	ἑπτά	ἕβδομος	ἑπτάκις
8	η´	ὀκτώ	ὄγδοος	ὀκτάκις
9	θ´	ἐννέα	ἔνατος	ἐνάκις
10	ι´	δέκα	δέκατος, –η, –ον	δεκάκις
11	ια´	ἕνδεκα	ἑνδέκατος	ἐνδεκάκις
12	ιβ´	δώδεκα	δωδέκατος	δωδεκάκις

13	ιγ´	τρεῖς καὶ δέκα	τρισκαιδέκατος	τρεισκαιδεκάκις
14	ιδ´	τέσσαρες καὶ δέκα	τέσσαρεσκαιδέκατος	τεσσαρεσκαιδεκάκις
15	ιε´	πεντεκαίδεκα	πεντεκαιδέκατος	πεντεκαιδεκάκις
16	ις´	ἑκαίδεκα	ἑκκαιδέκατος	ἑκκαιδεκάκις
17	ιζ´	ἑπτακαίδεκα	ἑπτακαιδέκατος	ἑπτακαιδεκάκις
18	ιη´	ὀκτωκαίδεκα	ὀκτωκαιδέκατος	ὀκτωκαιδεκάκις
19	ιθ´	ἐννεακαίδεκα	ἐπιδέκατος	ἐννεακαιδεκάκις
20	κ´	εἴκοσι	εἰκοστός, –ή, –όν	εἰκοσάκις
21	κα´	εἷς καὶ εἴκοσι,εἴκοσι εἷς	πρῶτος καὶ εἰκοστός	εἰκοσάκις ἅπαξ
30	λ´	τριάκοντα	τριακοστός	τριακοντάκις
40	μ´	τεσσεράκοντα	τεσσερακοστός	τεσσερακοντάκις
50	ν´	πεντήκοντα	πεντηκοστός	πεντηκοντάκις
60	ξ´	ἑξήκοντα	ἑξηκοστός	ἑξηκοντάκις
70	ο´	ἑβδομήκοντα	ἑβδομηκοστός	ἑβδομηκοντάκις
80	π´	ὀγδοήκοντα	ὀγδοηκοστός	ὀγδοηκοντάκις
90	ϙ´	ἐνενήκοντα	ἐνενηκοστός	ἐνενηκοντάκις
100	ρ´	ἑκατόν	ἑκατοστός, –ή, –όν	ἑκατοντάκις
200	σ´	διακόσιοι, –αι, –α	διακοσιοστός	διακοσιάκις
300	τ´	τριακόσιοι	τριακοσιοστός	τριακοσιάκις
400	υ´	τετρακόσιοι	τετρακοσιοστός	τετρακοσιάκις
500	φ´	πεντακόσιοι	πεντακοσιοστός	πεντακοσιάκις
600	χ´	ἑξακόσιοι	ἑξακοσιοστός	ἑξακοσιάκις
700	ψ´	ἑπτακόσιοι	ἑπτακοσιοστός	ἑπτακοσιάκις
800	ω´	ὀκτακόσιοι	ὀκτακοσιοστός	ὀκτακοσιάκις
900	ϡ´	ἐνακόσιοι	ἐνακοσιοστός	ἐνακοσιάκις
1,000	͵α	χίλιοι, –αι, –α	χιλιοστός, –ή, –όν	χιλιάκις

2,000	͵β	δισχίλιοι	δισχιλιοστός	δισχιλιάκις
3,000	͵γ	τρισχίλιοι	τρισχιλιοστός	τρισχιλιάκις
10,000	͵ι	μύριοι, –αι, –α	μυριοστός	μυριάκις
20,000	͵κ	δισμύριοι	δισμυριοστός	δισμυριάκις
100,000	͵ρ	δεκακισμύριοι	δεκακισμυριοστός	δεκακισμυριάκις

기수는 '하나, 둘, 셋' 혹은 '일, 이, 삼'으로, 서수는 '첫째, 둘째, 셋째' 혹은 '제일, 제이, 제삼'으로, 부사는 '한 번, 두 번, 세 번'과 같이 번역된다. 부사는 어미변화를 하지 않는다. 서수는 δεύτερος만 –ος, –α, –ον 변화를 하고 나머지는 모두 –ος, –η, –ον 변화를 한다. 기수 어미변화는 설명이 좀더 필요하다. 우선 εἷς(하나, 일, 1, 각, 누구, 어느, 345회)의 남성과 중성은 '단어가 –ις, –υς로 끝나는 명사'처럼, 여성은 '단어가 –α로 끝나는 여성명사' 어미 형태로 곡용된다. '하나, 일'은 단수이므로 복수형은 없다. 가로는 남성, 여성, 중성 순이고, 세로는 주격, 속격, 여격, 대격 순이다.

εἷς	μία	ἕν
ἑνός	μιᾶς	ἑνός
ἑνί	μιᾷ	ἑνί
ἕνα	μίαν	ἕν

δύο(둘, 두, 이, 2, 135회)부터는 단수형은 없고 복수(엄밀히 말하면 쌍수) 형태만 쓰인다. δύο는 성 구분 없이 다음과 같이 곡용된다.

δύο
δύο 혹은 δυεῖν 혹은 δυοῖν
δυσί
δύο

τρεῖς(셋, 삼, 3, 69회)는 '곡용 과정에서 숨겨진 어간이 드러나는 형용사'와 유사하게 곡용된다. 단, 남성형과 여성형이 같다. 가로는 남성과 여성, 중성 순이다.

τρεῖς	τρία
τριῶν	τριῶν
τρισί	τρισί
τρεῖς	τρία

τέσσαρες(넷, 사, 4, 41회)도 τρεῖς처럼 '곡용 과정에서 숨겨진 어간이 드러나는 형용사'와 유사하게 곡용된다. 남성과 여성의 어미변화가 같고 복수형만 있다.

τέσσαρες	τέσσαρα
τεσσάρων	τεσσάρων
τέσσαρσι	τέσσαρσι
τέσσαρας	τέσσαρα

숫자 5에서 199까지는 어미변화를 하지 않는다. 그리고 200부터는 어간이 ρ 외의 자음으로 끝나는 형용사처럼, 다시 말해 -ος 남성명사, -η 여성명사, -ον 중성명사와 같이 곡용된다. διακόσιοι(이백, 200, 8회)로 어미변화를 살펴 본다.

διακόσιοι	διακόσιαι	διακόσια
διακοσίων	διακοσίων	διακοσίων
διακοσίοις	διακοσίαις	διακοσίοις
διακοσίους	διακοσίας	διακόσια

형용사가 목적어를 갖기도 한다. 우선, 비교 대상이 속격으로 목적어가 된다. 예로, 요 14:28을 보자(W 111).

ὅτι ὁ πατὴρ **μείζων μού** ἐστιν. 아버지께서 **나보다 크시기** 때문이다.
일인칭 대명사 속격인 μου는 형용사 μείζων의 목적어로 비교 대상을 표현한다.

다음으로, 여격이 목적어로 쓰인 경우는 행 8:17을 보자.

οὐδὲν **ἐναντίον** ποιήσας **τῷ λαῷ ἢ τοῖς ἔθεσι τοῖς πατρῴοις**

백성이나 조상들의 관습[들]에 반대하여 아무 짓도 하지 않았는데도 형용사 ἐναντίος(반하는, 거스르는, 반대하여, 8회)의 목적어는 τῷ λαῷ와 τοῖς ἔθεσι τοῖς πατρῴοις이다. 반대하는 대상인 목적어를 여격으로 취했다.

3.2. 부사의 어미변화(S 341-346)

부사(副詞, adverb, 용언이나 문장, 다른 부사 앞에 놓여 뒤에 오는 문장 내의 특정한 성분이나 문장을 수식하는 품사; 한 477)는 명사, 대명사, 형용사 어간에 격 어미나 부사 어미가 붙어 형성된다.

3.2.1. 격 어미가 붙어 형성된 부사

형용사의 중성 단수 대격이나 중성 복수 대격 형태가 부사로 쓰이는 경우가 많다. 예를 들어 본다.

형용사의 중성 단수 대격이 부사가 된 예: 막 5:36

Μὴ φοβοῦ, **μόνον** πίστευε. 두려워하지 마시오. **다만** 믿으시오.
μόνος는 형용사로 '유일한'이라는 뜻을 가진다. 중성 단수 대격인 μόνον은 '다만, 단지'의 의미를 갖는다.

형용사의 중성 복수 대격이 부사처럼 쓰인 예: 막 5:38

καὶ θεωρεῖ θόρυβον 이어 그분이 소동을 목도하신다.

καὶ κλαίοντας καὶ ἀλαλάζοντας **πολλα**, 또한 울고 **심히** 통곡하는 것을.

πολλά는 형용사 πολύς의 중성 복수 대격으로 부사처럼 쓰였다. 부사로 분류할 수도 있다. 막 9:26도 보라.

한편, 막 5:43의 경우는 동사 수식적인 용법으로 쓰인 것으로도, 목적어로도 볼 수 있다.

καὶ διεστείλατο αὐτοῖς **πολλά**

그러자 그분이 그들에게 **많은 것들을**[/**엄격하게**] 명하셨습니다.

πολλά를 '많은 것들'로도, '엄격하게'로도 번역할 수 있다. 비슷한 예로, 막 5:10를 보라.

형용사의 단수 여격이 부사로 쓰이기도 한다. δημοσίᾳ, κοινῇ, ἄλλῃ, πῇ 등이 있다. 행 16:37을 보자.

Δείραντες ἡμᾶς **δημοσίᾳ** ἀκατακρίτους,

우리를 **대중 앞에서** 판결 없이 매질했습니다.

ἀνθρώπους Ῥωμαίους ὑπάρχοντας, 로마 사람인 {우리를요.}

ἔβαλαν εἰς φυλακήν, {그리고} 감옥에 처넣었습니다.

καὶ νῦν λάθρᾳ ἡμᾶς ἐκβάλλουσιν; 그런데 이제는 몰래 우리를 밖으로 내쫓는단 말입니까?

δημοσίᾳ는 δημόσιος(공공의, 4회)의 여성 단수 여격 형태로 부사로 쓰였다. 부사 λάθρᾳ도 형태는 여성 단수 여격 형태이다.

속격 어미를 취하는 부사도 있다. 강의 대명사 αὐτός의 남성과 중성 속격인 αὐτοῦ가 부사로 쓰여 '거기서, 거기에'의 의미로 쓰인다(4회). 행 18:19를 보자.

κατήντησαν δὲ εἰς Ἔφεσον, 그들이[/바울 일행이] 에베소에 도착했는데,

κἀκείνους κατέλιπεν **αὐτοῦ**, 바울은[그는] 일행을 **거처에**[**거기에**] 남겨두고

αὐτὸς δὲ εἰσελθὼν εἰς τὴν συναγωγὴν 자신은 회당에 들어가서

διελέξατο τοῖς Ἰουδαίοις. 유대인들과 이야기를 나누었습니다.

이와 같은 예로는 ἑξῆς(다음, 5회), οὗ(거기서, 거기에서, 24회) 등이 있다.

주격 어미를 갖기도 한다. 앞서 형용사 항목에서 본, 숫자와 관련된 부사들이다. 막 14:30을 보자.

σὺ σήμερον ταύτῃ τῇ νυκτὶ 네가 오늘 이 밤에

πρὶν ἢ **δὶς** ἀλέκτορα φωνῆσαι 닭이 **두 번** 울기도 전에

τρίς με ἀπαρνήσῃ. **세 번** 나를 부인할 것이다.

δίς는 δύο의 부사이고, τρίς는 τρεῖς의 부사이다. 일상적인 닭의 울음이 두 번 들리기

도 전에 세 번이나 베드로가 예수님을 부인할 거라는 주님의 말씀이다.

처소격 어미를 갖기도 한다. 대표적인 단어로 ἐκεῖ(거기에서, 105회), πάλαι(오래 전에, 7회)가 있다. 여격 어미와 유사하다.

도구격 어미를 갖는 대표적인 단어로는 ἄνω(위로, 9회), κάτω(아래로, 9회), ὧδε(여기서, 여기에, 61회)가 있다.

ως로 끝나는 모든 부사는 탈격 어미를 가진 부사에 속한다. οὕτως(그런 까닭에, 과연, 참으로, 정말, 그렇게, 이렇게 해서, 이렇게, 이처럼, 이와 같이 그 상태로, 전과 같이, 그 다음에, 208회), ἑτέρως(그렇지 않고, 1회) 등이 있다.

3.2.2. 부사 어미가 붙은 경우

부사 어미는 장소, 방식, 시간, 정도에 따라 어느 정도 구분된다. 우선, 장소를 의미하는 부사 어미로는 –ι, –θι, –σι, –ου, –θεν, –δε, –ζε, –σε가 있다. –ι, –θι, –σι, –ου는 '-에'를, –θεν은 '-로부터'를, –δε, –ζε, –σε는 '-로'를 의미한다.

οἴκοι 집에	οἴκοθεν 집으로부터	οἴκαδε 집으로
ἀλλαχοῦ 다른 곳에	ἀλλαχόθεν 다른 곳으로부터	ἀλλαχόσε 다른 곳으로
ἀμφοτέρωθι 양쪽에	ἀμφοτέρωθεν 양쪽으로부터	ἀμφοτέρωσε 양쪽으로
πανταχοῖ 모든 방향에	πανταχόθεν 모든 방향으로부터 πάντοθεν	πανταχόσε 모든 방향으로
αὐτοῦ 거기에	αὐτόθεν 거기로부터	αὐτόσε 거기로
ὁμοῦ 한자리에	ὁμόθεν 한자리로부터	ὁμόσε 한자리로
Ἀθήνησι 아덴에	Ἀθήνηθεν 아덴으로부터	Ἀθήναζε 아덴으로

다음으로, 방식을 의미하는 부사 어미로는 –ως가 있다. 형용사의 복수 속격 형태에서 끝자음 ς만 ν으로 바꾸면 된다. '형용사, 형용사의 복수 속격, 부사' 순이다.

δίκαιος(의로운, 올바른, 79회)	δικαίων	δικαίως(응당, 마땅히, 5회)

κακός(해치는, 해악, 악, 50회)	κακῶν	κακῶς(나쁘게, 16회)
ἁπλοῦς(한결같은, 2회)	ἁπλῶν	ἁπλῶς(한결같이, 1회)
ἡδύς(달콤한)	ἡδέων	ἡδέως(달게, 5회)
σώφρων(신중한, 4회)	σωφρόνων	σωφρόνως(신중하게, 1회)
ἄλλος(다른, 155회)	ἄλλων	ἄλλως(그렇지 않게, 1회)
πᾶς(온갖, 모두, 1243회)	πάντων	πάντως(분명히, 8회)
ὤν(εἰμί의 분사)	ὄντων	ὄντως(과연, 정말로, 11회)

시간을 의미하는 부사 어미로는 −α, −ακις가 있다. 예로, ἅμα(동시에, 10회), πολλάκις (자주, 18회)가 있다. 숫자의 부사를 보면, 5부터 어미 −ακις가 붙는 것을 알 수 있다.

정도를 표현하는 부사 어미로는 −δον이 있다. 예로, ὁμοθυμαδόν(일치된 마음으로, 한꺼번에, 11회), σχεδόν(거의, 3회)이 있다.

부사의 비교급은 형용사 비교급의 중성 단수 대격형을, 부사의 최상급은 형용사 최상급의 중성 복수 대격형을 쓴다. 예로, μάλα, μᾶλλον, μάλιστα가 있다. μάλα는 '매우'를 의미하고, μᾶλλον은 '더욱, 오히려'를 의미하며(81회), μάλιστα는 '특히, 극도로'를 의미한다(12회).

부정(否定)을 표현하는 부사들이 있다. μηδαμῶς([절대로] 안 된다, 2회), μηκέτι(더 이상 않다), οὐδέποτε(한번도 -한 적이 없다, 16회), οὐδέπω(아직 -하지 않는다, 4회), οὐκέτι(더 이상 못-, 47회) 등이다.

때로, 부정을 표현하는 부사가 때로는 문장 전체를 부정하기보다 부정의 의미를 강조하기도 한다. 막 15:5을 보라.

ὁ δὲ Ἰησοῦς **οὐκέτι** οὐδὲν ἀπεκρίθη,

하나 예수님은 **더 이상 전혀** 아무 대답도 하지 않으셨다.

이 문장에서 οὐκέτι는 '아무 대답도 하지 않으셨다'의 부정의 의미를 강조하기에 '더 이상 전혀'와 같이 번역했다.

부사가 관사와 함께 쓰인 '관사 + 부사' 형식은 실명사(실명사, substantive)로 쓰인다(참고. R 765-766). 어떻게 번역할 것인가? 행 4:29을 보자.

καὶ **τὰ νῦν**, κύριε, ἔπιδε
또한 **현재[/지금 일어나는 것들을]**, 주님, 자세히 살펴보십시오.
ἐπὶ τὰς ἀπειλὰς αὐτῶν
그들의 으름장[들]을요[으름장들에서 비롯된 것들을요].

τὰ νῦν을 직역하면 '거 지금' 혹은 '지금 것들'이다. 우리말로 어색하니 '현재'와 '지금 일어나는 것들'로 표현될 수 있다. 후자로 보면, τὰ νῦν은 부사 νῦν에 중성 복수 대격 관사가 합쳐져 ἔπιδε의 목적어가 된 것이다.

'관사+부사' 형식의 실명사가 전치사의 목적어가 된 예를 살펴 본다. 마 24:21이다.

ἔσται γὰρ τότε θλῖψις μεγάλη 그때 큰 환란이 있을 것이기 때문입니다.
οἵα οὐ γέγονεν ἀπ' ἀρχῆς κόσμου ἕως **τοῦ νῦν**
그런 것은[/환란은] 세상의 시작부터 **현재**까지 없었고
οὐδ' οὐ μὴ γένηται. 있기도 어려운[/있을 수도 없는] 것입니다.

ἕως τοῦ νῦν는 '거 지금까지'로 '현재'를 의미한다.

눅 17:31도 보자.

καὶ ὁ ἐν ἀγρῷ 또한 경작지에 있는 자는
ὁμοίως μὴ ἐπιστρεψάτω εἰς **τὰ ὀπίσω**.
마찬가지로 **뒤에 있는 것들**에게로 돌이키지 말게 하시오.

ὀπίσω는 부사와 비본래적인 전치사로 쓰인다. 여기서는 부사로 쓰였다. εἰς τὰ ὀπίσω는 '뒤에 있는 것들에게로'로 번역된다.

4. 전치사와 접속사

헬라어 전치사(前置詞, preposition)와 접속사(接續詞, conjunction)를 함께 다루는 이유는 우리말 관계언에 속하기 때문이다. 헬라어 전치사는 부사와 밀접한 관계가 있다. 부사 가운데 '동사 합성(composition)에 사용되면서 실명사(substantive)를 목적어로 취하는 부사'를 전치사라 부르고, '동사 합성에는 사용되지 않지만 실명사를 목적어로 취하는 부사'를 '비본래적인 전치사(improper preposition)' 혹은 '동사 수식적 혹은 부사적 전치사(adverbial preposition)'이라 부르기 때문이다(R 553-554). 전치사가 부사로 사용된 예로 막 14:19의 εἷς κατὰ εἷς가 있다(R 555). 의미는 '하나씩 각각' 혹은 '하나하나'이다. κατά 다음에 있는 εἷς가 주격이기에 목적어일 수 없다.

접속사도 부사와 연관이 있다. 명사, 대명사, 부사 등에서 비롯된 다음, 고정된 형태로 단어, 구, 절을 연결하는 기능을 하기 때문이다. 우리말 문법에서 접속사를 '접속 부사'라 칭하는 경우가 있는 것을 봐도(한 480-481), 접속사는 부사와 연관된다. 그러나 동사를 수식하는 품사를 '부사'로 정의했기에, 실명사를 목적어로 취하는 부사류는 '전치사'라고, 문장 요소를 연결해주는 부사류는 '접속사'라고 부르는 것이다.

전치사와 접속사는 기본적으로 한 가지 형태를 취한다. 이어지는 단어로 인해 모음이 탈락되거나 자음동화가 일어나는 것은, 소리나는 대로 표기해서 발생하는 현상이지 곡용이 아니다. 그럼, 전치사와 접속사를 종류별로 살펴 보자.

4.1. 전치사

전치사는 앞서 설명했듯, 본래적인 전치사(proper preposition)와 비본래적인 전치사가 있다. 전치사의 목적어는 전치사 다음에 뒤따라오는 것이 보통이나, 전치사 앞에 전치사에 속한 단어가 나오는 경우도 있다. 예. 눅 7:44의 **σου εἰς** τὴν οἰκίαν **네 집에**. σου가 τὴν οἰκίαν을 한정하면서 두 단어가 함께 전치사 εἰς의 목적어가 된다. 그런데 σου를 강조하다보니 전치사 앞에 전치사에 속한 단어가 있게 되었다.

4.1.1. 본래적인 전치사(R 571-636)

동사 및 단어 합성에 사용되면서 실명사를 목적어로 취하는 본래적인 전치사는 ἀνά, ἀντί, ἀπό, διά, εἰς, ἐκ, ἐν, ἐπί, κατά, μετά, παρά, περί, πρό, πρός, σύν, ὑπέρ, ὑπό로 모두 17개이다. 신약성경에 10406회 쓰인다. 취하는 격 순서로 정리한다. 먼저, 속격을 취하는 전치사들이다.

4.1.1.1. 속격을 취하는 전치사

열일곱 개의 본래적인 전치사 가운데 속격을 목적어로 취하는 전치사는 ἀντί, ἀπό, διά, ἐκ, ἐπί, κατά, μετά, παρά, περί, πρό, πρός, ὑπέρ, ὑπό로 모두 열세 개이다. 속격을 목적어로 취하지 않는 전치사 가운데 ἀνά, εἰς는 대격만 취하고, ἐν과 σύν은 여격만 취한다. 따라서, 대부분의 전치사가 속격을 목적어로 취한다고 보면 된다. 명사, 대명사, 관사 서론에서 설명했듯이, 속격은 기본적으로 '기원, 소유, 소속, 부분'을 나타낸다(2.1.2.2.을 보라). 그럼, 개념이 연결되는 것끼리 묶어서 살펴 보자.

4.1.1.1.1. ἀντί, κατά, ὑπό

ἀντί는 양쪽에서 바라보는 상태를, κατά는 위에서 아래로 움직이는 상태를, ὑπό는 아래에서 위로 움직이는 상태를 표현한다. ἀντί는 양편 가운데 한쪽 편을 속격으로, κατά는 아래쪽에 있는 것을 속격으로, ὑπό는 위쪽에 있는 것을 속격으로 취한다. ἀντί, κατά, ὑπό는 두 개의 점과 움직이는 방향이 있다.

목적어로 속격만 취하는 ἀντί는 '대면하여, 맞서서'를 뜻하는 ἄντα라는 부사(LSJ 148)의 처소격으로, 두 남자가 외나무다리 양 끝에서 맞서고 있는 모습을 연상케 한다(R 572). 신약성경에 22회 쓰이고 '반대하여, 대신하여'를 뜻한다. 여기서 대신은 '명사, 대명사 뒤에 쓰여 어떤 대상과 자리를 바꾸어서 있게 되거나 어떤 대상이 하게 될 구실을 바꾸어서 하게 됨, 또는 그렇게 되는 새로운 대상'을 의미한다. ἀντί가 속격을 취한 것은 두 가지 모두 선택할 수 없는 상황에서 그 가운데 '한 가지' 즉 '부분'을 의미하기에 속격을 취하는 것으로 보인다.

그러므로 히 12:2의 ἀντί를 '위하여'로 번역하는 것은 적절하지 않다.

ὃς **ἀντὶ τῆς** προκειμένης αὐτῷ **χαρᾶς** 그분은 그분 앞에 놓인 **기쁨 대신에**

ὑπέμεινεν σταυρὸν αἰσχύνης 부끄러움의 십자가를 참으셨습니다.

예수님에 대해 설명하는 구절이다. ἀντί를 '위하여'로 번역하는 성경이 많으나, '위하여'로 번역하면 '그것을 목적 삼아'로 이해될 수 있다. ἀντί는 그런 의미를 가지지 않는다. 예수님은 십자가를 지신 다음에 받게 될 즐거움을 생각하고 부끄러움의 십자가를 지신 것이 아니다. 열두 영 즉, 육 만이 넘는 천사들을 불러 십자가를 지지 않으실 수 있으나 하나님의 경륜대로 십자가를 지신 것이다. '예수님 앞에 놓인 기쁨'은 모세가 바로 공주의 아들로 누릴 수 있었던 기쁨과 비교된다(히 11:24). 예수님과 모세는 누릴 수 있는 기쁨보다 하나님의 뜻 행하시기를 더 기뻐하셨다. 그 결과 모세는 하나님의 백성들과 함께 고생했고, 예수님은 십자가를 지심으로 대표적 대속 죽음을 죽으셨다. 히브리서에 두 번 쓰인 ἀντί 가운데 두 번째 예도 이러한 해석을 뒷받침한다. 히 12:16이다.

ὃς **ἀντὶ βρώσεως μιᾶς** 그는 **한 가지 양식을 대신하여**

ἀπέδετο τὰ πρωτοτόκια ἑαυτοῦ. 자기 자신의 장자권[들]을 팔았다.

에서에 대한 말씀이다. 에서는 팥죽 한 그릇에 장자의 권리들을 야곱에게 팔았다. '팥죽이냐, 장자권이냐?' 하는 선택의 순간에 팥죽을 선택한 것이다. 12:2과 똑같은 구문으로에서의 일을 기술함으로써, 예수님 앞에 놓였던 군사적 승리가 팥죽 같은 것이었음을 히브리서 기자(아마도 누가)는 빗대어 말한다.

ἀντί가 동사 합성에 사용된 예: 행 6:9-10

συζητοῦντες τῷ Στεφάνῳ, {그들이} 스데반과 논쟁하지만

καὶ οὐκ ἴσχυον **ἀντιστῆναι 맞서지는** 못합니다.

τῇ σοφίᾳ καὶ τῷ πνεύματι 거 지혜와 영에요.

ᾧ ἐλάλει. 그것으로[/그 지혜와 영으로] 그가 얘기하죠.

성령 충만한 스데반에 대한 기술이다. ἀντιστῆναι는 ἀνθίστημι(맞서다, 방해하다, 14회)의 부정사 부정과거 능동태형이다. 기본형의 경우, ἵστημι가 모음으로 시작하기에 ἀντί의 끝모음이 탈락되고, ἵστημι가 강한 숨표를 가지기에 자음동화가 일어나 무성음 τ가 기식음 θ가 되었다.

'위에서 아래로 움직이는 상태'를 표현하는 κατά는 속격과 대격을 갖는다. 주격을 취하는 경우가 3회(막 14:19; 요 8:9; 롬 12:5) 있으나 이는 앞에서 설명했듯 κατά가 부사로 쓰인 경우이다. 속격을 목적어로 취한 경우는 774회, 대격을 취한 경우는 396회이다(복음서 제목에 쓰인 것까지 포함하면 400회이다). κατά + 속격은 '~와/과 맞서, 쪽으로'를 의미한다.

κατά가 탈격(ablative)를 갖는다고 주장되고 행 27:14가 예로 제시되지만(R 606), 적절하지 않아 보인다. 행 27:14이다.

μετ' οὐ πολὺ δὲ 하나 오래지 않아

ἔβαλεν **κατ' αὐτῆς** ἄνεμος τυφωνικὸς

거센 바람이 **섬[그] 쪽으로[섬에 맞서]** 불어 닥쳤습니다.

ὁ καλούμενος Εὐρακύλων· 유라굴로라고[/동북동풍이라고] 불리는 바람이죠[것이죠].

바울보다 선장과 선주의 말을 좇아 편안함을 추구하던 이들에게 어려움이 닥쳐온다. '동북동풍'을 뜻하는 유라굴로가 섬에서 생성된 바람이라면 '섬 아래쪽으로(down **from** the island)'라는 번역도 가능하지만(R 606), 선원들이 리비아 북쪽 해안에 있는 모래톱인 스르디스에 걸릴 것을 염려한 것을 볼 때 '섬에 불어닥친' 바람일 가능성이 더 높다. 그러니 κατ' αὐτῆς는 '섬 아래쪽으로'보다는 '섬 쪽으로' 표현되는 것이 더 적절하다. 따라서 여기서 전치사 κατά의 목적어로 쓰인 αὐτῆς는 속격으로 보는 것이 좋겠다.

κατά가 동사 합성에 사용된 예: 행 14:18

καὶ ταῦτα λέγοντες 이것들을 말하여

μόλις **κατέπαυσαν** τοὺς ὄχλους 가까스로 무리[들]을 **말려서**

τοῦ μὴ θύειν αὐτοῖς. 자신들에게 제물을 바치지 못하게 하였습니다.

루스드라에서 복음을 전한 바울과 바나바가 보인 태도이다. κατά가 παύω(멈추다, 그치다, 15회)를 만나, '제지하다, 말리다[다른 사람이 하고자 하는 어떤 행동을 못하게 방해하다]'가 되었다. 한편, '아래로, 맞서'와 같은 의미를 갖는 κατά는 동사와 합성될 때 '완결성'이 내포되기도 한다(R 606).

κατά와 반대로 '아래에서 위쪽으로 움직이는 상태'를 표현하는 ὑπό도 속격과 대격을 목적어로 취한다. 다만, κατά와 달리, 속격이 대격보다 더 많이 쓰인다. 속격 169회, 대격 51회이다. ὑπό + 속격은 '의해[의하다: 무엇에 의거하거나 기초하다, 또는 무엇으로 말미암다], 의한, 의하면, 의하여'를 의미한다. 그래서 능동태 문장의 주어가 수동태에서 ὑπό + 속격이 되기도 한다. 예로, 행 2:24를 보자.

ὃν ὁ θεὸς ἀνέστησεν 하지만 하나님께서는 그분을 일으키셔서,

λύσας τὰς ὠδῖνας τοῦ θανάτου, 사망의 고통을 풀어 주셨습니다.

καθότι οὐκ ἦν δυνατὸν 그것이[/사망이] 할 수 없었던 까닭입니다.

κρατεῖσθαι αὐτὸν **ὑπ' αὐτοῦ**·

자기 밑에[**그에 의해**] 그분을 억류하는 것을요.

오순절 성령 강림이 있던 날, 베드로는 사망의 무능력과 예수 그리스도의 능력을 비교하였다. 마지막 줄의 αὐτόν은 예수님을 가리키고 κρατεῖσθαι의 주어이다. 직역하면 '그분[/예수님]이 그[/사망]에 의해 억류되는 것'이다. 이를 우리말로 자연스럽게 표현하느라

능동으로 번역하면 '자기 밑에 그분을 억류하는 것'이 된다.

ὑπό가 동사 합성에 사용된 예: 행 27:17(R 633)

ἣν ἄραντες 그것을[/거룻배를] 들어 올린 뒤,

βοηθείαις ἐχρῶντο **ὑποζωννύντες** τὸ πλοῖον,

선체를[/배의 **밑쪽을**] **단단히 묶느라** 그들은[/선원들은] 보조설비[들]를 사용합니다.

리비아 북쪽 해안에 있는 모래톱에 걸릴까 염려하여 준비하는 모습이다. ὑπό가 동사와 합성될 때는 '아래에'라는 개념을 갖는다(R 633). ζώννυμι(허리띠를 동이다, 3회)와 합성되어 '단단히 묶다'는 의미를 가지게 되었다. ὑπό의 의미를 살려 '밑쪽을 단단히 묶다'로 번역할 수 있다.

동사 합성에 사용된 κατά와 ὑπό 비교: 눅 8:15

οὗτοί εἰσιν 이들은 이렇습니다.

οἵτινες ἐν καρδίᾳ καλῇ καὶ ἀγαθῇ 좋고 선한 마음으로

ἀκούσαντες τὸν λόγον **κατέχουσιν** 말씀을 듣고 **간직하여**

καὶ καρποφοροῦσιν ἐν **ὑπομονῇ**. **인내**로 결실합니다.

좋은 밭과 말씀 사이의 상관 관계를 보여주시는 예수님의 말씀이다. 좋은 밭은 말씀을 간직하고 말씀은 좋은 밭에게 열매를 주신다. 여기서 '말씀을 간직하다'에는 κατά 합성어인 κατέχουσιν이, '인내로 결실하다'에는 ὑπό 합성어인 ὑπομονῇ가 쓰였다. 말씀은 담대하게, 주먹 쥐고 화이팅하는 기분으로, 위에서 아래로 완결하듯 간직한다. 반면, 열매를 맺는 마음가짐은 아래에서 위로, 겸손하게 받드는 심정이다.

4.1.1.1.2. ἀπό, ἐκ

출처[나온 데]를 표현하는 전치사로 ἀπό와 ἐκ가 있다. 하나의 출발 지점과 방향이 있다. 차이가 있다면, ἀπό는 출발 지점이 육상경기 출발점처럼 협소하고 ἐκ는 출발 지점이 백두산 천지처럼 넓은 것과 같은 차이가 있다. 신약성경에서, ἀπό는 646회, 후접어로 쓰이는 ἐκ는 914회 나온다. ἀπό는 출발점(the general starting-point)을 표현하므로(R

577), '에게서[사람이나 동물 따위의 체언 뒤에 붙어, 어떤 행동의 출발점이나 비롯되는 대상임을 나타내는 격 조사], 에서[체언 뒤에 붙어, 앞말이 행동이 이루어지고 있는 처소의 부사어임을 나타내는 격 조사] 온, 출신[어떤 지방이나 파벌, 학교, 직업 따위에서 규정되는 사회적인 신분이나 이력 관계], 속한[속하다: 관계되어 딸리다], ~해서, ~때문[어떤 일의 원인이나 까닭]에'와 같은 의미를 갖는다. 신약성경에 646회 쓰이고, 한번만 빼고 모두 속격만 취한다. 예로, 한번 쓰이는 주격과 속격의 예가 함께 나오는 계 1:4를 보자.

χάρις ὑμῖν καὶ εἰρήνη 은혜와 평강이 여러분에게 {있기를 바랍니다.}

ἀπὸ ὁ ὢν καὶ ὁ ἦν καὶ ὁ ἐρχόμενος 계시는 분이고 계신 분이고 오시는 분**으로부터**,

καὶ **ἀπὸ** τῶν ἑπτὰ πνευμάτων ... 또한 일곱 영들**로부터,**

καὶ **ἀπὸ** Ἰησοῦ Χριστοῦ 또한 예수 그리스도**로부터** {말입니다.}

요한계시록의 인사말이다. 주격이 ἀπὸ ὁ ὢν καὶ ὁ ἦν καὶ ὁ ἐρχόμενος와 같이 쓰이는데, 주격이 쓰이는 이유로 '하나님의 불변성 강조'가 제안된다(R 575). 그러나 이 설명은 충분하지 않은 듯하다. 이어지는 표현인 ἀπὸ τῶν ἑπτὰ πνευμάτων ... καὶ ἀπὸ Ἰησοῦ Χριστοῦ에서 성령과 예수님이 속격이기 때문이다. 그래서 '하나님의 불변성'보다는 '성부 하나님의 중심성'을 강조하는 주격으로 이해하는 것이 더 좋을 듯하다.

ἀπό가 동사 합성에 사용된 예: 행 4:33(R 633)

καὶ δυνάμει μεγάλῃ 그러면서도 큰 권능으로

ἀπεδίδουν τὸ μαρτύριον οἱ ἀπόστολοι

사도들이 증거하며 갚아 줍니다[증거를 **되돌려줍니다**].

τῆς ἀναστάσεως τοῦ κυρίου Ἰησοῦ, 주님 예수님의 부활 {증거}를요.

χάρις τε μεγάλη ἦν ἐπὶ πάντας αὐτούς.

결과적으로 그들 모두에게 큰 은혜가 있습니다.

초대 예루살렘 교회의 모습이다. 동사와 합성될 때 전치사 ἀπό는 '뒤로'의 의미를 갖는다(R 576). 그래서 ἀπό와 δίδωμι(주다, 드리다, 나누다, 나눠 주다, 내밀다, 내버려 두다, 허락하다, 415회)가 합성되면 '되돌리다, 되받아치다, 갚아 주다, 물어 주다'와 같은

뜻을 갖는다.

ἐκ는 '내부에서부터(from within)'를 뜻하며(R 577), '부터[체언이나 부사어 뒤에 붙어 어떤 일이나 상태 따위에 관련된 범위의 시작임을 나타내는 보조사], 출신[어떤 지방이나 파벌, 학교, 직업 따위에서 규정되는 사회적인 신분이나 이력 관계]'으로 번역된다. 신약성경에 914회나 쓰이며, '장소(place), 시간(time), 분리(separation), 기원(origin or source), 이유(cause or occasion), 부분(partitive use)' 등 매우 다양하게 사용된다(R 597-599). ἐκ와 ἀπό를 비교할 수 있도록 행 26:4를 보자.

Τὴν μὲν οὖν βίωσίν μου τὴν **ἐκ νεότητος**
그러니까 한편으론 **젊은 시절[부터의]** 내 삶의 방식이[방식을]
τὴν **ἀπ' ἀρχῆς** γενομένην **처음부터** 어떠했는지[를]
ἐν τῷ ἔθνει μου 동족[/내 민족] 가운데에서와
ἔν τε Ἱεροσολύμοις 또한 예루살렘에서요,
ἴσασι πάντες (οἱ) Ἰουδαῖοι 모든 유대인들이 압니다.

헤롯 아그립바 2세 앞에서 바울이 자신이 어떻게 살았는지 소개하는 대목이다. ἐκ νεότητος는 '젊은 시절을 포함하는 시기부터'를, ἀπ' ἀρχῆς는 '시작점부터'를 의미한다.

ἐκ가 동사 합성에 사용된 예: 행 1:24(R 633)

Σὺ κύριε καρδιογνῶστα πάντων, 모든 이들의 마음을 아시는 주님, 당신께서
ἀνάδειξον 보여 주십시오.
ὃν **ἐξελέξω** ἐκ τούτων τῶν δύο ἕνα
이 둘 가운데 누구를[어느 하나를] **선택하셨는지를요.**

가룟 유다를 대신할 사도로 맛디아가 선출될 때, 제자들이 한 기도이다. ἐκ가 λέγω와 합성되어 만들어진 ἐκλέγομαι는 선택 가능한 다양한 대상 가운데에서 하나를 불러 낸다는 의미에서 '선택하다, 정하다'는 뜻을 가진다. ἐκ 다음에 모음이 오면, ἐκ는 ἐξ가 된다.

4.1.1.1.3. διά, παρά, περί

διά는 '둘' 혹은 '둘 사이'를, παρά는 '곁'을, περί는 '둘레'를 뜻한다. 이 전치사들은 뭔가를 포괄한다는 느낌을 준다. '둘'을 뜻하는 δύο, δίς와 연결됨직한 διά는(R 580) 두 가지가 함께 고려될 때 쓰인다. 어원이 같다고 주장되기도 하는 παρά와 περί 가운데(R 612-613), παρά는 곁[어떤 대상의 옆. 또는 공간적 · 심리적으로 가까운 데.]을 의미하고(R 613), περί는 둘레[사물의 테두리나 바깥 언저리.]나 사방[동, 서, 남, 북 네 방위를 통틀어 이르는 말.]을 의미한다.

διά는 속격과 대격을, παρά는 속격과 여격과 대격을, περί는 속격과 대격을 목적어로 취한다. διά가 속격을 취하면 '두 지점을 통과한다'는 의미에서 '~을 통해[통하다: 어떤 사람이나 물체를 매개로 하거나 중개하게 하다], 동안[어느 한때에서 다른 한때까지 시간의 길이]'로 번역된다. παρά가 속격을 취하면 '곁에 있는 대상에서 비롯되다'는 의미에서 '으로부터[어떤 행동의 출발점이나 비롯되는 대상임을 나타내는 격 조사], 에게서[어떤 행동의 출발점이나 비롯되는 대상임을 나타내는 격 조사], 에게[어떤 행동을 일으키는 대상임을 나타내는 격 조사]'로 번역된다. περί가 속격을 취하면 '둘러 있는 것들에서 비롯되다'는 의미에서 '~과 관련하여, ~와 관계하여, ~에 관하여, 일행[함께 길을 가는 사람들의 무리]'으로 번역된다. 각각의 예를 합성의 경우와 함께 들어 본다.

신약성경에서 속격을 386회, 대격을 281회 취하는 διά가 속격을 목적어로 취한 예: 행 2:23

τοῦτον τῇ ὡρισμένῃ βουλῇ καὶ προγνώσει τοῦ θεοῦ ἔκδοτον

하나님께서[하나님의] 정하신 경륜과 예지를[/미리 아심을] 따라 넘겨진 이분을

διὰ χειρὸς ἀνόμων προσπήξαντες ἀνείλατε,

여러분이 **무법한[/율법과 상관없이 사는] 자들의 손을 통해** 못을 박아 처단했습니다.

오순절 성령 강림이 있던 날, 베드로는 유대인들이 무슨 짓을 저질렀는지 지적하였다. διὰ χειρὸς ἀνόμων에서 여성명사 χειρός는 χείρ(손, 손길, 손짓, 편, 177회)의 단수 속격이다. διά와 함께 쓰여 '불법한 자들의 손으로 처음부터 끝까지 죽[같은 상태로 계속

되는 모양.]' 처리된 모양을 표현한다.

διά가 동사 합성에 사용된 예: 행 2:3

καὶ ὤφθησαν αὐτοῖς 또한 그것들이 그들에게 보였습니다.

διαμεριζόμεναι γλῶσσαι ὡσεὶ πυρὸς 불 같이 **갈라진** 혀들이요.

오순절 성령 강림 상황 묘사이다. διά가 다른 단어와 합성되면 '둘로, 둘 사이에'와 같은 뜻을 갖는다. '언약'이란 단어인 διαθήκη에 διά가 쓰인 것은 이런 이유에서다. 위 예에서, διά와 μερίζω(나누다, 14회)가 합성된 διαμερίζω(가르다, 11회)의 분사 현재 수동태 여성 복수 주격형인 διαμεριζόμεναι는 '갈라진, 이리저리 쪼개진'이란 의미를 갖는다.

신약성경에서 속격을 82회, 여격을 53회, 대격을 59회 취하는 παρά가 속격을 목적어로 취한 예: 행 2:33

τῇ δεξιᾷ οὖν τοῦ θεοῦ ὑψωθείς, 그러니 하나님의 오른쪽에까지 높아지셔서

τήν τε ἐπαγγελίαν τοῦ πνεύματος τοῦ ἁγίου λαβὼν **παρὰ τοῦ πατρός**,

거룩한 영의 약속을 **아버지께로부터** 받아

ἐξέχεεν τοῦτο 이것을 내려부어 주셨습니다.

오순절 성령 강림이 있던 날, 베드로가 전한 말씀이다. παρὰ τοῦ πατρός를 '아버지께로부터'로 번역했으나, 이 표현은 '출처'에 강조점을 둔 ἀπὸ τοῦ πατρός나 '근원지'에 강조점을 둔 ἐκ τοῦ πατρός와 다르다. παρά가 '곁'이라는 개념이 있으므로 παρὰ τοῦ πατρός는 '바로 곁에 계신 아버지로부터'라는 의미를 가진다.

παρά가 동사 합성에 사용된 예: 행 1:3

οἷς καὶ **παρέστησεν** ἑαυτὸν ζῶντα 그들에게는 자신이 살아 있다는 것도 **보여 주셨는데,**

μετὰ τὸ παθεῖν αὐτὸν 그분이 고난을 겪으신 뒤에

ἐν πολλοῖς τεκμηρίοις, 많은 증거들로 하셨습니다.

부활하신 주님께서 승천하시기 전에 하신 일을 소개한 글이다. παρά와 ἵστημι(세우다, 앞에 내세우다, 배치하다, 얹다, 지우다, 견디다, 정하다, 154회)가 합성된 παρίστημι(옆에 서다, 나란히 서다, 보이다, 보여 주다, 내놓다, 41회)의 직설법 부정과거 능동태 3

인칭 단수형인 παρέστησεν은 문맥을 고려할 때 '가까이에서, 곁에서 보여 주다'는 의미를 갖는다.

신약성경에서 속격을 294회, 대격을 39회 취하는 περί가 속격을 목적어로 취한 예: 행 2:31

προϊδὼν ἐλάλησεν **περὶ** τῆς ἀναστάσεως τοῦ Χριστοῦ

그래서 그리스도의 부활**에 관하여** 미리 보고 {다음과 같이} 얘기한 것입니다.

ὅτι οὔτε ἐγκατελείφθη εἰς ᾅδην '그분이 음부에 버려지지도 않을 것이다.

οὔτε ἡ σὰρξ αὐτοῦ εἶδεν διαφθοράν.

그분의 육체가 썩는 상태에 이르지도 않을 것이다.' 라고요.

베드로가 시편 16편 10절을 인용하면서, 다윗이 그리스도의 부활에 대해 미리 보고 얘기한 것이라고 설명한다. περί + 속격은 '~에 관하여' 를 의미하였다.

περί가 동사 합성에 사용된 예: 행 19:3

ἐπεχείρησαν δέ τινες 그런데 어떤 이들이 깐죽거립니다.

καὶ τῶν **περιερχομένων** Ἰουδαίων ἐξορκιστῶν

돌아다니며 귀신을 쫓아내는 유대인들들[/**순회** 축귀 유대인] 가운데에서도요.

바울의 에베소 사역의 결과, 주님 예수님의 이름을 들먹이는 이들이 생겼다. περί와 ἔρχομαι가 합성된 περιέρχομαι(순회하다, 돌아다니다, 3회)의 분사 현재 이태중간 남성 복수 속격형인 περιερχομένων은 '주변을 두루 다닌다' 는 의미로 '돌아다니다' 를 뜻한다.

4.1.1.1.4. πρό, πρός

목적어로 속격만 취하는 πρό는 '앞에, 전에'라는, 주로 대격을 취하고 매우 드물게 속격과 여격을 취하는 πρός는 '앞으로, 향하여'라는 개념을 갖는다(R 620, 622). 신약성경에서 πρό는 47회 쓰이고, πρός는 속격과 함께 1회, 여격과 함께 7회, 대격과 함께 706회 쓰인다. πρό + 속격은 '앞에서, 앞에'로, πρός + 속격은 '편[여러 패로 나누었을 때 그 하나하나의 쪽.]에, 위한'으로 번역된다. 각각의 예를 합성의 경우와 함께 들어 본다.

πρό가 '앞에'로 쓰인 예: 행 12:6

φύλακές τε **πρὸ τῆς θύρας** 그뿐 아니라 옥졸들은 **문 앞에서**

ἐτήρουν τὴν φυλακήν. 감옥을[/수용실을] 지킵니다.

헤롯 아그립바 세의 명을 받은 군인들이 베드로를 지키는 모습이다. πρό가 장소 표현과 함께 쓰여 '앞에서'라는 의미를 갖는다.

πρό가 '전에'로 쓰인 예: 행 5:36

πρὸ γὰρ **τούτων τῶν ἡμερῶν 이전에**[**이날들 전에**]

ἀνέστη Θευδᾶς λέγων 드다가 말하며 일어났습니다.

εἶναί τινα ἑαυτόν. 스스로를 대단한 인물이라고요.

가말리엘의 말이다. πρό가 시간 표현과 함께 쓰여 '전에'라는 의미를 갖는다.

πρό가 동사 합성에 사용된 예: 행 1:16

ἣν **προεῖπεν** τὸ πνεῦμα τὸ ἅγιον 이는 거룩한 영이 **미리 말씀하신** 것입니다.

διὰ στόματος Δαυὶδ 다윗의 입을 통해서,

περὶ 'Ιούδα 유다에 대해서요.

예수님께서 승천하신 뒤 제자들이 열흘 동안 일치된 마음으로 기도할 때, '성경이 이뤄지는 방향으로 우리가 움직여야 한다'며 베드로가 한 말이다. πρό가 λέγω(말하다, 부르다, 2353회)와 합성되어 '미리 말하다'란 의미를 갖는다. προεῖπεν은 προλέγω의 직설법 부정과거 능동태 3인칭 단수형이다.

πρός가 속격을 목적어로 취한 예: 행 27:34

τοῦτο γὰρ **πρὸς τῆς ὑμετέρας σωτηρίας** ὑπάρχει,

이것은 **여러분의 구원을 위한** 것입니다.

바울 사도가 풍랑 속에서 기진한 이들에게 음식을 먹으라 권하며 한 말이다. πρός 다음에 온 τῆς … σωτηρίας를 탈격으로 보면 '여러분 구원의 관점에서'로, 속격으로 보면

'여러분의 구원 편에'를 뜻한다(R 623). '이것은 여러분의 구원 편에 있기 때문입니다'를 우리말 어법에 맞게 '이것은 여러분의 구원을 위한 것입니다'로 번역했다.

πρός가 동사 합성에 사용된 예: 행 1:14

οὗτοι πάντες ἦσαν **προσκαρτεροῦντες** 이들 모두 **전념했습니다.**

ὁμοθυμαδὸν τῇ προσευχῇ 일치된 마음으로, 기도에요.

승천하신 주님을 뒤로 하고 예루살렘으로 돌아온 제자들의 모습이다. πρός가 καρτερέω (견디다, 참다, 1회)와 합성되어 '한쪽 방향으로 힘을 쏟다'는 의미로 '지속하다, 전념하다, 몰두하다, 집중하다, 지내다, 시간을 보내다'(10회)와 같이 번역된다.

4.1.1.1.5. ἐπί, μετά, ὑπέρ

이제 속격을 목적어로 취하는 전치사로 ἐπί, μετά, ὑπέρ만 다루면 된다. ἐπί는 '위에(upon)'를, μέσος(중앙, 한가운데, 가운데, 58회)와 어근이 같은 μετά는 '중앙, 한가운데(midst)'를, ὑπέρ는 '위쪽(upper), 너머(over)'라는 개념을 갖는다(R 600, 609, 629). 위치 측면에서 보면, μετά는 함께 있는 모습을, ἐπί는 바로 위에 있는 모습을, ὑπέρ는 위쪽으로 떠 있는 모습을 표현한다. μετά + 속격은 ~와 함께, ~을 다해[다하다: 어떤 일을 위하여 힘, 마음 따위를 모두 들이다]로, ἐπί + 속격은 '~을 의지하여, 걸쳐[걸치다: 일정한 횟수나 시간, 공간을 거쳐 이어지다], ~때에'로, ὑπέρ + 속격은 '위하여[위하다: 이롭게 하거나 돕다], 위해'로 번역된다. μετά, ἐπί, ὑπέρ 순으로 각각의 예를 합성의 경우와 함께 들어 본다.

신약성경에서 속격을 365회, 대격을 104회 취하는 μετά가 속격을 목적어로 취한 예: 행 1:26

καὶ ἔδωκαν κλήρους αὐτοῖς 그리고 그들이 둘에게[그들에게] 제비를 나눠 주었고,

καὶ ἔπεσεν ὁ κλῆρος ἐπὶ Μαθθίαν 제비가 맛디아에게 떨어져

καὶ συγκατεψηφίσθη **μετὰ τῶν ἕνδεκα ἀποστόλων**.

그가 열한 사도들에 포함되었습니다[**열한 사도와 함께** 계산되었다/헤아려졌다].

제자들이 성령을 기다릴 때, 가룟인 유다대신 맛디아가 선출된 것을 소개하는 내용이다. συγκατεψηφίσθη는 συγκαταψηφίζομαι(계산하다, 포함되다, 공동체의 구성원이 되다, 1회)의 직설법 부정과거 수동태 3인칭 단수로, μετὰ τῶν ἕνδεκα ἀποστόλων을 만나 '열한 사도와 함께 계산되었다/헤아려졌다'는 의미를 가진다. 우리말 어법을 고려하여 '포함되었다/공동체의 구성원이 되었다'로 번역했다. 여기서 전치사 μετά는 열한 사도와 맛디아 사이에 어떤 높낮음이 없음을 표현한다. 맛디아는 다른 사도들과 동급이다. 그래서 이어지는 행 2:14를 보면 "베드로가 그 열하나와 함께 일어섰다"고 표현한다. 여기서 '열하나'는 맛디아를 포함한다. μετά가 속격을 만나면, '-와 함께, -을 다해'를 의미한다.

μετά가 동사 합성에 사용된 예: 행 18:7

καὶ **μεταβὰς** ἐκεῖθεν 그리고 거기를[/회당을] **떠나**

εἰσῆλθεν εἰς οἰκίαν 집으로[/가옥으로] 들어갔습니다.

τινὸς ὀνόματι Τιτίου Ἰούστου 디도 유스도라는 이의 {집이죠.}

고린도 회당에서 바울이 메시야 즉, 약속된 구원자 '그리스도가 예수님'이라 증언한 뒤에 일어난 일이다. μεταβὰς는 전치사 μετά와 βαίνω(걷다, 서다, 오르다)가 합성된 단어로, '동급의 다른 위치로 옮기다'는 의미를 가진다. 위의 예에서는 문맥을 고려하여 '떠나다'로 번역했다.

신약성경에서 속격을 221회, 여격을 186회, 대격을 481회 취하는 ἐπί가 속격을 목적어로 취한 예: 막 2:10

ἐξουσίαν ἔχει ὁ υἱος τοῦ ἀνθρώπου 인자가 권세를 가진다,

ἀφιέναι ἁμαρτίας **ἐπὶ τῆς γῆς 땅위에서부터** 죄[들]을 놓아줄 {권세를}.

예수님의 말씀이다. ἀφιέναι는 전치사 ἀπό와 '방출하다, 던지다, 간절히 바라다'는 의미를 갖는 ἵημι가 합성된 단어로 '놓아주다, 벗기다, 그냥 내버려 두다' 등을 뜻한다. 일반적으로 '죄'와 함께 쓰이면 '사하다'로 번역된다. ἐπὶ τῆς γῆς는 ἐπί와 γῆ(땅, 육지, 지상, 지면, 땅바닥, 땅 위, 250회)의 속격이 만나 '땅위로부터'를 뜻한다. ἐπί는 기본적으로 '근거'를 의미하는데, 속격을 만나면 '부분'이나 '근원'을, 여격을 만나면 '정적(靜的)[정지

상태에 있는. 또는 그런 것.])인 근거'를, 대격은 '목표나 목적으로 삼는 대상을 향한 움직임'을 표현한다. 그래서 ἐπὶ τῇ γῇ란 표현이 신약성경에 쓰이지는 않지만(ἐπί가 γῆ의 여격과 함께 쓰인 용례는 필로의 글에 있다.) 굳이 번역하자면 '땅위에'가 되고, 신약성경에 자주 쓰이는 ἐπὶ τὴν γῆν은 '땅위로'가 된다. 한편, ἐν τῇ γῇ는 '땅에서'가, ἀπὸ τῆς γῆς는 '땅으로부터'가 된다. 그러므로, ἐπὶ τῆς γῆς는 '땅위에서부터'로 번역하는 것이 좋겠다. 예수님은 '땅위로부터' 죄를 '떠나보내실' 권세를 가지신 분이다.

ἐπί + 속격이 '어떤 것 일부분의 위'를 가리키는 예로, 막 6:47 ἐπὶ τῆς γῆς '육지쪽에', 막 6:48 ἐπὶ τῆς θαλάσσης '바다길로'(대격이면 '바다'가 목적지가 되고, 여격이면 '움직임'을 표현할 수 없다.), 막 11:4 πρὸς θύραν ἔξω ἐπὶ τῆς ἀμφόδου '문바깥쪽으로, 길가에', 눅 8:16 ἐπὶ λυχνίας '등경/등잔걸이 위에' 등이 있다.

ἐπί가 동사 합성에 사용된 예: 행 6:6

οὓς ἔστησαν ἐνώπιον τῶν ἀποστόλων, 그들을 사도들 앞에 세우자,

καὶ προσευξάμενοι 사도들이[그들이] 기도하고

ἐπέθηκαν αὐτοῖς τὰς χεῖρας. 그들에게 안수했습니다[손들을 **얹었습니다**].

예루살렘 교회의 봉사자로 일곱을 세울 때의 모습이다. ἐπέθηκαν은 ἐπί와 τίθημι (두다, 삼다, 세우다, 작정하다, 이끌어 내다, 처넣다, 꿇다, 100회)가 만나 '얹다, 보태 주다, 지우다, 대다, 메우다, 입히다'와 같은 의미를 갖는다(39회). 비어간모음 동사이므로 부정과거에 κ를 가졌다. 직설법 부정과거 능동태 3인칭 복수 형태이다.

신약성경에서 속격을 131회, 대격을 18회 취하는 ὑπέρ가 속격을 목적어로 취한 예: 행 8:24

Δεήθητε ὑμεῖς **ὑπὲρ ἐμοῦ** πρὸς τὸν κύριον 너희가 **나를 위해** [거] 주님께 구하여라,

ὅπως μηδὲν ἐπέλθῃ ἐπ' ἐμὲ 어느 것 하나 내게 닥치지 않도록,

ὧν εἰρήκατε. 너희가 말한 것들 가운데에서.

마술사 시몬이 베드로에게 한 말이다. ὑπὲρ ἐμοῦ는 '내 위쪽으로, 내 너머로'라는 개념을 가져, '나를 위해'로 번역된다. 이처럼, ὑπὲρ + 속격은 '위하여, 위해'로 번역된다.

ὑπέρ가 동사 합성에 사용된 예: 행 13:36

Δαυὶδ μὲν γὰρ ἰδίᾳ γενεᾷ 다윗은 자기 시대에

ὑπηρετήσας τῇ τοῦ θεοῦ βουλῇ 하나님의 뜻을 **받들어 섬기다가**

ἐκοιμήθη 잠들었습니다.

바울이 비시디아 안디옥에 있는 회당에서 전한 말씀이다. ὑπηρετήσας는 ὑπηρετέω(마련하다, 받들어 섬기다, 3회)의 분사 부정과거 능동태 남성 단수 주격 형태이다. 전치사 ὑπέρ와 '빠르게 움직이다, 바쁘게 움직이다'라는 의미를 가진 ἐρέσσω가 합성된 단어로 '누군가를 위해 바쁘게 움직이는 모습'을 표현한다.

4.1.1.2. 여격을 취하는 전치사 ἐν, ἐπί, παρά, πρός, σύν

전치사 ἀνά, ἀντί, ἀπό, διά, εἰς, ἐκ, ἐν, ἐπί, κατά, μετά, παρά, περί, πρό, πρός, σύν, ὑπέρ, ὑπό 모두 17개 가운데, 여격을 목적어로 취하는 것은 ἐν, ἐπί, παρά, πρός, σύν 다섯뿐이다. μετά가 매우 드물게 여격을 취하기도 하나 신약성경에는 용례가 없다. '안에'는 ἐν, '위에'는 ἐπί, '곁에'는 παρά, '편에, 쪽에'는 πρός, '함께'는 σύν으로 표현한다. 후접어인 ἐν과 σύν을 제외하고는 기본 개념을 '속격을 취하는 전치사' 항목에서 살펴 보았다. '위에'를 의미하는 ἐπί는 '중앙, 한가운데'를 뜻하는 μετά 및 '위쪽, 너머'를 뜻하는 ὑπέρ와 함께 살펴 보았다. '곁'을 의미하는 παρά는 '둘, 둘 사이'를 뜻하는 διά 및 '둘레'를 뜻하는 περί와 함께 다뤘다. '앞으로, 향하여'를 뜻하는 πρός는 '앞에, 전에'를 의미하는 πρό와 함께 다뤘다.

'명사, 대명사, 관사' 서론에서, 여격은 '누구에게, 누구를 위해'와 같이 대상에 초점이 있는 '순수 여격', '어디에서'와 같이 장소에 초점이 있는 '장소의 여격', '어떻게'와 같이 방법에 초점이 있는 '수단의 여격'으로 구분됨을 기술하였다. 여격이 전치사의 목적어가 될 때 다른 격과 비교하는 갖는 기본적인 개념은 '정적(靜的[정지 상태에 있는. 또는 그런 것.])'이다.

'-안에'라는 정적인 모습을 표현하는 ἐν은, '밖에서 안으로'의 개념으로 대격을 목적어로 취하는 εἰς나 '어떤 근원에서 밖으로'의 개념을 속격으로 취하는 ἐκ와 다르다. εἰς가

ἐν의 변화형인 ἐνς에서 나왔다고 보기도 한다(R 584). '장소, 시간, 가운데, 경우에'를 뜻하는(R 586-588) ἐν + 여격은 '안에서, 내에, 내부[내부: 안쪽의 부분, 어떤 조직에 속하는 범위의 안]에서, 밑에, 인해, 두르고, 걸치고[걸치다: 옷이나 착용구 또는 이불 따위를 아무렇게나 입거나 덮다]'로 번역된다.

기본적으로 '근거'를 표현하는 ἐπί와 만나는 속격은 '부분'이나 '근원'을, 여격은 '정적인 근거'를, 대격은 '목표나 목적으로 삼는 대상을 향한 움직임'을 표현한다. ἐπί는 '아래에서 위로 움직이는 상태를' 대격으로 취하는 ὑπό나, '위쪽(upper), 너머(over)'라는 개념을 속격으로 취하는 ὑπέρ와 다르다. '위에 있는 것, 근거가 되는 것'을 의미한다. 하여 ἐπί + 여격은 '맡은, 쪽'으로 번역된다.

기본적으로 '곁'을 의미하는 παρά는 '정적'인 의미를 갖는 여격을 목적어로 취하면 움직임이 덜한 '곁'을, 대격을 가지면 '가까이 있는 대상에 대한 움직임'을 의미한다. '중앙, 한가운데(midst)'를 의미하는 μετά나, '둘레'를 뜻하는 περί와 다르다. '가까움'을 표현한다. 그래서 παρά + 여격은 '곁[어떤 대상의 옆]에'로 번역된다.

'앞으로, 향하여'를 뜻하는 πρός가 '정적'인 의미를 갖는 여격을 목적어로 취하면 '-편에, 쪽에'를 뜻한다. 양쪽에서 바라보는 상태를 표현하는 ἀντί나, 위에서 아래로 움직이는 상태를 기술하는 κατά와 달리, 수평적 측면을 표현한다.

'중앙, 한가운데(midst)'을 뜻하는 μετά가 속격을 만나 '함께'를 의미하는 것과 달리, σύν은 본래 '함께, 더불어'를 의미한다. σύν + 여격은 '함께[한꺼번에 같이, 또는 서로 더불어], 더불어[더불다: 둘 이상의 사람이 함께하다], 같이한[같이하다: 경험이나 생활 따위를 얼마 동안 더불어 하다; 서로 어떤 뜻이나 행동 또는 때 따위를 동일하게 가지다], 함께한[함께하다: =같이하다]'로 번역된다.

신약성경에 ἐν은 2752회 쓰인다. 앞서 언급한 대로, ἐπί + 여격은 186회, παρά + 여격은 53회, πρός + 여격은 7회, σύν + 여격은 128회 나온다. 그럼, 전치사 예 및 ἐν과 σύν의 동사 합성의 예를 들어 본다. ἐπί, παρά, πρός의 동사 합성 예는 '속격을 취하는 전치사' 항목을 보라.

ἐν과 ἐπί가 여격을 목적어로 취한 예: 요 5:2

ἔστιν δὲ **ἐν τοῖς Ἱεροσολύμοις ἐπὶ τῇ προβατικῇ**

한편 **예루살렘 안 양문 위쪽에** 있습니다,

κολυμβήθρα ἡ ἐπιλεγομένη Ἑβραϊστὶ Βηθζαθὰ

히브리어로 베데스다라 이름 붙여진 못이요.

πέντε στοὰς ἔχουσα. 주랑 다섯이 있는 {못이죠.}

ἐν τοῖς Ἱεροσολύμοις는 '예루살렘 안에' 다시 말해, '예루살렘 성 안에'로 '장소'를, ἐπὶ τῇ προβατικῇ는 '양문 위쪽에'로 '정적인 위치'를 표현한다.

ἐν τῷ + 부정사의 예: 행 2:1

Καὶ **ἐν τῷ συμπληροῦσθαι** 그러면서 **다 되었을**[/**다 찼을**] **때**였습니다.

τὴν ἡμέραν τῆς πεντηκοστῆς 오순절이요[/오십 일이요].

ἦσαν πάντες ὁμοῦ ἐπὶ τὸ αὐτό. 그들 모두가 한자리에 함께 있었습니다.

다른 전치사처럼, 전치사 ἐν도 관사와 부정사를 목적어로 취하더라도 의미는 같다. '시간, 장소, 수단' 등의 개념을 갖는다. 그런데 ἐν τῷ + 부정사 구문은 낯설어 하는 경우가 많아 예를 제공한다. 위의 예에서 ἐν τῷ συμπληροῦσθαι는 '시간'을 표현한다.

παρά가 여격을 목적어로 취한 예: 행 18:3

καὶ διὰ τὸ ὁμότεχνον εἶναι 생업이[/기술이] 같아서

ἔμενεν **παρ' αὐτοῖς** **그들**[/아굴라와 브리스길라] **곁에** 머물며

καὶ ἠργάζετο· 일을 하였습니다.

바울이 고린도에 갔을 때의 초기 상황 기술이다. 바울이 아굴라와 브리스길라 부부와 머무는 모습을 παρά + 여격으로 표현하였다. 그들 사이의 친밀함을 느낄 수 있다.

πρός가 여격을 목적어로 취한 예: 요 18:16

ὁ δὲ Πέτρος εἱστήκει **πρὸς τῇ θύρᾳ** ἔξω. 한편 베드로는 밖에서 **문쪽에** 서 있었습니다.

예수님께서 대제사장 가야바에게 심문 받으실 때, 그 집 문 앞에 서 있던 베드로의 모습

이다. παρά가 여격을 취하기에 정적인 모습을 표현한다. 왠지 집 안으로 들어가기를 주저하는 베드로의 마음이 여격으로 표현된 듯하다.

σύν이 여격을 목적어로 취한 예: 행 1:14

οὗτοι πάντες ἦσαν προσκαρτεροῦντες 이들 모두 전념했습니다.

ὁμοθυμαδὸν τῇ προσευχῇ 일치된 마음으로, 기도에요.

σὺν γυναιξὶν καὶ Μαριὰμ τῇ μητρὶ τοῦ Ἰησοῦ καὶ τοῖς ἀδελφοῖς αὐτοῦ.

여자들과 예수님의 어머니 마리아와 그분의 형제들과 함께요.

예수님의 승천 후에 제자들이 함께 기도한 이들 목록에 '여자들'과 '예수님의 가족들'이 있다.

ἐν이 동사 합성에 사용된 예: 행 22:11

ὡς δὲ οὐκ **ἐνέβλεπον** 그런데 내가 **똑똑히** 볼 수 없었습니다[없어서].

ἀπὸ τῆς δόξης τοῦ φωτὸς ἐκείνου, 그[저] 빛의 영광 때문에요.

χειραγωγούμενος ὑπὸ τῶν συνόντων μοι

{그래서} 나와 함께 있던 자들의 손에 이끌려

ἦλθον εἰς Δαμασκόν. 다메섹으로 들어갔습니다.

ἐνέβλεπον은 전치사 ἐν과 동사 βλέπω(보다, 보이다, 트이다, 지켜보다, 주의하다, 분별하다, 132회)가 합성되어 이뤄진 ἐμβλέπω(똑똑히 보다, 집중하여 보다, 응시하다, 주시하다, 12회)의 직설법 미완료과거 능동태 1인칭 단수형이다.

σύν이 동사 합성에 사용된 예: 행 4:26

παρέστησαν οἱ βασιλεῖς τῆς γῆς 땅 위의 왕들이 나란히 섰다.

καὶ οἱ ἄρχοντες **συνήχθησαν** ἐπὶ τὸ αὐτὸ

또한 관원들이 일제히 **소집되었다[/함께 모였다]**.

κατὰ τοῦ κυρίου 주님께 맞서,

καὶ κατὰ τοῦ Χριστοῦ αὐτοῦ. 또한 그분의 그리스도께 맞서서.

제자들이 한 기도 가운데 시 2:2를 인용한 부분이다. συνήχθησαν은 전치사 σύν과 ἄγω(데려오다, 인도하다, 이끌다, 끌어 오다, 끌고 가다, 67회)가 합성되어 이뤄진 συνάγω(모으다[여러 사람을 한곳에 오게 하거나 한 단체에 들게 하다]; [수동태] 소집되다, 모이다; 59회)의 직설법 부정과거 수동태 3인칭 복수 형태이다.

4.1.1.3. 대격을 취하는 전치사

열일곱 개의 전치사 ἀνά, ἀντί, ἀπό, διά, εἰς, ἐκ, ἐν, ἐπί, κατά, μετά, παρά, περί, πρό, πρός, σύν, ὑπέρ, ὑπό 가운데, 대격을 목적어로 취하는 전치사는 διά, εἰς, ἐπί, κατά, μετά, παρά, περί, πρός, ὑπέρ, ὑπό로 모두 10개이다. 이 가운데 첫째, κατά와 ὑπό, 둘째, διά와 παρά와 περί, 셋째, ἐπί와 μετά와 ὑπέρ는 '속격을 취하는 전치사' 항목에서 함께 다뤘던 전치사들이다. 속격과 여격 항목에서 이미 살펴본 πρός는 대격만 목적어로 취하는 εἰς와 함께 다룰 만하다.

그럼, 속격에서 다뤘던 순서에 맞춰, κατά와 ὑπό, διά와 παρά와 περί, εἰς와 πρός, ἐπί와 μετά와 ὑπέρ 순으로 살펴 본다.

4.1.1.3.1. ἀνά, κατά, ὑπό

앞서, κατά는 위에서 아래로 움직이는 상태를, ὑπό는 아래에서 위로 움직이는 상태를 표현한다는 것을 언급하였다. ἀνά는 '기준보다 위로'를 의미한다. ἀνά, κατά, ὑπό가 대격을 취하면, 대격으로 표현된 직접 목적어는 '목표나 목적이 되는 대상'을 가리키고 전치사는 '움직임'을 표현한다. 신약성경에서 전치사로 12회, 부사로 1회 쓰이는 ἀνά는 '-보다 위로, 넘게, 걸쳐서, 각각, -까지, -씩'으로 번역된다. 신약성경에 400회 나오는 κατά + 대격은 '맞은편[서로 마주 바로보이는 편], 앞쪽, 아랫녘[=앞대: 어떤 지방에서 그 남쪽의 지방을 이르는 말], 퍼져 있는, 가운데, 본떠서[본뜨다: 무엇을 본보기로 삼아 그대로 좇아 하다], 따르는[따르다: 관례, 유행이나 명령, 의견 따위를 그대로 실행하다], 비롯된[비롯되다: 처음으로 시작되다], 대로[어떤 모양이나 상태와 같이], 각~ (로), 쯤[일부 명사 또는 명사구 뒤에 붙어 '정도'의 뜻을 더하는 접미사]'로 번역된다. 신약성경에

51회 나오는 ὑπό + 대격은 '밑[밑: 물체의 아래나 아래쪽]에, 아래에'로 번역된다. 예를 들되, ἀνά는 동사 합성의 예까지 보도록 하자.

ἀνά가 대격을 목적어로 취한 예: 요 2:6

ἦσαν δὲ ἐκεῖ λίθιναι ὑδρίαι ἓξ 한데 거기에 돌로 만든 물항아리 여섯이 있습니다.

κατὰ τὸν καθαρισμὸν τῶν Ἰουδαίων κείμεναι

유대인들의 정결례를 따라 놓인 것들이죠.

χωροῦσαι **ἀνὰ** μετρητὰς δύο ἢ τρεῖς.

둘 혹은 셋 메트레테스[/80 혹은 120리터]**들이 넘게** 담는 것들입니다.

혼인 잔치가 있었던 가나의 어느 집이 부유했음을 보여 주는 표현이다. 여기서 ἀνά를 '각각'으로 번역할 수도 있지만, '넘게'가 본래 의미를 더 담아내는 표현이겠다.

ἀνά가 동사 합성에 사용된 예: 행 7:21

ἐκτεθέντος δὲ αὐτοῦ 하나 그가 내맡겨진 뒤에

ἀνείλατο αὐτὸν ἡ θυγάτηρ Φαραὼ 바로의 딸이 그를 **데려갔습니다.**

καὶ **ἀνεθρέψατο** αὐτὸν ἑαυτῇ εἰς υἱόν.

그리고 자신의 아들로[그를 자신에게 아들로] **양육했습니다.**

ἀνείλατο는 전치사 ἀνά에 αἱρέω(잡다, 쥐다, 3회)가 합성된 ἀναιρέω(없애다, 살해하다, 처단하다, 자결하다; [중간태] 데려가다; 24회)의 직설법 부정과거 중간태 3인칭 단수형이다. ἀνεθρέψατο는 전치사 ἀνά에 τρέφω(엉기게 하다, 자라게 하다, 9회)가 합성된 ἀνατρέφω(양육하다, 3회)의 직설법 부정과거 중간태 3인칭 단수형이다.

κατά가 대격을 목적어로 취한 예: 행 2:46

καθ' ἡμέραν τε προσκαρτεροῦντες ὁμοθυμαδὸν ἐν τῷ ἱερῷ,

결국 **날마다** 성전에서 일치된 마음으로 지냅니다[/시간을 보냅니다].

κλῶντές τε **κατ' οἶκον** ἄρτον, 그리고 **집집마다** {돌면서} 떡을 뗍니다.

μετελάμβανον τροφῆς ἐν ἀγαλλιάσει καὶ ἀφελότητι καρδίας,

{그러니} 마음이 환희에 차서 천진난만하게 음식을 함께 먹습니다.

초대 예루살렘 교회의 모습이다. καθ' ἡμέραν은 κατά가 강한 숨표를 가진 낱말을 만나 모음 α가 탈락(elision)되고 자음 동화(consonant assimilation)로 무성음 τ가 기식음 θ로 바뀐 다음 생략부호(apostrophe)가 붙었다. '날(ἡμέρα)을 위에서 아래로 따라가는' 표현이어서 '날마다'로 번역했다. κατ' οἶκον은 κατά가 약한 숨표를 가진 낱말을 만나 모음 α만 탈락되고 생략부호가 붙었다. 역시 '집을 위에서 아래로 따라가는' 모습이어서 '집집마다'로 표현했다.

ὑπό가 대격을 목적어로 취한 예: 행 4:12

καὶ οὐκ ἔστιν ἐν ἄλλῳ οὐδενὶ ἡ σωτηρία. 그러니 다른 어떤 이 안에도 구원은 없습니다.

οὐδὲ γὰρ ὄνομά ἐστιν ἕτερον **ὑπὸ τὸν οὐρανὸν**

[전혀] 다른 이름이 **하늘 아래에** 없기 때문입니다.

τὸ δεδομένον ἐν ἀνθρώποις 사람들에게[사람들 안에] 주어진 것이요.

ἐν ᾧ δεῖ σωθῆναι ἡμᾶς. 우리가 그 안에서 구원 받도록요.

베드로의 말로, 기독교의 절대성이 잘 표현되었다. ὑπὸ τὸν οὐρανόν은 '하늘에서 위쪽으로' 혹은 '하늘 아래쪽으로'를 의미할 수 있다. 문맥을 고려하여 '하늘 아래에'로 번역했다.

4.1.1.3.2. διά, παρά, περί

'둘, 둘 사이'를 뜻하는 διά가 대격을 취하면, '그 대상으로 말미암다[어떤 현상이나 사물 따위가 원인이나 이유가 되다. 일정한 곳을 거쳐 오다.]'는 의미를 가진다. 신약성경에 281회 나오는 διά + 대격은 '~때문에, 말미암아'로 번역된다. '곁'을 의미하는 παρά가 대격을 목적어로 취하면, '가까운 대상에 대한'이란 의미를 갖는다. 신약성경에 59회 쓰이는 παρά + 대격은, 가까이 있는 대상에 대한 태도에 따라, '[발]치[발치: 발이 있는 쪽], 문하[가르침을 받는 스승의 아래], 가[경계에 가까운 바깥쪽 부분], 거역하여[거역하다: 윗사람의 뜻이나 지시 따위를 따르지 않고 거스르다]'로 번역된다. '둘레'를 의미하는 περί가 대격을 목적어로 취하면 '둘러 있는 대상과의 관계'를 표현한다. 신약성경에 39회 쓰이는 περί + 대격은 '~으로 인해[인하다: 어떤 사실로 말미암다], 즈음[일이 어찌 될 무렵]하여' 로 번역된다. 예를 들어 본다.

διά가 대격을 목적어로 취한 예: 행 4:2

διαπονούμενοι 그러더니 난처해합니다.

διὰ τὸ διδάσκειν αὐτοὺς τὸν λαὸν 그들이[/베드로와 요한이] 백성을 **가르치며**

καὶ καταγγέλλειν ἐν τῷ Ἰησοῦ

예수님으로 인해[예수님 안에서] **선포하는 것 때문에요.**

τὴν ἀνάστασιν τὴν ἐκ νεκρῶν. 죽은 자들로부터의 부활을 말이죠.

베드로와 요한이 솔로몬 행각에서 예수님에 대해 말하는 것을 본, 제사장들과 성전 치안 경찰과 사도개인들의 반응이다. 전치사 διά가 중성 관사 대격 τό와 부정사 διδάσκειν과 καταγγέλλειν을 목적어로 취했다. 부정사가 있더라도 διά + 대격으로 이해하면 된다.

παρά가 대격을 목적어로 취한 예: 행 4:35

καὶ ἐτίθουν **παρὰ τοὺς πόδας** τῶν ἀποστόλων.

그리고 사도들의 **발치에[발들의 곁에]** 갖다 놓기 {때문입니다}.

초대 예루살렘 교회의 성도들 가운데 헌물을 드리는 자들의 모습이다. 헌물을 두는 대상인 '사도들의 발'과 헌물을 두는 '움직임'을 표현하느라 παρά + 대격이 쓰였다.

περί가 대격을 목적어로 취한 예: 행 22:6

Ἐγένετο δέ μοι πορευομένῳ καὶ ἐγγίζοντι τῇ Δαμασκῷ

그런데 출발하여 다메섹 가까이에 가던 내게 이런 일이 있었습니다.

περὶ μεσημβρίαν ἐξαίφνης ἐκ τοῦ οὐρανοῦ **정오쯤** 느닷없이 하늘로부터

περιαστράψαι φῶς ἱκανὸν **περὶ ἐμέ**, 강렬한 빛이 **내 둘레에서** 번쩍였습니다.

바울이 예루살렘에서 유대인들에게 자신이 예수님을 어떻게 만나게 되었는지 간증하는 말이다. περί와 μεσημβρία(정오, 2회)의 대격이 만나 '정오쯤'이라는 시간을 가리키는 표현이 되었다. περί와 일인칭 대명사 단수 대격의 강조 형태가 만나 이뤄진 περὶ ἐμέ

는 '대상의 둘레'뿐 아니라 '번쩍이는 움직임'까지 표현한다.

4.1.1.3.3. εἰς, πρός

'안으로'를 의미하는 εἰς는 후접어이다. ἐν의 변화형이면서 ἐξ와 비교되는 형태인 ἐνς 혹은 ἐς에서 나왔다고 본다(R 591). 항상 대격만을 목적어로 가진다. 신약성경에서 2112회나 쓰였다. '움직임, 시간, 목적이나 목표' 등을 표현한다. εἰς + 대격은 '~에[앞말이 처소, 진행방향, 목표나 목적 대상의 부사어임을 나타내는 격 조사], ~까지[체언이나 부사어 뒤에 붙어 어떤 일이나 상태 따위에 관련되는 범위의 끝임을 나타내는 보조사], ~에 이를[이르다: 어떤 장소나 시간에 닿다]'로 번역된다.

'앞으로, 향하여'라는 개념을 갖는 πρός는 '속격을 취하는 전치사'와 '여격을 취하는 전치사' 항목에서 다뤘다. πρός는 '움직임과 목표'가 개념에 포함되어 있기에 단연 대격과 친밀하다. 용례를 봐도, 속격과는 1회, 여격과는 7회, 대격과는 706회 쓰인다. πρός + 대격은 '로[움직임의 방향을 나타내는 격 조사], 에, 에게'로 번역된다. 그럼, 두 전치사의 예와 εἰς의 동사 합성 예를 살펴 보자.

εἰς와 πρός가 대격을 목적어로 취한 예: 행 19:31

τινὲς δὲ καὶ τῶν Ἀσιαρχῶν, 마침 몇몇 아시아 고관들도,

ὄντες αὐτῷ φίλοι, 바울의[그에게] 친구들이죠,

πέμψαντες **πρὸς αὐτὸν 그에게** {사람을} 급파하여

παρεκάλουν 설득합니다.

μὴ δοῦναι ἑαυτὸν **εἰς τὸ θέατρον**. 스스로를 **극장으로** 내몰지[**극장에** 들이지] 마라고요.

데메드리오로 인해 에베소에서 소동이 일어났을 때의 일이다. πρὸς αὐτόν은 대상에 대한 움직임을, εἰς τὸ θέατρον은 장소를 향한 움직임을 표현한다.

εἰς가 동사 합성에 사용된 예: 행 9:8

χειραγωγοῦντες δὲ αὐτὸν 하여 그를 잡아끌어

εἰσήγαγον **εἰς Δαμασκόν**. 그들이 **다메섹으로** 들였습니다.

바울이 다메섹으로 가는 길에 예수님을 만나 발생한 일이다. εἰς가 ἄγω(데려오다, 인도하다, 이끌다, 끌어 오다, 끌고 가다, 67회)와 합성되어 '들이다, 들여오다, 끌어들이다'와 같은 의미를 갖는다(11회).

4.1.1.3.4. ἐπί, μετά, ὑπέρ

'위에(upon)'를 의미하고 '근거'를 표현하는 ἐπί와 만나는 속격은 '부분'이나 '근원'을, 여격은 '정적인 근거'를, 대격은 '목표나 목적으로 삼는 대상을 향한 움직임'을 표현한다. '근거가 되는 대상에 대한 움직임'의 성격에 따라, ἐπί + 대격은 '~위에, 위로, 에 맞서, 대들려고[대들다: 요구하거나 반항하느라고 맞서서 달려들다], 덤비려고[덤비다: 마구 대들거나 달려들다]'로 번역된다. ἐπί는 필로의 글만 제외하고는 대격을 목적어로 가장 많이 취한다. ἐπί가 여격과 대격을 취한 경우를 비교해 볼 만한 좋은 예로 막 6:52-53이 있다. 6:52의 ἐπὶ τοῖς ἄρτοις는 '떡에 기초하여 {생각하지 못하다}'를, 6:53의 ἐπὶ τὴν γῆν은 '육지로 {건너가서}'를 뜻한다.신약성경의 경우, 대격 481회, 속격 221회, 여격 186회 쓰였다.

'중앙, 한가운데'를 의미하는 μετά가 대격을 목적어로 취하면 '움직임' 개념이 추가되어 '중앙으로, 한가운데로'를 의미하나, 신약성경의 경우 '뒤에, 후에'의 개념으로 주로 쓰인다(R 612). 어딘가의 중앙에 도달했기에 '그곳을 지나서'와 같은 의미를 가진 것으로 보인다. μετά + 대격은 '후에, 뒤에, 지나지[지나다: 시간이 흘러 과거가 되다] (않아)'로 번역된다. μετά는 주로 속격을 목적어로 취한다. 신약성경의 경우, 속격 365회, 대격 104회 쓰였다.

'위쪽(upper), 너머(over)'라는 개념을 갖는 ὑπέρ가 대격을 목적어로 취하면, '대상을 넘어선다'는 의미를 가진다. ὑπέρ + 대격은 '넘어서는[넘어서다: 일정한 기준이나 한계 따위를 넘어서 지나다]'으로 번역된다. ὑπέρ는 주로 속격을 목적어로 취하고 대격을 목적어로 갖는 경우는 그리 많지 않다. 다만, 칠십인역에는 대격이 목적어로 더 많이 쓰였다. 신약성경의 경우, 속격 131회, 대격 18회 쓰였다. 예를 하나씩 들어 본다.

ἐπί가 대격을 목적어로 취한 예: 행 11:15

ἐν δὲ τῷ ἄρξασθαί με λαλεῖν 하여 제가 얘기[하기]를 시작하는데

ἐπέπεσεν τὸ πνεῦμα τὸ ἅγιον **ἐπ' αὐτοὺς** 거룩한 영이[/성령이] **그들 위에** 임하셨습니다.

ὥσπερ καὶ **ἐφ' ἡμᾶς** ἐν ἀρχῇ. 처음에 **우리 위에** {임한 것}과 마찬가지로요.

고넬료 집에서 있었던 일에 대해 베드로가 얘기한다. '대상 위로 떨어지다'로 성령께서 임하신 것을 표현한다. 움직임이 내포되어 있기에 ἐπί + 대격을 썼다.

μετά가 대격을 목적어로 취한 예: 행 1:3

οἷς καὶ παρέστησεν ἑαυτὸν ζῶντα 그들에게는 자신이 살아 있다는 것도 보여 주셨는데,

μετὰ τὸ παθεῖν αὐτὸν 그분이 고난을 겪으신 뒤에

ἐν πολλοῖς τεκμηρίοις, 많은 증거들로 하셨습니다.

예수님께서 부활하신 뒤 승천하시기 전에 하신 일에 대한 기술이다. μετά의 목적어인 대격이, 관사 중성 단수 대격 τό + 부정사 형태를 가지나 전치사의 의미는 같다. '~ 뒤에'이다.

ὑπέρ가 대격을 목적어로 취한 예: 행 26:13

ἡμέρας μέσης κατὰ τὴν ὁδὸν εἶδον, βασιλεῦ,

한낮에 길을 가는데[거 길을 따라] 내가 보았습니다, 임금님.

οὐρανόθεν 하늘에서

ὑπὲρ τὴν λαμπρότητα τοῦ ἡλίου

빛살 세기가 태양보다 강한[태양을 넘어서는] {빛이 내리쬐는 것을요.}

ὑπὲρ τὴν λαμπρότητα τοῦ ἡλίου을 직역하면 '태양의 빛살 세기를 넘어서는'이다. 우리말로 자연스럽게 번역하느라 '빛살 세기가 태양보다 강한'으로 번역했다.

4.1.2. 비본래적인 전치사 (R 636-648)

이제까지 실명사를 목적어로 취하면서 동사 합성에도 사용되는 열일곱 개의 '본래적인 전치사(proper preposition)'을 살펴 보았다. 이제는 동사 합성에는 사용되지 않지만 실명

사를 목적어로 취하는 '비본래적인 전치사(improper preposition)' 혹은 '동사 수식적 혹은 부사적 전치사(adverbial preposition)'에 대해 알아 보자. 비본래적인 전치사는 본래적인 전치사보다 용례가 적지만 가짓수는 많다. 신약성경에 쓰인 비본래적인 전치사는 모두 42개로, ἅμα, ἄνευ, ἄντικρυς, ἀντίπερα, ἀπέναντι, ἄτερ, ἄχρις, ἐγγύς, εἵνεκεν, ἐκτός, ἔμπροσθεν, ἔναντι, ἐναντίον, ἕνεκα, ἐντός, ἐνώπιον, ἔξω, ἔξωθεν, ἐπάνω, ἐπέκεινα, ἔσω, ἔσωθεν, ἕως, κατέναντι, κατενώπιον, κυκλόθεν, κύκλῳ, μέσον, μεταξύ, μέχρι, ὄπισθεν, ὀπίσω, ὀψέ, παρεκτός, πέραν, πλήν, πλησίον, ὑπεράνω, ὑπερέκεινα, ὑποκάτω, χάριν, χωρίς이다. 이 가운데, ἅμα, ἐγγύς의 일부만 여격을 목적어로 취하고 나머지는 모두 속격을 목적어로 취한다. 그래서 어떤 격을 목적어로 취하느냐에 따라 분류하지 않고 의미별로 정리하고자 한다.

4.1.2.1. ἅμα, ἄχρι(ς), ἐγγύς, ἕως, μέχρι, ὀψέ

이 전치사들은 주로 '시간'과 관련이 있다. εἷς, μία, ἕν과 어근이 같다고 생각되는 ἅμα는(R 638) 부사로 쓰일 때 '동시에'를 뜻하고 전치사로는 '-과 동시에, 함께'를 뜻한다. 신약성경에서 부사로는 8회, 비본래적인 전치사로는 2회 쓰인다. 후자의 예로, 막 13:29를 본다.

ὁ δέ φησιν, 한데 거시기가[/주인이] 이릅니다.

Οὔ, 아니라.

μήποτε συλλέγοντες τὰ ζιζάνια 가라지[들]을 모으다가

ἐκριζώσητε **ἅμα αὐτοῖς** τὸν σῖτον.

그것들[/가라지들]과 동시에[/함께] 밀을 뽑으면 아니 되기 때문이다.

천국 비유 가운데 '밀 가운데 있는 가라지의 비유'에서 밭 주인이 종들에게 한 말이다. ἅμα αὐτοῖς는 σὺν αὐτοῖς와 비교할 때 '동시성'이 강조된다.

ἄχρι(ς)는 '시간, 장소, 정도, 내용'의 범위를 한정하며, '중단없이 거기까지'라는 의미를 가진다. ἄχρι(ς) + 속격은 '까지, 하기까지, 때까지, 만에, 에게, 그러다가 하다'와 같

이 번역된다. ἄχρι 형태는 46회, ἄχρις 형태는 3회 사용된다. 비본래적인 전치사로 44회, 접속사로 5회 쓰인다. 전자의 예로, 행 23:1을 보자.

Ἄνδρες ἀδελφοί, 남자 형제들,

ἐγὼ πάσῃ συνειδήσει ἀγαθῇ 나는 온갖[모든] 선한 양심으로

πεπολίτευμαι τῷ θεῷ **ἄχρι ταύτης τῆς ἡμέρας**.

이날까지 하나님의[하나님께] 시민으로 살아왔습니다.

산헤드린 공회의 비공식적인 모임에서 바울이 한 변론이다. ἄχρι + 속격은 '시간의 범위'를 한정한다. 그런데, 지시 대명사가 쓰여 '지금 이 시간까지 항상'과 같은 뉘앙스를 가진다.

ἐγγύς는 부사로 20회, 비본래적인 전치사로 11회 쓰인다. 후자 가운데 2회(행 9:38; 27:8)는 여격을, 2회는 여격 혹은 속격을(눅 19:11; 행 1:12; 히브리어 음역으로 여격과 속격 형태가 같음), 7회는 속격을 목적어로 취한다. 속격을 취하면 '근처, 가까운[가깝다: 어느 한 곳에서 다른 곳까지의 거리가 짧다]'으로, 여격을 취하면 '근처, 가까운, 가까워'로 번역된다. 속격과 여격을 목적어로 취한 경우의 예를 하나씩 들어 보자.

ἐγγύς가 속격을 목적어로 취한 예: 요 3:23

ἦν δὲ καὶ ὁ Ἰωάννης βαπτίζων ἐν Αἰνὼν **ἐγγὺς τοῦ Σαλείμ**,

한편 요한도 **살렘 근처** 애논에서 세례를 베풉니다.

ὅτι ὕδατα πολλὰ ἦν ἐκεῖ, 많은 물이 거기에 있기 때문이죠.

ἐγγύς + 속격으로 애논이 살렘 근처에 있음을 표현하였다.

ἐγγύς가 여격을 목적어로 취한 예: 행 9:38

ἐγγὺς δὲ οὔσης Λύδδας **τῇ Ἰόππῃ** 한데 룻다가 **욥바에서 가까워**

οἱ μαθηταὶ ἀκούσαντες 제자들이 {소식을} 듣습니다[듣고서].

ὅτι Πέτρος ἐστὶν ἐν αὐτῇ 베드로가 거기에[그 안에] 있다고요.

ἀπέστειλαν δύο ἄνδρας πρὸς αὐτὸν 남자 둘을 그에게 보냈습니다.

ἐγγὺς δὲ οὔσης Λύδδας τῇ Ἰόππῃ는 속격 독립 분사구문이다. 주어는 Λύδδας, 술어는 οὔσης이고, ἐγγύς의 목적어는 τῇ Ἰόππῃ이다.

ἕως는 비본래적인 전치사 가운데 신약성경 용례가 가장 많은 것으로, 비본래적인 전치사로 108회, 접속사로 38회 쓰였다. '장소, 시간, 상태, 정도'를 한정한다(R 643). ἕως + 속격은 '까지[어떤 일이나 상태 따위에 관련되는 범위의 끝임을 나타내는 보조사]'로 번역된다. ἄχρι(ς)는 '바로 그 지점까지'를, ἕως는 '어느 정도 거기까지'를 의미한다. 속격 부정사가 쓰인 행 8:40을 예로 보자.

Φίλιππος δὲ εὑρέθη εἰς Ἄζωτον· 한편 빌립은 아소도에 모습을 드러냈습니다.
καὶ διερχόμενος εὐηγγελίζετο 또한 두루 다니며 복음을 전합니다.
τὰς πόλεις πάσας 도시마다에서요.
ἕως τοῦ ἐλθεῖν αὐτὸν εἰς Καισάρειαν. 그가 가이사랴에 **닿을 때까지**요.

구스 내시에게 복음을 전한 뒤에 빌립에게 무슨 일이 있었는지 소개하는 글이다. ἕως가 중성 단수 속격 관사와 함께 부정사를 취했다. '닿을 무렵까지'로 번역하면 ἕως의 의미가 더욱 부각될 수 있다.

ἄχρι가 '바로 거기까지'를, ἕως가 '어느 정도 거기까지'를 의미하는 것과 달리, μέχρι는 '그 만큼, 그 정도까지(as far as)'를(LSJ 1123) 의미한다. μέχρι + 속격은 '까지[어떤 일이나 상태 따위에 관련되는 범위의 끝임을 나타내는 보조사]'로 번역된다. 신약성경에서 비본래적인 전치사로 16회 접속사로 1회 쓰였다. 전자의 예를 행 10:30을 통해 살펴보자.

Ἀπὸ τετάρτης ἡμέρας **μέχρι ταύτης τῆς ὥρας** 나흘 전부터 **이 시간까지**
ἤμην τὴν ἐνάτην προσευχόμενος ἐν τῷ οἴκῳ μου,
저는 집에서 제9시 기도를 드리고 있습니다.

베드로를 만난 뒤 고넬료가 자신에 대해 한 말이다. 제9시 기도가 매일 같은 시간에 드리는 기도이지 쉬지 않고 드리는 기도가 아니므로, 또한 이때가 제9시 즉, 오후 3시는 아닐 것이므로 ἄχρι를 쓰기는 어렵다. 그러다보니 ἕως나 μέχρι를 쓸 수밖에 없는데,

고넬료는 로마 백부장답게 조금 얼버무리는 듯한 표현인 ἕως가 아니라 정도를 보다 확실하게 표현하는 μέχρι를 사용한다.

ὀψέ는 '끝날 무렵'을 의미한다. 부사로 쓰이면 '저녁'이다. 신약성경에서 부사로 2회, 비본래적인 전치사로 1회 쓰인다. 한번 쓰인 ὀψέ + 속격은 마 28:1에 있다.

> **Ὀψε** δὲ **σαββάτων**, 한데 **한 주간이** [/안식일이] **끝날 무렵** [/안식일 뒤에],
> τῇ ἐπιφωσκούσῃ εἰς μίαν σαββάτων 한 주간의[/안식일 사이의] 첫 날로 동틀 때,
> ἦλθεν Μαριὰμ ἡ Μαγδαληνὴ καὶ ἡ Μαρία 막달라인 마리아와 거 마리아가 왔습니다.
> θεωρῆσαι τὸν τάφον. 그 무덤을 주의 깊게 살피려고요.

예수님 부활하신 날 새벽 상황이다. ὀψὲ ... σαββάτων에 대해 두 가지 해석이 제안된다. '안식일이 끝날 무렵'과 '안식일 뒤'이다(R 646). 이어지는 표현인 τῇ ἐπιφωσκούσῃ εἰς μίαν σαββάτων가 새벽을 가리킨다는 것과 '유대인의 하루가 저녁에 시작된다'는 점을 고려하여 '안식일 뒤'로 해석하는 것이 선호되기도 한다. 그러나 문법적으로는 '안식일이 혹은 한 주간이 끝날 무렵'이 더 정확한 번역이다. 그래서 이 문장에서 두 번 나오는 σαββάτων을 '한 주간'으로 번역하는 것이 좋을 듯싶다. ὀψὲ ... σαββάτων에 쓰인 σαββάτων은 예수님께서 예루살렘에 입성하시고 십자가에 달리시고 부활하시기 직전까지 보내신 '한 주간'을, τῇ ἐπιφωσκούσῃ εἰς μίαν σαββάτων에 쓰인 σαββάτων은 예수님께서 부활하심으로 새롭게 열린 '한 주간'을 의미하는 것으로 보이기 때문이다.

동시에, ὀψὲ ... σαββάτων을 '한 주간의 끝날 무렵'으로 번역하든, '안식일이 끝날 무렵'으로 번역하든, '하루가 아침에 시작된다'는 시각에서 기술된 것으로 보는 것이 좋을 것이다. 시간대별로 사건을 기술하다가, '안식일이 끝나는 저녁 뒤에, 새로운 한 주간이 시작되는 시간에'와 같이 열두 시간이나 차이가 나는 두 개의 시간 표현을 나란히 둘 이유는 없어 보이기 때문이다. 두 개의 시간 표현 사이에 접속사까지 생략된 것을 볼 때, 두 개의 표현은 하나의 시점을 다른 시각에서 표현했다고 보는 것이 더 자연스럽다. 즉, '한 주간 혹은 안식일이 끝나가는 바로 그 시간에, 동시에 새로운 한 주간이 시작되려던

바로 그 시간에 이런 일이 있었다.' 하는 것을 드러내려고 두 개의 시간 표현이 사용된 것으로 보인다.

4.1.2.2. ἄνευ, ἄτερ, πλήν, χωρίς

속격만을 목적어로 취하는 이 단어들에는 부정(否定)의 의미가 들어 있다. ἄνευ는 σύν의 반대어로(LSJ 135) '가지지 않고'를 뜻하고 '-없이'로 번역된다. ἄτερ는 '동떨어져서[동떨어지다: 거리가 멀리 떨어지다. 둘 사이에 관련성이 거의 없다.]'를 의미한다. πλέον(πολύς의 중성 단수 대격 비교급)으로도 표현되는(LSJ 1415, R 646) πλήν은 '말고는, 외에는, 다만 뿐이다'로 번역된다. χωρίς는 '따로따로[한데 섞어거나 함께 있지 않고 여럿이 다 각각 떨어져서], 뿔뿔이[제각기 따로따로 흩어지는 모양], 없이[사람이나 사물 또는 어떤 사실이나 현상 따위가 어떤 곳에 자리나 공간을 차지하고 존재하지 않게]'를 뜻한다. ἄτερ, χωρίς신약성경에서, ἄνευ는 비본래적인 전치사로만 3회, ἄτερ는 비본래적인 전치사로만 2회, πλήν은 접속사로 27회, 비본래적인 전치사로 4회, χωρίς는 부사로 1회, 비본래적인 전치사로 40회 쓰인다.

ἄνευ가 속격을 목적어로 취한 예: 마 10:29

καὶ ἓν ἐξ αὐτῶν 그런데도 그것들[/참새들] 가운데 하나가

οὐ πεσεῖται ἐπὶ τὴν γῆν 땅에 떨어지지 않을 것입니다,

ἄνευ τοῦ πατρὸς ὑμῶν.

여러분 아버지 손을 벗어나서요[/**아버지께서 함께 하심이 없이요**].

제자들에게 '두려워하지 말라.' 하시며 주신 예수님의 말씀이다. 여기서 ἄνευ가 '허락'보다는 '동참'의 부재로 번역되는 것이 좋기에, '손을 벗어나서, 함께 하심이 없이'로 번역했다.

ἄτερ가 속격을 목적어로 취한 예: 눅 22:6

καὶ ἐζήτει εὐκαιρίαν 이어 그는[/가룟인 유다는] 기회[/적절한 시기]를 찾습니다.

τοῦ παραδοῦναι αὐτὸν **ἄτερ ὄχλου** αὐτοῖς.

무리와 동떨어져 있을 때 그분을[/예수님을] 그들에게 넘겨 넘겨주려구요.

가룟인 유다는 예수님을 대제사장들과 군인들에게 넘겨주려 한다. 다만, 예수님과 무리가 서로 떨어져 있을 때 그리하려고 기회를 엿본다. ἄτερ는 '있고 없고'의 문제보다 '거리' 문제이다.

πλήν이 속격을 목적어로 취한 예: 행 15:28

ἔδοξεν γὰρ τῷ πνεύματι τῷ ἁγίῳ καὶ ἡμῖν

거룩한 영과 우리로서는 {다음이 적절하다고} 생각되기 때문입니다.

μηδὲν πλέον ἐπιτίθεσθαι ὑμῖν βάρος

어떤 추가적인 짐도 여러분에게 지우지 않는 것이요.

πλὴν τούτων τῶν ἐπάναγκες, 이 긴요한 것들 외에는요.

예루살렘 공회의 결과를 안디옥과 수리아와 길리기아에 있는 제자들에게 알린 서신의 일부이다. 사도와 장로들은 성령의 역사에 근거하여, 네 가지 금지규례를 제외한(πλήν) 그 어떤 것도 이방 기독인들에게 짐 지우지 않는다고 전한다. πλήν뿐 아니라, πλέον과 μηδέν까지 함께 쓰여, '다른 어떤 것도 부과하지 않을 것임'이 강조된다.

χωρίς가 속격을 목적어로 취한 예: 요 15:5

ὁ μένων ἐν ἐμοὶ κἀγὼ ἐν αὐτῷ 내 안에 머무는, 나도 그 안에 {머무는} 자,

οὗτος φέρει καρπὸν πολύν, 이는[/이 사람은] 많은 열매를 맺는다.

ὅτι **χωρὶς ἐμοῦ** 실은 **나와 떨어져서는[/나 없이는]**

οὐ δύνασθε ποιεῖν οὐδέν. 너희가 아무 것도 이룰 수 없기 {때문이다.}

예수님의 말씀으로 목욕하고 예수님에 의해 발이 씻겨진 신자들이 반드시 유지해야 할 존재 방식에 대한 말씀이다. '예수님 안에 머물고 예수님이 안에 계신' 상태와 비교되는 상태가 χωρὶς ἐμοῦ이다. '예수님과 떨어져 따로 있는 상태'를 가리킨다. 예수님과 분리된 신자는 아무 것도 이룰 수 없기에 열매를 맺는 것도 불가능하다. '신자의 당위적 존재 방식 유지'만이 열매 맺는 삶을 위한 필요충분조건이다.

4.1.2.3. ἄντικρυς, πέραν, ἀντίπερα, ἔναντι, ἐναντίον, ἀπέναντι, κατέναντι, ἐνώπιον, κατενώπιον

모두 속격을 취하고 '앞, 맞은 편'을 뜻한다. 전치사 ἀντί를 어근으로 갖는 ἄντικρυς는 '바로 앞 맞은 편'을 의미하고 '맞은 편에'로 번역된다. '매우, 훨씬'이란 뜻을 가진 περ를 어근으로 가지면서 비본래적인 전치사와 부사로 쓰이는 πέραν은 '가로지른 맞은 편'을 의미하고 '맞은 편에, 가로질러서'로 번역된다. ἀντίπερα는 전치사 ἀντί와 πέραν의 합성어로, '가로지른 반대 편'을 의미한다. 신약성경에서 ἄντικρυς와 ἀντίπερα는 1회, πέραν은 비본래적인 전치사로 15회, 부사로 8회 쓰인다.

ἄντικρυς가 속격을 목적어로 취한 예: 행 20:15

κἀκεῖθεν ἀποπλεύσαντες 거기서 출항하여

τῇ ἐπιούσῃ κατηντήσαμεν **ἄντικρυς Χίου**, 이튿날 **기오 {섬} 맞은 편**에 닿았고,

τῇ δὲ ἑτέρᾳ παρεβάλομεν εἰς Σάμον, 다음 날 사모 {섬}을 지나쳤고,

τῇ δὲ ἐχομένῃ ἤλθομεν εἰς Μίλητον. 이어지는 날 밀레도에 도착했습니다[왔습니다].

바울이 예루살렘에 빨리 가려고 결정하자 여정은 일사천리로 진행된다. ἄντικρυς Χίου는 '기오 섬 바로 앞 맞은 편'을 의미한다.

πέραν이 속격을 목적어로 취한 예: 요 6:17

καὶ ἐμβάντες εἰς πλοῖον 이어 배에 탄 뒤,

ἤρχοντο **πέραν τῆς θαλάσσης** εἰς Καφαρναούμ. 바다 **가로질러** 가버나움으로 갑니다.

디베랴 곁 아르벨 산 기슭에서의 오병이어 기적 이후에, 제자들은 갈릴리 호수를 가로질러 가버나움 쪽으로 갔습니다. πέραν τῆς θαλάσσης은 갈릴리 호수를 '죽 가로지러'를 의미한다.

ἀντίπερα가 속격을 목적어로 취한 예: 눅 8:26

Καὶ κατέπλευσαν εἰς τὴν χώραν τῶν Γερασηνῶν,

그러면서 거라사인들의 지역에 입선했습니다.

ἥτις ἐστὶν **ἀντιπέρα** τῆς Γαλιλαίας. 그곳은 갈릴리 **가로지른 맞은 편**에 있습니다.

예수님과 제자들은 πέραν τῆς λίμης '그 호수를 가로질러' 배로 이동하셨고(눅 8:22), ἀντιπέρα τῆς Γαλιλαίας '갈릴리 가로지른 맞은 편'에 도착하셨다.

다음으로, ἔναντι, ἐναντίον, ἀπέναντι, κατέναντι는 모두 전치사 ἐν과 ἀντί를 어근으로 갖는다. 먼저, ἔναντι는 '앞에, 앞에서'를 뜻한다. 형용사 ἐναντίος(반하는, 거스르는, 반대하여, 8회)의 중성 단수 대격형인 ἐναντίον은 '앞에 선, 앞에 설 만한'으로 번역된다. ἔναντι에 전치사 ἀπό가 더해진 ἀπέναντι는 '거슬러, 보는 데서'를, ἔναντι에 전치사 κατά가 더해진 κατέναντι는 '대면한 맞은 편'을 의미한다. 신약성경에서 ἔναντι는 비본래적인 전치사로 2회, ἐναντίον은 비본래적인 전치사로 5회, 부사로 3회, ἀπέναντι는 비본래적인 전치사로 5회, κατέναντι는 비본래적인 전치사로 5회, 부사로 3회 쓰인다.

ἔναντι가 속격을 목적어로 취한 예: 행 8:21

οὐκ ἔστιν σοι 당신에게는 없습니다.

μερὶς οὐδὲ κλῆρος ἐν τῷ λόγῳ τούτῳ,

이 말씀 안에 구실도[/맡을 것도], 몫도요[/받을 것도요].

ἡ γὰρ καρδία σου 당신의 마음이

οὐκ ἔστιν εὐθεῖα **ἔναντι τοῦ θεοῦ**. **하나님 앞에서** 곧지 않기 때문입니다.

베드로가 사마리아 성에 있던 마술사 시몬에게 한 말이다.

ἐναντίον가 속격을 목적어로 취한 예: 행 8:32

Ὡς πρόβατον ἐπὶ σφαγὴν ἤχθη 그가 도살하는 자에게 양처럼 왔다.

καὶ ὡς ἀμνὸς **ἐναντίον τοῦ κείραντος αὐτὸν** ἄφωνος,

또한 **자기 털을 깎는 자 앞에 선** 어린양처럼 잠잠히,

οὕτως οὐκ ἀνοίγει τὸ στόμα αὐτοῦ. 과연 자기 입을 열지 않는다.

에디오피아 내시가 마차에 앉아 읽고 있던 사 53:7 인용이다. ἐναντίον에서 어린 양과 털 깎는 자 사이의 반대 입장을 읽을 수 있다.

ἀπέναντι가 속격을 목적어로 취한 예: 행 17:7

οὓς ὑποδέδεκται Ἰάσων· 그런데 그들을 야손이 받아들였습니다.

καὶ οὗτοι πάντες **ἀπέναντι τῶν δογμάτων Καίσαρος** πράσσουσιν,

또한 이자들은 모두가 **가이사의 왕명[들]을 거슬러** 행동합니다.

βασιλέα ἕτερον λέγοντες εἶναι Ἰησοῦν. '다른 임금 예수가 있다'고 말하면서요.

제2차 전도여행 때 데살로니가에서 있었던 일이다. ἀπέναντι는 가이사의 왕명을 '벗어났음'을 표현한다.

κατέναντι가 속격을 목적어로 취한 예: 막 13:3

Καὶ καθημένου αὐτοῦ 이어 그분이[/예수님이] 앉으시자,

εἰς τὸ Ὄρος τῶν Ἐλαιῶν 감람 산에요,

κατέναντι τοῦ ἱεροῦ 성전 맞은 편에 {있는 산이죠},

ἐπηρώτα αὐτὸν κατ' ἰδίαν 그분께 은밀히 여쭈었습니다,

Πέτρος καὶ Ἰάκωβος καὶ Ἰωάννης καὶ Ἀνδρέας,

베드로와 야고보와 요한과 안드레가요.

예수님께서 마지막 때에 관한 말씀을 어디에서 누구에게 주셨는 지에 대한 말씀이다. κατέναντι는 감람 산이 성전을 '대면한 맞은 편'에 있음을 표현한다.

마지막으로, ἐνώπιον과 κατενώπιον은 둘 다 ὁράω(보다, 살피다, 분별하다, 헤아리다, 뵈다, 454회)를 어근으로 갖는다. 그래서 ἐνώπιον은 형용사 ἐνώπιος(직면하여)의 중성 단수 대격형으로 '보는 앞에서'를 뜻한다. 여기에 전치사 κατά가 더해진 κατενώπιον은 '권위 있는 분 앞에서 자신을 낮춘 모습'을 표현한다. '앞에, 존전에'로 번역된다. ἐνώπιον은 비본래적인 전치사로 94회, κατενώπιον은 비본래적인 전치사로 3회 쓰인다.

ἐνώπιον이 속격을 목적어로 취한 예: 행 9:15

ὅτι σκεῦος ἐκλογῆς ἐστίν μοι οὗτος 이가[/이 사람이] 내게는 훌륭한 그릇이다,

τοῦ βαστάσαι τὸ ὄνομά μου 내 이름을 짊어질,

ἐνώπιον ἐθνῶν τε καὶ βασιλέων υἱῶν τε Ἰσραήλ·

다른 여러 민족들뿐 아니라 왕들과 이스라엘 자손들 앞에서조차.

예수님이 아나니아에게 사울[바울 사도]에 대해 소개하시는 말씀이다. 사울은 장차 ἐνώπιον ἐθνῶν τε καὶ βασιλέων υἱῶν τε Ἰσραήλ '다른 여러 민족들과 왕들과 이스라엘 자손들이 보는 앞에서' 주님 걸어가신 그 길을 걸어갈 것이다.

κατενώπιον이 속격을 목적어로 취한 예: 엡 1:4

καθὼς ἐξελέξατο ἡμᾶς 그분이[/하나님께서] 우리를 선택하신 것처럼

ἐν αὐτῷ πρὸ καταβολῆς κόσμου 그분 안에서 세상이 조성되기 전에

εἶναι ἡμᾶς ἁγίους καὶ ἀμώμους 우리가 거룩하고 흠 없도록

κατενώπιον αὐτοῦ ἐν ἀγάπῃ,

그분 존전[/앞]에서 사랑으로[사랑 안에서].

하나님께서 우리를 택하신 이유가 무엇인가? 그것은 우리가 사랑 안에서 그분 앞에서 거룩하고 흠 없는 존재가 되는 것이다.

4.1.2.4. εἵνεκεν, ἕνεκα, χάριν

비본래적인 전치사로만 쓰이는 이 단어들은 '위하여'라는 개념을 갖는다. 우선, εἵνεκεν과 ἕνεκα는 '-때문에'라는 기본 뜻을 갖는다(LSJ 563). 더불어, ἕνεκα는 ἕνεκεν 형태로도 쓰인다. 다음으로, χάρις(은혜, 은총, 특혜, 155회)를 어근으로 갖는 χάριν은 '-에게 호의가, 기쁨이 되도록'이라는 기본 뜻을 갖는다(LSJ 1979). 신약성경에서, εἵνεκεν은 2회, ἕνεκα는 ἕνεκα 형태로 4회, ἕνεκεν 형태로 20회, χάριν은 9회 쓰인다.

εἵνεκεν이 속격을 목적어로 취한 예: 눅 4:18

Πνεῦμα κυρίου ἐπ' ἐμὲ 주님의 영이 내 위에 {임하셨다.}

οὗ εἵνεκεν ἔχρισέν με.

그것[/주님의 영] 때문에 그분이[/하나님께서] 내게 기름 부으셨다.

예수님께서 나사렛 회당에서 봉독하신 이사야 61장 1절이다. 관계 대명사 οὗ는 εἵνεκεν의 목적어로(이렇게 목적어가 전치사 앞에 있으면 후치[postpositive]되었다고 한다) '주님의 영'을 선행사로 받고, '기름 붓다'는 임직을 의미한다. 그러므로 οὗ εἵνεκεν는 '주님의 영과 관계된 어떤 일 때문에, 사람들에게 주님의 영이 임할 수 있도록'으로 이해될 수 있다.

ἕνεκα가 속격을 목적어로 취한 예: 행 28:20

ἕνεκεν γὰρ τῆς ἐλπίδος τοῦ Ἰσραὴλ 이스라엘의 소망 때문에

τὴν ἅλυσιν ταύτην περίκειμαι. 내가 이 사슬에 동여매어져 있기 때문입니다.

바울이 자신에 대해 로마에 있는 유대인 지도자들에게 한 말이다. 바울은 이스라엘의 소망이신 부활하신 그리스도 때문에 묶인 자가 되었다.

χάριν가 속격을 목적어로 취한 예: 눅 7:47

οὗ χάριν λέγω σοι, **그것**[/여인이 한 행동] **때문에**, 내가 그대에게 말합니다.

ἀφέωνται αἱ ἁμαρτίαι αὐτῆς αἱ πολλαί,

그의[/그녀의] 많은 죄[들]가 벗겨졌습니다.

ὅτι ἠγάπησεν πολύ· 사실 그가[/그녀가] 많이 사랑한 것입니다.

일반적으로 οὗ가 가리키는 바가 '앞서 언급된 여인의 행동'이라고 보고, οὗ χάριν를 '이것 때문에'로 번역한다. χάριν의 의미를 고려할 때, οὗ χάριν은 '바리새인의 태도와 비교되는 행동에 대한 호의로'를 의미한다고 볼 수 있다.

4.1.2.5. ἐκτός, παρεκτός, ἐντός, μέσον, πλησίον

ἐκτός는 전치사 ἐκ에 부사 접미어 –τος가 붙어 이뤄졌다. '밖으로, 것 말고는'를 뜻한다. παρεκτός는 ἐκτός에 '곁'을 의미하는 전치사 παρά가 덧붙여진 것으로 '제외하고는'을 뜻한다. ἐκτός의 반의어인 ἐντός는 전치사 ἐν에 부사 접미어 –τος가 붙어 이뤄졌다. '내부, 안쪽에'를 뜻한다. μέσον은 형용사 μέσος(중앙, 한가운데, 중, 배, 한-, 54회; 부사로 3회)의 중성 단수 대격형으로 '중앙에'라는 의미를 가진다. πλησίον은 형용

사 πλήσιος(가까운, 밀접한)의 중성 단수 대격 형태로 '근처에'를 뜻한다. 신약성경에서 ἐκτός는 비본래적인 전치사로 4회, 부사로 4회, παρεκτός는 비본래적인 전치사로 2회, 부사로 1회, ἐντός는 2회, μέσον은 비본래적인 전치사로 1회, 부사로 3회, πλησίον은 비본래적인 전치사로 1회, 부사로 16회 나온다.

ἐκτός가 속격을 목적어로 취한 예: 행 26:22

ἐπικουρίας οὖν τυχὼν τῆς ἀπὸ τοῦ θεοῦ 그러므로 하나님으로부터의 도움을 얻어

ἄχρι τῆς ἡμέρας ταύτης ἕστηκα 이 날까지 견대며,

μαρτυρόμενος μικρῷ τε καὶ μεγάλῳ

하찮은[작은] 사람뿐 아니라 지체 높은[큰] 사람에게도 확언합니다.

οὐδὲν **ἐκτὸς** λέγων {**다음**} **것 말고는** 아무 말도 하지 않으면서요..

ὧν τε οἱ προφῆται ἐλάλησαν 선지자들이 얘기했을 뿐만 아니라,

μελλόντων γίνεσθαι '장차 이뤄지지라'고요,

καὶ Μωϋσῆς. 모세까지도 {얘기한 것들이죠}.

바울이 헤롯 아그립바 2세 앞에서 한 변론이다. ἐκτός는 관계 대명사 ὧν을 목적어로 취한다.

παρεκτός가 속격을 목적어로 취한 예: 행 26:29

Εὐξαίμην ἂν τῷ θεῷ 내가 하나님께 기원하렵니다.

καὶ ἐν ὀλίγῳ καὶ ἐν μεγάλῳ 하찮은[작은] 것이로든, 훌륭한[큰] 것으로든,

οὐ μόνον σὲ 당신뿐 아니라

ἀλλὰ καὶ πάντας τοὺς ἀκούοντάς μου σήμερον

오늘 내 말을[나를] 들은 모든 이들이

γενέσθαι τοιούτους 이와 같이[/나처럼] 되기를요.

ὁποῖος καὶ ἐγώ εἰμι 현재 내 모습처럼요[나도 그러한 것처럼요].

παρεκτὸς τῶν δεσμῶν τούτων. **이 결박된 것을**[결박들을] **제외하고는요.**

헤롯 아그립바 2세 앞에서 바울이 한 변론의 마지막 말이다. 그의 사람들을 향한 축복된

마음을 읽을 수 있다.

ἐντός 가 속격을 목적어로 취한 예: 눅 17:21

ἰδοὺ γὰρ ἡ βασιλεία τοῦ θεοῦ 보십시오! 하나님의 나라는

ἐντὸς ὑμῶν ἐστιν. 여러분 **안쪽**에 있습니다.

바리새인들의 '하나님의 나라가 어느 때 임하느냐?' 하는 질문에 대한 예수님의 대답이다. 하나님의 나라는 심령의 변화로 시작된다. 그러니 ἐντός 즉, '안쪽에' 있는 것이다.

μέσον 이 속격을 목적어로 취한 예: 행 27:27

κατὰ **μέσον τῆς νυκτὸς** ὑπενόουν οἱ ναῦται **한밤중**에 선원들은 어렴풋이 느꼈습니다.

προσάγειν τινὰ αὐτοῖς χώραν.

그들이 어떤 지역으로 다가가고[어떤 지역이 그들에게 다가오고] 있다는 것을요.

μέσον τῆς νυκτός 는 '밤의 한가운데'를 가리킨다. 여기에 전치사 κατά 가 붙어 '밤의 한가운데를 따라, 밤의 한가운데쯤'을 뜻하여, '한밤중에'로 번역했다.

πλησίον 이 속격을 목적어로 취한 예: 요 4:5

ἔρχεται οὖν 그래서 오십니다,

εἰς πόλιν τῆς Σαμαρείας λεγομένην Συχὰρ

수가라고 불리는, 사마리아 {지역}의 성으로요.

πλησίον τοῦ χωρίου [거] **토지에서 가까운** {곳이죠.}

ὃ ἔδωκεν Ἰακὼβ τῷ Ἰωσὴφ τῷ υἱῷ αὐτοῦ·

야곱이 자신의[그의] 아들 요셉에게 준 {토지죠.}

야곱이 요셉에게 준 토지는 '세겜'이다(창 48:22; 수 24:32). 요한은 수가 성이 세겜에서 가까운 곳에 있다고 소개한다.

4.1.2.6. ἔμπροσθεν, μεταξύ, ἔσω, ἔσωθεν, ἔξω, ἔξωθεν, κύκλῳ, κυκλόθεν, ὀπίσω, ὄπισθεν

위치를 표현하는 단어들로, 종류가 많아 차례대로 한둘 혹은 서너 개씩 다룬다.

ἔμπροσθεν은 전치사 ἐν, 전치사 πρός, '-으로부터'를 뜻하는 접미사 θεν이 합쳐진 단어이다. ἔμπροσθεν + 속격은 '앞에서, 에게'로 번역된다. 신약성경에서 비본래적인 전치사로 44회, 부사로 4회 쓰인다. μεταξύ는 '중앙, 한가운데'를 의미하는 μετά와 '함께, 더불어'를 의미하는 σύν의 합성어로, '중앙에서 더불어'를 뜻한다. 'μεταξύ + 속격은 사이[한 곳에서 다른 곳까지, 또는 한 물체에서 다른 물체까지의 거리나 공간, 한 때로부터 다른 때까지의 동안], 사이에서, 다음[어떤 차례의 바로 뒤]'으로 번역된다. 신약성경에서 비본래적인 전치사로 7회, 부사로 2회 쓰인다.

ἔμπροσθεν, μεταξύ가 속격을 목적어로 취한 예: 행 10:4, 15:9

Αἱ προσευχαί σου καὶ αἱ ἐλεημοσύναι σου 너의 기도[들]와 [너의] 구제[들]가

ἀνέβησαν εἰς μνημόσυνον **ἔμπροσθεν τοῦ θεοῦ**. 올라와서 **하나님께** 기억되었다.

천사가 백부장 고넬료에가 한 말이다. ἀνέβησαν εἰς μνημόσυνον ἔμπροσθεν τοῦ θεοῦ를 직역하면, '하나님께로 기억 되게 올라왔다'가 된다. 우리말 어법에 맞게 바꿔, '올라와서 하나님께 기억되었다'로 번역했다.

καὶ οὐθὲν διέκρινεν 또한 그분은 어떤 차별도 두지 않으셨습니다.

μεταξὺ ἡμῶν τε καὶ αὐτῶν, 우리와 그들 사이에요.

τῇ πίστει καθαρίσας τὰς καρδίας αὐτῶν.

믿음으로 그들의 마음[들]을 깨끗이 하셔서요.

예루살렘 공회의 의장인 베드로가 한 발언이다. 믿음으로 구원 받는 측면에서 '우리'인 유대인들과 '그들'인 이방인들 사이를 하나님께서 구분하지 않으셨음을 표현할 때, μεταξύ를 사용했다. 우리와 그들이 함께 한다는 뉘앙스가 있다.

ἔσω는 εἰς의 도릭 방언인 ἐς의 탈격으로, '안에, 안에서'로 번역된다. ἔσωθεν은 ἔσω에 '-으로부터'를 뜻하는 접미사 θεν이 합쳐진 단어로, '안으로부터'를 의미한다. ἔξω는 ἐκ다음에 모음이 올 때의 형태인 ἐξ의 탈격으로, '바깥으로, 밖으로, 밖에까지'로 번역된다. ἔξωθεν은 ἔξω에 '-으로부터'를 뜻하는 접미사 θεν이 합쳐진 단어로, '밖으로부터'를

의미한다. 신약성경에서 ἔσω는 비본래적인 전치사로 1회, 부사로 8회, ἔσωθεν은 비본래적인 전치사로 1회, 부사로 11회, ἔξω는 비본래적인 전치사로 19회, 부사로 44회, ἔξωθεν는 비본래적인 전치사로 3회, 부사로 10회 쓰인다.

ἔσω, ἔσωθεν, ἔξω, ἔξωθεν이 속격을 목적어로 취한 예: 막 15:16, 행 7:58, 눅 11:39

Οἱ δὲ στρατιῶται ἀπήγαγον αὐτὸν 하니 거 군인들이 그분을 데리고 나왔습니다,

ἔσω τῆς αὐλῆς, 거 안뜰 안에서요.

빌라도가 예수님의 십자가 처형을 결정한 다음, 군인들이 한 일이다. 그들은 예수님을 브라이도리온이라 불리던 안뜰 안에서 데리고 나왔다.

καὶ ἐκβαλόντες **ἔξω τῆς πόλεως 거 도시 바깥으로** 내몰더니

ἐλιθοβόλουν. 돌질합니다.

스데반이 하늘 광경을 소개하자 유대인들이 보였던 반응이다.

Νῦν ὑμεῖς οἱ Φαρισαῖοι 지금 바리새인 여러분은

τὸ **ἔξωθεν** τοῦ ποτηρίου καὶ τοῦ πίνακος

거 잔과 거 서판의 바깥 면은[**바깥으로부터의** 것은]

καθαρίζετε, 깨끗이 합니다.

τὸ δὲ **ἔσωθεν** ὑμῶν γέμει 하나 여러분 내면은[**안으로부터의** 것은] 가득합니다,

ἁρπαγῆς καὶ πονηρίας. 탐욕과[/거머쥔 것과] 불의로요.

어떤 바리새인이 예수님을 아침 혹은 점심이라 부를 만한 '오전 식사'에 초대했다. 이때 예수님은 식사 전 정결례인 손 담그기를 하지 않으셨다. 이를 이상히 여기는 바리새인에게 예수님이 하신 말씀이다.

이제, 둘레와 뒤를 표현하는 κύκλῳ, κυκλόθεν, ὀπίσω, ὄπισθεν을 살펴 보자. κύκλῳ와 κυκλόθεν은 요한계시록에서 하나님의 보좌와 관련해서만 비본래적인 전치사로 쓰인다. 신약성경에서 비본래적인 전치사로 3회, 부사로 5회 쓰이는 κύκλῳ는 '주위에, 둘레에'를 뜻하고, 비본래적인 전치사로 2회, 부사로 1회 쓰이는 κυκλόθεν은 '주위로부터, 둘

레에서'를 의미한다. 신약성경에서 비본래적인 전치사로 26회, 부사로 9회 쓰이는 ὀπίσω는 '따라[따르다: 다른 사람이나 동물의 뒤에서, 그가 가는 대로 같이 가다, 좋아하거나 존경하여 가까이 좇다]'로, 비본래적인 전치사로 2회, 부사로 5회 쓰이는 ὄπισθεν은 '뒤에'로 번역된다.

κύκλῳ, κυκλόθεν, ὄπισθεν이 속격을 목적어로 취한 예: 계 4:6, 4

Καὶ ἐν **μέσῳ** τοῦ θρόνου καὶ **κύκλῳ** τοῦ θρόνου

거 보좌 중앙과 거 보좌 **둘레에**

τέσσαρα ζῷα γέμοντα ὀφθαλμῶν ἔμπροσθεν καὶ **ὄπισθεν**.

앞뒤에[앞에와 **뒤에**] 눈[들]이 가득한 네 짐승이 {있다.}

καὶ **κυκλόθεν** τοῦ θρόνου 또한 거 보좌 **둘레에서[주위로부터]**

θρόνους εἴκοσι τέσσαρες, 이십사 보좌들을 {내가 보았다.}

이십사 보좌들이 하나님의 보좌 둘레(κυκλόθεν)에 있다. 산꼭대기처럼 높은 곳에 위치한 보좌 둘레로 이십사 보좌들이 둘러 있는 모습이 연상된다.

ὄπισω가 속격을 목적어로 취한 예: 행 20:30

καὶ ἐξ ὑμῶν αὐτῶν ἀναστήσονται

또한 심지어 여러분[여러분 자신] 가운데에서 생겨날 것도 {압니다.}

ἄνδρες λαλοῦντες διεστραμμένα 그른 것들을 얘기할 사람들이요[남자들이요].

τοῦ ἀποσπᾶν τοὺς μαθητὰς **ὀπίσω αὐτῶν**.

제자들을 꼬드겨 **자신들을[그들을] 따르게** 하려고요.

바울의 밀레도 설교의 일부이다. 기존 지도자 가운데 어떤 이들은 예수님이 아니라 자신들을 따르게(ὀπίσω) 하려고 그른 것을 얘기할 것이다.

4.1.2.7. ἐπάνω, ἐπέκεινα, ὑπεράνω, ὑπερέκεινα, ὑποκάτω

마지막으로, '위로'와 '아래로'를 의미하는 단어들을 살펴 보자. '근거'를 표현하는 전치사 ἐπί와 부사 ἄνω(위로, 9회)가 합성된 ἐπάνω는 '위쪽으로'를 뜻한다. 신약성경에서, 비본래적인 전치사로 17회, 부사로 2회 쓰인다. 전치사 ἐπί와 부사 ἐκεῖ(거기에서, 105회)가 합성된 ἐπέκεινα는 신약성경에서 한 번만 나온다. '너머[높이나 경계를 나타내는 명사 다음에 쓰여, 높이나 경계로 가로막은 사물의 저쪽, 또는 그 공간]로'를 의미한다.

ἐπάνω, ἐπέκεινα가 속격을 목적어로 취한 예: 요 3:31, 행 7:43

Ὁ ἄνωθεν ἐρχόμενος **ἐπάνω πάντων** ἐστίν·

위로부터 오신 이는 **모든 것 위에[위쪽으로]** 계십니다.

예수님에 대한 표현이다. 그분은 위에서부터 오셨기에, 모든 것 위쪽으로 계신다.

καὶ μετοικιῶ ὑμᾶς 그러니 내가 너희를 옮길 것이다,

ἐπέκεινα Βαβυλῶνος. 바벨론 너머로.

스데반이 인용한 암 5:27이다.

'위쪽, 너머'라는 개념을 갖는 전치사 ὑπέρ와 부사 ἄνω(위로, 9회)가 합성된 ὑπεράνω는 '위로 그 너머로'라는 개념을 갖는다. 신약성경에서 비본래적인 전치사로 3회 쓰인다. 전치사 ὑπέρ와 부사 ἐκεῖ(거기에서, 105회)가 합성된 ὑπερέκεινα는 '넘어서서[경계가 되는 일정한 장소를 넘어서 지나다]'로 번역된다. ὑπεράνω의 반대 개념은, '아래에서 위로 움직이는 상태'를 뜻하는 전치사 ὑπό와 부사 κάτω(아래로, 9회)의 합성어인 ὑποκάτω로 표현된다. 의미는 '밑 그 위로'이다. 신약성경에서 비본래적인 전치사로 11회 쓰인다.

ὑπεράνω, ὑπερέκεινα, ὑποκάτω가 속격을 목적어로 취한 예: 엡 4:10, 고후 10:16, 요 1:50

ὁ καταβὰς αὐτός 내려오신 분 그분이

ἐστινκαὶ ὁ ἀναβὰς **ὑπεράνω πάντων τῶν οὐρανῶν**,

모든 하늘 위 그 너머로 오르신 분이시기도 합니다.

예수님이 어떤 분이신가에 대한 표현이다.

εἰς τὰ **ὑπερέκεινα ὑμῶν** εὐαγγελίσασθαι, **너희를 넘어서는** 곳들에서 복음을 전하려고 바울 사도는 고린도보다 더 먼 곳까지 가서 복음 전하기를 원했다.

Ὅτι εἶπόν σοι ὅτι 내가 네게 다음과 같이 말했기에,

εἶδόν σε **ὑποκάτω τῆς συκῆς**

'내가 너를 **그 무화과나무 아래에서**[**밑 그 위로**] 봤다.' 이렇게,

πιστεύεις; 네가 믿느냐?

예수님이 나다나엘에게 하신 말씀이다. ὑποκάτω τῆς συκῆς는 '그 무화과나무 밑 그 위로'를 의미한다.

4.2. 접속사

접속사가 헬라어로는 '묶는 것들(σύνδεσμοι)'이다. 통사적으로 동등한 두 개 혹은 그 이상의 단위들을 접속하는 '대등 혹은 등위 접속(coordination, coordinate conjunction)'에 사용되는 접속사들은 계합(copulative), 반의(adversative 혹은 contrastive), 이접적(disjunctive 혹은 alternative), 추론(inferential), 원인(causal, explanatory) 접속에 사용된다(S 2163; W 670-674).

종위 혹은 종속 접속사(subordinating conjunction)은 뒤따르는 종속절을 인도함과 동시에, 종속절과 주절을 연결하는 기능을 한다. 원인(causal), 비교(comparative), 양보(concessive), 조건(conditional), 결과(consecutive, resultive), 선언(declarative, recitative), 목적(final, purposive), 장소(local, locational), 시간(temporal)절을 이끈다(S 2770). 이 외에, 의문(interrogative) 및 보충(complementary)절을 이끈다.

하나의 등위 접속사가 다양한 접속에 사용되고, 하나의 종위 접속사도 여러 종류의 절을 이끈다. 하여, 등위 접속사는 접속의 종류별로, 종위 접속사는 종속절의 종류별로 정리한다. 그리고 접속사의 다양한 의미는 처음 소개할 때 제시하도록 한다.

참고로, 전치사와 마찬가지로, 강조를 위해 접속사 앞에 접속사에 속한 단어가 나오는

경우도 있다. 예. 히 2:7 **Σήμερον ἐὰν** τῆς φωνῆς αὐτοῦ ἀκούσητε, **오늘** 너희가 그분의 음성을 들**으면**. σήμερον이 ἐάν절에 속한 단어이나 강조를 위해 앞으로 나왔다.

주어가 접속사 앞으로 나오기도 한다. 예. 눅 7:39 **Οὗτος εἰ** ἦν προφήτης, **이가 만일** 선지자라면. 여기서 εἰ절은 비현실적 조건문이다. 조건절의 주어인 지시 대명사 οὗτος가 강조되느라 접속사 앞으로 나왔다.

4.2.1. 등위 접속사

계합(copulative) 접속에는 연결하고 강조하는데 쓰이는 καί, 전환에 쓰이는 δέ, 상관에 쓰이는 τέ가 있다. 반의(adversative 혹은 contrastive) 접속에는 ἀλλά와 πλήν이, 이접적(disjunctive 혹은 alternative) 접속에는 ἤ, ἤτοι, οὐδέ, μηδέ, οὔτε, μήτε가 쓰인다. 추론(inferential) 접속에는 διό, διόπερ, ὅθεν, οὖν, τοιγαροῦν, τοίνυν이, 원인(causal, explanatory) 접속에는 γάρ가 쓰인다. 의문(interrogative) 접속과 관련되어 고려되는 εἰ, ἱνατί, μήποτε, ὅτι는 종위 접속사 항목(4.2.2.)을 참고하라.

4.2.1.1. 계합(copulative) 접속

맬 계(繫)와 합할 합(合)이 만나 이뤄진 '계합'이라는 말은 '동여매 합했다'는 의미를 갖는다. 자체 의미를 갖지 않으면서 주어와 보어를 연결하는 동사를 '계사'라 부르듯, 그 자체로 특별한 의미 없이 두 요소가 연결되는 것을 '계합 접속'이라 부르지만, '강의(ascensive), 연결(connective, continuative), 전환(transitional), 상관(correlative)'의 개념을 갖는다고 정리할 수도 있다(W 670-674).

계합 접속에 사용되는 대표적인 등위 접속사는 καί와 δέ와 τέ이다. 강의와 연결은 καί와, 전환은 δέ와, 상관은 τέ와 연결된다. καί는 '그리고'의 의미로 병렬하거나, '도'의 의미로 강조할 때(an intensive or heightening force; S 2869) 사용된다. δέ는 '그런데'의 의미를 가지면서 주로 전환(transition; S 2836)을 표현한다. δέ는 후치되는데, 한 단어 다음에 쓰이는 것이 보통이나 하나의 개념 다음에 이어지기도 한다(예. 눅 4:25의 ἐπ' ἀληθείας δε λέγω). 전접어로 후치되는 τέ는 '결국'의 의미로 계합 접속 가운데 상관 접속으로 사용된다(S 2967).

계합, 반의, 추론 등의 접속에 사용되는 등위 접속사 καί는 '그리고[단어, 구, 절, 문장 따위를 병렬적으로 연결할 때 쓰는 접속 부사], 그리고는, 또한[어떤 것을 전제로 하고 그것과 같게; 그 위에 더, 또는 거기에다 더], 며[며1: 둘 이상의 사물을 같은 자격으로 이어 주는 접속 조사; -며2: 두 가지 이상의 동작이나 상태 따위를 나열할 때 쓰는 연결 어미], 및['그리고', '그 밖에', '또'의 뜻으로, 문장에서 같은 종류의 성분을 연결할 때 쓰는 말], 도[어미 어떤 것이 포함되고 그 위에 더함의 뜻을 나타내는 보조사], 이어[앞의 말이나 행동 따위에 잇대어, 또는 계속하여], 그런데[화제를 앞의 내용과 관련시키면서 다른 방향으로 이끌어 나갈 때 쓰는 접속 부사], 그런데도, 그러고도, 그러면서, 그러면서도, 까지[이미 어떤 것이 포함되고 그 위에 더함의 뜻을 나타내는 보조사], ~까지도, 그러면, 그러더니, 그러자, -자[한 동작이 막 끝남과 동시에 다른 동작이나 사실이 잇따라 일어남을 나타내는 연결 어미], 그래서[앞의 내용이 뒤의 내용의 원인이나 근거, 조건 따위가 될 때 쓰는 접속 부사], 그러니, 즉[다른 것이 아니라 곧, 또는 다시 말하여]'와 같이 번역된다.

예로, 행 1:8을 보자.

καὶ ἔσεσθέ μου μάρτυρες **또한** 너희는 나의 증인이 될 것이다.

ἔν **τε** Ἰερουσαλὴμ 예루살렘**뿐 아니라**

καὶ (ἐν) πάσῃ τῇ Ἰουδαίᾳ καὶ Σαμαρείᾳ 유대와 사마리아 전 지역**과**

καὶ ἕως ἐσχάτου τῆς γῆς. 땅 끝까지에서**도**이다.

예수님께서 승천 직전에 하신 말씀이다. 첫 번째 καί는 병렬의 의미로 사용되었다. 두 번째 καί는 상관 접속에 주로 사용되는 τέ와 함께 계합 접속에 사용되었다. 세 번째 καί는 강조의 의미를 갖는다.

주로 '전환'의 의미로 계합 접속에 사용되지만 '반의, 추론' 등의 접속에도 사용되는 δέ는 우리말로 '하나['그러하나'의 줄임말], 하니['그러하니'의 줄임말], 하면['그러하면'의 줄임말], 하여['그러하여'의 줄임말], 한데['그러한데'의 줄임말], 해서['그러해서'의 줄임말], 한편[어떤 일에 대하여, 앞에서 말한 측면과 다른 측면을 말할 때 쓰는 말], 또 한편[어떤 일의 한 측면], 다른 한편으로는, 그런데[화제를 앞의 내용과 관련시키면서 다른 방향으로 이끌어 나갈 때 쓰는 접속 부사], 그러다가, 그러자, 후에, 그 바람[바람: 뒷말의 근거나 원인을 나타내는 말]에, 바야흐로[이제 한창, 또는 지금 바로], 다만[다른 것이 아니라 오로지], 당시[일이 있었던 바로 그때, 또는 이야기하고 있는 그 시기], 행여[어쩌다가 혹시], 마침[어떤 경우나 기회에 알맞게, 또는 공교롭게], 채[이미 있는 상태 그대로 있다는 뜻을 나타내는 말]'로 번역된다. 예로, 행 3:5-6을 보자.

ὁ **δὲ** ἐπεῖχεν αὐτοῖς **하여** 그가 그들을 쳐다봅니다.

προσδοκῶν τι παρ' αὐτῶν λαβεῖν. 그들에게서 무엇을 받을 것으로 예상하고서요.

εἶπεν **δε** Πέτρος, **그런데** 베드로가 말했습니다.

᾿Αργύριον καὶ χρυσίον οὐχ ὑπάρχει μοι, 은과 금이 내게는 없습니다.

ὃ **δὲ** ἔχω τοῦτό σοι δίδωμι·

하나 내가 가진[내가 가진 것] 이것을 당신에게 드립니다.

성전 미문에 있던 '걷지 못하던 이'가 베드로와 요한을 만났을 때 일어난 사건이다. 첫 번째 δέ는 '추론', 두 번째 δέ는 '전환', 세 번째 δέ는 '반의'의 개념으로 쓰였다.

계합 접속 가운데 상관 접속에 사용되는 대표적인 등위 접속사는 τέ이다. 우리말로 '결국[일이 마무리되는 마당이나 일의 결과가 그렇게 돌아감을 이르는 말], 마침내[드디어 마지막에는; 급기], 그 결과[어떤 원인으로 결말이 생김, 또는 그런 결말의 상태], 결과적[어떤 원인으로 생기는 결말의 생태로 되는, 또는 그런 것]으로, 그리하여[그리하다: 상태, 모양, 성질 따위가 그렇게 되게 하다], 그래서[앞의 내용이 뒤의 내용의 원인이나 근거, 조건 따위가 될 때 쓰는 접속 부사], 그러다가, 그러면[앞의 내용이 뒤의 내용의 조건이 될 때 쓰는 접속 부사], 그럼['그러면'의 준말], 그뿐[뿐: '그것만이고 더는 없음' 또는 '오직 그렇게 하거나 그러하다는 것'을 나타내는 보조사] 아니라, 뿐[만] 아니라, 뿐더러, 조차[이미 어떤 것이 포함되고 그 위에 더함의 뜻을 나타내는 보조사]'로 번역된다. 신약성경에 215회 쓰인다. 예로, 행 13:1을 보자.

Ἦσαν δὲ ἐν ᾿Αντιοχείᾳ 한편 안디옥에는 있었습니다.

κατὰ τὴν οὖσαν ἐκκλησίαν 당시 교회마다요[/모임마다요.]

προφῆται καὶ διδάσκαλοι 선지자들과 교사들이요.

ὅ τε Βαρναβᾶς 곧 바나바뿐 아니라

καὶ Συμεὼν ὁ καλούμενος Νίγερ, 니게르라 불리는 시므온과

καὶ Λούκιος ὁ Κυρηναῖος, 구레네 사람 루기오와,

Μαναήν **τε** Ἡρῴδου τοῦ τετραάρχου σύντροφος 분봉 왕 헤롯이 젖형제 마나엔과

και Σαῦλος. 사울{입니다.}

수리아 안디옥 교회의 지도자들을 두 개의 그룹으로 소개하기 위해 τέ...τέ가 사용되었다. 첫째 τέ는 후접어 ὁ 다음에 와서 후접어에 악센트가 붙어 ὅτε가 되었다. τε...καὶ ...καί로 바나바, 시므온, 루기오가 함께 소개된다. 둘째 τέ도 전접어라 악센트가 없다. τε...καί로 마나엔과 사울을 연결하여 소개한다.

4.2.1.2. 반의(adversative) 접속

반의 접속에 사용되는 대표적인 등위 접속사는 ἀλλά이다. 형태면에서, 지시 대명사 ἄλλος의 중성 복수 주격, 대격, 호격 형태인 ἄλλα와 혼동하지 않도록 주의해야 한다. 예로, 요 6:23의 ἄλλα가 있다. 우리말 번역성경 대부분이 ἄλλα를 ἀλλά로 보고 '그러나, 그런데'로 번역하였다.

ἀλλά는 우리말로 '그러나[앞의 내용과 뒤의 내용이 상반될 때 쓰는 접속 부사], 하지만[서로 일치하지 아니하거나 상반되는 사실을 나타내는 두 문장을 이어 줄 때 쓰는 접속 부사], 오히려[일반적인 기준이나 예상, 짐작, 기대와는 전혀 반대가 되거나 다르게], 도리어[예상이나 기대 또는 일반적인 생각과는 반대되거나 다르게]'로 번역된다. 일반적인 반의 접속의 예로는 행 18:9를, 영어의 not only ... but also에 해당하는 οὐ μόνον ... ἀλλὰ καί 구문의 예로는 행 19:27을 보자.

행 18:9

Μὴ φοβοῦ, 두려워하지 말아라.

ἀλλὰ λάλει καὶ μὴ σιωπήσῃς, **오히려** 얘기하고 침묵하지 말아라.

고린도에서 '그리스도가 예수님'이라고 전하기 시작한 바울에게 예수님께서 하신 말씀이다.

행 19:27

οὐ μόνον δὲ τοῦτο κινδυνεύει ἡμῖν τὸ μέρος

이제 우리의[우리에게] 이 영업이 우려될 **뿐 아니라,**

εἰς ἀπελεγμὸν ἐλθεῖν 나쁜 평판에 빠질 {우려죠,}

ἀλλὰ καὶ τὸ τῆς μεγάλης θεᾶς ᾿Αρτέμιδος ἱερὸν 위대한 여신 아데미의 신전**도**

εἰς οὐθὲν λογισθῆναι, 아무 것도 아닌 것으로 평가될 수 있습니다.

에베소의 데메드리오의 말이다. οὐ μόνον ... ἀλλὰ καί 구문은 '-뿐 아니라, -도'의 의미를 갖는다.

반의 접속에 사용되는 등위 접속사에는 πλήν도 있다. '다만[다른 것이 아니라 오로지; 단지] 뿐입니다'와 같이 번역된다. 신약성경 전체 용례 31회 가운데 27회가 이에 해당된다. 예로, 행 20:22-23을 보자.

πορεύομαι εἰς ᾿Ιερουσαλὴμ 나는 예루살렘으로 갑니다.

τὰ ἐν αὐτῇ συναντήσοντά μοι μὴ εἰδώς, 거기서 내게 닥칠 일들을 모른 채로요.

πλὴν ὅτι τὸ πνεῦμα τὸ ἅγιον κατὰ πόλιν **다만** 성령께서 각 도시에서

διαμαρτύρεταί μοι λέγον 내게 말씀으로 알려주실 뿐입니다.

ὅτι δεσμὰ καὶ θλίψεις με μένουσιν.

결박과 환란이 나를 기다린다고요.

바울의 밀레도 설교의 일부이다. 그는 무슨 일이 일어날지 모른 채로 예루살렘에 간다. 다만 예외적으로 아는 것이 하나 있다. 그 내용이 πλήν으로 표현되었다.

4.2.1.3. 이접적(disjunctive) 접속

우리말로 문장이나 구에서 'A 그리고 B' 또는 'A 혹은 B'라는 의미를 나타내는 데 사용되는 접속를 '이접적(離接的)'이라 부른다. 이접적 접속에 사용되는 대표적인 등위 접속사는 ἤ, ἤτοι, οὐδέ, μηδέ, οὔτε, μήτε이다.

ἤ는 '혹은, 그것이 아니라면'과 같은 의미를 가지고 단어, 구, 문장 접속에 사용되기에, 소사보다는 접속사로 분류하는 것이 좋을 것 같다. ἤ의 우리말 번역으로는 '나[둘 이상의

사물을 같은 자격으로 이어 주는 접속 조사], 이나, 그것이 아니라면, 그렇지 아니하면, 바꿔 말하면, ~외에, 그것보다, 아니면'이 있다. 예로, 행 3:12를 보자.

τί θαυμάζετε ἐπὶ τούτῳ 왜 이 일로 놀라십니까?

ἢ ἡμῖν τί ἀτενίζετε **아니면**, 왜 우리를 주목하십니까?

ὡς ἰδίᾳ δυνάμει **ἢ** εὐσεβείᾳ πεποιηκόσιν

마치 {우리} 자신의 권능**이나** 경건으로 이룬 것처럼요.

τοῦ περιπατεῖν αὐτόν; 그가 걷도록요.

나면서부터 걷지 못하던 사람이 걷게 된 것을 보고 사람들이 자신과 요한을 움켜잡을 때, 베드로가 한 말이다. 첫째 ἤ는 두 개의 의문문을 분리하는 이접적 접속사로, 둘째 ἤ는 두 개의 명사를 분리하는 이접적 접속사로 쓰였다.

이접적 접속사 ἤ는 비교의 의미로 쓰이기도 한다(S 2863). 예로, 행 7:2를 보자.

Ὁ θεὸς τῆς δόξης ὤφθη 영광의 하나님께서는 나타나셨습니다.

τῷ πατρὶ ἡμῶν Ἀβραὰμ 우리 조상 아브라함에게요.

ὄντι ἐν τῇ Μεσοποταμίᾳ {그때 그는} 메소보다미아에 있었죠.

πρὶν **ἢ** κατοικῆσαι αὐτὸν ἐν Χαρρὰν.

그가 하란에 거주하기[거주하던 것**보다**] 이전입니다.

스데반이 아브라함에 대해 말한다. 종위 접속사 πρίν과 등위 접속사 혹은 소사 ἤ가 함께 쓰여 '보다 이전'이란 의미를 갖는다.

ἤ . . . ἤ 대신 ἤτοι ... ἤ 구문이 쓰이기도 한다. ἤτοι는 이접적 접속사 ἤ에 이인칭 대명사 σύ의 단수 여격으로 상대방을 정중하게 부르는 말인 τοι(LSJ 1801; 단어 합성에 쓰인 τοί를 지시사 τό의 처소격으로 설명하기도 한다, S 2987)가 합쳐져 이뤄졌다. ἤτοι ... ἤ 구문은 첫 번째로 제시된 내용에 대한 가능성이 좀 더 높을 때 사용한다(S 2858). 우리말로는 '~거나' 정도로 표현된다. 신약성경 용례는 롬 6:16 하나뿐이다.

ἤτοι ἁμαρτίας εἰς θάνατον 죄의 {종들이 되어} 사망에 이르**거나**,

ἢ ὑπακοῆς εἰς δικαιοσύνην; 순종의 {종들이 되어} 의에 이릅니다.

바울은 죄의 종이 되어 사망에 이를 가능성이, 순종의 종이 되어 의에 이를 가능성보다 더 높다고 여기는 듯싶다.

이접적 접속에 쓰이는 다른 단어로는 οὐδέ, μηδέ, οὔτε, μήτε가 있다. 접속사 δέ에 부정어 οὐ와 μή가 결합된 οὐδέ와 μηδέ도 이접적 접속에 사용된다. "οὐ는 사실과 명제를 부정하고 μή는 의지와 생각을 부정한다. οὐ는 부정하고, μή는 거절한다. οὐ는 절대적이고, μή는 상대적이다. οὐ는 객관적이고, μή는 상대적이다." (LSJ 1266; 또한 S 2688). οὐδέ와 μηδέ는 주로 부정어 οὐ와 μή 다음에 쓰여 '강조' 의미를 갖는다. οὐδέ는 우리말로 '없다[사람, 동물, 물체 따위가 실제로 존재하지 않다, 어떤 사실이나 현상이 현실로 존재하지 않다, 어떤 일이나 현상이나 증상 따위가 생겨 나타나지 않다], 않다[어떤 행동을 아니 하다, 앞말이 뜻하는 행동이나 상태를 부정하는 뜻을 나타내는 말]'로 표현된다. μηδέ는 '~도 말다, ~도 않다'로 번역된다. 신약성경에서 οὐδέ는 143회, μηδέ는 56회 쓰인다. 예로, 행 9:9와 21:21을 보자.

행 9:9

καὶ ἦν ἡμέρας τρεῖς μὴ βλέπων, 이어 보이지 않은지 사흘입니다

καὶ **οὐκ** ἔφαγεν **οὐδὲ** ἔπιεν. 그래서 그가 먹지**도**, 마시지**도 않았습니다.**

다메섹에서 예수님을 만난 사울에게 일어난 일이다. οὐκ ... οὐδέ 구문은 두 가지 모두를 부정하되, 두 번째 부정를 좀 더 강조한다. 그래서 "그가 먹지 않았습니다. 마시지도 않았습니다." 하고 번역될 수도 있다.

행 21:21

μὴ περιτέμνειν αὐτοὺς τὰ τέκνα [그들이] 자식들에게 할례를 행하지도 **말고**

μηδὲ τοῖς ἔθεσιν περιπατεῖν. 관습[들]대로 살지**도 말 것을요.**

사도 바울의 가르침에 대한 소문이다. μὴ ... μηδέ 구문도 두 가지 모두를 부정하되, 두 번째 부정를 좀 더 강조한다.

접속사 τέ에 부정어 οὐ와 μή가 결합된 οὔτε와 μήτε도 이접적 접속에 사용된다. 앞에

서 설명했듯, "οὐ는 사실과 명제를 부정하고 μή는 의지와 생각을 부정한다. οὐ는 부정하고, μή는 거절한다. οὐ는 절대적이고, μή는 상대적이다. οὐ는 객관적이고, μή는 상대적이다." (LSJ 1266; 또한 S 2688). 우리말로 οὔτε는 '~도 않고 ~도 않다, ~과 ~도 못하다, ~도 아니고 ~도 아니다, ~도 ~도 없다, ~에 대해서든 ~에 대해서든 않다'로, μήτε는 '~도 아니고 ~도 아니다'로 표현된다. 신약성경에서 οὔτε는 87회, μήτε는 34회 쓰였다. 예로, 행 24:12와 23:8을 보자.

행 24:12

καὶ **οὔτε** ἐν τῷ ἱερῷ εὗρόν με πρός τινα διαλεγόμενον

또한 그들은 성전에서 내가 누군가와 얘기하는 것을 본[/발견한] 적이 **없습니다.**

ἢ ἐπίστασιν ποιοῦντα ὄχλου [**그것이 아니라면**] 무리를 결집하는 것도요[것을요].

οὔτε ἐν ταῖς συναγωγαῖς 회당[들]에서**든,**

οὔτε κατὰ τὴν πόλιν, 성내에서든[/성 아래에서**든**] **없습니다.**

벨릭스 지방수세관 앞에서 더둘로의 기소에 대해 바울이 한 변론 가운데 증거(probatio)에 속하는 부분이다. 바울은 이접적 접속사 ἤ로 두 부분을 나누고, 앞에 οὔτε를 하나, 뒤에 οὔτε를 두 개 배치하였다. 이어지는 13절은 οὐδέ로 시작한다. 11절에 부정어 οὐ를 쓴 것까지 고려하면, 바울은 사실 부정을 위해 쓸 수 있는 표현을 모두 쓴 것이다.

행 23:8

Σαδδουκαῖοι μὲν γὰρ λέγουσιν 일단 사두개인들은 말하기 때문입니다.

μὴ εἶναι ἀνάστασιν **μήτε** ἄγγελον **μήτε** πνεῦμα,

부활**도**, 천사**도**, 영**도** **없다고요.**

Φαρισαῖοι δὲ ὁμολογοῦσιν τὰ ἀμφότερα.

그리고 바리새인들은 전부 인정하기 때문입니다.

천부장 글라우디오 루시아가 소집한 산헤드린 공회에서 바울이 한 말로 인해 일어난 분쟁의 이유에 대한 설명이다. 사두개인들의 말이 주관적 견해임을 μὴ … μήτε … μήτε로 표현하였다.

4.2.1.4. 추론(inferential) 접속

추론 접속에 사용되는 등위 접속사로는 διό, διόπερ, ὅθεν, οὖν, τοιγαροῦν, τοίνυν이 있다. 추론의 의미를 갖는 ἄρα는 소사 항목(5.1.4.)을, διότι는 종위 접속사 항목(4.2.2.1.)을 보라.

전치사 διά와 관계 대명사 중성 단수 대격형인 ὅ의 결합 형태인 διό는 '그러므로[앞의 내용이 뒤의 내용의 이유나 원인, 근거가 될 때 쓰는 접속 부사; 고로], ~이기에'를 뜻한다. 신약성경에 53회 나온다. 행 20:31을 보자.

διὸ γρηγορεῖτε **그러므로** 깨어 있으십시오.

μνημονεύοντες ὅτι 다음 내용을 기억하면서요.

바울이 밀레도에서 에베소 교회 장로들에게 전한 말의 일부이다. 교회에 닥칠 외적, 내적 어려움에 대해 말한 뒤, '그것 때문에' 어찌해야 하는지 알려 준다.

등위 접속사 διόπερ는 διό와 '매우, 훨씬'을 의미하는 περ가 결합되어 이뤄졌다. διό보다 더 강하게 '그러니 정말로' 정도로 번역하면 된다. 신약성경에 2회 나온다. 예로, 고전 10:14를 든다.

Διόπερ, ἀγαπητοί μου, **그러니 정말로**, 내 사랑하는 이들이여,

φεύγετε ἀπὸ τῆς εἰδωλολατρίας. 우상숭배로부터 도망치십시오.

바울은 고린도 교회 성도들에게 하나님께서 신실하시고 피할 길도 주시니, '우상숭배로부터 적극적으로 떠나라'고 권한다.

등위 접속사 ὅθεν은 관계 대명사 중성 단수 대격형과 '-으로부터'를 뜻하는 접미사 θεν이 결합되어 이뤄졌다. 우리말로는 '그러한 까닭[일이 생기게 된 원인이나 조건]으로, 거기에'로 표현된다. 신약성경에 접속사로 9회 부사로 6회 쓰인다. 예로, 행 26:19를 든다.

Ὅθεν, βασιλεῦ Ἀγρίππα, **그러한 까닭으로**, 왕 아그립바님,

οὐκ ἐγενόμην ἀπειθὴς τῇ οὐρανίῳ ὀπτασίᾳ

내가 하늘에서 보이신 것을 따랐습니다[하늘 광경에 불순종하지 않았습니다].

사역의 근거로 예수님 만난 사건을 소개한 바울은 '하늘에서 말씀하신 그분 말씀으로 인해'의 의미로 ὅθεν을 사용하였다.

추론 접속에 가장 많이 사용되는 등위 접속사는 바로 οὖν이다. 신약성경에서 499회 사용된다. 우리말로는 '그래서[앞의 내용이 뒤의 내용의 원인이나 근거, 조건 따위가 될 때 쓰는 접속 부사], 그러므로[앞의 내용이 뒤의 내용의 원인, 근거가 될 때 쓰는 접속 부사], 그러니, 그러니까[앞의 내용이 뒤의 내용의 이유나 근거 따위가 될 때 쓰는 접속 부사]'로 번역된다. 예로, 행 10:33을 보자.

ἐξαυτῆς **οὖν** ἔπεμψα πρὸς σέ, **그래서** 제가 즉시 당신에게 급히 {사람들을} 보냈습니다.

σύ τε καλῶς ἐποίησας παραγενόμενος. 그리하여 당신이 오셨으니 매우 잘 하신 것입니다.

νῦν **οὖν** πάντες ἡμεῖς ἐνώπιον τοῦ θεοῦ πάρεσμεν

그러니 이제 우리 모두는 하나님 앞에 이른 것입니다.

ἀκοῦσαι πάντα τὰ προστεταγμένα σοι ὑπὸ τοῦ κυρίου.

주님께서 당신에게 맡기신[주님에 의해 당신에게 부여된] 모든 것들을 들으려고요.

베드로가 자신의 집에 왔을 때 고넬료가 한 말이다. 왜 자신이 사람들을 베드로에게 보냈는지 얘기한 다음에 첫째 οὖν을, 모여 있는 사람들의 자세를 설명하기 위해 둘째 οὖν을 썼다.

등위 접속사 τοιγαροῦν은 이인칭 대명사 σύ의 단수 여격으로 상대방을 정중하게 부르는 말인 τοι(LSJ 1801; 단어 합성에 쓰인 τοί를 지시사 τό의 처소격으로 설명하기도 한다, S 2987)와 원인 접속에 쓰이는 등위 접속사 γάρ와 앞서 다룬 등위 접속사 οὖν이 결합되어 이뤄졌다. 신약성경에 2회 쓰인다. '바로 그런 이유로 해서'를 뜻한다. τοιγάρ와 τοιγάρτοι도 비슷한 의미로 쓰이나(S 2987) 신약성경이나 칠십인역에는 용례가 없다. τοιγαροῦν의 예로 히 12:1을 보자.

Τοιγαροῦν καὶ ἡμεῖς τοσοῦτον ἔχοντες περικείμενον ἡμῖν νέφος μαρτύρων,

바로 그런 이유로 해서, 우리도 우리를 둘러싼 이만큼의 증인들의 구름을 가지고 있기에

히브리서 기자는 구약성경에 기록된 믿음의 선진들을 나열한 뒤, '바로 그런 이유로 해

서' 우리도 응원 받으며 믿음의 경주를 계속할 수 있다고 결론짓는다.

등위 접속사 τοίνυν은 이인칭 대명사 σύ의 단수 여격으로 상대방을 정중하게 부르는 말인 τοι(LSJ 1801)와 '이제, 이제야, 이제는, 이제 와서, 지금, 당분간'을 의미하는 부사 νῦν이 결합되어 이뤄졌다. 신약성경에 3회 쓰인다. '따라서, 그에 맞게'를 뜻한다. 예로, 눅 20:25를 보자.

Τοίνυν ἀπόδοτε τὰ Καίσαρος Καίσαρι

그에 맞게 여러분은 가이사에게 속한 것들은 가이사에게 되돌리시오.

καὶ τὰ τοῦ θεοῦ τῷ θεῷ. 그리고 거 하나님께 속한 것들은 거 하나님께 {되돌리시오.}

데나리온에 새겨진 형상이 로마 황제라는 것을 확인시키신 뒤에, 예수님께서 하신 말씀이다. 동전에 새겨진 형상이 가이사이니 '그에 맞게' 하라신다.

4.2.1.5. 원인(causal, explanatory) 접속

원인 혹은 설명 접속에 사용되는 등위 접속사는 γάρ이다. 우리말로는 '왜냐하면[왜 그러냐 하면] ~때문이다, 이는 ~때문이다, 이유는 ~에 있었다, ~아서[이유나 근거를 나타내는 연결 어미], 때문[어떤 일의 원인이나 까닭]에, 이로 인하여[인하다: 어떤 사실로 말미암다], 까닭[일이 생기게 된 원인이나 조건; 소이]이다, ~입니다, ~것이다'와 같이 표현된다. 신약성경에서 1041회 쓰인다. 예로, 행 26:26을 보자.

ἐπίσταται **γὰρ** περὶ τούτων ὁ βασιλεὺς

왕께서는 이것들에 관해 이해하고 계시기 **때문입니다.**

πρὸς ὃν καὶ παρρησιαζόμενος λαλῶ. 그에게 내가 담대하게 말하며 얘기합니다.

λανθάνειν **γὰρ** αὐτὸν (τι) τούτων

왕께서[그가] 이것들 가운데 어느 것에라도 주의를 기울이지 못했다고

οὐ πείθομαι 내가 여길 수는 없기 **때문입니다.**

οὐθέν· 하나에라도요.

οὐ **γάρ** ἐστιν ἐν γωνίᾳ πεπραγμένον 구석에서 행해지지 않았기 **때문입니다.**

τοῦτο. 이것이요.

바울이 베스도에게 한 말이다. 첫째 γάρ는 바울 자신이 진솔하고 합당한 이야기를 털어 놓은 이유를, 둘째 γάρ는 아그립바 2세가 자신이 한 말을 이해할 수밖에 없는 이유를, 셋째 γάρ는 아그립바 2세가 자신이 말한 사건에 주의를 기울일 수밖에 없는 이유를 설명한다.

참고로, καὶ γάρ는 어떤 단어가 접속에 더 기여하느냐에 따라 의미가 약간 달라질 수 있다. καί가 접속에 더 기여하면(예. 히 5:12) καὶ γάρ는 '사실, 정말로'와 같이 번역되고, γάρ가 접속에 더 기여하면(예. 행 19:40) καὶ γάρ는 '-이기도 하다'로 번역된다(S 2814-2815).

4.2.2. 종위 접속사

종위 혹은 종속 접속사(subordinating conjunction)은 뒤따르는 종속절을 인도함과 동시에, 종속절과 주절을 연결하는 기능을 한다. 원인(causal), 비교(comparative), 양보(concessive), 조건(conditional), 결과(consecutive, resultive), 선언(declarative, recitative), 목적(final, purposive), 장소(local, locational), 시간(temporal)절을 이끈다(S 2770). 종위 접속사 가운데 원인절(causal clause)을 이끄는 것은 ὅτι, διότι(καθότι), ἐπεί, ἐπειδή, ἐπειδήπερ, ὡς가, 비교절(comparative clause)을 이끄는 것은 ὡς, καθώς, ὥσπερ, καθάπερ, καθώσπερ가, 양보절(concessive clause)을 이끄는 것은 καίπερ, καίτοι, καίτοιγε가, 조건절(conditional clause)을 이끄는 것은 εἰ, ἐάν (ἐάνπερ), εἴτε가, 결과절(consecutive clause)을 이끄는 것은 ὥστε와 ἵνα가, 선언절(declarative clause)을 이끄는 것은 ὅτι와 ὡς가, 목적절(final clause])을 이끄는 것은 ἵνα, ὅπως, μή, μήποτε 등이, 장소절(local clause)을 이끄는 것은 ὅπου와 οὗ가, 시간절(temporal clause)을 이끄는 것은 ὅτε, ὅταν, ἐπάν, πρίν, ἄχρι, ἕως, μέχρι, ὡς, ἡνίκα가 있다.

이 외에, 보충(complementary)절을 이끈다. 보충어(complement)는 서술어가 요구하여 문장에서 실현된 요소로 논항(論項, argument)이라고도 한다(한 40). 보충어는 논리적으로 필요한 요소이고, 논항은 의미적으로 필요한 요소이다(한 39). 이 책에서는 목적어(目的語, object; 한국어의 기본 문형에시 '무엇을'에 해당하는 성분으로 타동사에 의해 표현되는 행위의 대상이 된다, 한 597)와 보어(補語, complement; '되다'와 '아니다' 앞에 오는 체언 및 체언 구실을 하는 말에 보격 조사 '이/가'가 붙은 것, 한 597) 역할을 하는 ὅτι와 ἵνα절을 보충절로 칭한다.

마지막으로 의문(interrogative)절을 이끈다. 이와 관련해서는 의문(interrogative) 접속과 관련되어 등위 접속사로 취급되는 εἰ, ἱνατί, μήποτε, ὅτι의 용례를 다룬다. 한편, 조건절을 이끄는 종위 접속사 εἰ와 목적절이나 결과절을 이끄는 종위 접속사 ἵνα가 드물지만 의문(interrogative)절을 이끈다고 보기도 하나(신약성경에서 전자의 예는 3회[눅 6:7, 9; 23:6], 후자의 예는 6회[마 20:33; 막 10:51; 고전 5:2; 7:29; 고후 8:7; 갈 2:10), εἰ절은 조건절로 보고 ἵνα절은 목적이나 결과절로 보면 될 것 같다.

4.2.2.1. 원인(causal)절을 이끄는 종위 접속사

특정한 상황이나 사건의 원인, 이유, 목적을 나타내는 절(문 원인절[causal claus])을 이끄는 종위 접속사로는 ὅτι, διότι(καθότι), ἐπεί, ἐπειδή, ἐπειδήπερ, ὡς가 있다.

종위 접속사 ὅτι는 부정 관계 대명사 ὅστις의 중성 단수 대격 형태로, 보충(complementary)절과 원인(causal)절과 선언(declarative)절을 이끈다. 신약성경 용례 1296회 가운데, 보충절에 689회, 원인절에 467회, 선언절에 133회 쓰였다. 우리말로 '다시 말해서, 다음과 같이, 사실, 사실상[실지에 있어서], 실은[실제로는, 또는 사실대로 말하자면], 다음 내용을, 때문이다, ~한 것이다, ~라며[-라며: '-라면서'의 준말], ~라면서[-라면서: '-라고 하면서'가 줄어든 말], ~한 것을, ~한 바[바: 앞에서 말한 내용 그 자체나 일 따위를 나타내는 말]를'과 같이 번역된다. 현재 비평본에는, 원인절을 이끈다고 생각되는 ὅτι 앞에는 쉼표 가운데 하나인 반점(,)이 있다. 그래서 필자는 ὅτι 앞에 반점이 있더라도 원인절이 아니라 보충절을 이끈다는 판단이 서면 반점을 삭제하곤 했다. 원인절을 이끄는 ὅτι의 예로, 행 6:1을 든다.

ἐγένετο γογγυσμὸς τῶν Ἑλληνιστῶν 헬라파 사람들이 불평했습니다.

　　πρὸς τοὺς Ἑβραίους, 히브리파 사람들에 대해서요[향해서요].

ὅτι παρεθεωροῦντο ἐν τῇ διακονίᾳ τῇ καθημερινῇ

하루하루마다의 섬김에서 무시된다는[/간과된다는] **것이었습니다.**

αἱ χῆραι αὐτῶν. 자신들의 과부들이요.

예루살렘 교회의 구성원이 다양해지면서, 교회 바깥에 있던 갈등이 교회 안에서 문제로 불거진다. ὅτι절은 헬라파 사람들의 불평이 일어난 원인을 소개한다. 원인절을 이끄는 ὅτι는 '사실, 사실상, 실은, 때문이다, -한 것이다'와 같이 표현할 수 있다.

종위 접속사 διότι는 διὰ τοῦτο, ὅτι의 축약이다(S 2578). '[왜냐하면] 때문이다, 그러니, 이래서['이리하여서/이러하여서'가 줄어든 말]'를 뜻한다. 신약성경에서 종위 접속사로 21회, 등위 접속사로 2회 쓰인다. 예로, 행 18:10을 보자.

διότι ἐγώ εἰμι μετὰ σοῦ 내가 너와 함께 있고[있**기 때문이다**],

καὶ οὐδεὶς ἐπιθήσεταί σοι 아무도 네게 {손을} 대어

τοῦ κακῶσαί σε, 너를 해하지 못할 것이기 {때문이다.}

διότι λαός ἐστί μοι πολὺς 내게 {속한} 백성이 많**기 때문이다**,

ἐν τῇ πόλει ταύτῃ. 이 도시에[/성에].

바울에게 하신 예수님의 말씀이다. 예수님은 바울이 고린도에서 침묵하지 말고 복음을 얘기해야 할 이유를 두 가지로 나누어 말씀하신다. 예수님께서 함께 하시니 아무도 바울을 해하지 못할 것이라는 게 하나이고, 고린도에 주님의 백성이 많다는 것이 또 다른 이유이다.

드물지만 διότι와 비슷하게, καθ' ὅ τι의 축약형태(LSJ 856)인 καθότι가 원인절을 이끌기도 한다(눅 1:7; 19:9; 행 2:24; 17:31; 참고로 행 2:45와 4:35는 비교절). 예로, 행 2:24 **καθότι** οὐκ ἦν δυνατὸν (그것이[/사망이] 할 수 없었던 **까닭입니다**)이 있다(자세한 설명은 241-242쪽을 보라).

원인절과 시간절에 쓰이는 종위 접속사 ἐπεί는 '위에'라는 개념을 갖는 전치사 ἐπί를 어근으로 갖는다. '까닭[일이 생기게 된 원인이나 조건]에, 말입니다'로 번역된다. 신약성경에 26회 쓰인다. 예로, 눅 1:34를 보자.

εἶπεν δὲ Μαριὰμ πρὸς τὸν ἄγγελον, 하니 마리아가 거 천사에게 말했습니다.

Πῶς ἔσται τοῦτο, 어떻게 이런 일이 있겠습니까?

ἐπεὶ ἄνδρα οὐ γινώσκω; 제가 남자를 모르는데 **말입니다.**

천사 가브리엘이 한 수태고지에 대해 마리아가 보인 반응이다.

종위 접속사 ἐπειδή는 '까닭에, 말입니다'를 의미하는 ἐπεί에 '각설하고, 정말이지'를 의미하는 소사 δή가 합쳐져 이뤄졌다. '까닭[일이 생기게 된 원인이나 조건]이다'로 번역된다. 신약성경에 10회 나온다. 예로, 행 14:12를 보자.

ἐκάλουν τε τὸν Βαρναβᾶν Δία, 마침내 그들은 바나바를 제우스로 부릅니다.

τὸν δὲ Παῦλον Ἑρμῆν, 한편 바울은 헤르메스라 {부릅니다.}

ἐπειδὴ αὐτὸς ἦν 그 자신이[그가 바로 ~이기 **때문입니다**]

ὁ ἡγούμενος τοῦ λόγου. 이야기를 주도하는 자인 **까닭입니다.**

루스드라 사람들이 바나바를 제우스라고, 바울을 헤르메스라고 부르는 이유가 ἐπειδή 절로 소개된다.

신약성경에 한번 나오는 종위 접속사 ἐπειδήπερ는 '까닭에, 말입니다'를 의미하는 ἐπεί에 '각설하고, 정말이지'를 의미하는 소사 δή와 '매우, 훨씬'을 의미하는 περ가 합쳐져 이뤄졌다. 원인을 매우 강하게 표현하는 접속사라 할 수 있다. '정말 ~한 까닭에' 정도로 표현될 수 있다. 눅 1:1에 쓰인다.

Ἐπειδήπερ πολλοὶ ἐπεχείρησαν 많은 이들이 **너무** 깐죽대는 **까닭에,**

ἀνατάξασθαι διήγησιν 진술을 적절히 배열하려구요,

περὶ τῶν πεπληροφορημένων ἐν ἡμῖν πραγμάτων,

우리 안에서 성취된 일들에 관한 {진술이죠,}

누가복음의 서론이다. 부정적인 뉘앙스를 고려하여 ἐπειδήπερ를 '너무 - 까닭에'로 번역했다.

ὡς는 종위 접속사보다는 소사로 더 많이 쓰인다. 신약성경 전체 용례 504회 가운데, 315회가 소사로, 189회가 접속사로, 1회가 부사로 쓰였다. 종위 접속사로 쓰일 때는 '비

교절'과 '시간절'을 주로 이끌고, 원인절을 이끄는 경우는 드물다. ὡς는 우리말로 '~쯤[정도의 뜻을 더하는 접미사], 쯤은, 무렵[대략 어떤 시기와 일치하는 즈음]에, 정도[그만큼가량의 분량], 가량[어떤 일에 대하여 확실한 계산은 아니나 얼마쯤이나 정도가 되리라고 짐작하여 봄], 그때[앞에서 이미 이야기한 시간상의 어떤 점이나 부분], ㄹ 때, 하자[자: 한 동작이 막 끝남과 동시에 다른 동작이나 사실이 잇따라 일어남을 나타내는 연결어미], 매우[보통 정도보다 훨씬 더], 같은, 처럼[모양이 서로 비슷하거나 같음을 나타내는 격 조사], 마치[거의 비슷하게] 처럼, 바와 같다[다른 것과 비교하여 그것과 다르지 않다]'와 같이 번역된다. 신약성경의 용례로 두 개가 있다. 행 22:11과 골 3:18이다. 예로, 행 22:11을 보자.

ὡς δὲ οὐκ ἐνέβλεπον 그런데 내가 똑똑히 볼 수 없었**습니다**[없어**서**].

ἀπὸ τῆς δόξης τοῦ φωτὸς ἐκείνου, 그[저] 빛의 영광 때문에요.

χειραγωγούμενος ὑπὸ τῶν συνόντων μοι

{그래서} 나와 함께 있던 자들의 손에 이끌려

ἦλθον εἰς Δαμασκόν. 다메섹으로 들어갔습니다.

유대인들 앞에서 바울이 한 변론이다. 다메섹으로 가는 길에서 예수님을 만난 뒤에 어떤 일이 있었는지 소개한다. 이 구절의 ὡς는 원인절을 이끌기에 '-서, 습니다'와 같이 번역된다.

4.2.2.2. 비교(comparative)절을 이끄는 종위 접속사

주절에 묘사된 일의 상태와 비교하는 절로서, 비교를 표시하는 부사적 수식어로 시작되는 종속절(문 비교절[comparative clause]을 이끄는 종위 접속사는 ὡς, καθώς, ὥσπερ, καθάπερ, καθώσπερ가 있다.

종위 접속사로 189회 쓰이는 ὡς는 63회 이상 비교절을 이끈다. 비교절을 이끄는 ὡς는 '-처럼, 마치 -처럼, 바와 같다'와 같이 번역된다. 예로, 행 2:15를 보자.

οὐ γὰρ 아니기 때문입니다,

ὡς ὑμεῖς ὑπολαμβάνετε 여러분이 간주하는[/그렇다고 여기는] 것**처럼**,

οὗτοι μεθύουσιν. 이들이 취한 것이요.

베드로가 성령 충만한 제자들이 '새 포도주에 취했다.' 하는 평가를 받았을 때 한 말이다.

전치사 κατά와 종위 접속사 ὡς가 결합된 종위 접속사 καθώς는 거의 모든 용례가 비교절을 이끄는 데 사용된다. κατά가 모음을 만나 α가 탈락되고, 강한 숨표를 만나 자음동화가 일어나서 무성음 τ가 기식음 θ로 바뀌어 καθ가 되었다. 신약성경 전체 용례 182회 가운데 176회가 비교절과 관계된다. 우리말로는 '따라[따르다: 어떤 경우, 사실이나 기준 따위에 의거하다], 것을 따라, 만큼[앞의 내용에 상당하는 수량이나 정도임을 나타내는 말, 만치], 대로[어떤 모양이나 상태와 같이], 그대로이다, ㄹ수록[앞 절 일의 어떤 정도가 그렇게 더하여 가는 것이, 뒤 절 일의 어떤 정도가 더하거나 덜하게 되는 조건이 됨을 나타내는 연결 어미], 어떻게[어떻다: 의견, 성질, 형편, 상태 따위가 어찌 되어 있다]'와 같이 번역된다. 예로, 행 15:8을 보자.

καὶ ὁ καρδιογνώστης θεὸς ἐμαρτύρησεν

그리고 마음을 아시는 하나님께서 증언하셨습니다.

αὐτοῖς δοὺς τὸ πνεῦμα τὸ ἅγιον 그들에게 거룩한 영을 주셔서요.

καθὼς καὶ ἡμῖν. 우리에게와 **같이요.**

예루살렘 공회의에서 베드로가 한 말이다. καθὼς καὶ ἡμῖν ἔδωκεν τὸ πνεῦμα τὸ ἅγιον과 같은 문장에서 ἔδωκεν τὸ πνεῦμα τὸ ἅγιον이 의미상 반복되어 생략되었다.

종위 접속사 ὡς와 '매우, 훨씬'을 의미하는 περ가 합쳐져 이뤄진 ὥσπερ는 종위 접속사와 소사로 쓰인다. 신약성경 전체 용례 36회 가운데 29회가 종위 접속사로, 7회가 소사로 쓰였다. 종위 접속사로 쓰인 경우를 상관(correlative)와 비교(comparative)로 분류하기도 하지만, 모두 다 비교절로 보면 될 듯하다. 우리말로는 '마찬가지[사물의 모양이나 일의 형편이 서로 같음]로'와 같이 표현된다. 예로, 요 5:21를 보자.

ὥσπερ γὰρ ὁ πατὴρ ἐγείρει τοὺς νεκροὺς καὶ ζῳοποιεῖ,

[거] 아버지께서 죽은 자들을 일으키시고 살리시는 것과 **마찬가지로,**

οὕτως καὶ ὁ υἱὸς οὓς θέλει ζῳοποιεῖ.

그렇게 [거] 아들도 그가 원하는 이들을 살리기 때문입니다.

성부와 성자 사이의 관계를 설명하시는 예수님의 말씀이다.

종위 접속사 καθάπερ는 전치사 κατά와 관계 대명사 중성 복수 대격 ἅ와 '매우, 훨씬'을 의미하는 περ가 합쳐져 형성되었다. καθώς처럼, κατά가 강한 숨표를 가진 모음을 만나 α가 탈락되고 자음동화가 일어나 무성음 τ가 기식음 θ로 바뀌어 καθ가 되었다. '과연 그것대로'를 뜻한다. 신약성경에는 바울 서신을 중심으로 13회 쓰인다. 예로, 롬 4:6를 보자.

καθάπερ καὶ Δαυὶδ λέγει τὸν μακαρισμὸν τοῦ ἀνθρώπου

다윗도 그 사람의 행복을 말한 **과연 그것대로,**

ᾧ ὁ θεὸς λογίζεται δικαιοσύνην χωρὶς ἔργων,

그 {사람}에 대해 하나님께서 행위[들] 없이 의롭다고 평가 내리신 {행복 말입니다.}

전치사 κατά, 종위 접속사 ὡς, '매우, 훨씬'을 의미하는 περ가 합쳐져 이뤄진 καθώσπερ도 종위 접속사로 볼 수 있다. 신약성경에는 한 번만 나온다(히 5:4). '그러한 것처럼'의 뜻한다.

καὶ οὐχ ἑαυτῷ τις λαμβάνει τὴν τιμὴν

또한 아무도 스스로 거 영예를 받아 가지지 않습니다.

ἀλλὰ καλούμενος ὑπὸ τοῦ θεοῦ 도리어 하나님에 의해 부름 받을 때 {영예를 받죠.}

καθώσπερ καὶ Ἀαρών. 아론도 **그러했던 것처럼**요.

예수님의 대제사장 되심에 대한 설명 가운데 일부이다. 두 번째 줄에는 λαμβάνει τὴν τιμήν이, 마지막 줄에는 ἔλαβε τὴν τιμήν이 생략되었다고 볼 수 있다.

4.2.2.3. 양보(concessive)절을 이끄는 종위 접속사

'비록'이나 '불구하고' 등의 부사들을 통하여 용인, 시인, 허용을 담고 있는 종속절로서, 주절에 표현된 것이 변하지 않을 것을 표현하는 절(문 양보절[concessive clause])이 헬라어에서는 εἰ및 ἐάν이 καί와 만나 이뤄진 καὶ εἰ(예. 마 11:14), εἰ καί(예. 눅 18:4), καὶ ἐάν(예. 요 8:16), κἄν(예. 마 26:35), ἐὰν καί(예. 고전 7:28) + 조건문 형태로 주로 표현되나(S 2369, R 1026-1027), 여기서는 양보절을 이끄는 종위 접속사 καίπερ, καίτοι, καίτοιγε에 대해 다룬다.

등위 접속사 καί와 '매우, 훨씬'을 의미하는 περ가 합쳐져 형성된 καίπερ는 주로 분사와 함께 쓰인다(S 2083, 2892). '비록 ~지만'를 뜻한다. 신약성경에 다섯 번 나온다. 예로, 히 5:8을 보자.

καίπερ ὢν υἱός, **비록** 아들이시**지만,**

ἔμαθεν ἀφ' ὧν ἔπαθεν τὴν ὑπακοήν,

겪으신 고난으로[그분이 고난을 겪으신 이들/이것들에게서] 인내를 배우셨습니다.

구원 대상인 우리와 같아지시려고 혈과 육이 되신 예수님은 몸만 사람이 되신 게 아니라 마음도 사람이 되셨다.

등위 접속사 καί와 이인칭 대명사 σύ의 단수 여격으로 상대방을 정중하게 부르는 말인 τοι(LSJ 1801)가 결합되어 형성된 καίτοι는 '그럼에도'로 번역된다. 신약성경에 행 14:17과 히 4:3에 나온다. 예로, 히 4:3을 보자.

εἰσερχόμεθα γὰρ εἰς (τὴν) κατάπαυσιν 우리가 거 안식에 들어와 있기 때문입니다.

οἱ πιστεύσαντες 거 믿은 자들인 {우리가요.}

καθὼς εἴρηκεν 그분이 말씀하신 대로죠.

Ὡς ὤμοσα ἐν τῇ ὀργῇ μου,

'내가 내 진노 가운데에서 맹세한 것처럼'이라구요.

Εἰ εἰσελεύσονται εἰς τὴν κατάπαυσίν μου,

'그들이 내 안식에 들어온다면 {내 손에 장을 지지겠다.}' 하셨죠.

καίτοι τῶν ἔργων ἀπὸ καταβολῆς κόσμου γενηθέντων.

세상이 조성될 때부터 그[/하나님의] 일들이 실현되었음**에도 불구하고** {말씀하신 대로요.} 하나님께서는 제7일에 당신의 일을 마치시고 안식하셨다(창 2:2; 히 4:4). 그런데 다윗을 통해 주신 말씀에서(시 95:8-11), 출애굽한 이스라엘 백성들이 들은 말씀과 믿음으로 섞이지 못해서 안식에 들어오지 못했다는 지적과, '오늘'이라는 정해진 날에 말씀이 주어지면 믿음으로 수납하라는 권면을 읽을 수 있다. 그리고 예수님을 믿은 성도들은 안식의 삶을 살고 있다. 그래서 히브리서 기자는 자신들의 형편을 먼저 언급하고, 시편 95편 11절을 인용한 다음, 창세기 2장 2절의 내용을 기억나게 한다. καίτοι 구는 속격 독립 분사구문을 이끌면서 '창조 때 이미 안식이 이뤄졌음'을 표현하고, καθώς 절은 그럼에도 불구하고 다윗을 통해 주어진 말씀을 소개한다.

종위 접속사 καίτοιγε는 καίτοι에 '적어도'를 뜻하는 소사 γέ가 붙어 양보 의미를 더 갖게 된다(S 2893). '비록 ~ㄹ지라도'를 뜻한다. 신약성경에는 요 4:2에만 나온다.

καίτοιγε Ἰησοῦς αὐτὸς οὐκ ἐβάπτιζεν ἀλλ' οἱ μαθηταὶ αὐτοῦ

비록 예수님 당신이 세례를 베풀지 않으시고 그분이 제자들이 {베풀었을**지라도**요.} 예수님은 자신이 요한보다 세례를 많이 베풀었다는 얘기가 바리새인들에게 들어갔다는 것을 아시고, 비록 당신 자신이 베풀지 않으셨음에도 불구하고, 유대를 떠나 갈릴리로 가셨다.

4.2.2.4. 조건(conditional)절을 이끄는 종위 접속사

다른 상황, 정황, 동작이 이루어질 수 있도록 정황, 상황, 행동을 만들어내는 조건을 나타내는 절(문 조건절[conditional clause])을 이끄는 종위 접속사로는 εἰ, ἐάν(ἐάνπερ), εἴτε가 있다. 조건절과 귀결절로 구성되어 조건 및 그에 따른 결과를 나타내는 문장(문 조건문[conditional sentence])은 다음과 같이 여섯 가지로 나눌 수 있다(S 2297-2342). 이접적 조건을 표현하는 εἴτε는 εἰ 조건절에 준해서 보면 되겠다.

조 건	특 징	조건절*, 귀결절
제1조건	단순 현재 조건 단순 과거 조건	εἰ + 직설법 현재와 현재완료, 직설법 현재와 현재완료 등 εἰ + 직설법 제2시상, 직설법 제2시상
제2조건	비현실적 현재 조건 비현실적 과거 조건	εἰ + 직설법 미완료과거, ἄν + 직설법 미완료과거 εἰ + 직설법 부정과거/미완료, ἄν + 직설법 부정과거/미완료
제 3조건	더 생생한 미래 조건 감정적 미래 조건	ἐάν + 가정법, 직설법 미래 등 εἰ + 직설법 미래, 직설법 미래 등
제 4조건	덜 생생한 미래 조건	εἰ + 희구법, ἄν + 희구법
제 5조건	보편적 현재 조건	ἐάν + 가정법, 직설법 현재 등
제 6조건	보편적 과거 조건	εἰ + 희구법, 직설법 미완료과거 등

*파란색은 조건절

4.2.2.4.1. 조건절을 이끄는 종위 접속사 εἰ

종위 접속사 εἰ는 '의문절'이나 '보충절'을 이끌기도 하지만 대부분 '조건절'을 이끈다. 또한 εἰ는 후접어로 전접어 앞에 쓰일 때만 악센트를 가진다. 신약성경 전체 용례 502회 가운데, 조건절을 이끄는 경우는 463회이다. 우리말로는 '면[뒤의 사실이 실현되기 위한 단순한 근거 따위를 나타내거나 수시로 반복되는 상황에서 그 조건을 말할 때 쓰는 연결 어미, 일반적으로 분명한 사실을 어떤 일에 대한 조건으로 말할 때 쓰는 연결 어미, 현실과 다른 사실을 가정하여 나타내는 연결 어미, 불확실하거나 아직 이루어지지 않은 사실을 가정하여 말할 때 쓰는 연결 어미], 혹여[혹시], 만일[있을지도 모르는 뜻밖의 경우]'과 같이 번역된다.

조건절을 이끄는 종위 접속사 εἰ는 직설법과 희구법을 취한다. εἰ + 직설법은 '단순 조건', '비현실적 조건', '감정적 미래 조건'을 표현하는데 사용된다. εἰ + 희구법은 '보편적 과거 조건'과 '덜 생생한 미래 조건'을 표현하는데 사용된다. 제1, 2, 3, 4, 6조건과 관계된다.

종위 접속사 εἰ가 직설법을 취하는 경우는 세 가지로 나뉜다. 첫째는 단순(simple) 조건이다(S 2298-2301). 제1조건(first form of conditions), A type, 제1급 조건(first class condition)이라 부르기도 한다(Z 303-312, W 690-694). 단순 조건에는 단순 현재(present) 조건과 단순 과거(past) 조건이 있다. 단순 현재 조건에는 조건절(protasis)에 직설법 현재와 현재완료가 쓰이고, 단순 과거 조건에는 조건절에 제2시상 즉, 직설법 미완료과거, 부정과거, 과거완료가 쓰인다.

단순 현재 조건의 예: 행 4:9

εἰ ἡμεῖς σήμερον **ἀνακρινόμεθα** 우리가 오늘 **조사를 받는다면,**

ἐπὶ εὐεργεσίᾳ ἀνθρώπου ἀσθενοῦς 약해진 사람에게 {베푼} 착한 행동 때문에요,

ἐν τίνι οὗτος σέσωται, 어떻게 이가[/이 사람이] 회복되었는지에 대해서요,

베드로는 대제사장 집안이 모여 '무슨 권능과 이름으로 이런 일을 하는지' 묻자, 직설법 현재를 사용한 단순 조건으로 운을 떼며 대답한다.

단순 과거 조건의 예: 행 11:17

εἰ οὖν τὴν ἴσην δωρεὰν **ἔδωκεν** αὐτοῖς ὁ θεὸς

그러니 하나님께서 그들에게 동등한[/같은 등급의] 선물을 **허락하셨다면,**

ὡς καὶ ἡμῖν πιστεύσασιν 믿은 우리에게 {주신 것과}도 같은 {선물을},

ἐπὶ τὸν κύριον Ἰησοῦν Χριστόν, 주 예수 그리스도를 {믿은},

ἐγὼ τίς 내가 누구라고

ἤμην δυνατὸς κωλῦσαι τὸν θεόν; 하나님을 막을 수 **있겠습니까**?

베드로는 조건절에 직설법 부정과거를, 귀결절에 미완료과거를 사용한 단순 과거 조건문으로 고넬료 사건 보고를 겸손하게 마무리 짓는다. 의문 대명사까지 곁들여 더욱 겸비한 보고가 되었다.

둘째는 비현실적(unreal) 조건이다(S 2302-2320). 제2조건(second form of conditions), B type, 제2급 조건(second class condition)이라 부르기도 한다(Z 313-319, W 694-696). 역시 두 가지가 있는데, 비현실적 현재(present) 조건과 비현실적 과거(past) 조건이다. 비현실적 현재 조건의 경우, 조건절에 직설법 미완료과거가 쓰이고, 귀결절(apodosis)에 미완료과거가 소사 ἄν과 함께 쓰인다. 비현실적 과거 조건의 조건절에는

직설법 부정과거나 미완료과거가, 귀결절에도 부정과거나 미완료과거가 소사 ἄν과 함께 쓰인다. 단순 조건과 다른 점은 귀결절에 소사 ἄν이 쓰이는 경우가 많다는 점이다.

비현실적 현재 조건의 예: 행 18:14

Εἰ μὲν **ἦν** ἀδίκημά τι ἢ ῥᾳδιούργημα πονηρόν,

만일 무슨 위반이나 나쁜 범행이 **있다면,**

ὦ Ἰουδαῖοι, 오! 유대인이여,

κατὰ λόγον **ἂν ἀνεσχόμην** ὑμῶν· 나는 여러분의 고소를 **받아들일 것입니다.**

고린도에 있던 아가야 지역 총독 갈리오가 바울에 대한 유대인들의 고소를 받아들이지 않으면서 한 말이다. 비현실적 현재 조건을 표현하면서, 조건절에는 εἰ와 미완료과거를, 귀결절에는 소사 ἄν과 부정과거를 사용했다. 자신의 보편적 태도를 강조하기 위해, 귀결절에 미완료과거가 아니라 부정과거를 사용한 것으로 보인다. 달리 표현하면, '무슨 위반이나 나쁜 범행이 없기에 나는 고소를 받아들이지 않는 것입니다. 언제라도 이 원칙은 마찬가지로 적용됩니다.' 이렇게 될 것이다.

소사 ἄν이 쓰이지 않은 비현실적 현재/과거 조건의 예: 요 9:33

εἰ μὴ ἦν οὗτος παρὰ θεοῦ, **만일** 이분이 하나님께로부터 **존재하는 분이 아니라면,**

οὐκ ἠδύνατο ποιεῖν οὐδέν. 그분은 행하신 것 하나도 하실 **수 없을**[/**없었을**] **것입니다.**

자신을 고쳐 주신 예수님에 대해 나면서부터 눈 멀었던 사람이 한 말이다. 조건절과 귀결절에 직설법 미완료과거가 쓰였으나, 조건절에 있는 부정어 μή로 인해 비현실적 조건이라 할 수 있다. 기본적으로 가리키는 내용이 이전 사건이기에 '비현실적 과거 조건'으로 볼 수도 있지만, 조건절과 귀결절에 미완료과거가 쓰였기에 비현실적 현재 조건으로 보는 것이 더 좋겠다. '예수님께서 하시는 일을 통해 그분이 하나님께로부터 존재하는 분이라는 것을 알 수 있다.' 하는 의미를 강조하는 조건문이로 볼 수 있다.

비현실적 과거 조건의 예: 고전 2:8(W 696, R 1015)

εἰ γὰρ **ἔγνωσαν**, **만일 그들이 알았다면,**

οὐκ ἂν τὸν κύριον τῆς δόξης **ἐσταύρωσαν**.

영광의 주님을 **십자가에 매달지 않았을 것입니다.**

이 세대의 지도자들이 하나님의 지혜를 몰라 예수님을 십자가에 매달았을 것이라는 내용이다. 조건절에 직설법 부정과거가, 귀결절에 직설법 부정과거가 소사 ἄν과 함께 쓰였다.

셋째는 감정적 미래 조건(emotional future conditions)이다(S 2328). 화자의 강한 감정을 표현한다. 제3조건(third form of conditions) 가운데 하나이다. 조건절과 귀결절에 직설법 미래가 쓰인다.

감정적 미래 조건의 예: 고전 3:15

εἴ τινος τὸ ἔργον **κατακαήσεται**, 누군가의 행위가 불살라지면,

ζημιωθήσεται, **그는 손상을 입을 것입니다.**

육신의 소욕을 따라 교회를 세우는 자에게 주어질 결과이다. 조건절과 귀결절에 직설법 미래가 쓰였다.

조건절을 이끄는 종위 접속사 εἰ가 희구법을 취하는 경우는 두 가지로 나뉜다. 첫째는 보편적 과거 조건(past general/universal conditions)이다(S 2340). 제6조건(sixth form of conditions)이라 부르기도 한다. 조건절에 희구법이 쓰이고, 귀결절에는 직설법(미완료과거)이 쓰인다.

보편적 과거 조건의 예: 행 20:16

ἔσπευδεν γὰρ **그가 급히 가고 있**기 때문입니다.

εἰ δυνατὸν **εἴη** αὐτῷ 그가[그에게] 가능할**까 싶어서**요.

τὴν ἡμέραν τῆς πεντηκοστῆς γενέσθαι εἰς Ἱεροσόλυμα.

오순절을 예루살렘에서 지내는 것이요.

드로아에서 유두고가 죽고 살아난 사건 이후 바울에게 일어난 심경의 변화로, 오순절 전에 예루살렘에 도착하려는 계획이 수립되었고 여행 속도도 빨라졌다. 조건절에는 희구법 현재가, 귀결절에는 직설법 미완료과거가 쓰였다.

둘째는 덜 생생한 미래 조건(less vivid future conditions)이다(S 2329-2334). '덜 생생하다'는 말은 화자의 태도와 관련된 표현으로, '보다 덜 분명하고 보다 덜 긴급함'을 나타낸다(S 2322). 제4조건(fourth form of conditions)라고 부르기도 한다. 조건절에 희구법이 쓰이고, 귀결절에는 소사 ἄν과 함께 희구법이 쓰인다.

덜 생생한 미래 조건의 예: 행 17:27

ζητεῖν τὸν θεόν, 하나님을 찾게 하시려고요.

εἰ ἄρα γε **ψηλαφήσειαν** αὐτὸν 아마 적어도 그분을 **살피어 찾**고

καὶ **εὕροιεν**, **만날 수는 있습니다.**

바울의 아레오바고 변론이다. 에피쿠로스와 스토아 철학자들의 신관을 바꿔 보려 설득한다. 조건절만 있고 귀결절은 없다. 부정사구를 가지고 '덜 생생한 미래 조건'에 맞게 귀결절을 만들어 보면, καὶ αὐτοὶ ἂν ζητοίησαν τὸν θεόν '그들도 하나님을 찾게 될 텐데요' 정도가 될 것이다. 보다 덜 생생한, 다시 말해, 덜 분명하고 덜 긴급한 태도로 '하나님을 찾게 될 거라'고 말하고 있는 것이다.

4.2.2.4.2. 조건절을 이끄는 종위 접속사 ἐάν

ἐάν은 εἰ에 소사 ἄν이 합쳐진 단어이다. ἄν은 '혹 있을 수 있는' 개연성을 표현하는 단어로, '혹시[그러할 리는 없지만 만일에, 어쩌다가 우연히, 짐작대로 어쩌면, 그러리라 생각하지만 다소 미심쩍은 데가 있어 말하기를 주저할 때 쓰는 말], 혹, 혹야, 혹여, 혹자'와 같이 번역할 수 있지만 번역하지 않는 게 더 자연스러울 때가 많다. ἐάν은 '만일 -면'으로 번역된다.

신약성경에서 ἐάν은 350번 나오는데, 그 가운데 종위 접속사로 285회, 소사로 65회 쓰인다. 조건절을 이끄는 ἐάν 다음에는 가정법이 뒤따르는데, 두 가지 경우가 있다.

첫째는 보편적 현재 조건(present general/universal conditions)이다(S 2337). 제5조건(fifth form of conditions)이라 부르기도 한다. 조건절에 가정법이 쓰이고, 귀결절에는 직설법(현재)이 쓰인다.

보편적 현재 조건의 예: 행 15:1

ἐδίδασκον τοὺς ἀδελφοὺς ὅτι, 그들이 다음과 같이 형제들을 가르칩니다.

Ἐὰν μὴ περιτμηθῆτε τῷ ἔθει τῷ Μωϋσέως,

만일 너희가 모세의 관습대로 **할례를 받지 않으면**

οὐ δύνασθε σωθῆναι. 너희는 구원될 **수 없다.**

예루살렘 교회에서 신앙생활하던 이들 가운데 일부가 독자적으로 수리아 안디옥에 가서, '오직 믿음만으로 구원 받는다.' 하는 그리스도 중심의 복음이 아니라 '율법도 지켜야 구원 받는다.' 하는 율법 중심의 교리를 전달하였다. '할례도 받아야 구원 받는다.' 하는 율법 중심의 교리를 전달할 때, 그들은 보편적 현재 조건문을 사용하였다. 조건절에는 가정법 부정과거를, 귀결적에는 직설법 현재를 사용한 것이다. 언제나 누구에게라도 적용된다는 취지를 보여 준다.

둘째는 종위 접속사 εἰ의 '감정적 미래 조건' 및 '덜 생생한 미래 조건'과 비교되는 것으로, '더 생생한 미래 조건(more vivid future conditions)'에 쓰이는 ἐάν + 가정법이다(S 2323-2326). '더 생생한 미래 조건'은 '감정적 미래 조건'과 더불어 제3조건(third form of conditions)에 속한다. 또한 '더 생생한 미래 조건'은 전달하는 내용에 대한 화자의 태도와 관련해서는 '덜 생생한 미래 조건'과 비교된다. '더 생생하다'와 '덜 생생하다'는 말은 앞서 말했듯 화자의 태도와 관련된 표현으로, 각각 '보다 더 분명하고 보다 더 긴급함'과 '보다 덜 분명하고 보다 덜 긴급함'을 나타낸다(S 2322). 보다 '더 생생한 미래 조건'이 '감정적 미래 조건'과 함께 제3조건에 속하는 이유가 여기에 있다. 둘 다 화자의 보다 분명하고도 절실한 감정이나 태도를 표현하기 때문이다. 더 생생하거나 감정적인 미래 조건은 제3조건이고, 덜 절실한 미래 조건은 제4조건에 속한다. '더 생생한 미래 조건'의 조건절에는 ἐάν + 가정법이, 귀결절에는 직설법 미래 직설법이 쓰인다.

더 생생한 미래 조건의 예: 행 5:38-39

ὅτι **ἐὰν ᾖ** ἐξ ἀνθρώπων **만일** 사람들에게서 비롯되**었으면,**

ἡ βουλὴ αὕτη ἢ τὸ ἔργον τοῦτο, 그 뜻이나 일이요[이 뜻이나 이 일이요],

καταλυθήσεται. {그 뜻이나 일이} [그것이] **깨어질 것입니다.**

εἰ δὲ ἐκ θεοῦ ἐστιν, 하나 **만일** {그 뜻이나 일이}[그것이] 하나님에게서 비롯되**었으면**

οὐ δυνήσεσθε καταλῦσαι αὐτούς 여러분이 그들을 깨뜨릴 **수 없을 것입니다.**

가말리엘이 산헤드린 공회에서 예수님과 제자들에 대해 한 말이다. 그는 5:38에 나오는 첫째 조건문에는 '더 생생한 미래 조건'을 사용하여, 사람들에게서 비롯되었음이 분명할 것이라는 자신의 입장을 표현한다. 조건절에는 ἐάν + 가정법이, 귀결절에는 직설법 미래 직설법이 쓰였다. 그리고 이어 5:39에 나오는 둘째 조건문에는 두 가지 조건문을 사용한다. 조건절에는 εἰ + 직설법 현재로 '단순 현재 조건'을, 귀결절에는 직설법 미래를 써서 제3조건('더 생생한 미래 조건'과 '감정적 미래 조건')에 속하는 표현을 사용한다. 조건절에 εἰ + 직설법이 쓰였기에 '더 생생한 미래 조건'보다는 '감정적 미래 조건'일 가능성이 더 높다. 두 조건문을 비교해 볼 때, 가말리엘은 예수님과 제자들의 가르침과 사역이 하나님이 아니라 사람에게서 비롯되었다고 보았을 가능성이 매우 높다.

한편, ἐάν과 '매우, 훨씬' 을 의미하는 περ가 합쳐져 형성된 ἐάνπερ가 신약성경에 세 번 쓰여 조건절을 이끈다(히 3:6, 14; 6:3). 예로, 히 6:3의 καὶ τοῦτο ποιήσομεν, ἐάνπερ ἐπιτρέπῃ ὁ θεός(이것도 우리가 이룰 것입니다, 하나님께서 과연 방향만 잡아 주신다면요[/주신다고 하면요])는 '더 생생한 미래 조건' 으로, '하나님께서 방향만 잡아 주신다면 우리가 그리스도 도의 초보를 떠나 온전한 데까지 나아갈 수 있다' 는 것이 강조된다.

4.2.2.4.3. 이접적 조건절을 이끄는 종위 접속사 εἴτε

이접적 소사(a disjunctive particle)로 보기도 하는 εἴτε는(S 2852) 조건절을 이끈다. 조건절을 이끄는 종위 접속사 εἰ와 계합 접속 가운데 상관 접속에 쓰이는 등위 접속사 τέ가 만나 이뤄져 이접적 조건절을 이끈다. '-든지, -라도'와 같이 번역된다. 신약성경에 65회 쓰인다.

이접적 단순 현재 조건절을 이끄는 εἴτε의 예: 고전 10:31

εἴτε οὖν ἐσθίετε **εἴτε** πίνετε **εἴτε** τι ποιεῖτε,

그러므로 여러분이 먹**든지**, 마시**든지**, 무엇을 하**든지**,

πάντα εἰς δόξαν θεοῦ ποιεῖτε. 모든 것들이 하나님의 영광을 위한 것이 되도록 행하십시오.

εἴτε는 단순 현재 조건절을 이끌면서, 세 가지 경우를 이접적으로 표현하는데 사용된다. 바울은 우상과 관계되는 '먹고' 문제든지, '마시는' 문제든지, 신령한 '뭔가를 행하는' 문제든지, 목적은 한 가지라고 정리한다. '하나님의 영광'이다.

감정적 미래 조건절을 이끄는 εἴτε의 예: 고전 13:8

εἴτε δὲ προφητεῖαι, 하나 예언들**이라도**,

καταργηθήσονται· 쓸모 없게 될 것입니다.

εἴτε γλῶσσαι, 방언들**이라도**,

παύσονται· 그칠 것입니다.

εἴτε γνῶσις, 지식**이라도**

καταργηθήσεται. 쓸모 없게 될 것입니다.

바울은 사랑과 '예언, 방언, 지식'을 비교하면서, 세 가지 요소에 대한 부분을 이접적 조건절로 표현하였다. 귀결절이 직설법 미래가 쓰였기에 '감정적 미래 조건'으로 볼 수 있다.

4.2.2.5. 결과(consecutive, resultive)절을 이끄는 종위 접속사

원인을 나타내는 주절에서 진술된 내용의 논리적인 결과를 나타내는 종속절(문 결과절[consecutive clause])을 이끄는 종위 접속사로는 ὥστε와 ἵνα가 있다.

ὥστε는 종위 접속사로 '비교절, 시간절' 그리고 드물게 '원인절'을 이끄는 ὡς와 등위 접속사로 계합 접속 가운데 상관 접속에 사용되는 τέ가 만나 이뤄졌다. 결과절을 이끈다 하지만 부정사구를 이끌 때가 더 많다. 신약성경 전체 용례 83회 가운데 62회가 부정사를 이끈다(R 1000). 우리말로 '그리하여[앞의 내용이 뒤의 내용의 원인이거나 앞의 내용이 발전하여 뒤의 내용이 전개될 때 쓰는 접속 부사]'로 번역된다. 부정사구를 이끄는 경

우와 절을 이끄는 경우를 하나씩 살펴 보자.

종위 접속사 ὥστε가 부정사구를 이끄는 경우: 행 15:39

ἐγένετο δὲ παροξυσμὸς 하니 마찰이 생겨

ὥστε ἀποχωρισθῆναι αὐτοὺς ἀπ' ἀλλήλων, 그들이 서로 **결별하고,**

바나바와 바울이 마가의 일로 마찰이 생겨, 그 결과 서로 결별하였다. 우리말로 자연스럽게 표현하느라 ὥστε를 '-여[까닭이나 근거 따위를 나타내는 연결 어미]'로 표현하였다.

종위 접속사 ὥστε가 결과절을 이끄는 경우: 요 3:16

Οὕτως γὰρ ἠγάπησεν ὁ θεὸς τὸν κόσμον,

이처럼 하나님께서 [거] 세상을 사랑하시기 때문입니다.

ὥστε τὸν υἱὸν τὸν μονογενῆ **ἔδωκεν**, **결국** [거] 독생 아들을 **주시기까지요.**

ἵνα πᾶς ὁ πιστεύων εἰς αὐτὸν 그를 믿는 모든 자가

μὴ ἀπόληται 망하지[/분리되지, 헤렘되지] 않고

ἀλλ' ἔχῃ ζωὴν αἰώνιον. 오히려 영원한 생명을 갖도록요.

ὥστε ... ἔδωκεν을 '그리하여 주셨습니다'로 번역할 수 있지만, 문맥을 고려해서 '결국 주시기까지'로 표현했다. ἵνα절은 일반적인 번역 경향을 따라 '목적절'로 번역했지만, 결과절로 번역해도 말은 통한다. 결과절로 보면, '하나님께서 독생 아들을 주셨으니 믿는 자는 망하지 않고 영생을 갖습니다.' 이렇게 번역된다.

종위 접속사 ἵνα는 주로 '목적절'을 이끈다. 결과절을 이끈다고 판단될 때는 ἵνα 앞에 반점(,)을 둔다. 신약성경 전체 용례 663회 가운데, 471회가 목적절을, 143회가 보충절을, 36회가 결과절을 이끈다. 그런데 위의 예처럼, 때로 '목적절'과 '결과절' 둘 다 문맥에 부합될 때가 있다. 우리말로 '부디['바라건대', '꼭', '아무쪼록'의 뜻으로, 남에게 청하거나 부탁할 때 바라는 마음이 간절함을 나타내는 말], 아무쪼록[=모쪼록], 어떻게든, ~하기 위함이라'와 같이 번역된다. ἵνα 다음에는 대부분 가정법이 쓰인다.

종위 접속사 ἵνα가 결과절을 이끄는 예: 요일 3:1(R 999)

ἴδετε 보십시오.

ποταπὴν ἀγάπην δέδωκεν ἡμῖν ὁ πατήρ,

아버지께서 우리에게 어떤 사랑을 베풀어 주셨는가요,

ἵνα τέκνα θεοῦ κληθῶμεν, **그래서** 우리가 하나님의 자녀들이라 불리**게 됩니다**.

καὶ ἐσμέν. 또한 우리가 그렇구요.

이 경우도 목적절로 해석될 수 있다. '우리가 하나님의 자녀라 불리도록 아버지께서 우리에게 어떤 종류의 사랑을 베풀어 주셨는가를 보십시오.' 이렇게 번역해도 말이 된다. 그런데, 이어지는 표현인 '또한 우리가 그렇구요'로 인해, 결과절이 더 자연스럽다. '사랑을 베풀어 주셔서, 우리가 하나님의 자녀라 불리고, 실제로 우리는 하나님의 자녀이다'와 같이 문맥이 흐르는 것이다.

4.2.2.6. 선언(declarative, recitative)절을 이끄는 종위 접속사

어떤 정보를 제공하기 위하여 강조적으로 진술하는 문장 유형(문 선언적[declarative])인 선언절을 '간접적인 단언(indirect assertions)'이라 부르기도 한다(R 1032). ὅτι와 ὡς가 있다.

종위 접속사 ὅτι의 신약성경 용례 1296회 가운데, 689회는 보충절에, 467회는 원인절에, 133회는 선언절에 쓰인다. 선언절을 이끄는 ὅτι는 보통 '다음과 같이'로 번역된다.

선언절을 이끄는 ὅτι의 예: 행 2:13

ἕτεροι δὲ διαχλευάζοντες ἔλεγον **ὅτι** 한편 다른 이들은 빈정대며 **다음과 같이** 말합니다.

Γλεύκους μεμεστωμένοι εἰσίν. "그들이 새 포도주에 만취해 있다."

오순절 성령 강림으로 제자들이 각기 성령이 말하게 하심을 따라 말할 때 다양한 반응이 있었다. 그 가운데 하나의 반응이다.

종위 접속사 ὡς는 주로 '비교절'과 '시간절'을, 드물게 '원인절'을 이끈다. 선언절을 이끄는 경우는 더 적다. 예로, 행 10:28이 있다(R 1032).

Ὑμεῖς ἐπίστασθε 여러분도 알고 있습니다.

ὡς ἀθέμιτόν ἐστιν ἀνδρὶ Ἰουδαίῳ 유대 남자에게 허용되지 않는다는 **것쯤은요.**

κολλᾶσθαι ἢ προσέρχεσθαι ἀλλοφύλῳ· 타민족에게 가까이하거나 다가가는 것이요.

고넬료 집에 왔을 때 베드로가 한 말이다. 유대 남자에게 허용되지 않는 내용을 선언적으로 표현한다.

4.2.2.7. 목적(final, purposive)절을 이끄는 종위 접속사

주절의 동작에 의도나 목적을 표현하는 종속절(문 목적절[final clause])을 이끄는 종위 접속사에는 ἵνα, ὅπως, μή, μήποτε 등이 있다.

종위 접속사 ἵνα의 신약성경 전체 용례 663회 가운데, 471회가 목적절에 쓰이는 걸 보면, ἵνα의 주된 개념이 '목적'에 있음을 알 수 있다. 결과절과 마찬가지로 ἵνα 다음에는 가정법이 쓰인다.

종위 접속사 ἵνα가 목적절을 이끄는 예: 행 2:25

Προορώμην τὸν κύριον ἐνώπιόν μου διὰ παντός,

저는 항상 제 앞에 {계신} 주님을 뵙습니다.

ὅτι ἐκ δεξιῶν μού ἐστιν 저의 오른쪽에 계시기 때문입니다.

ἵνα μὴ σαλευθῶ. [**어떻게든**] 제가 흔들리지 않도록요.

베드로가 시편 16:8을 인용하면서, 이 구절은 다윗이 부활하신 주님에 대해 말한 것이라 한다. ἵνα가 목적절을 이끈다고 보면 '어떻게든' 정도로 표현될 수 있다.

종위 접속사 ἵνα의 해석에 주의를 기울여야 할 경우: 요 11:16.

Ἄγωμεν καὶ ἡμεῖς 우리도 {짐 싸들고} 가자,

ἵνα ἀποθάνωμεν μετ' αὐτοῦ.

우리가 그와 함께 죽으**러**[/그러면 우리가 그와 함께 죽겠지].

예수님께서 '나사로가 죽었다.' 하시고 '제자들이 믿게 되어 기쁘다.' 하셨을 때, 도마가

보인 반응이다. 이 구절을 "우리도 주와 함께 죽으러 가자"와 같이 번역하면 καὶ ἡμεῖς를 접속사 ἵνα절의 구성요소로 보고 번역했다고 볼 여지가 생긴다. 오해를 없애려면 '그와 함께 죽으러 우리도 가자'로 번역하는 것이 더 좋을 것이다. καὶ ἡμεῖς가 ἄγωμεν을 강조했다고 보면 '우리도 {짐 싸들고} 가자, 우리가 그와 함께 죽으러'와 같이 번역할 수 있기 때문이다. 한편, μετ' αὐτοῦ는 '주와 함께'보다 '그와 함께'로 번역하는 것이 좋겠다. 더불어, '그'가 가리키는 대상이 '주님'보다는 '나사로'라고 보는 것이 좋을 듯싶다. '주'로 번역하기에 어색한 부분이 있기 때문이다. 첫째, 이미 죽은 사람은 나사로이지 예수님이 아니다. 그러니 '나사로와 함께 죽자' 해야 맞지, '주님과 함께 죽자' 하면 맞지 않다. '주님이 죽으시는 문제'는 대화 가운데에서 이미 지나간 주제이다. 지금 대화의 주요 소재는 '나사로의 죽음'이다.

둘째, 예수님과 제자들이 함께 대화하는 문맥에서 예수님을 3인칭 단수로 표현하는 것은 적절하지 않다. '우리' 안에는 예수님이 포함된다. 그러니 '그'는 나사로를 가리켜야 맞다. 종합하면, 위 구절은 "그[나사로]와 함께 죽으러, 우리도 {짐 싸들고} 가자"와 같이 번역하는 것이 좋겠다. 물론, ἵνα절을 결과절로 보면, '우리도 {짐 싸들고} 가자, 그러면 우리가 그와 함께 죽겠지.' 이렇게 번역될 수도 있다.

종위 접속사 ὅπως는 신약성경에 그리 많이 쓰이지는 않는다. 전체 용례가 53회이고, 이 가운데 39회가 목적절에, 14회가 보충절에 쓰인다. 우리말로 '그리하여[앞의 내용이 뒤의 내용의 원인이거나 앞의 내용이 발전하여 뒤의 내용이 전개될 때 쓰는 접속 부사], 그렇게['그러하게'가 줄어든 말] 하면, 하도록[-도록: 앞의 내용이 뒤에서 가리키는 사태의 목적이나 결과, 방식, 정도 따위가 됨을 나타내는 연결 어미], 하도록 하여, 식[-식9: '방식'의 뜻을 더하는 접미사]으로, 위함[위하다: 이롭게 하거나 돕다]이다'로 번역된다. 가정법과 함께 쓰인다.

종위 접속사 ὅπως가 목적절을 이끄는 예: 행 9:2

ᾐτήσατο παρ' αὐτοῦ 그에게 요청했습니다.

ἐπιστολὰς εἰς Δαμασκὸν πρὸς τὰς συναγωγάς,

다메섹 회당들로 가져갈 서신을요.

ὅπως ἐάν τινας εὕρῃ τῆς ὁδοῦ ὄντας,

누구든지 그 길로 접어든 것을 발견하면,

ἄνδρας τε καὶ γυναῖκας, 남녀를 불문하고요,

δεδεμένους ἀγάγῃ εἰς Ἰερουσαλήμ.

묶인 채로 예루살렘에 끌어 오기 **위함입니다.**

사울이 공회에 서신을 요청한 목적이 ὅπως가 이끄는 목적절로 설명된다. ὅπως절 안에 있는 ἐάν절은 '더 생생한 미래 조건'에 속한다. 다만, 주절에 직설법 미래가 아니라 가정법 부정과거 ἀγάγῃ가 쓰인 것은 ὅπως 때문이다.

주로, 소사로 쓰이는 부정어 μή가 '-않도록'의 의미를 가진 종위 접속사처럼 쓰이기도 한다. 전체 용례 1042회 가운데 26회가 여기에 속한다. 본래 ἵνα μή로 표현하면 되는데 (R 995), ἵνα를 생략하고 μή만으로 표현하다보니 μή가 접속사와 같이 된 것이다. 이런 경우, 동사는 '주의를 기울이다', '돌보다', '두려워하다'와 같은 의미에 가정법을 취하는 경우가 보통이다(R 995). 또한 μή 다음에는 부정 대명사 τις나 '어떻게든'을 뜻하는 소사 πώς나 '어디'을 의미하는 소사 πού 등이 뒤따른다.

μή가 종위 접속사처럼 쓰여 목적절을 이끈 예: 행 27:29

φοβούμενοί τε 결국 염려되었습니다[염려되어]

μή που κατὰ τραχεῖς τόπους ἐκπέσωμεν,

우리가 울퉁불퉁한 어떤 곳에 걸릴**까봐**요[/걸리지 **않기를 바라면서**요].

ἐκ πρύμνης ῥίψαντες ἀγκύρας τέσσαρας

배 뒤쪽에[/고물에] 닻 넷을[네 개의 닻들을] 던지고

ηὔχοντο ἡμέραν γενέσθαι. 날이 밝기를[낮 되기를] 기원합니다.

멜리데 섬에 가까워지면서 수심이 얕아지면서 일어난 일이다. μή που + 가정법이 쓰여,

'어떤 곳 ... 않도록'을 뜻한다.

위에서 언급한 μή에 '언제'를 뜻하는 소사 ποτε가 나란히 쓰인 것으로 볼 수도 있는 (R 995-996) μήποτε를 현재 사용하는 비평본에서는 하나의 단어로 본다. 그럴 경우 목적절을 주로 이끄는 종위 접속사가 된다. 신약성경 전체 용례 25회 가운데 20회가 여기에 속한다. 우리말로는 '~할까 봐, ~하면 안/아니 되기 때문이다'와 같이 번역된다. 예로는 '더 생생한 미래 조건의 예'에서 다뤘던 5:39를 들어 본다.

종위 접속사 μήποτε가 목적절을 이끄는 예: 행 5:39

εἰ δὲ ἐκ θεοῦ ἐστιν,

하나 만일 {그 뜻이나 일이}[그것이] 하나님에게서 비롯되었으면

οὐ δυνήσεσθε καταλῦσαι αὐτούς 여러분이 그들을 깨뜨릴 수 없을 것입니다.

- **μήποτε** καὶ θεομάχοι εὑρεθῆτε.

여러분이 하나님과 다투는 자들로 귀결되면[/발견되면] **안 되기 때문입니다**[안 되도록요].

가말리엘이 산헤드린 공회에서 예수님과 제자들에 대해 한 말이다. 앞서 보았듯, 조건문에는 두 가지 조건문을 사용한다. 조건절에는 εἰ + 직설법 현재로 '단순 현재 조건'을, 귀결절에는 직설법 미래를 써서 제3조건('더 생생한 미래 조건'과 '감정적 미래 조건')에 속하는 표현을 사용한다. 조건절에 εἰ + 직설법이 쓰였기에 '더 생생한 미래 조건'보다는 '감정적 미래 조건'일 가능성이 더 높다. 가말리엘은 '예수님과 제자들의 가르침과 사역이 하나님이 아니라 사람에게서 비롯되었다고 보았을 가능성이 매우 높다.' 하는 주장을 펼친 다음에, μήποτε 목적절로 자신이 발언한 목적을 덧붙인다. 그들이 하나님과 다투는 자로 발견될까봐 염려해서 발언했단다.

4.2.2.8. 장소(local, locational)절을 이끄는 종위 접속사

장소절을 이끄는 종위 접속사로는 ὅπου와 οὗ가 있다. 관계 대명사 중성 단수 형태에

의문 부사 ποῦ가 만나 이뤄진 ὅπου는 전체 용례 82회가 모두 장소절을 이끄는 종위 접속사로 쓰인다. '거기[거기: 앞에서 이미 이야기한 곳을 가리키는 지시 대명사]에는, 거기서'로 번역된다. 예를 들어 본다.

장소절을 이끄는 종위 접속사 ὅπου의 예: 행 20:6

καὶ ἤλθομεν πρὸς αὐτοὺς 그리고 우리가 그들과 합류했습니다[그들에게 갔습니다].

εἰς τὴν Τρῳάδα ἄχρι ἡμερῶν πέντε, 닷새만에 드로아에서요.

ὅπου διετρίψαμεν ἡμέρας ἑπτά.

거기서 우리는 일주일을[칠 일을] 유숙했습니다.

드로아에서 유두고가 죽고 산 사건이 있기 전에 바울은 예루살렘에 서둘러 가려 하지 않았다. 그러다보니 드로아에서 일주일을 지내게 된다.

한편, οὗ는 관계 대명사 남성과 중성 단수 속격 형태로, 장소절을 이끄는 종위 접속사로 쓰인 경우는 신약성경 전체 용례 25회 가운데 한 곳뿐이다. 나머지는 부사로 분류된다. 그러나 둘 다 '관계 부사'나 '관계 대명사의 부사적 용법'으로 보면 더 좋을 듯싶다. 장소절을 이끄는 종위 접속사의 경우와 부사로 쓰인 예를 보면, 구문 측면에서 별 차이가 없다. 의미도, 둘 다 '거기서, 거기에, 거기에서'를 뜻한다. 먼저 부사로 분류되는 경우의 예로 행 20:8을 보고, 이어서 장소절을 이끄는 종위 접속사의 예로 계 17:15를 본다.

부사로 쓰이는 οὗ의 예: 행 20:8

ἦσαν δὲ λαμπάδες ἱκαναὶ 그런데 꽤 많은 등불이 있었습니다.

ἐν τῷ ὑπερῴῳ 윗다락에는요[/위층 방에는요].

οὗ ἦμεν συνηγμένοι. 우리가 모였던 **곳에**요[/**거기에** 우리가 모여 있었죠].

드로아에서 머물다가 안식 후 첫 날이 되어 떡을 떼려고 모였을 때의 상황이다. οὗ를 '관계 부사'나 '관계 대명사의 부사적 용법'으로 분류할 수도 있다. 그러면 οὗ는 ἐν τῷ ὑπερῴῳ를 선행사로 갖는다고 보면 된다.

장소절을 이끄는 종위 접속사 οὗ의 예: 계 17:15

Τὰ ὕδατα ἃ εἶδες 당신이 본 물들은

οὗ ἡ πόρνη κάθηται, **거기에** 거 음녀가 앉아 있는 {물이죠,}

λαοὶ καὶ ὄχλοι εἰσὶν 백성들과 무리들이죠.

καὶ ἔθνη καὶ γλῶσσαι. 또한 민족들과 언어들{이죠}.

여기서 οὗ는 계 17:1을 고려할 때 ἐπὶ τῶν ὑδάτων 정도를 의미한다. 역시, '관계 부사'나 '관계 대명사의 부사적 용법'으로 보면 좋을 듯싶다.

4.2.2.9. 시간(temporal)절을 이끄는 종위 접속사

계승(succession), 선행성(anteriority), 후행성(posteriority), 동시성(simultaneity)과 연관된 주절을 표현하기 위해 동사수식적인 수식어의 기능을 하는 종속절(문 시간절[temporal clause])을 이끄는 종위 접속사로는 ὅτε, ὅταν, ἐπάν, πρίν, ἄχρι, ἕως, μέχρι, ὡς, ἡνίκα가 있다. 세 가지로 나눠 살펴 본다. 오직 시간절을 이끄는 종위 접속사로만 쓰이는 ὅτε, ὅταν, ἐπάν, πρίν이 하나이고, 비본래적인 전치사로 더 자주 쓰이지만 시간절을 이끄는 종위 접속사로도 쓰이는 ἄχρι, ἕως, μέχρι가 하나이며, 소사로 주로 쓰이는 ὡς와 부사로 주로 쓰이는 ἡνίκα가 하나이다.

4.2.2.9.1. ὅτε, ὅταν, ἐπάν, πρίν

ὅτε, ὅταν, ἐπάν, πρίν은 시간절을 이끄는 종위 접속사로만 쓰인다.

관계 대명사 중성 단수 형태인 ὅ와 계합 접속 가운데 상관 접속에 사용되는 대표적인 등위 접속사 τέ가 만나 이뤄진 ὅτε는 신약성경에 103회 쓰인다. 우리말로 '때, 하자[-자: 한 동작이 막 끝남과 동시에 다른 동작이나 사실이 잇따라 일어남을 나타내는 연결 어미, 그 상태와 더불어 다른 일이 일어남을 나타내는 연결 어미], 순간[어떤 일이 일어난 바로 그때, 또는 두 사건이나 행동이 거의 동시에 이루어지는 바로 그때]'으로 번역된다. 직설법이 쓰인다. 예로, 행 11:2를 보자.

ὅτε δὲ ἀνέβη Πέτρος εἰς ᾽Ιερουσαλήμ, 하여 베드로가 예루살렘에 올라왔을 **때**,

διεκρίνοντο πρὸς αὐτὸν οἱ ἐκ περιτομῆς 할례 받은 신자들이 그를 차별 대우합니다.

순회 사역을 마치고 돌아오는 베드로를 기다린 것은 비난이었다.

ὅτε와 '혹 있을 수 있는' 개연성을 표현하는 단어인 ἄν이 만나 이뤄진 ὅταν은 신약성경에 123회 쓰인다. 우리말로 '~할 때1[일정한 일이나 현상이 일어나는 시간], ~하면[-면9: 일반적으로 분명한 사실을 어떤 일에 대한 조건으로 말할 때 쓰는 연결 어미] 그때'로 번역된다. 직설법을 취하는 ὅτε와 달리, 가정법을 취한다. 예로, 행 24:22를 보자.

Ὅταν Λυσίας ὁ χιλίαρχος καταβῇ, 천부장 루시아가 내려오**면 그때**

διαγνώσομαι τὰ καθ' ὑμᾶς, 내가 너희에 대한 것들을 조사하겠다.

더둘로의 기소를 뒤엎는 바울의 변론이 끝나자, 벨릭스 지방수세관이 한 말이다. ὅταν절이 조건절은 아니지만 소사 ἄν이 있기에 '가정 연결 어미'(임시로 인정한 선행문의 사건이나 사태를 조건으로 하는 결과를 후행문에서 서술할 때 사용하는 표지, 한 620) '-(으)면'을 써서 '-면 그때'로 번역했다.

ἐπάν은 '근거'를 표현하는 전치사 ἐπί와 개연성을 표현하는 단어인 ἄν이 만나 이뤄졌다. 신약성경에서 3회 쓰인다. 우리말 표현으로는 '-거든['어떤 일이 사실이면', '어떤 일이 사실로 실현되면'의 뜻을 나타내는 연결 어미], '이 적절하다. '-거든'은 선행문의 내용이 현실성이 높은 사실적 가정 관계에 쓰이기 때문에 후행문에 청유문, 명령문 등이 오며 '-(으)면'으로 바꾸어도 의미가 통한다(한 621). ἐπάν절에도 ὅταν절에서처럼, 가정법이 쓰인다. 예로, 마 2:8과 눅 11:22를 보자.

마 2:8

ἐπὰν δὲ εὕρητε, 하여 너희가 만나**거든**

ἀπαγγείλατέ μοι, 내게 알려 주시오.

동방에서 온 박사들을 보내면서 헤롯이 한 말이다. '유대인의 왕으로 나신 이'를 만날 가능성이 높을 것을 염두에 두고 ἐπάν을 썼다.

눅 11:22

ἐπὰν δε ἰσχυρότερος αὐτοῦ 그보다[/강한 자보다] 더 강한 자가

ἐπελθὼν νικήσῃ αὐτόν, 와서 그를[/강한 자를] 정복하**면**

τὴν πανοπλίαν αὐτοῦ αἴρει 그가[/더 강한 자가] 그의 무장을 제거합니다.

ἐφ' ᾗ ἐπεποίθει 그가[/강한 자가] 의존하는 {무장이죠.}

καὶ τὰ σκῦλα αὐτοῦ διαδίδωσιν.

그리고 그의 탈취물들을[/그가 탈취한 것들을] 그가 배분합니다.

죄로 인해 마귀의 영향 아래 있는 백성들을 구원하시는 그리스도의 사역을 전쟁 상황에 빗대어 말씀하신다. ἐπάν 절이 조건문은 아니지만 '-거든'보다 '-면'이 우리말 표현에 더 어울려 '정복하면'으로 번역했다.

전치사 πρό를 어근으로 취하는 종위 접속사 πρίν은 시간절을 이끌지만, 부정사구을 이끌 때가 더 많다. 부정사구를 이끄는 πρίν을 '비본래적인 전치사'로 취급할 수도 있겠지만, 일반적인 분류에 따라 종위 접속사로 묶어 다루도록 한다. 신약성경 전체 용례 13회 가운데 절을 이끄는 경우는 눅 2:26과 행 25:16뿐이다. 우리말로는 '전에, 전이다'로 표현된다. πρίν이 이접적 접속사 ἤ와 함께 쓰이면 '이전[기준이 되는 때를 포함하여 그 전], 보다 전에'와 같이 표현된다. 시간절을 이끄는 경우와 부정사구를 이끄는 경우를 각각 살펴 보자.

종위 접속사 πρίν이 시간절을 이끄는 경우: 행 25:16

ὅτι οὐκ ἔστιν ἔθος Ῥωμαίοις 로마 사람의 관습이 아니라고요.

χαρίζεσθαί τινα ἄνθρωπον 어떤 사람을[/피고를] 내놓은 것이요.

πρὶν ἢ ὁ κατηγορούμενος 피고가 [**~보다 전에**]

κατὰ πρόσωπον **ἔχοι** τοὺς κατηγόρους 원고들을 대면**하게 되**고

τόπον τε ἀπολογίας **λάβοι** περὶ τοῦ ἐγκλήματος.

결국 혐의에 관한 항변의 기회를 **얻기 전에요.**

로마 귀족 베스도가 로마인의 자존심을 세우며 내놓은 재판 원칙이다. πρίν은 희구법 동

사 ἔχοι와 λάβοι를 동사로 가진다. 희구법과 더불어, 등위 접속사 ἤ와 τέ로 인해 베스도의 어조가 더욱 강렬해진다.

종위 접속사 πρίν이 부정사구를 이끄는 경우: 행 2:20

ὁ ἥλιος μεταστραφήσεται εἰς σκότος 태양이 어두움으로 변할 것이다.

καὶ ἡ σελήνη εἰς αἷμα, 달도 피로 {변할 것이다}.

πρὶν ἐλθεῖν ἡμέραν κυρίου 주님의 날이 다다르기 **전이다.**

τὴν μεγάλην καὶ ἐπιφανῆ. 크고 멋진 {날이}.

오순절 성령 강림이 있던 날에 베드로가 인용한 욜 2:31[3:4, MT] 말씀이다. πρίν이 부정과거 부정사 ἐλθεῖν을 취했다.

4.2.2.9.2. ἄχρι, ἕως, μέχρι

다음으로, ἄχρι, ἕως, μέχρι는 비본래적인 전치사로 더 자주 쓰이지만 시간절을 이끄는 종위 접속사로도 쓰이는 단어들이다.

신약성경에서 비본래적인 전치사로 44회, 접속사로 5회 쓰이는 ἄχρι는 '시간, 장소, 정도, 내용'의 범위를 한정하며, '중단없이 거기까지'라는 의미를 가진다. '때까지'로 번역된다. 시간절을 이끄는 종위 접속사로 쓰인 용례는 요한계시록에만 나온다. 동사는 주로 가정법이 쓰이고 직설법 미래가 쓰이기도 한다. 예로, 계 15:8을 보자.

καὶ οὐδεὶς ἐδύνατο εἰσελθεῖν εἰς τὸν ναὸν 그러니 아무도 성전에 들어갈 수 없습니다.

ἄχρι τελεσθῶσιν αἱ ἑπτὰ πληγαὶ τῶν ἑπτὰ ἀγγέλων.

[거] 일곱 천사들의 [거] 일곱 재앙이 끝날 **때까지**요.

하늘 성전이 하나님의 영광과 권능으로 가득차, 일곱 재앙이 끝날 때까지는 아무도 성전에 들어갈 수 없다. 부정과거 가정법 τελεσθῶσιν이 쓰였다.

신약성경에서 비본래적인 전치사로 108회, 접속사로 38회 쓰이는 ἕως는 '어느 정도 거기까지'를 의미한다. 앞서 설명한 ἄχρι는 '바로 그 지점까지'를 뜻한다. '-까지'로 번역된다. 동사는 가정법과 직설법이 쓰인다. 예로, 행 2:35를 보자.

Εἶπεν (ὁ) κύριος τῷ κυρίῳ μου, 주님께서 내 주님께 말씀하셨다.

Κάθου ἐκ δεξιῶν μου 너는 내 오른쪽에 앉으라,

ἕως ἂν θῶ τοὺς ἐχθρούς σου 내가 네 원수들을 둘 **때까지**,

ὑποπόδιον τῶν ποδῶν σου. 네 [발들의] 발판으로.

베드로가 인용한 시 110:1이다. 부정과거 가정법 θῶ에 개연성을 표현하는 소사 ἄν까지 쓰여 '칼 미완료'가 쓰인 히브리어 본문보다 '개연성'이 더 부각되었다. 널리 알려진 표현이기도 하여 칠십인역 표현을 그대로 가져온 것으로 보인다.

신약성경에서 비본래적인 전치사로 16회, 접속사로 1회 쓰이는 μέχρι는 '그 만큼, 그 정도까지'를(LSJ 1123) 뜻한다. 예는 엡 4:13 하나뿐이다.

μέχρι καταντήσωμεν οἱ πάντες 우리 모두가 도달할 **때까지**요.

εἰς τὴν ἑνότητα τῆς πίστεως καὶ τῆς ἐπιγνώσεως τοῦ υἱοῦ τοῦ θεοῦ,

[거] 하나님의 아들의 믿음과 지식의 합일에 {말이죠.}

'하나님의 아들의 믿음과 지식의 합일'은 τοῦ υἱοῦ을 주어적 속격으로 보느냐, 목적어적 속격으로 보느냐에 따라 의미가 달라진다. 주어적 속격으로 보면, '하나님의 아들이 가지신 믿음과 지식과 하나가 될 때까지'가 된다. 목적어적 속격으로 보면, '하나님의 아들에 대한 믿음과 지식이 하나가 될 때까지'가 된다. 이어지는 표현인 '그리스도의 장성한 분량에 이르기까지'를 고려하면, 주어적 속격으로 보는 것이 좋을 듯싶다.

4.2.2.9.3. ὡς, ἡνίκα

소사로 주로 쓰이면서 종위 접속사와 부사로도 쓰이는 ὡς에 대해서는 '원인절을 이끄는 종위 접속사'(4.2.2.1.) 항목과 '비교절을 이끄는 종위 접속사'(4.2.2.2.) 항목에서 이미 다루었다. 시간절을 이끄는 ὡς는 '~쯤[정도의 뜻을 더하는 접미사], 쯤은, 무렵[대략 어떤 시기와 일치하는 즈음]에, 때'로 번역된다. 신약성경에 용례가 49회 이상 된다. 주로

직설법이 쓰이고, 드물게 가정법이 쓰인다. 예로, 행 7:23을 보자.

Ὡς δὲ ἐπληροῦτο αὐτῷ τεσσερακονταετὴς χρόνος,

그러다가 마흔 살이 되자[그에게 40년 기한이 다 차서 끝났을 **때/무렵**],

ἀνέβη ἐπὶ τὴν καρδίαν αὐτοῦ 그의 마음에 일어났습니다.

ἐπισκέψασθαι τοὺς ἀδελφοὺς αὐτοῦ τοὺς υἱοὺς Ἰσραήλ.

자기 형제들인 이스라엘 자손들을 보살피는 마음이요[것이요].

스데반이 모세에 대해 소개하는 부분이다. ὡς는 그냥 '때'로 번역해도 되고, 자체 의미를 강조하려면 '무렵'으로 번역하면 된다.

부사로 주로 쓰이는 ἡνίκα가 신약성경에서는 시간절을 이끄는 종위 접속사로만 2회 쓰인다. ἡνίκα는 ὅτε보다 더 정확한 시점은 의미한다. '때에, 시간에'로 번역된다(S 2383). 예로, 고후 3:15를 보자.

ἀλλ' ἕως σήμερον 그러나 오늘까지

ἡνίκα ἂν ἀναγινώσκηται Μωϋσῆς, 모세가 읽힐 **때에[/때면]**

κάλυμμα ἐπὶ τὴν καρδίαν αὐτῶν κεῖται· 가리개가 그들 마음 위에 놓입니다.

ἡνίκα에 가정법 현재 ἀναγινώσκηται에 개연성을 표현하는 소사 ἄν까지 쓰여 '때면'으로 표현될 수 있다.

4.2.2.10. 보충(complement)절을 이끄는 종위 접속사

목적어나 보어가 되는 보충절을 이끄는 대표적인 종위 접속사로는 ὅτι(686회)와 ἵνα(153회)가 있다. ὅτι와 ἵνα절은 목적어와 동격인 절을 이끌기도 한다. 이 외에, μή(17회), ὡς(17회), ὅπως(15회), εἰ(10회), καθώς(3회)가 보충절을 이끄는 종위 접속사로 제시되나, 각 단어의 의미가 살아 있기에 μή는 '부정'의 의미를, ὡς는 '대략'의 의미를, ὅπως는 '목적'의 의미를, εἰ는 '조건'의 의미를, καθώς는 '비교'의 의미를 살려 번역하면 된다. μή, ὡς, ὅπως, εἰ, καθώς가 보충절을 이끄는 경우를 '보충절을 이끄는 ὅτι나 ἵνα가 생략된 것'으로 봐도 되겠다. 생략되지 않으면 '이유', '목적', '결과' 등의 의미를 가진다고 오해될 수 있기 때문이다. 그럼, ὅτι와 ἵνα 각각 목적어와 보어를 이끄는 예를 하나씩 살펴 본다.

보충절을 이끄는 종위 접속사 ὅτι의 예: 행 4:13

Θεωροῦντες δὲ τὴν τοῦ Πέτρου παρρησίαν καὶ Ἰωάννου

하니 베드로와 요한의 담대함을 목도하고

καὶ καταλαβόμενοι **ὅτι** ἄνθρωποι ἀγράμματοί εἰσιν καὶ ἰδιῶται,

그들이 배운 것이 없는 사람들이며 직분이 없다는[/평신도들이라는] **것을** 확인하고는

ἐθαύμαζον 당황해합니다.

ἐπεγίνωσκόν τε αὐτοὺς 그러다가 그들을 알아보았습니다[/그들에 대해 알아챘습니다].

ὅτι σὺν τῷ Ἰησοῦ ἦσαν. 예수님과 함께 있었다는[/있었던] **것을**요.

첫 번째 ὅτι 절은 καταλαβόμενοι의 목적어로 보충절이고, 두 번째 ὅτι 절은 αὐτούς의 보어로 보충절이다. 두 번째 ὅτι 절은 εἶναι σὺν τῷ Ἰησοῦ와 같은 부정사구로 표현될 수 있다. 이 때 αὐτούς는 부정사구의 주어가 된다. 부정사구로 표현될 수 있는 내용을 절로 표현하여 내용이 강조되었다.

목적어가 되는 보충절을 이끄는 종위 접속사 ἵνα의 예: 행 19:4

Ἰωάννης ἐβάπτισεν βάπτισμα μετανοίας τῷ λαῷ

요한은 백성에게 회개의 세례를 베풀면서

λέγων 말했습니다.

εἰς τὸν ἐρχόμενον μετ' αὐτὸν

자기[/자신의] 뒤에 오시는 분을

ἵνα πιστεύσωσιν, 믿으라고요.

τοῦτ' ἔστιν εἰς τὸν Ἰησοῦν. 곧 예수님이죠.

바울이 에베소에서 요한의 세례만 아는 이들에게 한 말이다. 여기서 ἵνα 절은 λέγων의 목적어이다.

보어가 되는 보충절을 이끄는 종위 접속사 ἵνα의 예: 요 4:34

Ἐμὸν βρῶμά ἐστιν 내게 속한 먹거리는 {이런} 것입니다.

ἵνα ποιήσω τὸ θέλημα τοῦ πέμψαντός με 나를 보내신 분의 뜻을 행하고

καὶ τελειώσω αὐτοῦ τὸ ἔργον. 그분의 일을 마무리 짓는 **입니다.**

사마리아 수가 성 여인을 만나신 뒤, 야곱의 우물곁에서 제자들에게 하신 예수님의 말씀이다. ἵνα 절은 보어이다.

4.2.2.11. 의문(interrogative)절을 이끄는 종위 접속사

의문(interrogative) 접속과 관련되어 등위 접속사로 취급되는 εἰ, ἱνατί, μήποτε, ὅτι는 종위 접속사로 보는 게 좋을 듯싶다. 이 가운데 εἰ는 '혹여[혹시]' 정도로 번역하면 된다. 전체 용례 502회 가운데 20회가 여기에 속한다.

의문절을 이끄는 종위 접속사 εἰ의 예: 행 1:6

Κύριε, 주님,

εἰ ἐν τῷ χρόνῳ τούτῳ [**혹여**] 이참에

ἀποκαθιστάνεις τὴν βασιλείαν τῷ Ἰσραήλ;

이스라엘에게 그 나라[/하나님 나라]를 되돌려 주시렵니까?

예수님의 승천 직전에 제자들이 한 질문이다. 영어의 if/whether와 같이 '~하시려는지 아닌지' 질문할 때, 종위 접속사 εἰ를 쓴다.

목적절이나 결과절을 이끄는 종위 접속사 ἵνα와 의문 대명사 τί가 만나 이뤄진 ἱνατί는 우리말로 '무슨 까닭에, 무엇 때문에'와 같이 번역된다. 전체 용례 6회가 모두 여기에 속한다.

의문절을 이끄는 종위 접속사 ἱνατί의 예: 행 7:26

Ἄνδρες, 여러분[남자들],

ἀδελφοί ἐστε· 여러분은 형제들입니다.

ἱνατί ἀδικεῖτε ἀλλήλους; **무슨 까닭에** 서로 해칩니까?

싸우는 동족들을 향해 모세가 한 말이다.

부정어 μή와 '언제'를 뜻하는 소사 ποτε가 나란히 쓰인 것으로 볼 수 있지만(R 995-996) 현재 비평본에서 하나의 단어로 취급하는 μήποτε는 주로 목적절을 이끄나 드물게 의문절을 이끈다. 우리말로 '않겠는가, 않겠느냐'로 번역된다. 전체 용례 25회 가운데 2회(눅 3:15; 딤후 2:25)가 여기에 속한다.

의문절을 이끄는 종위 접속사 μήποτε의 예: 눅 3:15

Προσδοκῶντος δὲ τοῦ λαοῦ 한데 백성이 기다리고

καὶ διαλογιζομένων πάντων ἐν ταῖς καρδίαις αὐτῶν 모두가 그들 마음에 따지기에,

περὶ τοῦ Ἰωάννου, 요한에 관해서요,

μήποτε αὐτὸς εἴη ὁ Χριστός, 그가 그리스도이지 **않겠느냐**고요,

세례 요한에 대한 백성의 반응을 설명하는 구절이다. 의문절을 이끄는 μήποτε에 희구법 εἴη가 쓰여 요한이 메시아이기를 바라는 백성들의 마음도 표현되었다.

앞서 보충절을 이끄는 종위 접속사에서 다룬 ὅτι는 전체 용례 502회 가운데 3회가 여기에 속한다. 마가복음에만 나온다(2:16; 9:11, 28). '어찌' 정도로 번역된다.

의문절을 이끄는 종위 접속사 ὅτι의 예: 막 2:16

Ὅτι μετὰ τῶν τελωνῶν καὶ ἁμαρτωλῶν ἐσθίει;

어찌 그는 세리와 죄인들과 함께 먹는가?

예수님께서 세리와 죄인들과 함께 식사하시는 것을 보고 바리새인 출신 서기관들이 한 말이다.

5. 소사와 감탄사

문장에서 독립적으로 쓰이면서 화자의 느낌이나 의지, 견해를 독립적으로 표현하는 품사로 소사와 감탄사가 있다.

'소사(小辭 혹은 小詞)'는 '머리말'과 '헬라어와 한국어 품사 비교' 항목에서 이미 언급했듯, '부사, 전치사, 접속사를 제외한 불변화사'를 가리킨다. 실제로는 전치사나 접속사가 소사로 쓰이기도 한다. 구나 절을 이끌지 않는 전치사나 접속사는 '소사'로 분류된다. 소사에 해당되는 단어들을 '문장 부사'(sentence adverbs, S 1094; 文章副詞, sentential adverb, 문장 내의 특정 성분이 아니라 문장 전체를 수식하는 부사의 한 갈래, 한 480)나 접속사(conjunction, S 2769)로 분류하기도 하지만, 이 책에서는 감탄사와 함께 우리말 '독립언'처럼 다룬다.

우리말에서 독립언으로 분류되는 감탄사(感歎詞, exclamation, 화자가 자신의 느낌이나 의지를 개념적인 단어, 즉 '기쁨, 슬픔', '기쁘다, 슬프다', '기뻐하다, 슬퍼하다' 등의 명사, 형용사, 동사를 사용하지 않고 직접 나타내는 품사; 한 499)는 단독적인 발화로서 선·후행 문장과 대등한 정도의 독립성을 지녔다고 보고 '간투사(間投詞, interjection)'라 부르기도 한다(한 500). 이 책에서 감탄사로 부르는 헬라어 단어들도 간투사로 분류되기도 한다(R 302, 1193).

5.1. 소사

소사의 용법이 Accordance 프로그램에는 '교호(交互, alternating), 비한정(indefinite), 의문(interrogative), 강조(emphatic), 부정(否定, negative), 비교(comparative), 가설(hypothetical), 불확정(contingent), 아람어(aramaic), 히브리어(hebrew)'가 제시된다. 하

지만, 이 가운데 '아람어' 12개와 '히브리어' 7개는 외래어처럼 쓰였기에 소사로 분류하지 않아도 될 것이다. '교호' 용법은 '강조' 용법에서, '가설'은 '비교'에서 다룰 수 있다. 그러므로, '비한정, 의문, 강조, 부정, 비교, 불확정' 여섯 개의 용법으로 정리할 수 있다. 그럼, 가장 많이 쓰이는 '부정' 용법부터 다루고, '의문, 비한정, 강조, 비교, 불확정' 용법 순으로 살펴 보자.

5.1.1. 부정 소사

부정 소사에는 οὐ, οὐχί, μή가 있다. 이접적 접속 항목(4.2.1.3.)에서 살펴 보았듯, 부정 소사 "οὐ는 사실과 명제를 부정하고 μή는 의지와 생각을 부정한다. οὐ는 부정하고, μή는 거절한다. οὐ는 절대적이고, μή는 상대적이다. οὐ는 객관적이고, μή는 상대적이다."(LSJ 1266; 또한 S 2688).

부정 소사로 후접어인 οὐ는 우리말로 '아니다[어떤 사실을 부정하는 뜻을 나타내는 말; 물음이나 짐작의 뜻을 나타내는 말로 사실을 긍정적으로 강조하는 효과가 있다], 않다[어떤 행동을 아니 하다. 앞말이 뜻하는 행동이나 상태를 부정하는 듯을 나타내는 말], 안 될 말이다'와 같이 번역된다. οὐ가 모음을 만나면 자음이 추가된다. 약한 숨표를 만나면 οὐκ가 되고, 강한 숨표를 만나면 οὐχ가 된다. 일종의 변칙자음 추가로 볼 수 있다(S 137). 구개음 가운데 무성음인 κ와 기식음인 χ가 뒤따라오는 단어에 따라 추가되기 때문이다. 부정 소사 οὐ는 신약성경에 1624회 나오고, 전체가 소사의 부정 용법에 쓰인다. οὐ 형태로는 694회, οὐκ 형태로는 824회, οὐχ 형태로는 106회 쓰인다. 악센트에 대해서는 악센트 항목(I.1.3.)을 참고하라.

부정 소사 οὐ의 예: 행 1:7

Οὐχ ὑμῶν ἐστιν γνῶναι 너희가 알 바가 **아니다**[/아는 것은 너희에게 속하지 않았다],
χρόνους ἢ καιροὺς 기간[들]이나 시기[들]는.
οὓς ὁ πατὴρ ἔθετο ἐν τῇ ἰδίᾳ ἐξουσίᾳ,
그것들은 아버지께서 당신 권세 안에 두셨다.

승천 직전에 예수님께서 하신 말씀이다. 부정 소사 οὐ가 강한 숨표가 있는 ὑμῶν을 만나

οὐχ가 되었다.

οὐκ나 οὐχ보다 더 긴 형태인 οὐκί나 οὐχί는 οὐ보다 더 강한 부정(否定)을 표현한다 (S 137a, 2688b). 신약성경에는 οὐχί 형태만 쓰인다. 강조를 위해 '절대, 절대로' 등 강조 표현을 추가할 수 있다. 신약 전체 용례 54회 가운데 11회가 부정 용법에 쓰이고, 나머지 43회는 '의문' 용법으로 쓰인다.

부정 소사 οὐχί의 예: 눅 1:60

καὶ ἀποκριθεῖσα ἡ μήτηρ αὐτοῦ εἶμεν,

그러자 그의[/아이의] 어머니가 대꾸하며 말했습니다.

Οὐχί, 아닙니다[/절대 아닙니다].

ἀλλὰ κληθήσεται Ἰωάννης. 오히려 그는 요한이라 불릴 것입니다.

세례 요한이 할례 받는 날, 사람들이 요한의 이름을 아버지 사가랴의 이름을 따라 사가랴로 지으려 하자, 요한의 어머니 엘리사벳이 보인 반응이다. οὐχί는 οὐ보다 더 강한 부인(否認)을 표현한다. 이를 테면, Οὐχὶ αὐτοῦ τὸ ὄνομα κληθήσεται Ζαχαρία '그의 이름은 사가랴로 불리지 않습니다.' 하는 표현을 강하게 표현하고 '요한이라 불릴 것'을 강조하느라 나머지 부분이 생략된 것으로 볼 수 있다.

μή는 신약성경 전체 용례 1042회 가운데 거의 대부분에 속하는 998회가 '부정 소사'로 쓰인다. 우리말로 '말다[어떤 일이나 행동을 하지 않거나 그만두다], 않다[앞 말이 뜻하는 행동이나 상태를 부정하는 뜻을 나타내는 말], 금하다[어떤 일을 하지 못하게 말리다]'로 표현된다.

부정 소사 μή의 예: 행 1:4

καὶ συναλιζόμενος παρήγγειλεν αὐτοῖς

또한 모일 때면[/모여서는][/함께 식사하실 때마다] 그들에게 지시하셨습니다.

ἀπὸ Ἱεροσολύμων **μὴ** χωρίζεσθαι, 예루살렘에서 떠나지[/떠나 있지] 말 것과,

ἀλλὰ περιμένειν τὴν ἐπαγγελίαν τοῦ πατρός,

도리어 아버지의 약속을 기다리라는 것이었습니다.

승천 전에 예수님께서 제자들에게 하신 말씀이다. 부정 소사 μή는 금지를 표현한다.

부정 소사 οὐ와 μή가 함께 쓰여 독특한 의미를 형성하기도 한다. οὐ μή는 강한 금지나 부인(否認)을(S 2754-2756) 의미한다. μή οὐ는 부정(否定)이 의심스러울 때 사용한다. 각각 예를 하나씩 살펴 본다.

부정 소사 οὐ μή의 예: 행 28:26

Ἀκοῇ ἀκούσετε καὶ **οὐ μὴ** συνῆτε

너희가 청력을 가지고 들을 것이나 이해하지 **못할 것이다**.

καὶ βλέποντες βλέψετε καὶ **οὐ μὴ** ἴδητε·

또한 [보고] 보기는 하겠으나 분별하지는 **못할 것이다**.

로마에 간 바울이 유대인 지도자들에게 인용한 사 6:9이다. οὐ μή의 의미를 좀 더 부각시키려면 '결코'와 같은 단어를 넣어 '결코 못할 것이다'와 같이 번역하면 된다.

부정 소사 μή οὐ의 예: 고전 9:4

μὴ οὐκ ἔχομεν 우리가 가지지 **않았을까요**?

ἐξουσίαν φαγεῖν καὶ πεῖν; 먹고 마실 권리가요.

바울은 '자신과 동료들이 먹고 마실 권리가 없지는 않을 것이다.' 하는 표현을 μὴ οὐ를 사용해서 표현한다. οὐ를 사용한 명제 부정에 대한 의견 피력이다.

5.1.2. 의문 소사

먼저, 의문 소사에는 부정 소사에서 다룬 οὐχί와 μή, μή의 강조 형태인 μητί가 있다. '긍정'의 대답이 기대될 때는 οὐχί로, '부정'의 대답이 기대될 때는 μή, μητί로 묻는다(S 2651). μητί는 우리말로 '누가['누구가'가 줄어든 말] 있겠느냐/하겠느냐?'로 번역된다. οὐχί의 전체 용례 54회 가운데 43회가, μή의 전체 용례 1042회 가운데 1회가, μητί의 전체 용례 18회 모두가 의문 소사에 속한다.

또한, 시간을 묻는 πότε, 장소를 묻는 ποῦ, 방법을 묻는 πῶς, 유래를 묻는 πόθεν, 추측을 표현하는 ἆρα가 있다. πότε는 '언제'로, ποῦ는 '어디에'로, πῶς는 '어떻게, 얼마나[동작의 강도나 상태의 정도가 대단함을 나타내는 말], [~할] 거리[내용이 될 만한 재료]'로, πόθεν은 '어디에서, 어디에서부터'로 번역된다. 걱정이나 안타까움을 표현하거나 부정의 대답을 기대하는 의문문에 사용하는 단어인 ἆρα는(LSJ 233) 우리말 '겠[미래의 일이나 추측을 나타내는 어미, 화자의 의지를 나타내는 어미, 가능성이나 능력을 나타내는 어미, 완곡하게 말하는 태도를 나타내는 어미, 헤아리거나 따져 보면 그렇게 된다는 뜻을 나타내는 어미]'으로 표현할 수 있겠다.

이 단어들은 악센트가 첫 음절에 있고, 음절이 하나뿐인 단어들은 써컴플렉스를 가진다. πότε의 전체 용례 18회, ποῦ의 전체 용례 48회, πῶς의 전체 용례 103회, ἆρα의 전체 용례 3회 모두가 의문 소사에 속한다. πόθεν은 전체 용례 29회 가운데 27회가 의문 소사로 쓰이고, 2회는 부사로 쓰인다. 하나씩 살펴 보자.

의문 소사로 쓰인 οὐχί의 예: 행 5:4

οὐχὶ μένον σοὶ ἔμενεν 점유하고[/가지고] 있을 때에 당신 차지가 **아니었습니까**?

καὶ πραθὲν ἐν τῇ σῇ ἐξουσίᾳ ὑπῆρχεν;

팔린 다음에도 당신 관할 밑에[/권한 내에] 있지 {**않았습니까**?}

베드로가 아나니아에게 한 말이다. 그가 바친 소유가 늘 그의 관할 하에 있었음을 강조하느라, 의문 소사 οὐχί를 사용했다.

의문 소사로 쓰인 μή의 예: 요 4:33

Μή τις ἤνεγκεν αὐτῷ φαγεῖν; 누군가가 그분께 먹을 것을 가져올 수는 **없지 않느냐**?

사마리아 여인을 만나신 다음에 예수님께서 제자들에게 "내게는 먹을 양식이 있다."하시자, 제자들이 보인 반응이다. '그럴리 없다'고 생각하고 하는 말이다.

의문 소사로 쓰인 μητί의 예: 행 10:47

Μήτι τὸ ὕδωρ δύναται κωλῦσαί τις 누가 물을 금할 수 **있겠습니까**?

τοῦ μὴ βαπτισθῆναι τούτους, 이들이 세례 받지 못하도록요.

οἵτινες τὸ πνεῦμα τὸ ἅγιον ἔλαβον 이들은 거룩한 영을 받았습니다.

ὡς καὶ ἡμεῖς; 우리와도 같이요.

고넬료와 함께 있던 이들에게 성령이 임했을 때 베드로가 한 말이다. 아무도 금할 수 없다는 의미로 의문 조사 μητί를 사용하였다.

시간을 묻는 의문 소사 πότε의 예: 요 6:25

Ῥαββί, **πότε** ὧδε γέγονας; 랍비님[/선생님], **언제** 여기에 이르게 되셨나요?

벳세다 근처가 아니라 디베랴 근처에서 있었던 것으로 보이는 오병이어 사건 이후에, 사람들이 찾아와 예수님께 한 말이다. 시간을 묻는 의문 소사 πότε는 '언제'로 번역된다.

장소를 묻는 의문 소사 ποῦ의 예: 요 1:38

Ῥαββί 랍비님,

ὃ λέγεται μεθερμηνευόμενον Διδάσκαλε, (이것은 번역하면[번역되면] '선생님'을 말합니다.)

ποῦ μένεις; [당신은] **어디에** 머무십니까?

요한의 제자였던 두 사람이 예수님께 한 질문이다. 곰돌이 푸의 '푸 ποῦ'가 헬라어로는 '어디에'라는 뜻이다. 쿵푸 팬더의 이름이 '포 πῶ'인데, 이 단어 역시 '[세상에] 어디에'라는 뜻이다. '이런 곰들이 어디에 있겠느냐?' 하는 의미를 담은 이름들이다.

방법을 묻는 의문 소사 πῶς의 예: 행 2:8

καὶ **πῶς** ἡμεῖς ἀκούομεν ἕκαστος 그런데 **어떻게** 우리가 제각기 듣는가,

τῇ ἰδίᾳ διαλέκτῳ ἡμῶν 우리 자신의 {지방} 언어로,

ἐν ᾗ ἐγεννήθημεν; 우리가 태어난 곳의[/지방의]?

오순절 성령 강림으로 인해 제자들이 각기 다른 언어로 얘기할 때, 사람들이 보인 반응이다.

유래를 묻는 의문 소사 πόθεν의 예: 요 1:48

λέγει αὐτῷ Ναθαναήλ, 그분께[/예수님께] 나다나엘이 말합니다.

Πόθεν με γινώσκεις; "**어디에서부터** 저를 아세요?"

예수님께서 자신에 대해 말씀하시자 나다나엘이 보인 반응이다. πόθεν은 장소를 묻는 의문 소사 πῶ에 '-으로부터'를 뜻하는 접미사 θεν이 합쳐진 단어이다.

추측을 표현하는 의문 소사 ἆρα의 예: 행 8:30

Ἆρά γε γινώσκεις 적어도 알겠습니까?

ἃ ἀναγινώσκεις; 당신이 읽는 것들은요.

빌립이 에디오피아 여왕 간다게의 내시에게 한 말이다. 우리말 '겠'으로 표현될 수 있는 ἆρα를 사용하여, 빌립은 내시에 대해 추측하는 바를 표현한다. 빌립은 내시가 읽고 있던 이사야서 부분을 이해하기 어렵다고 추측하는 것 같다.

5.1.3. 비한정 소사

의문 소사 가운데 시간을 묻는 πότε는 ποτέ 형태로, 장소를 묻는 ποῦ는 πού 형태로, 방법을 묻는 πῶς는 πώς 형태로 악센트만 달라진 채로 비한정 소사로 사용된다. ποτέ는 '언젠가'로, πού는 '어떤 곳에'로, πώς는 '어떻게든'으로 번역된다. 비한정 소사 ποτέ, πού, πώς는 전접어이다(S 181b). 더불어, 비교 소사 ὡς와 조건절을 이끄는 종위 접속사 εἰ가 만나 이뤄진 ὡσεί는 어림수를 표현하는 비한정 소사로 쓰인다. 우리말로 '약['대강', '대략'의 뜻으로, 그 수량에 가까운 정도임을 나타내는 말], 대략[대충 어림잡아서], 어림잡아[어림잡다: 대강 짐작으로 헤아려 보다; 어림치다]'와 같이 번역된다.

ποτέ의 전체 용례 29회, πού의 전체 용례 4회, πῶς의 전체 용례 15 모두가 비한정 소사에 속한다. ὡσεί는 신약 전체 용례 21회 가운데 10회가 비한정 소사로 쓰인다. 하나씩 살펴 보자.

시간과 관계되는 비한정 소사 ποτέ의 예: 요 9:13

Ἄγουσιν αὐτὸν πρὸς τοὺς Φαρισαίους

그들이[/이웃과 지인들이] 그를 바리새인들에게로 데려옵니다.

τόν **ποτε** τυφλόν. **언젠가** 소경이었던 {그를요.}

실로암에 가서 씻고 고침 받은 이를 이웃과 지인들이 바리새인들에게 데려간다. 이제 그는 '언젠가 소경이었던 사람'이다.

장소와 관계되는 비한정 소사 πού의 예: 행 27:29

φοβούμενοί τε 결국 염려되었습니다[염려되어].

μή **που** κατὰ τραχεῖς τόπους ἐκπέσωμεν,

우리가 울퉁불퉁한 **어떤 곳에**[울퉁불퉁한 곳들 아래쪽 **어느 곳에**] 걸릴까봐요.

ἐκ πρύμνης ῥίψαντες ἀγκύρας τέσσαρας

배 뒤쪽에[/고물에] 닻 넷을[네 개의 닻들을] 던지고

ηὔχοντο ἡμέραν γενέσθαι. 날이 밝기를[낮 되기를] 기원합니다.

이 구절은 μή가 종위 접속사처럼 쓰여 목적절을 이끈 예로 앞서 살펴 보았다. **που** κατὰ τραχεῖς τόπους를 직역하면 '울퉁불퉁한 곳들 아래쪽 어느 곳에'가 된다.

방법과 관계되는 비한정 소사 πώς의 예: 행 27:12

οἱ πλείονες ἔθεντο βουλὴν ἀναχθῆναι ἐκεῖθεν,

다수가 그곳으로부터 떠나자는 합의를 이끌어 냈습니다.

εἴ **πως** δύναιντο καταντήσαντες εἰς Φοίνικα παραχειμάσαι

어떻게든 뵈닉스에 도달하여 월동할 수 있기를 바랐던 것입니다.

λιμένα τῆς Κρήτης βλέποντα κατὰ λίβα καὶ κατὰ χῶρον.

남서쪽과 북서쪽이[토지가 있는 곳이] 틘[보이는], 그레데 섬의 정박소이죠.

그레데 섬의 미항이 겨울나기에 적당하지 않아, 선장과 선주 및 대부분의 승객들이 뵈닉스로 가기로 하였다. εἴ πως δύναιντο 조건문은 종위 접속사 εἰ에 희구법에 쓰여 '덜 생생한 미래 조건'에 속한다. '보다 덜 분명하고 보다 덜 긴급한' 화자의 태도를 표현한다. 그런데 여기에 비한정 소사 πώς가 쓰여 '어떤 식으로든 이루어지기를 바라는 마음'이 함께 표현되었다.

어림수를 표현하는 비한정 소사 ὡσεί의 예: 행 2:41

καὶ προσετέθησαν ἐν τῇ ἡμέρᾳ ἐκείνῃ 그러니 그 날에 함께하게 되었습니다.

ψυχαὶ **ὡσεὶ** τρισχίλιαι. **어림잡아** 삼천 명이요.

오순절 성령 강림날에 회심한 자의 수를 ὡσεί로 어림잡아 표현하였다.

5.1.4. 강조 소사

강조 소사에는 ἄρα, γέ, δή, μέν, μενοῦν, μενοῦνγε, μήν, ναί, νή가 있다.

강조 소사 ἄρα는 추측을 표현하는 ἆρα와 악센트만 다르다. ἄρα를 추론절을 이끄는 등위 접속사나 선언절을 이끄는 종위 접속사로 취급하나, '연결, 확증, 추론(connective, confirmatory, and inferential)'의 의미를 갖는 소사로(S 2787) 보는 것이 좋겠다. 우리말로는 '그리하여, 그렇다면, 도대체'로 번역된다. 신약성경에서 49회 쓰인다.

강조 소사 ἄρα의 예: 행 11:18

Ἄρα καὶ τοῖς ἔθνεσιν **그렇다면** 다른 민족들에게도

ὁ θεὸς τὴν μετάνοιαν εἰς ζωὴν ἔδωκεν.

하나님께서 생명에 이르는 회개를 허락하신 것입니다.

베드로로부터 고넬료 회심 사건에 대해 전해 들은 예루살렘 교회의 할례당들이 한 말이다. 그들로서는 나름 정직하고 진실하게 반응한 것이다.

전접어로 후치되는 강조 소사 γέ는 강조와 제한(intensive and restrictive)의 의미를 갖는다(S 2821). 우리말로 '적어도'로 번역된다. ὅς γε는 원인을 뜻한다(S 2826; 예. 롬 8:32). 신약성경 전체 용례 25회 모두 강조 소사로 쓰인다.

강조 소사 γέ의 예: 행 2:18

καί **γε** ἐπὶ τοὺς δούλους μου καὶ ἐπὶ τὰς δούλας μου

그러니 **적어도** 내 종들 위에 또한 내 여종들 위에,

ἐν ταῖς ἡμέραις ἐκείναις 그날에[저날들에는],

ἐκχεῶ ἀπὸ τοῦ πνεύματός μου, 나는 내 영을[영으로부터] 내리부을 것이고,

καὶ προφητεύσουσιν. 그들은 예언을 할 것이다.

오순절 성령 강림 날에 베드로가 인용한 욜 2:29이다. γέ를 '조차, 까지'로 번역하면 첫 줄은 '내 종들 위에 또한 내 여종들 위에까지도'와 같이 될 것이다. 구약 히브리어 본문

은 이런 의미에 가깝다. 칠십인역에는 γέ가 없다. 그래서 욜 2:29 인용에 γέ가 들어간 것은 조금 특별하다. 히브리어 본문과 칠십인역의 '남종들과 여종들'과 달리 '내 남종들과 내 여종들'이란 표현이 쓰인 것도 특별하다. γέ와 μου의 사용과 더불어, '너희 아들, 너희 딸, 너희 _은이, 너희 노인네'보다 '내 남종, 내 여종'이 더 하나님의 영으로 충만케 될 대상이라는 점을 고려하여, 또한 γέ의 가장 기본적인 의미가 '적어도'라는 것도 고려하여, '그러니 적어도 내 종들 위에 또한 내 여종들 위에'로 번역했다. 이는 오순절 성령 강림 상황과 잘 맞는 표현이다. 예수님의 제자들이 먼저 성령을 받았고, 이어 다양한 사람들이 성령을 받은 것이다. 욜 2:29의 약속을 알고 있다가 성취를 경험한 베드로는, 히브리어 본문에서 유추될 수 있는 γέ라는 표현을 사용했고, μου라는 표현을 추가했다. '성취에 기초하여 예언을 구체적으로 표현한 것'이다.

'긍정적인 정확함'을 표현하는 강조 소사 δή는 후치되고(S 2840), 우리말로는 '각설[말이나 글 따위에서, 이제까지 다루던 내용을 그만두고 화제를 다른 쪽으로 돌림]하고, 정말[거짓이 없이 말 그대로임, 또는 그런 말]이지'와 같이 번역된다. 신약성경에는 다섯 번 쓰인다.

강조 소사 δή의 예: 행 13:2

Ἀφορίσατε **δή** μοι **각설하고** 나를 위해 따로 세워라,

τὸν Βαρναβᾶν καὶ Σαῦλον 바나바와 사울을.

εἰς τὸ ἔργον ὃ προσκέκλημαι αὐτούς.

내가 그들을 불러 맡길 일이 있다[일을 위해].

성령께서 수리아 안디옥 교회 지도자들에게 하신 말씀이다. 강조 소사 δή 다음에 성령의 의도가 분명하게 전달된다.

μέν은 본래 '단언적인 강조 소사(an asserverative, emphatic particle)'였다. 하여 강조 소사로 분류한다. 의미는 '확실히, 정말로'이다(S 2895). δέ와 함께 쓰이는 경우, 교호(alternating) 소사로 분류되기도 한다. 교호적으로 쓰이는 경우, 우리말로 '혹은[더러는] -

혹은, 한편[어떤 일에 대하여, 앞에서 말한 측면과 다른 측면을 말할 때 쓰는 말] - 또 한편, 일단[우선 먼저] - 그리고, -으나 -는'으로 번역한다. 특히, οἱ μέν, οἱ δέ는 '몇몇[몇몇: '몇: 그리 많지 않은 얼마만큼의 수를 막연하게 이르는 말'을 강조하여 이르는 말]은, 몇몇은'과 같이 번역된다. 교호적으로 쓰이는 않는 용례 가운데 μὲν οὖν은 '확실히 사실(certainly in fact)'를 뜻하고(S 2901), '그래서, 그럼에도, 한때[어느 한 시기]는'으로 번역된다. 전체 용례 179회 가운데, dέ와 함께 교호적으로 쓰이는 경우는 127회이다. 예로, 행 1:5를 보자.

강조 소사 μέν이 교호적으로 쓰인 경우: 행 1:5

ὅτι Ἰωάννης **μὲν** ἐβάπτισεν ὕδατι, 사실, 요한은 물로 세례를 베풀었**으나**

ὑμεῖς **δὲ** ἐν πνεύματι βαπτισθήσεσθε ἁγίῳ 너희는 거룩한 영으로 세례를 받을 것이다.

οὐ μετὰ πολλὰς ταύτας ἡμέρας. 이제 얼마 남지 않았다[이제 많은 날 이후가 아니다].

승천 전에 하신 예수님의 말씀이다. '한편 요한은, 한편 너희는'과 같이 번역할 수도 있으나 둘의 차이를 강조하느라 '~으나, ~는'으로 번역했다.

μενοῦν은 강조 소사 μέν과 추론 접속에 쓰이는 등위 접속사 οὖν이 합쳐져 이뤄졌다. '그럼에도' 정도로 번역된다. 신약성경에 한 번만 나온다.

강조 소사 μενοῦν의 예: 눅 11:28

Μενοῦν μακάριοι **그럼에도[사실 확실히]** 복이 있습니다.

οἱ ἀκούοντες τὸν λόγον τοῦ θεοῦ 하나님의 말씀을 듣는 이들이요.

καὶ φυλάσσοντες. 또한 지키는 이들이요[듣고 지키는 이들이요].

어떤 부인이 예수님께 '당신을 밴 태와 당신이 빤 젖이 복이 있습니다.' 하고 소리칠 때, 예수님께서 하신 말씀이다. μὲν οὖν의 기본 의미인 '사실 확실히'로 번역하면, '예수님의 어머니 마리아가 복이 있지만, 더욱 분명하게 하나님의 말씀을 듣고 지키는 자가 복이 있다.' 하는 내용이 강조된다.

μενοῦν에 강조와 제한(intensive and restrictive)의 의미를 갖는 강조 소사 γέ까지 합쳐진 단어가 μενοῦνγε이다. 신약성경에 세 번 쓰인다. '정말 확실히 사실'을 뜻한다.

강조 소사 μενοῦνγε의 예: 롬 9:20

ὦ ἄνθρωπε, 아! 인생아,

μενοῦνγε σὺ τίς εἶ **정말 확실하게** 너는 누구냐,

ὁ ἀνταποκρινόμενος τῷ θεῷ; 하나님께 대드는 이인 {너는}?

'하나님께서 베풀어 주시는 은혜로 인해 인간의 상태가 달라진다면, 인간 자신은 자신의 상태에 대해 책임이 없다.' 하는 식의 입장에 대한 바울의 말이다. 바울은 인간의 '근본, 존재 방식'을 논거 삼아 말하면서, 강조 소사 μενοῦνγε를 사용한다.

μέν에 긴 소리가 쓰인 μήν은 μέν보다 더 강한 강조를 표현한다. 후치되고 단정적(asseverative)이거나 반의적(adversative)인 의미를 갖는다(S 2920). 신약성경에는 한 번만 쓰인다.

강조 소사 μήν의 예: 히 6:14

Εἰ **μὴν** εὐλογῶν εὐλογήσω σε 내가 **정말로** 너를 복 주고 복 주며,

καὶ πληθύνων πληθυνῶ σε· 너를 늘리고 늘릴 것이다[늘리면].

감정적 미래 조건으로, 하나님께서 아브라함에게 복 주실 것이 강하게 표현된다. '분사 + 직설법 미래' 형태는 히브리어 본문의 '부정사 + 미완료' 강조 형태를 반영한 것이다.

ναί는 단언적(asseverative)인 의미를 갖는 강조 소사이다(S 2922). ναί가 아틱 방언에서 '예'라는 대답으로 사용되었는데, 이러한 용법이 코이네 헬라어로 이어졌다. 신약성경에 33회 쓰인다. 강조와 대답의 예를 하나씩 보자. 둘 다 우리말로는 '맞다[(앞 사람의 말에 동의하는 데 쓰여) '그렇다' 또는 '옳다'의 뜻을 나타내는 말]'로 번역된다.

강조 소사 ναί가 강조 의미로 쓰인 예: 눅 10:21

ναὶ ὁ πατήρ, **맞습니다**, 아버지.

ὅτι οὕτως εὐδοκία ἐγένετο ἔμπροσθέν σου.

선의(善意)가 당신 앞에서 이와 같이 실현되기 때문입니다.

'영적 지식을 지혜롭고 슬기로운 자들에게는 감추시고 어린아이들에게 계시하심이 성부 하나님의 뜻임'을 예수님께서 말씀하신다.

강조 소사 ναί가 대답으로 쓰인 예: 행 5:8

ἡ δὲ εἶπεν, 하니 그녀가 말했습니다.

Ναί, τοσούτου. **맞습니다**[예]. 이만큼입니다.

'토지를 이만큼 받고 팔았는가'에 대한 베드로의 질문에 삽비라가 대답한다. 대답이기에, '예'로 표현될 수 있다.

νή도 ναί처럼 단언적(asseverative)인 의미를 갖는 강조 소사로, 맹세 표현을 대격으로 취하되, 긍정적인 의미를 갖는다(S 2923). '기필코' 정도로 번역된다. 신약성경에 한 번만 쓰인다.

강조 소사 νή가 쓰인 예: 고전 15:31

καθ' ἡμέραν ἀποθνῄσκω, 날마다 나는 죽습니다.

νὴ τὴν ὑμετέραν καύχησιν, **기필코** 여러분의 자랑으로,

(ἀδελφαί,) 형제들이여,

ἣν ἔχω ἐν Χριστῷ Ἰησοῦ τῷ κυρίῳ ἡμῶν.

내가 그리스도 예수 우리 주님 안에 가지고 있는 자랑으로요.

다양하게 번역되는 구절이다. νή + 대격을 맹세 표현으로 이해하여 '기필코 여러분이 자랑할 만한 죽음을 죽습니다.' 하는 의미로 번역했다.

5.1.5. 비교 소사

비교 소사에는 ὡς, ὡσεί, ὥσπερ, ὡσπερεί가 있다. ἤ는 이접적 접속에 쓰이는 등위 접속사로 다루었다.

ὡς는 원인절이나 비교절을 이끄는 종위 접속사로도 쓰이지만(4.2.2.1.과 4.2.2.2.) 비교 소사로 가장 많이 쓰인다(120회). 우리말로 '매우[보통 정도보다 훨씬 더], 같은, 처럼[모양이 서로 비슷하거나 같음을 나타내는 격 조사], 마치[거의 비슷하게] 처럼, 바와 같다[다른 것과 비교하여 그것과 다르지 않다]'와 같이 번역된다.

비교 소사 ὡς가 쓰인 예: 히 3:6

Χριστὸς δὲ **ὡς** υἱὸς 하나 그리스도는 아들**같이**

ἐπὶ τὸν οἶκον· 거 집에 대하여 {충성하셨습니다.}

모세가 '집 안에서 사환으로 충성한 것'과 달리, 그리스도는 '집의 상속자인 아들이 집에 대해 충성하듯' 순종하셨다.

비교 소사 ὡς와 조건절을 이끄는 종위 접속사 εἰ가 만나 이뤄진 ὡσεί는 신약 전체 용례 21회 가운데 11회가 비교 소사로 쓰인다. 나머지는 10회는 비한정 소사로 쓰인다(5.1.4.). 우리말로 '같이['앞말이 보이는 전형적인 어떤 특징처럼'의 뜻을 나타내는 격 조사]'로 번역된다.

비교 소사 ὡσεί가 쓰인 예: 행 2:3

καὶ ὤφθησαν αὐτοῖς 또한 그것들이 그들에게 보였습니다.

διαμεριζόμεναι γλῶσσαι **ὡσεὶ** πυρὸς 불 **같이** 갈라진 혀들이요.

καὶ ἐκάθισεν ἐφ' ἕνα ἕκαστον αὐτῶν. 그러더니 그들 각각 위에 앉았습니다.

오순절 성령 강림 상황 묘사이다. 혀가 보였다. 굳이 표현하자면 '불' 같은 혀였다.

종위 접속사 ὡς와 '매우, 훨씬'을 의미하는 περ가 합쳐져 이뤄진 ὥσπερ는 주로 비교절을 이끄는 종위 접속사로 쓰이나(4.2.2.2.) 비교 소사로도 쓰인다. 신약 전체 용례 36회 가운데 7회가 비교 소사이다. 우리말로 '같은[같다: 서로 다르지 않고 하나이다]'이라 표현된다.

비교 소사 ὥσπερ가 쓰인 예: 행 2:2

καὶ ἐγένετο ἄφνω ἐκ τοῦ οὐρανοῦ ἦχος 그러자 갑자기 하늘에서 요란한 소리가 났습니다.

ὥσπερ φερομένης πνοῆς βιαίας 거칠게 내뱉는 숨소리[거친 숨을 내뱉는 것] **같았죠.**

오순절 성령 강림 상황이다. 소리가 들렸다. 일상에서 들리는 소리로 표현하자면, '거칠게 내뱉는 숨소리' 같았다.

ὡσπερεί는 종위 접속사 ὡς와 '매우, 훨씬'을 의미하는 περ에 조건절을 이끄는 종위 접속사 εἰ가 합쳐져 만들어진 단어이다. 신약성경에 한 번 나온다. '마치 -과 같은'이란 의미를 갖는다(S 2478).

비교 소사 ὡσπερεί가 쓰인 예: 고전 15:8

ἔσχατον δὲ πάντων 그러다가 모든 이들보다 뒤에[모든 이들의 끝에]

ὡσπερεὶ τῷ ἐκτρώματι ὤφθη κἀμοί. **마치** 미숙아**와 같은** 내게도 보이셨습니다.

자신이 부활의 증인인 것을 말하면서, 바울은 자신을 '태어날 때부터 부족함이 있던 자'로 표현하였다.

5.1.6. 불확정 소사

불확정(contingent) 소사에는 ἄν이 있다. '혹 있을 수 있는' 개연성을 표현하는 단어로 주로 조건절에 쓰인다. 우리말로 '혹시[그러할 리는 없지만 만일에, 어쩌다가 우연히, 짐작대로 어쩌면, 그러리라 생각하지만 다소 미심쩍은 데가 있어 말하기를 주저할 때 쓰는 말], 혹, 혹야, 혹여, 혹자'와 같이 번역할 수 있지만 번역하지 않는 게 더 자연스러울 때가 많다. 신약 전체 용례 163회 모두 불확정 소사로 쓰인다.

불확정 소사 ἄν의 예: 행 2:21

καὶ ἔσται 그러니 이 일이 있을 것이다,

πᾶς ὃς **ἂν** ἐπικαλέσηται τὸ ὄνομα κυρίου [**혹여**] 주님의 이름을 부르는 자는 모두,

σωθήσεται. 구원을 받는 {일이}.

베드로가 인용한 욜 2:32이다. ἄν이 πᾶς ὅς와 함께 쓰여 '-하는 자는 모두'가 되었다. 이 경우, ἄν을 번역하지 않는 것이 더 자연스럽다. 굳이 번역하자면 '혹여' 정도가 좋을 것 같다.

5.2. 감탄사

신약성경에서 감탄사 혹은 간투사로 분류되는 단어는 ἄγε, δεῦρο, δεῦτε, ἔα, ἴδε, ἰδού, οὐά, οὐαί, ὦ 모두 아홉 개이다. 이 가운데 ἄγε, δεῦρο, δεῦτε, ἴδε, ἰδού는 명령형과, ἔα, οὐά, οὐαί, ὦ는 의성어와 관계된다.

5.2.1. 명령형과 연관되는 감탄사

감탄사 가운데 가장 많이 쓰이는 단어는 ἰδού이다. 신약성경 감탄사 전체 용례 315회 가운데 200회가 이 단어이다. ἰδού는 형태상 ὁράω(보다, 살피다, 분별하다, 헤아리다, 헤아려 보다, 보이다, 뵈다, 뵙다, ~와 만나다, 이르다; [수동태] 나타나다, 보이다; 454회)의 명령법 부정과거 중간태 2인칭 단수형이다. 우리말로 '보라, 보십시오, 자[남에게 어떤 행동을 권하거나 재촉할 때 하는 말, 말이나 행동을 할 때 남의 주의를 불러일으키기 위하여 하는 말]'와 같이 번역된다.

감탄사 ἰδού의 예: 행 2:7

ἐξίσταντο δὲ καὶ ἐθαύμαζον λέγοντες, 그 바람에 깜짝 놀라고 당황하여 말합니다.

Οὐχ **ἰδοὺ** "보아라,

ἅπαντες οὗτοί εἰσιν οἱ λαλοῦντες 얘기하는 이들 모두

Γαλιλαῖοι; 갈릴리 사람들 아닌가?"

오순절 성령 강림의 날에 성령 받은 제자들이 각기 다른 언어로 얘기하자 사람들이 보인 반응이다.

감탄사 ἰδού와 비슷한 형태인 ἴδε도 감탄사로 쓰인다. 형태는 ὁράω(보다, 살피다, 분별하다, 헤아리다, 헤아려 보다, 보이다, 뵈다, 뵙다, ~와 만나다, 이르다; [수동태] 나타나다, 보이다; 454회)의 명령법 부정과거 능동태 2인칭 단수형이다. 신약성경에서 마태, 마가, 요한복음에만 나온다. 모두 28회이다. 우리말로는 ἰδού처럼 '보라, 보십시오, 자'와 같이 번역된다.

감탄사 ἴδε의 예: 요 1:29

Ἴδε 보십시오.

ὁ ἀμνὸς τοῦ θεοῦ 하나님의 어린 양입니다.

ὁ αἴρων τὴν ἁμαρτίαν τοῦ κόσμου. 세상 죄를 제거하는[들어 올리는] 분입니다.

세례 요한이 자신에게 오시는 예수님을 보고 한 말이다.

명령형이 감탄사로 쓰이는 단어로는 ἄγε도 있다(복수형은 ἄγετε이다, LSJ 7). 형태는 ἄγω(데려오다, 인도하다, 이끌다, 끌어 오다, 끌고 가다; [수동태] 인도되다, 소집되다, 제 구실을 하다; 67회)의 명령법 현재 능동태 2인칭 단수형이다. 우리말로는 '자[남에게 어떤 행동을 권하거나 재촉할 때 하는 말]' 정도로 표현된다. 신약성경 용례는 둘 뿐이다(약 4:13; 5:1).

감탄사 ἄγε의 예: 약 4:13

Ἄγε νῦν οἱ λέγοντες, **자**, 이제 {다음과 같이} 말하는 이들이여!

자신을 신뢰하여 분수에 넘치는 계획을 세우는 이들에게 말하기 위한 도입어로 감탄사 ἄγε를 사용했다.

'이리로, 오너라'를 뜻하는 δεῦρο도 δεύρω의 명령형이다(LSJ 381). 단수 명령으로 아틱 방언에서는 δεῦρε, δευρί 형태로도 쓰였다. δεῦτε는 복수형이다. 신약성경에 δεῦρο는 9회 쓰이는데, 그 가운데 하나(롬 1:13)는 부사이다. δεῦτε는 전체 용례 12회 모두 감탄사로 쓰였다. 예를 하나씩 보자.

감탄사 δεῦρο의 예: 행 7:3

Ἔξελθε 떠나가라.

ἐκ τῆς γῆς σου 네 땅에서[/활동 영역에서],

καὶ (ἐκ) τῆς συγγενείας σου, 또한 네 혈족에게서[/친척에게서].

καὶ **δεῦρο** εἰς τὴν γῆν 그리고 땅으로 **오너라.**

ἣν ἄν σοι δείξω. 내가 네게 보여 줄 {땅}이다.

스데반 변론에 인용된 창 12:1이다. 히브리어 본문이나 칠십인역에 없는 단어 δεῦρο가 추가되어 현장감이 더 살아난다. '가거라' 하시지 않고 '오너라' 하시는 걸 보니 하나님께서는 그 땅에 계신다.

감탄사 δεῦτε의 예: 요 4:29

Δεῦτε 이리 오세요.

ἴδετε ἄνθρωπον {어떤} 사람을 보세요.

ὃς εἶπέν μοι πάντα ὅσα ἐποίησα,

제게 제가 행한 모든 일을 빠짐없이 말한 이입니다.

μήτι οὗτός ἐστιν ὁ Χριστός; 이가 설마 그리스도는 아니겠죠?

사마리아 수가 성 여인이 동네에 가서 한 말이다. 자신이 없어 그랬는지, 부정의 대답을 기대하는 μήτι 의문문으로 질문하긴 했으나, δεῦτε와 ἴδετε를 사용하여 예수님께로 사람들을 인도하려는 그의 적극적인 마음을 표현하였다. 어쩌면 δεῦτε와 ἴδετε를 사용했기 때문에, 마음을 누그러뜨리느라 μήτι 의문문을 사용했을 수도 있다.

5.2.2. 의성어와 연관되는 감탄사

의성어와 연관되는 감탄사로는 ἔα, οὐά, οὐαί, ὦ가 있다. '놀람이나 불만(surprise or displeasure, LSJ 465)'을 표현하는 ἔα는 신약성경에서 한 번 쓰이는데 더러운 영이 썼다. '감탄이나 놀람'을 표현하는 οὐά도(LSJ 1268) 신약성경에 한 번 쓰이는데 십자가에 달리신 예수님을 조롱하는 사람들이 사용했다. '고통과 노여움(pain and anger)'를 뜻하는 οὐαί는(LSJ 1268) 예수님, 제자들, 천사들이 주로 사용한 감탄사이고, 공손하게 쓰이는 ὦ도 예수님과 제자들이 사용한 감탄사이다. 계 1:8, 21:6, 22:13에 쓰인 ὦ는 '알파와 오메가'할 때 '오메가'에 해당하는 표현으로 감탄사가 아니다. 하나씩 살펴 보자.

감탄사 ἔα의 예: 눅 4:34

Ἔα, τί ἡμῖν καὶ σοί, **아니[/아이코]**, 우리와 당신 사이에 뭐가 있소,

Ἰησοῦ Ναζαρηνέ; 나사렛 예수 씨?

가버나움 회당에 있던 사람에게 있던 더러운 영이 예수님의 가르침을 견디지 못하고 한

말이다.

감탄사 οὐά의 예: 막 15:29

Οὐὰ ὁ καταλύων τὸν ναὸν καὶ οἰκοδομῶν ἐν τρισὶν ἡμέραις,

우아! 성전을 헐고 사흘 안에 세우는 자다[/자여]!

예수님을 조롱하려고 일부러 긍정적인 뉘앙스를 가지는 감탄사를 쓴 것으로 보인다. 헬라어와 우리말 발음이 같다.

감탄사 οὐαί의 예: 눅 6:24

Πλὴν **οὐαὶ** ὑμῖν τοῖς πλουσίοις, 다만, **화가 있도다**, 너희 부유한 이들에게는,

평지설교 사복사화(四福四禍)에서 사화의 시작 부분이다. οὐαί는 '화가 있도다, 고통스럽다, 슬프다, 안타깝다' 등으로 표현될 수 있다.

마지막으로 다룰 감탄사는 공손하게 쓰이는 ὦ이다. 감탄에 ὦ가 쓰이지 않으면 '놀람, 기쁨, 경멸, 위협, 경고 등'이 표현된다고 한다(S 1284). 신약성경에 17회 쓰인다.

감탄사 ὦ의 예: 행 13:10

Ὦ πλήρης παντὸς δόλου καὶ πάσης ῥᾳδιουργίας,

오, 잔꾀가 많고 매우 천박한[모든 잔꾀와 모든 천박이 가득한]

υἱὲ διαβόλου, 마귀 자식아!

ἐχθρὲ πάσης δικαιοσύνης, 모든 의의 원수야!

οὐ παύσῃ διαστρέφων 곱새기기를 멈추지 않으려느냐,

τὰς ὁδοὺς τοῦ κυρίου τὰς εὐθείας; 주님의 곧은 길[들]을?

구브로 섬 바보에서 유대인 거짓 선지자이자 점성술사인 바예수 엘루마에게 바울이 한 말이다. 바울은 매우 부드럽게 말을 시작했다. 그러나 매우 심각한 표현들이 뒤따른다. 심각하게 왜곡된 사람을 대하고 있지만 바울 자신은 평안하다. (*)